陈高华　徐吉军　主编

全彩插图本中国风俗通史丛书
元代风俗

陈高华　史卫民　著

上海文艺出版社

《全彩插图本中国风俗通史丛书》
编辑委员会

陈高华　徐吉军　史金波　宋镇豪　宋德金　宋兆麟

陈绍棣　彭　卫　杨振红　张承宗　吴玉贵　方建新

方　健　吕凤棠　陈宝良　林永匡　徐华龙　高洪兴

总　序

《中国风俗通史》由上海文艺出版社2001年出版至今已有十多年的时间，其间承蒙读者的厚爱，多次加印，被学术界推称为中国风俗史研究具有代表性的著作。

众所周知，风俗的内涵极其丰富，涉及物质生活和精神生活诸多层面，历来有关研究著作论述的范围颇有出入。我们与各卷作者经过多次的认真讨论和深入研究，在认真吸取前人成果的基础上，力求有所突破。按其内容和形式，将其分为饮食、服饰穿着、居住与建筑、行旅交通、生育、婚姻、寿诞、卫生保健与养老、丧葬、岁时节日、交际、经济生产、娱乐、宗教信仰等大项，并努力探讨各个时代风俗的基本特征及演变规律。在写作时，力图用洗练和平实的语言，详尽的文献和考古史料，以及丰富多彩的历史图像，对中国古代社会生活和风俗的各个方面作细致入微的整体揭示和准确考证，由于种种原因，存在着一些不如意的地方。

本次修订改版，我们仍按历史断代划分，定为原始社会、夏商、两周、秦汉、魏晋南北朝、隋唐五代、宋、辽金、西夏、元、明、清、民国十三卷，力图更加全面、科学、深入、系统地反映各个时代的风俗特点，同时又呈现不同时期、不同地区、不同民族的风俗差异，将每一段历史时期中最值得探索的热点、最能反映当时社会生活风尚的事例加以发掘和论述，进而从风俗角度对整个中国历史提供一种诠释。

21世纪，是学术大发展的时期，也是一个学术创新的时代，一个读图的时代。如何适应时代的需要，使学术图书走向市场，贴近大众，并让他们更易读懂，并获得快感和美感，是值得我们探索的，也是我们努力的目标。为此，我们与出版方一起对各卷图书的插图进行了大幅度的调整，增加了大量第一手的、精美的、存世罕见的文物历史绘画、书法及碑刻等方面的图片，使丛书的文字与图片相得益彰，更好地展示中国风俗的历史画面。

  需要说明的是，由于历史的关系和条件的限制，要在每一卷的相关内容里都配上插图，并非易事。特别是有的朝代距今甚远，如史前时期、夏商时期，距今三四千年以上，不仅史料不足征，探索当时的风俗是一件很困难的事情，要进行图片收集更是难上加难，而这些正是需要读者谅解的。

陈高华　徐吉军

目 录

总序 ………………………………… 1

【 导 言 】

第一节 元代历史简述 ………………… 2
第二节 风俗观念和风俗政策 ………… 7

【 第一章 饮 食 】

第一节 粮食结构和粮食加工 ………… 12
第二节 副食结构和副食加工 ………… 20
第三节 蒙古和回回的食物结构 ……… 27
第四节 酒、茶和其他饮料 …………… 32
第五节 饮食方式 ……………………… 44

【 第二章 服 饰 】

第一节 蒙古族的传统服装 …………… 58
第二节 笠帽与罟罟冠 ………………… 63
第三节 宫廷与官吏服饰 ……………… 69
第四节 质孙服 ………………………… 81
第五节 民间服饰习俗 ………………… 88

【 第三章 居 住 】

第一节 草原游牧民的居住习俗 ……… 100
第二节 斡耳朵（宫帐）及其内外
　　　　陈设 ………………………… 106
第三节 宫城和宫殿建筑 ……………… 111
第四节 宫廷陈设与生活用品 ………… 118
第五节 城市基本生活设施 …………… 126
第六节 城乡居民的居住习俗 ………… 136

【 第四章 行旅交通 】

第一节 交通工具的使用 ……………… 148
第二节 旅途风俗 ……………………… 156
第三节 军事行旅习俗 ………………… 166
第四节 两都巡幸风俗 ………………… 169

【 第五章 家庭与婚姻 】

第一节 多妻制婚姻形态与家庭 ……… 178
第二节 妻妾制婚姻形态与家庭 ……… 184
第三节 赘婿、童养媳与驱良婚等 …… 192
第四节 婚礼习俗 ……………………… 196

1

第五节　家庭伦理道德风尚……………… 201

【第六章　医疗卫生】

第一节　医疗习俗………………………… 210
第二节　医生和医药……………………… 218
第三节　养生与卫生……………………… 225
第四节　陋俗种种………………………… 233

【第七章　丧　葬】

第一节　土葬习俗（上）………………… 240
第二节　土葬习俗（下）………………… 248
第三节　火葬习俗………………………… 255
第四节　官员守制………………………… 257
第五节　蒙古祭祖风俗…………………… 259

【第八章　物质生产】

第一节　农业风俗………………………… 264
第二节　禳灾风俗………………………… 271
第三节　游牧和狩猎习俗………………… 278
第四节　手工业、商业风俗……………… 285

【第九章　信　仰】

第一节　宗教信仰………………………… 294
第二节　东岳崇拜………………………… 303
第三节　天妃、关羽和城隍崇拜………… 309

第四节　巫觋与巫术……………………… 316
第五节　算命、相面和占卜……………… 323
第六节　蒙古族的萨满崇拜……………… 328

【第十章　节　日】

第一节　节假日与天寿节………………… 336
第二节　正旦、立春……………………… 338
第三节　寒食、重午……………………… 342
第四节　中元、中秋……………………… 345
第五节　重九、冬至……………………… 348
第六节　游皇城等宗教活动……………… 350

【第十一章　游　艺】

第一节　球类竞技………………………… 354
　一、马球 ………………………………… 354
　二、步打球 ……………………………… 357
　三、蹴鞠 ………………………………… 358
第二节　各种室外竞技…………………… 360
　一、射柳 ………………………………… 360
　二、放走 ………………………………… 362
　三、角抵（相扑） ……………………… 363
　四、打髀石（髊） ……………………… 367
　五、划龙舟 ……………………………… 367
第三节　室内竞技活动…………………… 369
　一、围棋 ………………………………… 369
　二、象棋 ………………………………… 372
　三、双陆 ………………………………… 373
　四、投壶 ………………………………… 375
第四节　民间游戏………………………… 377

一、放纸鸢 …………………… 377
　　二、荡秋千 …………………… 378
　　三、斗草 ……………………… 378
　　四、顶针（真、针）续麻……… 379
　　五、拆白道字 ………………… 379
　　六、猜谜语 …………………… 380
第五节　戏曲和傀儡戏 ………………… 382
　　一、构栏和露台 ……………… 382
　　二、戏曲品种 ………………… 385
第六节　说唱伎艺和杂技 ……………… 390
第七节　赌博和冶游 …………………… 397

【 第十二章　交　际 】

第一节　相见礼仪 ……………………… 404
第二节　庆贺与吊唁习俗 ……………… 411
第三节　通讯习俗 ……………………… 415

第四节　结义习俗 ……………………… 420
第五节　称谓习俗（上）………………… 425
第六节　称谓习俗（下）………………… 433

【 第十三章　语言文字 】

第一节　多种语言文字的使用………… 440
第二节　汉语中的蒙语词汇和蒙语硬译
　　　　 文体 …………………………… 445
第三节　白话文和简体字……………… 450
第四节　汉语习俗……………………… 456

【 结　语 】

后记……………………………………… 463

导 言

  风俗指积久而成的社会风尚、习俗，是社会群体在语言、行为和心理上的集体习惯。一般来说，风俗包括物质的、社会的、精神的和语言的诸多方面，各方面的风俗相互关联、相互制约、相互影响，并随着时代的发展而发生变化。

  本书对元代的风俗作比较全面的叙述。元代虽然时间不长，却是中国历史上承前启后的一个重要时代。元代的风俗，既是前代风俗的继续，又因元代社会的变化而具有不同于以往的特色。

【 第一节　元代历史简述 】

　　元朝是蒙古族建立的一个封建王朝。蒙古族是我国北方的一个少数民族，在草原上过着游牧的生活。12世纪末到13世纪初，北方草原上分布着规模大小不等的很多游牧部落，弱肉强食，互争雄长。蒙古部的首领铁木真才智过人，英勇善战，先后击败了一个又一个对手。1206年，他建立政权，以蒙古为国号，称为大蒙古国，自己则号称成吉思汗。1211年起，蒙古对金朝用兵，接连大败金军，迫使金朝将都城由中都（今北京）迁往汴京（今河南开封）。1219年起，成吉思汗发动西征，占领中亚广大土地。1227年，蒙古军灭西夏时，成吉思汗病死军中。继位的是他的儿子窝阔台。窝阔台汗在位期间（1229—1241年），蒙古灭金，控制了北方广大农业区，接着开始了对南宋的战争。另一方面，窝阔台发动了第二次西征，蒙古军攻占斡罗思（今俄罗斯）大片土地，侵入孛烈儿（波兰）、马札儿（匈牙利），使欧洲为之震动。

　　在窝阔台以后相继成为大蒙古国大汗的是贵由（1246—1248年）和蒙哥（1251—1259年）。贵由是窝阔台汗的儿子，他在位时间很短便因病死去。这时蒙古统治集团内部矛盾激化。蒙哥是成吉思汗幼子拖雷的儿子。按照惯例蒙古大汗必须经过忽里台（王公贵族大聚会）的推选。成吉思汗正妻有四个儿子，即术赤、察合台、窝阔台和拖雷。窝阔台继承汗位，其他三子各有分地和属民。贵由去世后，

成吉思汗像

蒙古骑兵作战图（局部）

窝阔台后裔中没有出色的人物，拖雷的长子蒙哥利用忽里台登上汗位。由此引发了拖雷系与窝阔台系、察合台系的长期矛盾。蒙哥上台以后，命自己的兄弟忽必烈经营"汉地"（原金朝统治下的农业区），并出征大理国（在今云南境内），另一个兄弟旭烈兀出征波斯。忽必烈在1253年攻克大理国都城（今云南大理），班师北归，在金莲川（今内蒙正蓝旗境内）建设一座新城，定名开平，作为经营"汉地"的基地。1257年，蒙哥大举攻宋，兵分两路，自己亲自率西路军进攻四川，东路军进攻荆襄、两淮。东路军在宗王塔察儿率领下进展缓慢，蒙哥便改命忽必烈前去指挥。1259年七月，蒙哥在四川钓鱼山下战死，消息传出，留守在漠北草原的幼弟阿里不哥自行称汗，忽必烈闻讯亦即北归，在开平召集忽里台，登上汗位。兄弟两个兵戎相见达数年之久，到1264年以阿里不哥投降而告结束。随后，忽必烈又开始对南宋用兵。至元十年（1273年）攻克江、汉之间的军事重镇襄樊。至元十一年起，元军大举南下，势如破竹。至元十三年（1276年），南宋朝廷投降，但各地军民仍进行抵抗。至元十六年（1279年），南宋余部在崖山（今广东珠海境内）战败，全军覆没，元朝实现了全国的统一。元朝统一以后，其疆域"北逾阴山，西极流沙，东尽辽左，南极海表"，[1]在历史上是空前的。国家的统一，使南北之间、边疆地区和中原地区之间的联系得到加强，各民族之间的交往也比以前更为密切。

蒙古国前四汗时期，"武功迭兴，文治多阙"，[2]各种制度是比较混乱的。忽必烈即

---

[1]《元史》卷五八《地理志一》，中华书局点校本。
[2]《元典章》卷一《诏令一·世祖皇帝登宝位诏》，陈高华、张帆、刘晓、党宝海点校，中华书局、天津古籍出版社2011年版。

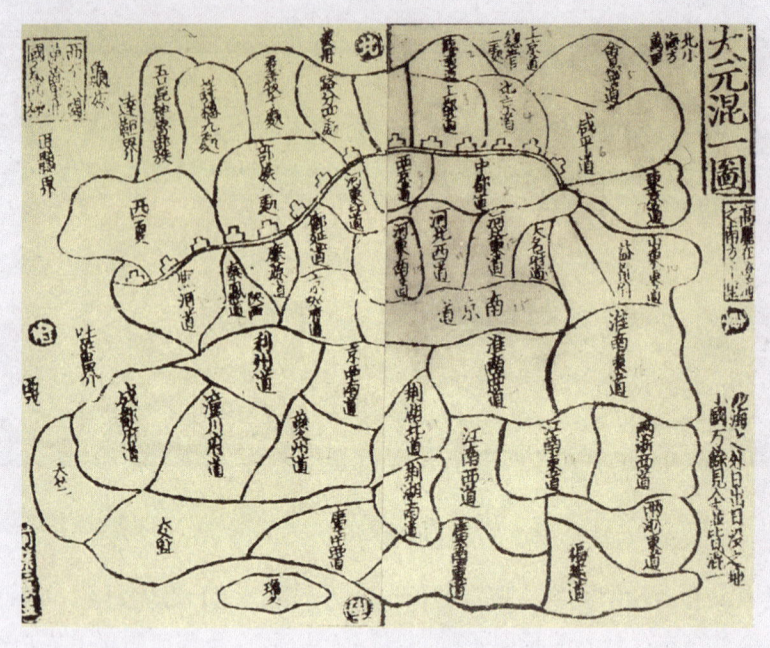

大元混一图

位以前,对于"汉法"即中原地区原有的统治方式已有很大的兴趣。当受蒙哥之命管理"汉地"时,他在河南、关中推行若干"汉法",取得明显的效果,后因有人反对而被迫中止。他登上统治的宝座后,更全面"采取故老诸儒之言,考求前代之典,立朝廷而建官府"。[①] 随着全国的统一,各种制度日益完善。他在中央设立中书省负责行政事务,枢密院管理军政,御史台掌管监察;在地方则分设行省,作为最高行政机构,行省下辖路、府、州、县,分理政务。此外,一部分地区归中书省直辖,称为"腹里"。藏族居住的吐蕃地区则分置三路宣慰司元帅府,在中央设宣政院进行治理。军队进行了调整和改组,使军、民分治,军权集中于皇帝手里。采取了种种发展农业生产的措施,鼓励垦荒,兴修水利。将赋税的征收制度化。仿效中原历代王朝的办法,建国号和年号。将都城由草原移到农业区,在原金朝首都中都的西北建立一座新城,命名大都(今北京的前身);而将开平定名为上都,作为夏季避暑之地。皇帝每年来往于两者之间,即所谓两都巡幸制度。这既是蒙古族游牧生活的反映,同时也是为了适应治理包括草原和农业区在内的广大国土的需要。起用儒生,兴办各级学校,培养人才。这些措施是忽必烈的"立国规模",[②] 成为元朝一代的制度。

与此同时,忽必烈对于蒙古贵族的利益仍是加以保护的。在他统治下,蒙古贵族

[①]《经世大典序录·官制》,《国朝文类》卷四,《四部丛刊》本。
[②] 许衡《立国规模》,《鲁斋遗书》卷七,《北京图书馆古籍珍本丛刊》本。

双龙戏珠马鞍

仍然享有种种特权，蒙古国时期的一些制度，如四等人制、投下分封制、怯薛制等，继续保存下来，在某些方面还有所加强。四等人制是将全国居民按民族、地域分为四个等级，即蒙古、色目、汉人、南人，政治待遇各不相同。蒙古、色目享受种种优遇，汉人、南人则受歧视，尤以南人为甚。色目人的范围很广，主要有回回（来自中亚、西南亚信奉伊斯兰教的阿拉伯人、波斯人和突厥人）、畏兀儿（今天维吾尔族的先民）、吐蕃（今天藏族的先民）、党项（原西夏的后裔）等。汉人则指原金朝统治地区的汉族和契丹、女真等族，以及四川、云南（两地归附蒙古较早）的居民。南人指原南宋统治地区内以汉族为主的各族居民。投下分封制是国家向贵族、功臣分封居住在某一地区的户口，被封人户要向受封者交纳一定数量的贡赋，形成隶属关系。受封者（投下主）往往向封户强加种种义务。怯薛是成吉思汗组建的大汗护卫军，主要是贵族和将领的子弟，分批轮值。后来，怯薛实际上成为历代大汗和皇帝的贴身侍从，参与政务，深得宠信，享有特殊的权利。此外，皇帝还不时要向贵族、功臣颁发巨额的赏赐，数量之大，往往超过了国库的承担能力。

忽必烈在位时间很长（1260—1294年）。他去世后，庙号世祖。相继即位的有成宗铁穆耳（1294—1307年）、武宗海山（1307—1311年）、仁宗爱育黎拔力八达（1311—1320年）、英宗硕德八剌（1320—1323年）、泰定帝也孙铁木耳（1323—1327年）、明宗和世㻋（1329年）、文宗图帖睦尔（1328—1331年）①、宁宗懿璘质班（1332年）、顺帝妥欢帖睦尔（1333—1368年），共九代。自成宗以下，基本上都沿袭世祖一代制订的各项制度。元成宗尊崇孔子，元仁宗举行科举，表明在推行"汉法"方面又有所进步。但是，元朝统治集团争夺皇位的斗争接连不断，蒙古、色目贵族官僚横行不法，政治腐败，贿赂公行，造成经济凋敝，百姓的负担不断加重。再加上14世纪上半期自然灾害频繁，使得广大民众挣扎在死亡线上。天灾人祸，终于在14世纪中期引发了全国规模的农民战争。经过十余年的角逐，崛起于南方的朱元璋建立明朝，在1368年攻克大都，从而结束了元朝的统治。

从忽必烈开始，才有了"元"这一国号，在此以前，则称为大蒙古国。但是大蒙古国的历史和元朝的历史，是密不可分的。大蒙古国历史，是元朝史的必不可少的组成部分。因此，元朝的年代，应自成吉思汗建立大蒙古国的1206年算起，到1368年明军攻克元朝首都大都（今北京）元朝灭亡为止，总共162年。在中国的历史上，元朝统治的时间并不长，但是这一时期的政治、经济、文化都有自己的特点。这些特点，对当时的风俗有很大的影响。

---

① 文宗图帖睦尔与明宗和世㻋都是武宗海山的儿子。1328年，泰定帝死于上都，图帖睦尔便在大都自立为帝。次年，图帖睦尔退位，从漠北迎其兄和世㻋南下即位。和世㻋在前往上都途中被毒死，图帖睦尔重新即位。

【 第二节　风俗观念和风俗政策 】

和前代一样，元代的儒生关注和重视风俗问题，认为社会风俗的好坏关系到国家的盛衰。元成宗时，郑介夫向皇帝上《太平策》，其中说："切自三代、汉、唐以来，历数延长，虽中经变乱，至于临危而获安，垂绝而复续者，皆由风俗淳厚，人心团结，有以维持扶植之也。贾谊曰：'化行俗定，则皆顾行而忘利，守节而仗义。'至哉言乎！礼义不立，廉耻不兴，风俗日薄，人心日漓，如人之一身，已无元气，安能长久？风俗乃国之元气，国祚修短，系乎风俗之厚薄，所关甚不轻也。知为政之要者，当以移风易俗为第一义。"①元武宗时，张养浩上《时政书》说："盖自上而下者谓之风，因上而成者谓之俗，故风俗，国家之元气，风俗厚则元气盛，而享国之日长；风俗薄则元气衰，而享国之日不敢必。故古之善观人国者，察乎此而已矣。"②元仁宗时，御史台上奏说："国家以风俗为本，……而风俗厚为治之至要也。"③他们的议论实际上代表了汉族儒生（包括接受儒家学说的其他民族士人）的共同看法。

对于他们所处时代的风俗，儒生们大多表示不满。忽必烈时，王恽上书"论政事"，其中特别讲到"风俗浇薄"，"自昔风俗美好，由礼义而生。今也礼义既衰，故日趋于

忽必烈像

---

① 《历代名臣奏议》卷六七《治道》，上海古籍出版社影印明刊本。
② 《时政书》，《归田类稿》卷二，清乾隆五十五年周氏刻本。
③ 《元典章》卷二九《礼部二·丧礼·禁治居丧饮宴》。

薄"。①元成宗时，刘敏中"奉使宣抚"，到各地视察，回京后上疏说："今之风俗，可谓奢且僭矣。"②张养浩则说："方今之俗，以华相上，以伪相高。"③郑介夫还列举"数端大坏风俗者"：娼妓盛行，兄死弟收嫂为妻，主奴等级贵贱不分，不讲孝道，鬻子休妻盛行，服色混淆，等等。④概括起来，他们对当代风俗的不满，主要集中在两个方面，一是封建的伦理纲纪遭到破坏，一是社会生活趋于奢侈。他们认为，风俗与统治的巩固与否关系甚大，希望通过政权的力量，加以整顿，使社会风俗由"薄"归"厚"，"邦国基本，实系于斯，顾在朝廷力行何如耳。德风所加，靡如草偃，令行禁止，谁敢不从"，"风俗既淳，人心自固，各遵德义，视法如仇，欲挽回唐虞三代之风不难矣"。⑤他们建议采取的措施，不外是自上而下推行儒家的政治理想："夫移风易俗，莫大于礼乐教化。"⑥"风化之行，莫国家若。先以四教为本，曰仁以养之，义以取之，礼以安之，信以行之。……惟其四者本立，而天下悚然有忠厚廉耻之心，而后敦之以礼让，谨之以庠序，观之以乡饮，教之以冠昏丧祭，民将目击而心谕，安行而有得。二三大臣匡直辅翼于上，时从而振德之，孰有子遗其亲、臣后其君者哉！所谓父子有亲，君臣有义，不曰风恬俗美，将安归乎！"⑦前已说过，忽必烈即位后，积极推行"汉法"，以后的元朝诸帝，大体上都继续执行忽必烈时代的各项政策。"汉法"的一个重要内容，便是"以厚风俗为务"。⑧元朝诸帝所采取的"厚风俗"的措施，可以分为三类。一是强化封建伦理道德，禁止"败俗"的行为。忽必烈在至元六年（1269年）设置地方监察机构提刑按察司，规定其职责之一是"宣

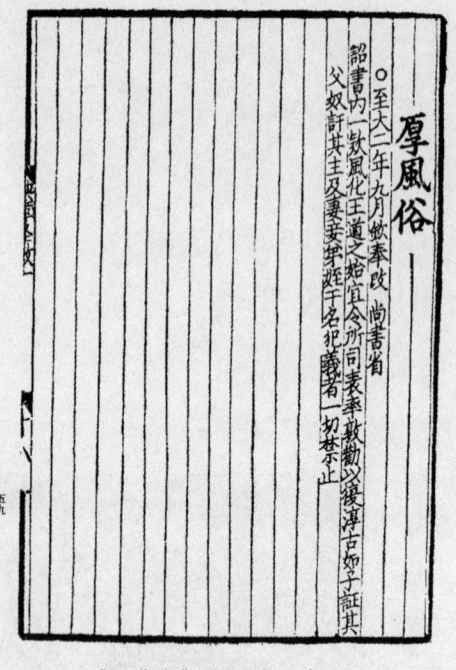

《元典章》"厚风俗"书影

---

① 《上世祖皇帝论政事书》，《秋涧先生大全集》卷三五，《四部丛刊》本。
② 《奉使宣抚回奏疏》，《中庵集》卷七，《北京图书馆古籍珍本丛刊》本。
③ 《时政书》，《归田类稿》卷二。
④ 《历代名臣奏议》卷六七《治道》。
⑤ 《历代名臣奏议》卷六七《治道》。
⑥ 《历代名臣奏议》卷六七《治道》。
⑦ 《上世祖皇帝论政事书》。
⑧ 《上世祖皇帝论政事书》。

明教化"，"若有不孝不悌、乱常败俗，……皆纠而绳之"。①武宗至大二年（1309年）诏书中一款："风化王道之始，宜令所司表率敦劝，以复淳古。如子证其父，奴讦其主，及妻妾弟侄干名犯义者，一切禁止。"②违反封建伦理道德的行为，都被看作有伤"风化"的"败俗"，在禁止之列。二是对社会生活的各个方面作出具体的规定，如服饰、丧葬、饮食等等。这些规定主要体现两条原则：强调等级的差别，反对奢侈。这些规定都由政府明令发布。第三，限制或取缔某些当时人们心目中的"陋俗"，如巫觋的活动、赌博、某些民间集会等等。这些措施，在以下的有关章节中，都将会说到。

以上这些措施，主要是在汉族和受汉族文化影响较深的民族中间施行的。在颁布这些措施的同时，元朝政府反复强调："蒙古、色目人各从本俗。"③也就是强调蒙古、色目人应保持自己的风俗习惯。以婚姻来说，至元七年（1271年）规定："诸色人同类自相婚姻者各从本俗法，递相婚姻者以男为主。蒙古人不在此限。"④蒙古、色目人允许继续实行收继婚，而"诸汉人、南人父没子收其庶母，兄没弟收其嫂者，禁之"。⑤又如丧葬，畏吾儿人内迁后，有不少人仿效汉族丧葬制度，元朝政府却下令禁止："从今以后，丧事里，自己畏吾儿体例落后了，汉儿体例随呵，宰杀呵，那畏吾儿底家缘一半断了者。"⑥顺帝时，监察御史乌古孙良桢"以国俗父死则妻其从母，兄弟死则收其妻，父母死无忧制，遂言：纲常皆出于天而不可变，议法之吏乃言国人不拘此例，诸国人各从本俗。是汉、南人当守纲常，国人、诸国人不必守纲常也。名曰优之，实则陷之，外若尊之，内实侮之，推其本心，所以待国人者不若汉、南人之厚也。请下礼官、有司及右科进士在朝者会议，自天子至于庶人，皆从礼制，以成列圣未遑之典，明万世不易之道"。⑦"国人"指蒙

大元通宝

① 《元典章》卷六《台纲二·体察·察司体察等例》。
② 《元典章》卷二《圣政一·厚风俗》。
③ 《元典章》卷三〇《礼部三·丧礼·禁治居丧饮宴》。
④ 《元典章》卷一九《户部四·婚礼·嫁娶聘财体例》。
⑤ 《元史》卷一〇二《刑法志二·户婚》。元代北方汉人受蒙古、色目人影响，亦有收继婚现象，元朝政府逐步加以限制，直至禁止。
⑥ 《元典章》卷三〇《礼部六·丧礼·畏吾儿丧事体例》。
⑦ 《元史》卷一八七《乌古孙良桢传》。

古人,"诸国人"指色目人。这说明一直到元朝末年,仍然奉行蒙古、色目"各从本俗"的政策。元朝政府奉行这一政策,目的是制造民族分离和隔阂,保证蒙古、色目的特殊地位。乌古孙良桢所说"优之"、"尊之",是符合事实的。至于他所说"推其本心,所以待国人者不若汉、南人之厚也",则是强词夺理,为了突出"纲常"重要而编造的言语。

但是,农业区的蒙古、色目人与汉族以及其他民族长期交叉居住,交往日益增多,风俗习惯必然互相影响。到了元朝末年,蒙古、色目在婚姻、丧葬等方面实行汉族习俗已屡见不鲜,改用汉名、汉姓者也为数甚多。如此等等。元朝政府在风俗方面实行的民族隔离政策受到了很大的冲击,在多数场合已名存实亡。

第一章
饮 食

　　饮食在人们日常生活中占有十分重要的位置，它既是生存的需要，又是一种精神的需求。元朝是个统一的多民族的国家，各民族均有自己的饮食习惯；同一民族中因居住地区不同又显示出差异。各民族饮食相互影响，以及域外饮食的传入，使元代饮食更加丰富多彩。

【 第一节　粮食结构和粮食加工 】

　　元代的粮食品种，有稻、麦、粟、黍、豆等。中国的粮食生产，较早就形成了南稻北麦的局面。元代仍是如此。江淮以北广大地区，以种植大、小麦为主，粟、稻等次之，黍、豆又次之。江、淮以南，则以稻米为主，大、小麦次之，粟、黍、豆等又次之。"稻有粳、秫之别，粳性疏而可炊饭，秫性黏而可酿酒。"[1]秫就是糯米。也就是说，稻米可以分为两大类，不黏供平时食用的是粳米，有黏性可以酿酒的是秫米（糯米）。有些文献中又有粳、籼之分，早稻为籼，晚稻为粳，粳既是"性疏而可炊饭"的稻米的通称，又是晚稻米的专称。粳米的质量，胜于籼米。元代稻的种植，以江南为最盛。北方中原地区如大都（今北京）、山西南部、陕西和河南的部分地区，稻的生产亦有一定的规模。西南边疆的云南地区，种植水稻亦相当普遍。

　　麦有小麦、大麦之分。"夫大、小麦，北方所种极广。"[2]北方广大农业区，普遍种植小麦、大麦，特别是黄河中、下游地区和关中平原、漠南草原、东北辽阳地区、河西走廊以及天山南北，也有部分地区种植二麦。江、淮之间，稻、麦并重。在长江以南，大、小麦亦占相当比重，旱地种麦甚多，不少地方稻、麦轮作。西南的四川、云南，麦的种植为数亦相当可观。

　　粟在古代被视为"五谷之长"，但后来因产量不高及其他原因，地位有所下降。到了元代北方农业作物中粟的产量次于大小麦，种植面积很广。很多地区夏季收麦，秋季收粟。元朝政府在北方征收税粮（粮食税的名称），以粟为准；设立义仓，计口留粟，作为备荒之用。如果粟的产量不多，就无法推行。江南的旱地、山地，亦有不少种粟。荞麦、黍，生长期短，产量有限，北方较多，特别是比较寒冷的地区，南方山区亦能见到。豆类品种很多，遍布南北各地。

---

[1]　王祯《农书·百谷谱集之一·水稻》，王毓瑚校本，农业出版社1981年版。
[2]　王祯《农书·百谷谱集之一·大小麦》。

各种粮食作物收获后，所得原粮，要经过加工处理，才能食用。稻、麦先要脱壳，脱壳以后的稻米，去糠才能食用；脱壳以后的麦粒，先要去麸，才能进一步加工成食品。其他各种粮食大体相同。稻米的加工工具主要有碾、碓、杵臼等；麦子的加工工具有碾、磨等。

去糠以后的稻米，可以用来煮饭或熬粥。稻"舂而为米，洁白可爱，炊为饭食，尤为香美"。用来炊饭的主要是粳米。① 用开水泡饭，则称为"水饭"。杂剧《立成汤伊尹耕莘》中说："俺虽是庄农田叟，闲游北疃南庄，新捞的水饭镇心凉，半截稍瓜蘸酱。"② 元代北京地方志载"都（大都——引者）中经纪生活人等，……早晚多便水饭"。③ 这是比较贫困的人家的食品。米中多加水熬煎，便成为粥。贫穷人家常吃粥，因为可以节约粮食。杂剧《东堂老劝破家子弟》描写富家子弟扬州奴破产后，一家住在窑中，饥寒交迫，无奈只好出门，想找旧相识"寻些米来"，"熬粥汤吃"，④ 便是生活的真实反映。但家道殷实的人家则在粥中加入肉、蔬菜、果实、药物或滋补品，作为老、弱、病人的保健食品。元代民间流行的保健医学著作《寿亲养老新书》登载的粥名有40余种。在宫廷中作为"食疗"的粥亦有10余种。⑤ 熬粥可以用粳米，也可以用糯米。糯米有黏性，可以熬粥，也可以煮饭，还可以用来制作粽子、团子等食品。

《饮膳正要》卷二"春宜食麦"图

"小麦磨面，可作饼饵，饱而有力。若用厨工造之，尤为珍味。"⑥ 小麦磨成面粉，可以加工的食品很多，常见的有面条、馒头、蒸饼、烧饼、馄饨、扁食（饺子）、馈子等。各种面食又都有多种制作方法。以面条来说，见于元代文献记载的有春盘面、皂

---

① 《农书·百谷谱集之一·水稻》。
② 隋树森编《元曲选外编》第516页，中华书局1959年版。
③ 《析津志辑佚·风俗》，北京出版社1983年版。
④ 臧晋叔编《元曲选》第219页，中华书局1958年版。
⑤ 《寿亲养老新书》，宋陈直作，元邹铉续增，上海古籍出版社1990年影印清同治刊本。忽思慧《饮膳正要》卷二《食疗诸病》，《四部丛刊续编》本。
⑥ 《农书·百谷谱集之一·小麦》。

敦煌元代壁画《踏碓图》

羹面、山药面、挂面、经带面、羊皮面、水滑面、索面、托掌面、红丝面、翠缕面、勾面等。① 面条的制作方法可以分为两种。一种是在面粉内加入适量的油、盐，和水成团，擀成薄饼，再切成条状，晒干后储存。需要时取出，放在水中煮熟后捞出，加上浇头（卤），便可食用。亦可现擀现煎。上面所说的索面、挂面应是一回事，即擀好后晒干的面条。所谓水滑面即是现擀现煮的面条。经带面则是"擀至极薄，切如经带样"的面条。煮好后"泼汁任意"，也就是可以加浇各种卤汁。② 水滑面、经带面并没有严格的区别，所以又有"水滑经带面"之称。③ 宫廷中的春盘面亦属于这一种，即在面煮熟后，浇以羊肉、羊肚、羊肺、鸡子（鸡蛋）和韭黄、蘑菇等物制成的卤。另一种是将

---

① 《居家必用事类全集》庚集《饮食类·湿面食品》，《北京图书馆古籍珍本丛刊》本。《饮膳正要》卷一《聚珍异馔》。
② 《居家必用事类全集》庚集《饮食类·湿面食品》，《饮膳正要》卷一《聚珍异馔》。
③ 《居家必用事类全集》庚集《饮食类·湿面食品》。

其他食物研成泥，或取其汁、肉，和在面粉中，再制成面条，煮熟后即可食用，有的还要加卤。例如宫廷中的山药面，便是"用山药三斤煮熟研泥成面"，另以羊肉打卤作浇头。民间的山药面亦同。红丝面是以鲜虾"擂烂"和入面中制成。翠缕面是以嫩槐叶研汁，和入面中制作。勾面则用萝卜煮烂和面。如此等等。

面条之外，还有馎子、馎饦、拨鱼、扁食、馄饨等面制食品，都是在沸水中煮熟后食用，在当时统称为"湿面食品"。[1] 馎子又作棋子、棋子。宋代杭州、开封等地已有这一食品，在"面食品件"之列。[2] 元代馎子是前代的继续。馎子应是一种面片，用刀切割成一定形状。[3] 原来形状似棋子，后来发展为多种形状，但仍以此为名。元代宫廷中有"水龙馎子"，是"用白面六斤，切作钱眼馎子"。其形状显然类似"钱眼"（方块）。[4] 据记载大都饮食中有象眼馎子、柳叶馎子；显然也是以其形状命名的。[5] 馎子种类甚多，有的以形状命名，如上举象眼、柳叶；更多的则以食物命名，如山芋面馎子、羊肉面馎子、木瓜面馎子等，这些食物或掺入面中，或作卤时使用。馎饦就是水煮面片，这种食品由来已久。元代民间有山芋馎饦、玲珑馎饦、鸡子馎饦、椒面馎饦等多种名目，都是以各种物料加入面中，擀开后煮熟食用。比较有特色的是玲珑馎饦，是在面中加入"剁碎"的"羊肾生脂"，"擀切作阔面，下锅煮"。[6] 馎饦与馎子的制作大体相似，其区别是馎子有一定形状而馎饦的形状可以随意制作。拨鱼是一种简便的面食品，即将面加水调成糊状，用工具（匙等）拨沸水中，煮熟即可食用。面糊入沸水中似鱼上下活动，故有此称。拨鱼时常在面内加其他食物，煮熟捞出后可加卤，

《饮膳正要》卷二"秋宜食麻"图

---

[1]《居家必用事类全集》庚集《饮食类·湿面食品》。
[2]《梦粱录》卷一六《面食店》，《知不足斋丛书》本。《东京梦华录》卷四《食店》，《学津讨原》本。
[3] 邓广铭《宋代面食考释——棋子面》，《中国烹饪》1986年第4期。
[4]《饮膳正要》卷一《聚珍异馔》。
[5]《朴通事谚解》卷下，第325页，《奎章阁丛书》本。
[6]《居家必用事类全集》庚集《饮食类·湿面食品》。

和面条的制作食用方法相同。如"山药拨鱼",便用"白面一斤,豆粉四两,水搅如稠煎饼面,入擂烂熟山药,同面一处搅匀,用匙拨入滚汤。候熟,臊子汁食之"。"臊子汁"就是肉汁。"玲珑拨鱼"则"以肥牛肉或羊肉半斤,碎切如豆,入糊搅匀"。其余制法同"山药拨鱼"。①

扁食就是饺子。高丽的汉语教科书《朴通事》记,使臣来到驿站,命站中管理人员"将那白面来,捏些扁食"。同书记载大都午门外饭店备有各种食品,其中亦有扁食。②可见这是很流行的食品。馄饨是将面和好以后,"揽色(折断——引者)为小剂。豆粉为馎(防止面团黏合的生面——引者),

元代壁画中的馒头形象

骨鱼搥捍面,边微薄,入馅蘸水合缝。下锅时,将汤搅转,逐个下,频洒水。……候熟供。馅子荤素如意。"③至大二年(1309年)三月十四日,书法家郭畀(天锡)在镇江访友,友人"具馄饨"招待。④吏部郎中乔仲山"家制馄饨得法,常苦宾朋需索"。⑤可见也是一种常见的食品。

另一类面食,是蒸熟后食用的,在当时统称为"干面食品",有馒头、包子、角儿、奄子、兜子、稍麦、经卷儿𫗦饼(蒸饼)等。馒头、包子、𫗦饼、经卷儿都是用小麦面发酵后制作的。现在的包子有馅,馒头没有馅,两者区别明显。但在元代,馒头是将面粉和入发酵物质,"捍作皮,包馅子",然后"入笼床上,蒸熟为度"。⑥包子的制作方法基本一样。两者都有馅。宫廷中有仓馒头、鹿奶肪馒头、剪花馒头、天花(可以食用的菌类植物)包子等。仓馒头是以"羊肉、羊脂、葱、生姜、陈皮,各切细",加入"料物、盐、酱,拌和为馅"。其他馒头、包子也都有馅。⑦民间的馒头、包子也有多种名目。元代一首散曲中说牛被宰杀后,牛肉"或是包馒头待上宾,或是裹馄饨请伴侣"。⑧说的就是牛肉馅馒头。高丽的汉语教科书中还记载有羊肉馅馒头。⑨馒头和包子的区别何在,现在还讲不清楚。另有稍麦,⑩就是现在的烧卖,也是有馅的发面食

---

① 《居家必用事类全集》庚集《饮食类·湿面食品》。
② 《朴通事谚解》卷下,第325页。
③ 《居家必用事类全集》庚集《饮食类·湿面食品》。
④ 《云山日记》。《古学丛刊》本。
⑤ 陶宗仪《辍耕录》卷二四《馄饨方》,中华书局1958年版。
⑥ 《居家必用事类全集》庚集《饮食类·干面食品》。
⑦ 《饮膳正要》卷一《聚珍异馔》。
⑧ 姚守中《[中吕]粉蝶儿·牛诉冤》。隋树森编《全元散曲》第321页,中华书局1964年版。
⑨ 《朴通事谚解》卷下,第323页。
⑩ 《朴通事谚解》卷下,第323页。

品，蒸熟后食用，但形状与包子、馒头有别。

"饦饼（经卷儿一同）"是用白面、小油、小椒、茴香和成。"隔宿用酵子、盐、碱温水一同和面，次日入面接肥，再和成面，每斤作二个入笼内蒸。"①饦饼又作蒸饼，也就是前代的炊饼，没有馅的发面食品。大都（今北京）"诸蒸饼者五更早起，以铜锣敲击，时而为之"。"经纪生活匠人等，每至晌午，以蒸饼……为点心"。②杂剧中亦涉及此种食品。一个贼人"在蒸作铺门前过，拿了他一个蒸饼"。③一对穷夫妻，想吃"水床上热热的蒸饼"。④"水床"就是蒸笼。由这些记载可以看出，蒸饼主要是一种大众化的食品，但也能进入宫廷。经卷儿就是现在的花卷，其制作方法与蒸饼大体相同，这就是上引"蒸饼（经卷儿一同）"之意，但两者形状是有别的。高丽汉语教科书中记载大都的饭店有"麻尼汁经卷儿"，⑤无疑就是现在的麻酱花卷。角儿、兜子都是"白面作皮"包馅而成的食品，一般蒸熟吃。但两者形状有别。奄子应与两者类似。

还有一类面制品，是烤、煎后食用的。最普通的是烧饼，其制法是："每面一斤，入油两半，炒盐一钱，冷水和搜，骨鲁棰研开，鏊上煿得硬，糖火内烧熟极脆美。"说的是两种烧饼的制作方法。一种在"鏊"（就是现在的烙饼平锅）上烤，这样的烧饼硬；一种是放在热灰（糖火）中煨熟，也有"入红炉煿熟"。⑥文献记载中有黑子儿烧饼、牛奶子烧饼、芝麻烧饼、黄烧饼、酥烧饼、硬面烧饼等多种名目。⑦烧饼是一种很流行的食品，上至宫廷，下及民间。大都"经纪生活匠人等"（商贩、工匠等）常以此为点心。⑧高丽的汉语教科书记载，高丽商人来大都经商，路上遇到"汉儿"商人同行，来到离大都不远的夏店。众人商量。"咱每吃些什么茶饭好？"高丽商人说："俺高丽人，不惯吃湿面，咱每吃干物事如何？"同伴说："那般者，咱每买些烧饼，爨些肉吃了。"买的烧饼有些是热的，有些是冷的，便吩咐饭店过卖（伙计——引者）：

元上都遗址出土的铁锅

---

① 《饮膳正要》卷一《聚珍异馔》。
② 《析津志辑佚·风俗》。
③ 佚名《崔府君断冤家债主》，《元曲选》第1130页。
④ 张国宾《相国寺公孙合汗衫》，《元曲选》第130页。
⑤ 《朴通事谚解》卷下，第324页。
⑥ 《居家必用事类全集》庚集《饮食类·从食品》。
⑦ 《饮膳正要》卷一《聚珍异馔》。《朴通事谚解》卷下，第325—326页。
⑧ 《析津志辑佚·风俗》。

"热的留下者,俺吃,这冷的你将去,炉里热着将来。"①这段描写,说明烧饼到处可见,也证明了上面所说"湿面"、"干面"是当时颇为流行的面食分类。又有煎饼,"白面三斤半,冷水和成硬剂,旋旋添水调作糊,铫盘上用油摊薄煎饼"。煎饼可以加馅再煎食用。②上面所说的角儿,有些可以在"燠上炮熟",有的可以"入炉煿熟"。③以上所说,都是小麦磨成面粉后加工的食品。此外,小麦在脱壳以后可以煮成粥饭食用。宫廷中便有用小麦仁煮成的小麦粥,"或炊作饭,空腹食之"。④大麦的产量不如小麦。大麦亦可磨成面粉,加工食用,但用途远不如小麦面粉。大麦仁常用来加水煮成粥饭。元代贫苦农民的生活是"麦饭稀稀野菜羹"。⑤这里所说麦饭是小麦或大麦不清楚,但可说明"麦饭"(实际上应是麦粥)并不罕见。

荞麦分布地区颇广,"中土、南方农家亦种,但晚收。磨食溲作饼饵,以补面食。饱而有力,实农家居冬之日馔也"。⑥具体来说,荞麦"治去皮壳,磨而为面,摊作煎饼,配蒜而食。或作汤饼,谓之'河漏'。滑细如粉,亚于麦面,风俗所尚,供为常食"。⑦讲的是两种食用方法,一种是像小麦面一样,"摊作煎饼"而食。另一种和"汤饼"(面条)一样,称为"河漏",又称"合落"、"饸饹"、"合酪"。这是将荞麦面粉糅和成团后,用一种木制的工具压挤而成的。现在北方民间仍有此种食品。荞麦面又称软粔子面,大都街头有软粔子饼,⑧应是一种干面食品。

粟一般用来煮粥、饭以供食用。蒙古进攻川南时,有人建议"舟米数千石"随军行动,理由是"此去多稻,而求粟无有",带着

《饮膳正要》卷二"冬宜食黍"图

---

① 《老乞大》,《元代汉语本〈老乞大〉》影印本,第34—35页,韩国庆北大学2000年版。《老乞大》元刻本是近年发现的,和过去通行的《奎章阁丛书》本文字颇有出入。
② 《居家必用事类全集》庚集《饮食类·从食品》。
③ 《饮膳正要》卷一《聚珍异馔》。《居家必用事类全集》庚集《饮食类·从食品》。
④ 《饮膳正要》卷一《聚珍异馔》。
⑤ 元淮《农家》,《金囷集》,《涵芬楼秘笈》本。
⑥ 《农书·百谷谱集之二·荞麦》。
⑦ 《农书·百谷谱集之二·荞麦》。
⑧ 《析津志辑佚·风俗》。

粟米可供病者食用。① 元军南下，"[至元]十三年，诏以湖南戍军多疾，恐坐不习食稻，俾公（王均，时为襄阳府判官——引者）舟粟若干万斛如湖南故丞相阿尔哈雅所"。② 这些"不习食稻"而喜欢食粟的军人，主要应来自北方农村。也就是说，在北方，以粟为主食仍是相当普遍的。宫廷中的荆芥粥、麻子粥都用白粟米，③ 民间的人参粥、竹沥粥、雀儿粥、粟米粥等也都用粟米。④ 黍"可以酿酒，又可作馈粥，黏滑而甘，此黍之有补于艰食之地也"。"赤黍米黄而黏，可蒸食；白黍酿酒，亚于糯秫"。⑤ 黍米可以熬粥，可以蒸食。大都"有以黄米作枣糕者，多至二三升米作一团，徐而切破，称斤两而卖之"。⑥ 应该就是用赤黍米制作的。

豆类亦是粮食。"其大豆之黑者食而充饥，黄豆可作豆腐，可作酱料。白豆粥、饭皆可拌食。"小豆中的菉豆，"人俱作豆粥、豆饭，或作饵为炙，或磨而为粉，或作曲材。其味甘而不热，颇解药毒，乃济世之良谷也"。又有豌豆，"百谷之中，实为先登，蒸煮皆可便食，是用接新，代饭充饱"。⑦ 其他各种豆大体相同。概括起来说，各种豆可以单独亦可以和其他粮食掺合熬粥煮饭，亦可以磨成粉制作各种食品。上面所说的馉子、角儿、兜子等，常用面粉加上豆粉（有的再加其他粉）混合作皮。以上所说主要是从事农业的汉族的粮食结构和粮食加工情况。汉族分布地区很广，各地区之间（特别是南、北之间）有很大的差异。其他一些从事农业的民族如契丹、女真等，与汉族杂居，和汉族相去不远。

山西洪洞水神庙壁画"后宫尚食"图

---

① 姚燧《汪公神道碑》，《牧庵集》卷一六《四部丛刊》本。
② 姚燧《王公神道碑》，《牧庵集》卷二一。
③ 《饮膳正要》卷一《聚珍异馔》。
④ 陈直、邹铉《寿亲养老新书》卷一《食治老人诸方》。
⑤ 《农书·百谷谱集之二·黍》。
⑥ 《析津志辑佚·风俗》。
⑦ 《农书·百谷谱集之二·大豆、小豆、豌豆》。

【第二节　副食结构和副食加工】

元代农业地区居民的副食，可以分为肉食、蔬菜和果品三大门类。

肉食又可分为家畜肉、家禽肉、野生动物肉和水产品四种。家畜肉中，羊肉和豕肉最为重要。在元代以前，北方农业区的肉食便以羊肉为主，北宋宫廷中"止用羊肉"。[①]元代北方农业区仍然如此。政府系统供应的肉食，都是羊肉。如驿站，来往官员都有一定的供应标准，正使每日米一斤，面一斤，羊肉一斤，酒一升。[②]国学开学，"以羊若干，酒若干樽，烹宰以燕"国学官员。[③]高丽汉语教科书《朴通事》《老乞大》所记主要是元代大都生活习俗，其中涉及肉食之处大多为羊肉，如举行宴会首先要买"二十只好肥羊，休买母的，都要羯的"。送生日礼物"到羊市里""买一个羊腔子"。[④]富家子弟起床后，"先吃些个醒酒汤，或是些点心，然后打饼熬羊肉，或白煮着羊腰节胸子"。[⑤]豕肉在北方肉食中不及羊肉重要，但亦常见。元代中期，顺德路（治今河北邢台）总管王结向百姓颁布《善俗要义》，其中之一是"畜鸡豕"。王结说："鸡豕蕃息，上可以供老

《饮膳正要》卷二"禽兽变异"插图

---

① 李焘《续资治通鉴长编》卷四八，中华书局点校本。
② 《经世大典·站赤》见《永乐大典》卷一九四一六，中华书局影印本。
③ 《析津志辑佚·风俗》。
④ 《朴通事谚解》卷上，第6、121页。
⑤ 《老乞大》，《元代汉语本〈老乞大〉》影印本，第67—68页。

者之需，下可以滋生理之事也。"①所谓"滋生理之事"应是养豕出售增加农民的收入。大都有羊市，在城内羊角市（今西四一带），又有"豕市，文明门外一里"。②文明门即今崇文门。羊市、豕市主要供应城市居民的肉食需要。江淮以南，豕肉在肉食结构中显然比羊肉更为重要。集庆（今江苏南京）、镇江等城市都有专门以屠宰出售豕肉为业的屠户。③有人食"惟豕肉"。④至元十九年（1282年）四月二十三日，"中书参知政事阿里奏：江南省、台、按察司、宣慰司、路、府官署，但凡遣使就给铺马札子，又使臣不食豕肉、鱼、雁、鹅、鸭等，必须羊肉。江南羊价每日计钞七八十两，实害站赤。奉旨：可即移文省谕，毋令出给铺马札子。使臣到馆，有豕肉即与之，无则与饭。其地必多鱼，亦可与之，无则亦不必与。至羊肉、鹅、鸭、飞禽等，不得与之。此二事速令截日罢去"。⑤由此可知，江南羊肉不如豕肉多，因而价格亦较贵。

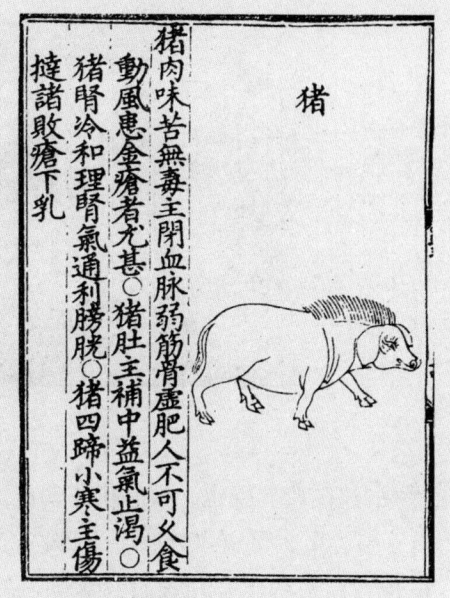

《饮膳正要》卷三"猪"图

家畜肉中还有牛肉和马肉。这两种数量比羊肉、豕肉要少，特别是马肉，因而常用于宴会。"内外官员士庶之家，凡是婚姻庆贺一切宴会，往往宰杀马牛食用。"⑥牛是耕田运载的工具，马是运输、骑乘的工具，对于生产和军事活动来说都很重要，因而元朝政府对于屠宰牛、马严加限制。忽必烈即位的第二年（1261年）便下令："凡耕佃备战，负重致远，军民所需，牛、马为本。往往公私宰杀，以充庖厨货之物，良可惜也。今后官府上下公私宴会并屠肆之家，并不得宰杀牛、马，如有违犯者，决杖一百。"只有因病倒毙及不堪使用的马、牛，申报所在官司后方许开剥。⑦这一禁令曾反复重申。民间亦有反对食用牛马肉的舆论："牛、马之为畜，最有大功于世，非奉祭祀先圣及有故（谓天子圣节之宴）则不食。……若买善杀者则违国典，若食自死者则致

---

① 《文忠集》卷六，《四库全书》本。
② 《析津志辑佚·城池街市》。
③ 孔齐《至正直记》卷二《屠刽报应》、《金陵二屠》。庄敏、顾新点校本，上海古籍出版社1987年版。
④ 《至正直记》卷三《不食糟辣》。
⑤ 《经世大典·站赤》见《永乐大典》卷一九四一八。
⑥ 《元典章新集·刑部·头疋》。
⑦ 《元典章》卷五七《刑部十九·禁屠杀》。

山西朔州元墓壁画《备宴图》

恶疾。违国典非臣也，致恶疾非孝也。"①但是偷宰之事不断发生，散曲作家姚守中有一首《牛诉冤》写道："感谢中书部，符行移诸处：所在官司，禁治严明，遍下乡都，里正行，社长行，叮咛省谕，宰耕牛的捕获申路。"然而，屠户仍私下宰杀，"应捕人在旁边觑，张弹压先抬了膊项，李弓兵强要了胸脯"，剩下的部分分散发售。②贵族、官员则公开违反禁令，权臣燕铁木儿"一宴或宰十三马"。③哥妓顺时秀有疾，"思得马版肠充馔"，翰林学士王元鼎"杀所骑千金五花马，取肠以供，至今都下传为佳话"。④可供食用的家畜肉还有狗肉、驴肉等。

元代饲养供食用的家禽，主要有鸡、鸭、鹅等，至元八年（1271年），元朝设立劝农司，同年颁布"农桑之制十四条"，其中之一是："近水之家许凿池养鱼并鹅鸭之类，……以助衣食。"⑤前引王结《善俗要义》中要百姓"畜鸡豕"，"养鱼鸭"。⑥鸡、鹅、鸭一类家禽，和各种家禽蛋，既可自己食用，又可供应市场，增加收入，所以政府加以提倡。农学家王祯说，农家"若养二十余鸡，得雏与卵，足供食用，又可博换诸物，养生之道，亦其一也"。"鹅、鸭之利，又倍于鸡，居家养生之道不可阙也"。⑦鸡、鹅、鸭一类家禽，南北农家普遍驯养，城市中的市场有家禽出售，供居民食用，如大都便有专门的鹅鸭市。⑧

---

① 《至正直记》卷三《议肉味》。
② 隋树森编《全元散曲》第319—321页，中华书局1964年版。
③ 《元史》卷一三八《燕铁木儿传》。
④ 陶宗仪《辍耕录》卷一九《妓聪敏》。
⑤ 《通制条格》卷一六《田令·农桑》，黄时鉴点校，浙江古籍出版社1986年版。
⑥ 《文忠集》卷六。
⑦ 《农书·农桑通诀集之五·畜养篇》。
⑧ 《析津志辑佚·城池街市》。

野生动物肉在当时称为"野味"，包括野兽肉和野禽肉两类。元代农业区常见的野兽有鹿、獐、狸、兔、狐等，常见的野禽有山鸡、雁、天鹅、鹌鹑、斑鸠、水札、野鸭等。这些野生动物肉都可供食用，其中有些还被视为美味。元末溧阳（今江苏溧阳）人孔齐说，他父亲的食物中，"野味惟鹿、獐、玉面狸、山鸡之雄者、鹌鹑、斑鸠之类，余不多食"。他的母亲"喜啖山獐及鲫鱼、斑鸠、烧豕肋骨"。[1] 溧阳是江南比较富裕之地，孔家是个普通富户，可知当时"野味"在食物中是占有一定比例的。北方以及南方地广人稀之地和山林之中，野兽野禽更多，"野味"在食物中所占比例更大。

元代唐棣《霜浦归渔图》中的渔民（摹本）

肉食的另一大宗是水产品。可以分为海洋和淡水两类。水产品以鱼为主，其次有蟹虾和贝壳类水产等。海鱼主要有石首鱼（黄鱼）、鲥鱼、比目鱼、鲻鱼、鲳鱼、海鳗、鲵鱼（河豚）、鲋鱼、带鱼等。淡水鱼有鲤鱼、鲫鱼、鲟鱼、鲢鱼、鳙鱼、鲭鱼等。蟹、虾和贝壳类水产品在海洋和江河湖泊中均有出产。

渔民捕捞各种水产品，除了部分自己食用外，多数在产地或附近村镇行销。元人有诗："螺湖石层江水平，大船小船满东津。举罾出鱼辄数十，落日光射金鳞鳞。枫桥烟起新酒熟，共穿小鱼饮西邻。大鱼虽肥且勿食，明朝卖与城中人。"[2] 便是描写上述情景。淡水鱼的人工养殖，在南方相当普遍，此外沿海地区还养殖贝壳类水产品（蚶、江珧等），主要目的都是为了出售。大都有鱼市。[3] 集庆（今江苏南京）有鱼市、蚬市，后者应是出售贝壳类水产品的市场。[4] 长兴（今浙江吴兴）有锦鳞行，也是经营水产品的行业。[5] 在沿海和濒临江河湖泊地区的居民中，肉食实际上大多是以水产品为主的。

蔬菜是副食的另一大门类。对于从事农业的民族来说，蔬菜是和粮食同等重要的食物，"夫养生必以谷食，配谷必以蔬茹，此日用之常理，而贫富不可阙者"。[6] 元代蔬菜品种很多，据各书记载，应不下于70种。南北通行比较常见的约20种，有萝卜、

---

[1]《至正直记》卷三《不食糟辣》、《喜啖山獐》。
[2] 刘诜《庐陵十景·小洲暮渔》，《桂隐诗集》卷二，《四库全书》本。
[3]《析津志辑佚·城池街市》。
[4]《至正金陵新志》卷四《疆域志》，《四库全书》本。
[5]《重修东岳行宫记》碑阴，《吴兴金石记》卷一三。
[6]《饮膳正要》卷三《菜品》。

茄子、菘（白菜）、瓠、冬瓜、黄瓜、芥、菠薐（赤根）、莴苣、苋菜、芋、韭、姜、葱、蒜、薤、葵、菌子（蘑菇）、芹等。还有一些蔬菜，分别产于南方或北方。如蔓菁，"北方多获其利，而南方罕有之"。① 南方则有竹笋、茭白等。还有两种外来的蔬菜，一种是胡萝卜，一种是回回葱（现在的洋葱），在当时已相当流行。

一般人家都在房边屋后栽种蔬菜，供自己家庭食用。城市居民也有这种习惯。元代中期文学家马祖常在大都做官，他在家中"治方一畛地，横纵

山西平定东回村元墓壁画《庖厨图》

为小畦者二十一塍，……杂芦菔、蔓菁、葱、薤诸种，布分其间"。"菜熟芼羹，以侑廩米之馈馏"。② 城市近郊大多有一些农民种菜较多，运往城中发售。王祯说："家有其种（指蒜——引者），多者收一二顷，以供岁计"，"凡近城郭园圃之家，种［韭］三十余畦，一月可割两次，所易之物，足供家费。积而计之，一岁可割十次"。③ 大都有菜市三处，供应市民的需要。④ 其他城市亦应有供应蔬菜的市场。蔬菜除种植之外，还有野生的，大都的野菜便有40余种。⑤ 高丽汉语教科书记载，大都居民叫孩子"拔野菜去，将小蒜、田菁、荠菜、苣荬，都拔将来，把苣荬来煮吃"。⑥ 镇江亦有好几种野菜见于记载，如马齿苋，"亦野生，近人多采之以充蔬茹"。⑦

副食的又一门类是水果。元代水果的种类各书记载颇有不同。大体说来，南北普遍种植的果品有梨、桃、李、梅、杏、枣、栗、柿、葡萄、西瓜、石榴、枇杷、木瓜、甜瓜、桑葚等，只在南方生长的有橘、橙、杨梅等，只长于福建、两广的有龙眼、荔枝（四川亦有）、橄榄、蕉子、椰子、无花果、宜母（柠檬）等。农业地区的城乡居民，都有在庭园中种植果树的习惯，也有专业的果农，栽种果树，收获以后，在市场出售

---

① 《农书·百谷谱集之三·蔓菁》。
② 《小圃记》，《石田先生文集》卷八，《元四大家集》本。
③ 《农书·百谷谱集之五·韭》。
④ 《析津志辑佚·城池街市》。
⑤ 《析津志辑佚·物产》。
⑥ 《朴通事谚解》卷中，第205—206页。
⑦ 《至顺镇江志》卷四《土产》，丹徒鲍氏刻本。

各种水果。

各种副食品，经过一定的加工，成为菜肴。汉族的日常膳食，是由主食加工品和菜肴构成的。

肉类菜肴加工方法有烤、蒸、煮、炖、炒等。高丽汉语教科书《朴通事》所记宴会菜肴中，有烤的"烧鹅"，炒的"川炒豘肉"、"炮炒豘肚"，炖的"烂膀蹄"，煮的"白煠鸡"、"燘鸽子弹（蛋）"，蒸的"蒸鲜鱼"。① 肉类菜肴可以纯用肉类制作，也可以加入适量的蔬菜和果品。用烤、蒸、煮、炖、炒而成的肉类菜肴，可以称之为热菜。此外又有现在所说的冷盘，当时称为"肉下酒"和"肉灌肠红丝品"，有灌肠、灌肺、肉丝、水晶脍和生食的肉制品等。灌肠、灌肺、肉丝、水晶脍都是熟肉制品，其中水晶脍就是现在的肉皮冻。生食的肉制品则有"肝肚生"、"生肺"、"酥油肺"、"琉璃肺"、"照脍"等，都是用各种生肉、肝、肺等，洗净后作适当加工，掺拌各种调味品（蒜、姜、韭、蜜、醋、酒等），便可食用。有的则在冰镇后食用。② 蔬菜可作为肉类的配料，也可单独食用。当时单独食用蔬菜，有几种方法。一种是洗净后生吃，一种是用醋、糖等加以浸泡后食用，有的还要加其他调料。此外便是用炒、煮、蒸等方法加工为熟菜。元末名画家倪瓒讲究饮食，他的食谱中有"雪庵菜"、"醋笋"、"烧萝卜"等菜肴，都用蔬菜制成。③ 蔬菜是素菜。同样可以列入素菜的还有各种豆制品，有豆腐、豆芽菜等，都是价格低廉受到下层百姓欢迎的食品。此外还有面筋，则是用麦麸制作的。果品可以作为各种菜肴的配料，更多是用来作辅助用品。

为了使副食品能保持较长的时间，元代沿袭前代的办法，或腌制、或晒干。腌、干副食品可以储藏，可以长途贩运，因而是很流行的。以腌制来说，各种动物肉洗净后切成条、块，便可用盐（有的加酒和其他调料）腌制。家禽、飞禽、鱼类，在剖腹去内脏后洗净，再用盐腌制，亦须加其他调料。用盐腌制的还有鸭蛋。除盐以外，还有用酒糟、酱来腌制的，有糟鱼、糟蟹、酱蟹等。这一时期还有一类称为"鲊"的食品，通常是将鱼或其他动物肉切成片，先用盐腌，将水控干，再以各种调料（姜、茴香、红曲、葱丝等）、米饭少许，有的还加适量的酒或油，一起放入容器内压实。然后

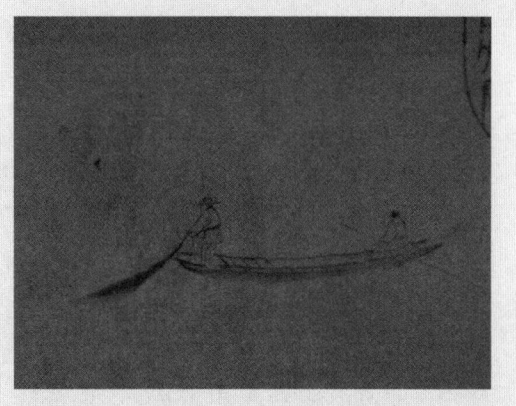

《雪江渔艇图卷》局部"捕鱼"

---

① 《朴通事谚解》卷上，第13页。
② 《居家必用事类全集》庚集《饮食类·肉下酒》。
③ 《云林堂饮食制度集》，《中国烹饪古籍丛刊》本，中国商业出版社1983年版。

盖上箬叶，插入竹签，将容器倒过来，使卤水流尽。常见的有"鱼鲊"、"黄雀鲊"、"蛏鲊"、"鹅（豕、羊）鲊"等。①鲊类食品可以保持较长时间，一般在取出后要经过煎炒才可食用。肉类之外，蔬菜同样可用盐、酱、糟等物腌制。元代农学著作中说，黄瓜"或以酱藏为豉，盐渍为霜瓜"；萝卜"腌藏腊豉，以助时馔"，甘露子"可用蜜或酱渍之，作豉亦得"。②其他如竹笋、韭菜等亦可腌制。下层百姓普遍以腌制蔬菜下饭。

　　另一种食品保存办法是晒干，主要用于鱼类和某些蔬菜。鱼类可用于晒干加工的有黄鱼（石首鱼）、鲎鱼、鲳鱼、比目鱼、海鳗等。"破脊而枯者曰鲞，全其鱼而淹、曝者谓之郎君鲞。"比目鱼"舟人捉春时得之，则曝干为鲭"。鲎鱼"夏初曝干，可以致远，又可以鲊"。③石首鱼"俗名黄鱼，曝干为白鲞"。④这样制成的干鱼，"皆可经年不坏，通商贩于外方云"。⑤就蔬菜而言，菠菜"至春暮茎叶老时，用沸汤掠过，晒干，以备园枯时食用，甚佳"。莙荙，"或作菜干，无不可也"。菌子"曝干则为干香蕈"，即香菇，食用时用水泡开，可煎可炒，是一种美味食品。⑥果品为了贮存和增加滋味，亦有多种加工的办法。一种是用日光曝晒，去掉水分，制成果脯。如柰脯，"柰熟时，中破曝干，即成矣"。枣脯，"切枣曝之，干如脯也"。桑葚，"曝干，平时可当果食，歉岁可御饥饿"。生柿，"擦去厚皮，捻扁，向日曝干，内于瓮中，待柿霜俱出可食，甚凉"。也就是柿饼。⑦一种是用蜜或糖渍。常见的是木瓜、橄榄、杏、藕、梅、杨梅等。蜜渍之法是将果品与蜜同煎，亦可将蜜熬煎成稠状浇在果品上。糖渍之法是将糖和果品同煎，或将果品与糖拌匀后晒干。还有一种是将果品晒干后用火焙，常见的是荔枝、龙眼，亦可长期贮存。当时有贩卖"干鲜果品"之说，干果品即指加工后的果品。干果品和鲜果品一样，都是辅助食品，常用于招待客人。以上所说副食品及其加工的情况，主要是存在于以粮食为主食的汉族中间的，其他一些以农业为主要经济部门的民族，如契丹、女真等，大体相近。

---

① 《居家必用事类全集》已集《造鲊品》。
② 王祯《农书》《百谷谱集之三·蔬属》。"豉"是豆类发酵制成的一种调味作料。"为豉"、"作豉"是以某些蔬菜和初步发酵的豆类一起制作"豉"。
③ 《至正四明续志》卷五《志产·水族》，《宋元四明六志》本。
④ 夏铭《饮食须知》卷六《鱼类》，《中国烹饪古籍丛刊》本，中国商业出版社1985年版。
⑤ 《至正四明续志》卷五《志产·水族》，《宋元四明六志》本。
⑥ 《农书》《百谷谱集之四、五·蔬属》。
⑦ 《农书》《百谷谱集之七·果属》。

第三节　蒙古和回回的食物结构

蒙古族生活在草原上，主要从事畜牧生产，他们的食物与以农业生产为主的民族有很大的差别。

13世纪上半期出使蒙古的南宋使臣赵珙说："鞑人地饶水草，宜羊马，其为生涯，只是饮马乳以塞饥渴。凡一牝马之乳可饱三人。出入只饮马乳，或宰羊为粮。……如出征于中国，食羊尽则射兔、鹿、野豕为食。故屯数十万之师，不举烟火。"[1]在赵珙以后参加使团到过蒙古的彭大雅说："其食肉而不粒。猎而得者曰兔、曰鹿、曰野豕、曰黄鼠、曰顽羊、曰黄羊、曰野马、曰河源之鱼。牧而庖者以羊为常，牛次之，非大燕会不刑马。火燎者十九，鼎烹者十二三"，"其军粮羊与泲马（手捻其乳曰泲）"。[2]也就是说，蒙古人的食物，主要是肉类和乳类，肉类中包括牧放的牲畜羊、牛、马以及打猎所得的各种野生动物和河鱼，乳类则以马乳为主。全真道领袖邱处机应成吉思汗之召前往中亚，途经蒙古，见到当地居民"其俗牧且猎，衣为韦毳，食以肉酪"。[3]"酪"就是乳类食品。就在13世纪上半期，随着蒙古势力的扩张，草原居民的食物结构开始发生变化。赵珙说："近来掠中国之人为奴婢，必米食而后饱，故乃掠米麦，而于札寨亦煮粥而食。彼国中亦有一二处出黑黍米，彼亦煮为解粥。"[4]邱处机经过蒙古时，在个别地方看到稷、麦；还有蒙古人向他"献黍米石有五斗"；"黍米斗白金十两，满五十两可易面八十斤，盖面出阴山之后二千余里，西域贾胡以橐驼负至也"。[5]

13世纪40年代，真定（今河北真定）人张德辉应蒙古藩王忽必烈之请来到草原，在驴驹河（即克鲁伦河）看到"濒河之民，杂以蕃、汉，亦颇有种艺，麻、麦而已"。

---

[1] 赵珙《蒙鞑备录》，王国维笺证本，见《王国维遗书》。
[2] 彭大雅、徐霆《黑鞑事略》，王国维笺证本，见《王国维遗书》。
[3] 李志常《长春真人西游记》卷上，王国维笺证本，见《王国维遗书》。
[4] 《蒙鞑备录》。
[5] 李志常《长春真人西游记》卷上，王国维笺证本，见《王国维遗书》。

和林（蒙古国都城，在今蒙古国西南额尔德尼召附近）中有和林川，"居人多事耕稼，悉引水灌之，间亦有蔬圃。时孟秋下旬，糜麦皆槁"。他到达忽必烈营帐后，"食则以羶肉为常，粒米为珍"。①蒙古草原的粮食，有的是当地生产，有的是从外地运来。吃粮食的主要是被俘或其他原因来到草原的原农业地区居民，但草原上的蒙古人受到影响，也有人开始以粮食为食品。

13世纪中期访问蒙古草原的西方传教士对此亦有类似的记载。方济各会修士普兰诺·加宾尼奉教皇之命在1245—1247年间访问蒙古，参加了贵由汗的即位仪式。他说："他们既没有面包，也没有供食用的草本植物、蔬菜或任何其他东西，什么也没有，只有肉，不过，他们吃肉如此之少，其他民族简直难以依靠它生存下去。……如果他们有马奶的话，他们就大量喝它；他们也喝母羊、母牛、山羊，甚至骆驼的奶。""他们把小米放在水里煮，做得如此之稀，以致他们不能吃它，而只能喝它。他们每个人在早晨喝一二杯，白天他们就不再吃东西；不过，在晚上，他们每人都吃一点肉，并且喝肉汤。但是，在夏天，因为他们有很多的马奶，他们就很少吃肉，除非偶尔有人送给他们肉，或者他们在打猎时捕获某些野兽或鸟。"②在普兰诺·加宾尼以后奉法国国王之命在1253—1254年出使蒙古的方济各会修士威廉·鲁不鲁乞的记述是大体相同的："至于他们的食物，我必须告诉您，他们不加区别地吃一切死了的动物。由于他们有这样多的羊群和牛群，您可以肯定，一定有许多动物会死去的。然而，在夏季，只要他们还有忽迷思即马奶的话，他们就不关心任何其他食物。""他们用一只羊的肉，可以供给五十人或一百个人吃。他们把羊肉切成小块，放在盛着盐和水的盘子里（因为他们不做其他调味品），然后用一把小刀的刀尖或为此目的而特制的叉的叉尖……取肉，根据客人的多少，请站在周围的人各吃一口或两口。……他们也把暂时来不及细啃的骨头放在袋里，以便以后可以啃它们，不致浪费食物。"鲁不鲁乞在蒙古旅行时，有时能喝到小米粥，小米有时放在肉汤里煮。蒙哥汗发给教士们葡萄酒、面

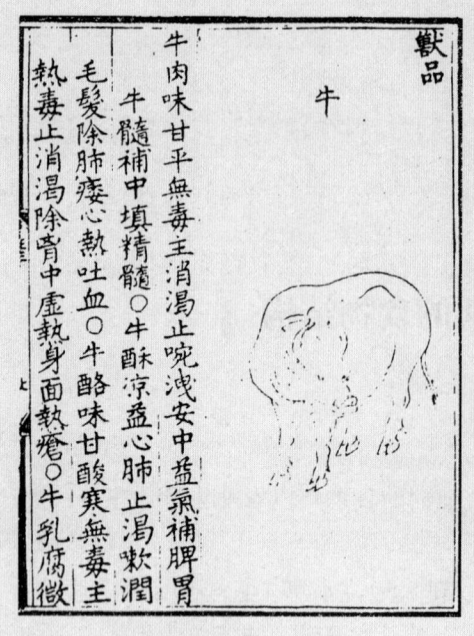

《饮膳正要》卷三"牛"图

---

① 张德辉《纪行》，王恽《秋涧先生大全集》卷一〇〇，《四部丛刊》本。
② 《蒙古史》，见《出使蒙古记》第17—18页，吕浦译，中国社科出版社1983年版。

粉和油。鲁不鲁乞看到蒙哥的一个妻子喝加了醋的面糊，有人呈献面包给蒙哥，他吃了其中一块，把另一块送给儿子和兄弟。鲁不鲁乞还看到，和林城的"东门出售小米和其他谷物，不过，那里难得有这些谷物出售"。①以西方传教士的叙述和中文文献互相印证，可知蒙古人原来的食品是肉和奶，13世纪上半期开始吃粮食，但比重不大。吃的肉以家畜肉为主，尤其是羊肉；打猎所得的野生动物肉也占一定比重。此外还有鱼肉。②对于多数蒙古人来说，吃肉是不多的，平时常以马奶和其他家畜奶充饥。草原上的粮食主要是小米和面粉，小米一般熬成稀粥饮用。面粉如何加工，缺乏明确记载。

13世纪上半期，便有不少蒙古人迁到草原以南的农业地区，定居下来。忽必烈继位（1260年）后，将政治重心南移，大都（今北京）成为元朝的都城，更多的蒙古人到农业地区定居。元朝统一全国以后，这种现象更加普遍。生活在农业区的蒙古人，生活方式必然发生变化，粮食、蔬菜、果品在他们的食品结构中所占比重增大，肉、乳类食品相对减少。14世纪上半叶编著的宫廷饮食著作《饮膳正要》，集中反映了蒙古人食品结构的变化。从《饮膳正要》可以看出，宫廷中以粮食加工而成的主食品种名目繁多，以各种肉类和蔬菜、果品加工而成的菜肴丰富多彩，完全摆脱了早期蒙古宫廷中以肉、乳类食品为主的简单结构。宫廷中的食品结构，明显受到汉人、回回人以及其他民族的影响。至于一般与汉人杂居的蒙古人，其食品结构都在不同程度上受到汉族的影响，这是可以肯定的。至于在草原的蒙古人，大体上应保持原有的简单食品结构，当然，由于与中原联系的增多，粮食所占比重可能有所增多。

元代有大批回回人东来，在中国定居。回回人是当时对来自中亚、西南亚信奉伊斯兰教各民族的总称。元代回回人有自己独特的食品结构，不同于汉人，也不同于蒙古人。

回回人有自己的饮食禁忌。宋代的记载说："蕃人衣装与华异，饮食与华同。……至今蕃人但不食猪肉而已。又曰：汝必欲食，当自杀自食。至今蕃人非手刃六畜则不食。若鱼鳖则不问生死皆食。"③也就是说，信奉伊斯兰教的回回人，禁食猪肉，其他牲畜要由回回人宰杀才可食用。元代的回回人，严格遵守这一习俗。至元十六年（1279年）忽必烈下令说："成吉思汗降生，日出至没，尽收诸国，各依风俗。这许多诸色民内，唯有回回人每为言'俺不吃蒙古之食'上，'为天护助，俺收抚了您也，您是俺

---

① 《鲁不鲁乞东游记》，《出使蒙古记》第115—116、151、170、179、193、197、203页。
② 成吉思汗幼时家境艰难，兄弟数人"结网捕鱼，却将母亲奉养了"。《蒙古秘史》卷二，见《元朝秘史》（校勘本）第44页，乌兰校勘，中华书局2012年版。鲁不鲁乞在蒙哥汗宫廷中看到，蒙哥汗的妻子以大鲤鱼分赐给众人，见《出使蒙古记》第181页。
③ 朱彧《萍洲可谈》卷二，《守山阁丛书》本。

《饮膳正要》卷三"羊"图

奴仆,却不吃俺底茶饭,怎生中?'么道。便教吃。'若抹杀羊呵,有罪过者。'么道。行条理来。……如今直北从八里灰田地将海青来底回回每,'别人宰杀来的俺不吃'么道。搔扰贫穷百姓每来底上头,从今已后,木速鲁蛮回回每,术忽回回每,不拣是何人杀来的肉交吃者,休抹杀羊者。"①木速鲁蛮回回指伊斯兰教徒,术忽回回指犹太教徒。他们只吃同一宗教信徒宰杀的羊,所以"别人宰杀来的俺不吃"。他们屠宰牲畜用断喉法,即"抹杀羊",而蒙古人则习惯剖腹杀之。忽必烈的命令强迫回回人"不拣是何人杀来的羊交吃者",而且不许他们"抹杀羊",这是对回回人风俗习惯的粗暴干涉。据波斯史籍记载,当时对违反禁令仍然"抹杀羊"的回回,"就以同样方式把他杀死,并将其妻子、儿女、房屋和财产给予告密者",以致告密之风大盛,回回人心惶惶,"事情到了大部分木速蛮(即木速鲁蛮——引者)离开汉地的地步",以致影响税收,海外的货物也运不进来。不久以后,忽必烈被迫取消了这项禁令。②

元代杂剧《郑孔目风雪酷寒亭》中说,回回人家"吃的是大蒜臭韭、水答饼、秃秃茶食"。"那婆娘和了面,可做那水答饼,煎一个,吃一个。"③水答饼显然是油煎面饼。④秃秃茶食有多种不同译法。《饮膳正要》中作秃秃麻食,"系手撇面,补中益气",用羊肉炒,加各种调料而成。⑤作于14世纪中期的高丽汉语教科书《朴通事》作"秃秃么思"。⑥民间饮食著作亦载有此物:"秃秃麻失,如水滑面,和圆小弹剂,冷水浸,手掌按作小薄饼儿。下锅煮熟,捞出过汁,煎炒酸肉,任意食之。"⑦以上种种名称,都是tutumas的异译,"这是一种14世纪突厥人中普遍食用的面条,……当今阿拉伯世界的

---

① 《元典章》卷五七《刑部十九·禁宰杀》。
② 拉施特《史集》第2卷,第346—347页,商务印书馆1985年版。
③ 杨显之作,《元曲选》第1008—1009页。
④ 邵循正先生说:"水答饼或为波斯语 Shir-dugh,即酸牛奶。"(《元代的文学与社会》,载《元史论丛》第1辑,中华书局1982年)。疑不确。
⑤ 卷一《聚珍异馔》。
⑥ 《朴通事谚解》卷中,第150页。
⑦ 《居家必用事类全集》庚集《饮食类·回回食品》。

烹饪书籍中也都有其名"。① 这种食品在元代颇为流行，蒙古人、汉人都对它有兴趣，流传甚广。水答饼、秃秃茶食之外，用粮食制作的"回回食品"还有"设克儿疋剌"、"八耳塔"、"哈尔尾"、"古剌赤"、"即你疋牙"，都是用面粉或豆粉加蜜及各种果仁制成的糕点类食物。又有"卷煎饼"、"糕糜"。前者类似汉族煎饼，但馅兼有甜、咸，加入馅后，用油炸焦。后者是将"羊头煮极烂，提去骨，原汁内下回回豆，候软，下糯米粉，成稠糕糜，下酥、松仁、胡桃仁，和匀供"。颇具特色。②

元代流行的回回菜肴有"酸汤"，是一种酸甜的羊肉汤，内有松仁、胡桃等。"海螺厮"，以鸡蛋、羊肉为主要原料，用酒瓶作制作工具，"入滚汤内煮熟，伺冷，打破瓶，切片，酥、蜜浇食"。又有"哈里撒"，"小麦一碗，捣去皮，牛肉四五斤或羊肉，切窝，同煮，极糜烂。入碗摊开。浇羊尾油或羊头油。同黄烧饼供。加松仁尤妙"。③ 这些回回菜肴都是以羊肉或牛肉制作的。无论是粮食加工的食品或是各种菜肴，大多加入松仁、胡桃等果品，这可以说是"回回食品"的一种特色。

在元代宫廷食物中，亦应有不少属于"回回食品"，尽管没有明确记载。例如，"炙羊心"、"炙羊腰"，都以玫瑰水浸咱夫兰（即中药阿魏）的汁，"入盐少许"，将羊心或腰子"于火上炙，将咱夫兰汁徐徐涂之，汁尽为度"。这种以玫瑰水、咱夫兰为调料的食品制作方法，显然是波斯或阿拉伯人的习惯。又如"马思答吉汤"、"沙乞某儿汤"，也应是回回食品。④ 蒙古、回回的食物结构与汉族食物结构有明显不同，元代还有女真食品、河西食品（党项族食品）和畏兀儿食品等，但影响较小。

---

① 保罗·D·布尔勒《13—14世纪蒙古宫廷饮食方式的变化》，陈一鸣译，载《蒙古学信息》1995年第1期。
② 《居家必用事类全集》庚集《饮食类·回回食品》。
③ 《居家必用事类全集》庚集《饮食类·回回食品》。
④ 《饮膳正要》卷一《聚珍异馔》。"马思答吉"是西域芸香，"沙乞某儿"是蔓菁根。

【第四节　酒、茶和其他饮料】

元代的饮料很多，主要有酒和茶，其次有舍里别、汤、树奶子等。

元代的酒多种多样，以制作原料来区分，有粮食酒、果实酒、马奶酒三大类。以制作方法来说，粮食酒是用酒曲制造的，果实酒（主要是葡萄酒）、马奶酒靠自行发酵制造，将粮食酒、葡萄酒加以蒸馏，就得到阿剌吉酒。

在农业地区，居民饮用的主要是粮食酒。常用的原料是糯米和黍。制造时须用酒曲，曲的作用是引起粮食发酵。通常是将粮食蒸或煮熟，然后将酒曲粉碎后拌在一起，放在特制的容器或窖池里，经过一段时间便会变成酒。由于原料（粮食品种）的不同，加上酒曲、水的差别，以及操作时对温度、时间的掌握不一样，因而生产出来的酒在质量上也就有所区别。

生活在草原上的蒙古人，原来没有粮食酒。粮食酒何时为蒙古人所知，缺乏明确的记载。蒙古史籍记窝阔台汗检讨自己即位后的得失，有四项成绩、四项失误。失误的第一条是"既嗣大位，沉湎于酒"。"酒"的蒙语原文音译是"孛儿、答剌速纳"，旁注为："葡萄酒、酒行。"① "答剌速"是蒙语 darasun 的音译，又作"打剌孙"、"答剌孙"、"打剌苏"，指粮食酒，在元代使用很广。据此，则至迟在窝阔汗时代（1229—1241 年）蒙古宫廷中已有粮食酒。13 世纪中期，西方教士鲁不鲁乞在哈剌和林（即和林）的蒙古宫殿中看到一棵银树，上有四根管子流出四种酒，其中之一是称为 terracina 的米酒。② terracina 显然由 darasun 而来。蒙古宫廷中出现的粮食酒，应该自草原以南农业区运来。

忽必烈将政治中心南移，建立元朝。元朝中央设"掌供玉食"，亦即负责宫廷饮食的宣徽院，下辖光禄寺，"秩正三品，掌起运米曲诸事，领尚饮、尚酝局，沿路酒坊，

---

① 《元朝秘史》（校勘本）第 400 页。
② 《出使蒙古记》第 194 页。

山西大同元墓壁画《温酒图》

各路布种事"。大都尚饮局"掌酝造上用细酒",尚酝局"掌酝造诸王百官酒醴"。在夏都上都（今内蒙正蓝旗境内），亦设同样的两个机构,光禄寺下又有大都及上都醴源仓,"掌受香莎、苏门等酒材糯米,乡贡曲药,以供上酝及岁赐百官者"。① 香莎糯米应即江南进贡的香糯米。苏门是地名,在卫辉路,当地出产的米被认为是酿酒的上品,"苏门者为上,酿酒者多用"。② 光禄寺下辖的这些机构,以粮食酒为主,主要满足宫廷用酒的需要,同时也供给诸王、百官。当时的记载说："宣徽所造酒,横索者众。"③ 高丽的汉语教科书记,"官人们"举办宴会,大家商议说："酒京城槽房虽然多,街市酒打将来怎么吃!"于是便派人到光禄寺去"讨酒","讨酒"要有"勘合"文书。④ 显然,光禄寺的酒质量较好,于是便成王公百官的索取对象。诸王、百官中有很多蒙古人。显然,元朝统一以后,粮食酒在蒙古上层是很受欢迎的。一般内迁的蒙古民众,对于粮食酒肯定也是有兴趣的。

元代的果实酒有葡萄酒、枣酒、桑葚酒等,而以葡萄酒最为重要。蒙古人在成吉思汗时代已接触到葡萄酒。1219年至1222年间,成吉思汗西征中亚,中亚是盛产葡萄酒之地,追随成吉思汗西征的耶律楚材便写有关于葡萄酒的诗篇,如："花开杷榄芙蓉淡,酒法葡萄琥珀浓";"葡萄架底葡萄酒,杷榄花前杷榄仁"。⑤ 可以想见,蒙古的君主、贵族、将士一定也会对葡萄酒发生兴趣。上述哈剌和林宫殿中一棵大银树,上有四根

---

① 《元史》卷八七《百官志三》。
② 《饮膳正要》卷三《米谷品》。
③ 《元史》卷一四〇《别儿怯不花传》。
④ 《朴通事谚解》卷上,第7—10页。
⑤ 《赠蒲察元帅七首》,《湛然居士文集》卷五,谢方点校本,中华书局1986年版。

管子流出四种酒，其中之一是葡萄酒。①13世纪中叶，南宋使臣到草原时，"又两次金帐（大汗之营帐——引者）中送葡萄酒，盛以玻璃瓶，一瓶可得十余小盏，其色如南方柿漆，味甚甜。闻多饮亦醉，但无缘多饮耳。回回国贡来"。②说明蒙古宫廷中常有此物，来自中亚。

忽必烈建立元朝后，葡萄酒是宫廷宴会中必备的饮料。元灭南宋，南宋小皇帝一行来到大都，忽必烈设宴款待，"第四排宴在广寒，葡萄酒酽色如丹"。小皇帝一行生活颇受优待，不但拨给粮、肉，而且"御厨请给葡萄酒"。③元朝皇帝每年到上都避暑，都要举行盛大的宴会，"诸王舞蹈千官寿，高捧葡萄寿两宫"。④"诸王驸马咸称寿，满酌葡萄饮玉锺。"⑤"酮官庭前列千斛，万瓮葡萄凝紫玉。"⑥"酮官"指负责马奶酒的官员，说明葡萄酒与马奶酒同是宴会上必备的饮料，数量是很大的。元朝皇帝经常以葡萄酒作为赏赐臣属的礼物。

元代葡萄酒的主要产地是哈剌火州和山西。哈剌火州就是今天新疆吐鲁番，著名的葡萄产地。忽必烈建立元朝后，中亚的察合台汗国与元朝兵戎相见，当地的葡萄酒当然不会再运来。哈剌火州是畏兀儿人居住的地方，仍向元朝贡献葡萄酒。元代文献中有不少哈剌火州进贡葡萄酒的记载。武宗至大四年（1311年），"宣徽院奏准，哈剌火拙根底葡萄酒，这几年交站般运有。为军情勾当的上头立下的站有，交运呵不中，交骆驼每般运。又火拙根底西番地面里做官的、民户每献到葡萄酒，交自己的气力每识者，休教铺马里来"。⑦"哈剌火拙"是哈剌火州的异译。这件文书的意思是说，哈剌火拙出产的葡萄酒，这几年由驿站运来大都。驿站是为军事需要设立的，不应用来运酒，应用骆驼搬运（驿站用马匹运输）。当地官员、百姓献给朝廷的葡萄酒，要他们自己想法运输，不能动用驿站的力量。文宗至顺元年（1330年），"西番哈剌火州来贡葡萄酒"。⑧顺帝至正七年（1347年），"西蕃

黑釉"葡萄酒瓶"瓷瓶

---

① 《出使蒙古记》第194页。
② 《黑鞑事略》。
③ 汪元量《湖州歌九十八首》，见《增订湖山类稿》卷二，孔凡礼辑校本，中华书局1984年版。
④ 萨都拉《上京杂咏》，《雁门集》卷六，殷孟伦、朱广祁点校本，上海古籍出版社1982年版。
⑤ 朱有燉《元宫词》，见《辽金元宫词》，北京古籍出版社1988年版。
⑥ 袁桷《装马曲》，《清容居士集》卷一五《四部丛刊》本。
⑦ 《成宪纲要·驿站》，见《永乐大典》卷一九四二五。
⑧ 《元史》卷三四《文宗纪一》。

盗起，凡二百余所，陷哈剌火州，劫供御葡萄酒，杀使臣"。① 可见直到此时，哈剌火州葡萄酒仍是上进宫廷的贡品。山西葡萄酒，主要出产于太原、平阳二路。世祖中统二年（1261年）六月，"敕平阳安邑县葡萄酒自今毋贡"。② 可知此前是贡品。但"毋贡"之命并未真正执行。成宗元贞二年（1296年）三月，"罢太原、平阳路酿进葡萄酒，其葡萄园民持为业者，皆还之"。③ 成书于14世纪上半叶的宫廷饮食著作《饮膳正要》说："葡萄酒益气调中，耐气强志。酒有数等，有西番者，有哈剌火者，有平阳、太原者，其味皆不及哈剌火者田地酒最佳。"④ 这里的"西番"，可能指哈剌火州以西的中亚地区（哈剌火州也常被列入"西番"之内），而在元朝统治下有名的葡萄酒产地是哈剌火州和平阳、太原。其他地区亦应有葡萄酒的生产，但数量不会很多，远比不上粮食酒。葡萄酒在当时主要是宫廷和王公、贵族饮用的，民间虽有，但并不普遍。

蒙古人原来饮用的，是马奶酒。马奶酒是马奶发酵制成的。西方教士鲁不鲁乞根据自己的观察，记下了马奶酒的制作过程："当他们收集了大量的马奶时——马奶在新鲜时同牛奶一样的甜——就把奶倒入一只大皮囊里，然后用一根特制的棒开始搅拌，这种棒的下端像人头那样粗大，并且是挖空了的。当他们很快地搅拌时，马奶开始发出气泡，像新酿的葡萄酒一样，并且变酸和发酵。他们继续搅拌，直至他们能提取奶酒。这时他们尝一下马奶的味道，当它相当辣时，他们就可以喝它了。……为了供贵族饮用，他们也用这种方法酿造哈剌忽迷思，即黑忽迷思。……他们酿造黑忽迷思时，搅拌马奶，直至奶中所有的固体成分下沉到底部，像葡萄酒的渣滓那样，而纯净的部分留在上面，像乳清或白色的发酵前的葡萄汁那样。渣滓很白，这是给奴隶们吃的，它具有强烈的催眠作用。纯粹的液体则归主人们喝，它无疑是一种非常好喝的饮料，并且确实是很有效力。"⑤ 前往蒙古草原的南宋使臣对此亦有记载，并指出："寻常人只数宿便饮。初到金帐，鞑主饮以马奶，色清而味甜，与寻常色白而浊、味酸而膻者大不同，名曰黑马奶，盖清则

青釉"美酒清香"刻花纹盖罐

---

① 《元史》卷四一《顺帝纪四》。
② 《元史》卷四《世祖纪一》。
③ 《元史》卷一九《成宗纪二》。
④ 卷三《米谷品》。
⑤ 《出使蒙古记》第116—117页。

山西屯留县元墓壁画《仕女备酒图》

似黑。问之,则云:此实撞之七八日,撞多则愈清,清则气不羶。"① "黑马奶"就是"哈刺忽迷思",在蒙语中,"哈刺"是黑,"忽迷思"即是马奶酒。"撞"就是用特制的棒搅拌。搅拌的时间愈长,马奶酒的质量愈高。

蒙古人喜爱马奶酒。即使从草原以外引进葡萄酒和粮食酒以后,他们对马奶酒仍然有着特殊的兴趣。哈刺和林宫廷大银树上四根管子流出四种酒,其中之一是马奶酒(哈刺忽迷思)。蒙哥汗举行宴会时,"有一百另五辆车子和九十匹马装载着马奶"。② 元朝建立后,皇帝和贵族都有专门的马群,供应马奶酒,"日酿黑马乳以奉玉食,谓之细乳","自诸王百官而下,亦有马乳之供,……谓之粗乳"。③ "挏官马湩盛浑脱,骑士封题抱送来。传与内厨供上用,有时直到御前开。"④ "浑脱"即皮囊,用来盛马奶酒。"挏官"即负责制作马奶酒的官员。马奶酒也是皇帝用来赏赐给臣属的礼物。"儒臣奉诏修三史,丞相衔兼领总裁。学士院官传赐宴,黄羊湩酒满车来。"⑤ "湩酒"就是马奶酒。至于一般蒙古人,更离不开马奶酒。

元代汉族上层人物受蒙古人影响,亦有对马奶酒感兴趣者,如元末在朝中任职的

---

① 《黑鞑事略》。
② 《出使蒙古记》第194、221页。
③ 《元史》卷一〇〇《兵志三·马政》。
④ 张昱《辇下曲》,《张光弼诗集》卷三,《四部丛刊续编》本。
⑤ 张昱《辇下曲》,《张光弼诗集》卷二。

许有壬,在记述上京(上都)之行的诗篇中咏"马酒":"味似融甘露,香疑酿醴泉。新醅撞重白,绝品挹清玄。"①但马奶酒对一般汉族居民并无多大影响,特别是南方,几乎见不到马奶酒的踪迹。

无论粮食酒或是果实酒、马奶酒,都是用发酵方法制成的。将发酵制成的酒,用蒸馏的方法再加工,可以得到酒精含量很高的酒液,这就是蒸馏酒。我国的蒸馏酒始于何时,现在尚有不同的意见。但可以肯定的是,元代从海外传入了蒸馏技术,而且很快便在全国传播开来。宫廷饮食著作记:"阿剌吉酒,味甘辣,大热,有大毒。主消冷坚积,去寒气。用好酒蒸熬取露,成阿剌吉。"②"阿剌吉"是阿拉伯语 aragi 的音译,原义为汗、出汗。用"阿剌吉"为酒名,是形容蒸馏时容器壁上凝结的水珠形状。元朝后期的文人朱德润作《轧赖机赋》,其中说:"当今之盛礼,莫过于轧赖机。"③官员许有壬说:"世以水火鼎炼酒取露,……其法出西域,由尚方达贵家,今汗漫天下矣。译曰阿尔奇云。"④"轧赖机"、"阿尔奇"即"阿剌吉"的异译。以上两则记载均作于14世纪

赵孟頫《斗茶图》局部摹绘

---

① 《上京十咏》,《至正集》卷一六,《北京图书馆古籍珍本丛刊》本。
② 《饮膳正要》卷三《米谷品》。
③ 《存复斋文集》卷三,《四部丛刊续编》本。
④ 许有壬《咏酒露次解恕斋韵》,《至正集》卷一六。

赤峰元墓壁画中的茶白

上半期，而在现存的13世纪文献中看不到有关"阿剌吉"的记载。可以认为，"阿剌吉"的制作方法是14世纪上半期传入中国的，由宫廷、贵族而普及于民间，很快就遍于天下。有的记载称"阿里乞"为"南番烧酒法"，显然是指它传自海外而言的。①

明代大医学家李时珍说："烧酒非古法也，自元时始创其法。"②可以认为，元代以前即使出现过蒸馏技术，也不曾得到推广。元代的蒸馏酒技术，是从海外传入的，从元代起，蒸馏酒在中国传播开来，这是中国酒生产史上一次划时代的变化。

大体说来，元代以汉族为主的农业地区居民，以饮用粮食酒为主，其次是果实酒。蒙古族原来饮马奶酒，后来兼饮马奶、果实（葡萄）和粮食酒。从元代中期起，饮用酒精含量很高的阿剌吉酒成为一时的风气。

茶是中国的传统饮料。元代，饮茶已成为全国各族、各阶层的一种共同嗜好，"夫茶，灵草也。种之则利博，饮之则神清，上而王公贵人之所尚，下而小夫贱隶之所不可阙，诚民生日用之所资，国家课利之一助也"。③

元代的茶叶生产，主要集中在江浙（包括福建）、江西、湖广几省，其次是四川和云南。当时的名茶有福建建宁的北苑茶和武夷茶，湖州的顾渚茶，常州的阳羡茶，绍兴的日铸茶，庆元（今浙江宁波）的范殿帅茶等。从制作方法来说，可以分为三类。"茶之用有三，曰茗茶、曰末茶、曰蜡茶。"茗茶就是散条形茶，摘取嫩叶，锅炒杀青而成。末茶则是采摘茶叶蒸过焙干捣碎而成。"先焙茗令燥，入磨细碾，以供点试。"唐、宋时期，常将末茶印制成饼，饮时将茶饼碾成碎末，然后饮用，元代亦应如此。蜡茶实际上是末茶中的精品。"蜡茶最贵，而制作亦不凡。择上等嫩芽，细碾入罗，杂脑子诸香膏油，调剂如法，印作饼子，制样精巧。候干，仍以香膏油润饰之。其制有大小龙团带胯之异。此品惟充贡献，民间罕见之。"④如建宁武夷茶，每年造茶360斤，制龙团5000饼，作为贡品。⑤

"茗茶"又称"草茶"。元朝政府征收茶税，将茶叶分为末茶、草茶两类，采用不

---

① 《居家必用事类全集》己集《酒曲法》。
② 《本草纲目》卷二五《谷部·烧酒》，刘衡如校点本，人民卫生出版社1982年版。
③ 王祯《农书》《百谷谱集之十·茶》。
④ 《农书》，《百谷谱集之十·茶》。
⑤ 《武夷山志》卷九下《溪南·御茶园》。

山西大同冯道真墓壁画《奉茶图》

同的税率，末茶高于草茶。① 这是因为末茶加工比草茶复杂之故。

"茗茶"（"草茶"）和"末茶"的饮用方法是不同的。农学家王祯说："凡茗煎者择嫩芽，先以汤泡去熏气，以汤煎饮之，今南方多效此。"② 宫廷饮食著作说："清茶，先用水滚过，滤净，下茶芽，少时煎成。"③ "先以汤泡去熏气"与"先用水滚过，滤净"，应是一回事。也就是说，先将芽泡洗后，然后再用水煎片刻，便可饮用。这和后代用开水泡饮是有区别的。元代散曲中常见"煮茶芽"、"煮嫩茶"等语，说明是"煮"成茶供饮用的。"末茶"须将茶团先碾成茶末，然后点水饮用。王祯说："然则末子茶尤妙。先焙芽令燥，入磨细碾，以供点试。凡点，汤多茶少则云脚散，汤少茶多则粥面聚。钞茶一钱匕，先注汤，调极匀，又添注入，回环击拂，视其色鲜白、著盏无水痕为度。其茶既甘而滑。南方虽产茶，而识此法者甚少。"④ 所谓"点"是将沸水注入装有末茶的茶盏，"汤"就是煮沸的水。"粥面"是茶汤的表面，"云脚"即浮在茶汤表面的花末。先在茶盏中放上一匙（钱匕）末茶，注入少量沸水，将茶末调匀，然后再加添沸水，用专门的工具茶筅（竹制）加以搅动，"回转击拂"，可以达到表面汤花"色鲜白"的效果。茶面汤花紧贴盏沿不退，就叫做"著盏无水痕"。汤花退散，盏的内沿就会出现水的痕迹，便称为"水脚"。宋代"点茶"盛行，又有"斗茶"之说。"斗茶"就是以"点

---

① 《元史》卷九四《食货志二·茶法》。
② 《农书》《百谷谱集之十·茶》。
③ 《饮膳正要》卷二《诸般汤煎》。
④ 《农书》《百谷谱集之十·茶》。

茶"方式进行比赛。元代"点茶"风气仍在继续。散曲作家李德载在一首"赠茶肆"小令中写道:"茶烟一缕轻轻飐,搅动兰膏四座香。""黄金碾畔香尘细,碧玉瓯中白雪飞。""龙团香满三江水,石鼎诗成七步才。"① 可见茶肆中卖茶亦采取"点茶"形式。内蒙古赤峰元宝山元墓东壁壁画中有一幅生活图,上绘一人用石臼碾茶,旁有一案,案上陈列汤瓶、茶瓶、茶盏、茶筅等茶具,都是"点茶"必用的器具。这是家庭中以"点茶"方式饮茶的实例。②

总起来说,元代汉族的饮茶方式可以分为"煎茶"和"点茶"两种。前者是以茶芽和水同煎,后者以沸水冲泡茶末。前者显然已相当流行。前引王祯关于"点茶"的话,"南方虽产茶,而识此法者甚少",应理解为南方行"煎茶"者较多,讲"点茶"者甚少,相对之下,北方仍旧以"点茶"为主,上述李德载的小令,最后是"我家奇品世间无,君听取,声价彻皇都"。可见是描写大都茶肆的。在宋代,与"点茶"、"斗茶"风行的同时是黑盏(黑釉盏)茶具的流行;到了元代,则是青白盏增多。这种变化无疑反映出饮茶方式的改变。③ 可以认为,元代是我国饮茶方式的一个转变时期。"点茶"依然盛行,但"煎茶"日益增多,特别在南方。这种"烹茶芽"的"煎茶"方式可以说是后代点泡散条形茶的先声。

草原上不产茶,蒙古人原来不饮茶。蒙古人饮茶,始于何时,没有明确的记载。茶虽产于江淮以南,但金朝统治下的北方,"上下竞啜,农民尤甚,市井茶肆相属"。④ 蒙古灭金,统治北方农业区后,对于茶应该有所接触。元朝灭南宋,统一全国,江南几处名茶(建宁北苑武夷茶、湖州顾渚茶、庆元范殿帅茶等)先后作为贡品上供,说明宫廷已对茶叶发生兴趣。但元朝统治者饮茶的明确记载,自武宗始。

"至大(1308—1311年)初,武宗皇帝幸柳林飞放,请皇太后同往观焉。由是道经邹店,因渴思

《饮膳正要》卷二"诸般汤煎"图

----

① 《[中吕]阳春曲·赠茶肆》,《全元散曲》第 1223—1224 页。
② 项春松《内蒙赤峰市元宝山元墓壁画》,《文物》1983 年第 4 期。
③ 冯先铭《从文献看唐宋以来饮茶风尚及陶瓷茶具的演变》,《文物》1963 年第 1 期。
④ 《金史》卷四九《食货志四·茶》,中华书局点校本。

茶"，臣属用当地井水，"煎茶以进，上称其茶味特异内府常进之茶，味色双绝。……自后御用之水，日必取焉，所造汤茶，比诸水殊胜"。①"飞放"是皇帝在春天放鹰捕鹅，柳林在大都的东南。武宗"因渴思茶"，"内府"有"常进之茶"，可知在此以前宫廷中已有饮茶的习惯。而且，武宗习惯饮用的应是不加其他物料的清茶，这样他才能辨别出邹店井水"味色双绝"。宫廷饮食著作《饮膳正要》中不仅记载了武宗饮茶之事，而且列举各地进贡的名茶。

诗人马祖常写道："太官汤羊厌肥腻，玉瓯初进江南茶。"②"太官"指负责宫廷饮食的官员。皇帝在饱食肥腻的食物以后，已习惯用茶来帮助消化。末代皇帝妥欢帖睦尔身边有"主供茗饮"的侍女。③妥欢帖睦尔常在宫中与宠臣哈麻"以双陆为戏。一日，哈麻服新衣在侧，帝方啜茶，即噀茶于其衣"。④凡此种种，都足以说明14世纪上半期宫中饮茶之盛。宫廷饮食对于其他蒙古人的习惯必然发生影响。茶作为一种止渴、消食的饮料，适合以肉食为主的蒙古人需要，它为蒙古人接受并广泛流行开来是必然的。

《饮膳正要》记载宫廷中有"清茶"、"香茶"，还有"炒茶"、"兰膏"和"酥签"。"清茶"就是煎茶芽，"香茶"是"用铁锅烧赤，以马思哥油、牛奶子、茶芽同炒成"。所谓"马思哥油"就是白酥油。"兰膏，玉磨末茶三匙头，面、酥油同搅成膏，沸汤点之。""酥签，金字末茶两匙头，入酥油同搅，沸汤点之。"三者虽有区别，但都是用茶和酥油作基本材料制作而成。这种制作方法，反映了游牧民族的特色。另据《饮膳正要》记载，"西番茶"，"出本土，味苦涩，煎用酥油"。⑤此时"西番"（这里用来指藏族地区）"煎用酥油"的"西番茶"，与现代藏族的酥油茶显然有渊源关系。元代藏族与蒙古族关系密切，上述宫廷中的"炒茶"、"兰膏"、"酥签"，很可能受到"西番茶"的影响。

"兰膏"、"酥签"并不限于宫

赤峰元宝山墓室壁画《点茶图》

---

① 《饮膳正要》卷二《诸般汤煎》。
② 《和王左司竹枝词十首》，《石田文集》卷五。
③ 《元史》卷一一四《后妃传一》。
④ 《元史》卷二〇五《哈麻传》。
⑤ 《饮膳正要》卷二《诸般汤煎》。

廷。许有壬说,"世以酥入茶为兰膏",他为此写下了诗篇。① 杂剧《吕洞宾三醉岳阳楼》中,茶坊出卖各种茶汤,其中便有酥签。顾客喝了以后说:"你这茶里无有真酥。"② 民间流行的日用生活类书《居家必用事类全集》中,也记载有"兰膏茶"、"酥签茶"。③ 可见,这一类酥油茶在当时汉族中也是颇为流行的。这是各民族文化习俗互相影响的例子。

　　元代的饮料,还有汤、舍里别和树奶子。汤的种类很多,一般以香料、药材为主,也有一些以干鲜果品或花为主,再加某些调料而成。汤的制作,一般是将各种原料和合研成细末,饮用时沸汤点服;也有直接用沸水冲泡饮用;还有将各种原料煎熬成膏,用沸水点服。汤中有的加盐,有的加蜜或糖,还有一些不加调味品,保持药物、香料的原味。汤的作用主要是预防疾病和滋补。饮汤是食疗的一种方法。舍里别(舍儿别、舍里八)是阿拉伯语 Sharbah 的音译,汉文文献中有时也译作"渴水"、"解渴水"。这是用各种果品制作的解渴饮料。常用的果品有宜母子(柠檬)、木瓜、橙、杨梅、葡萄、樱桃、石榴等。舍里别原来是风行于阿拉伯的一种饮料,④ 先传到中亚,再传入中国。镇江、广州等处都制造舍里别作为贡品,后来民间亦有制作。民间日用百科类书中有

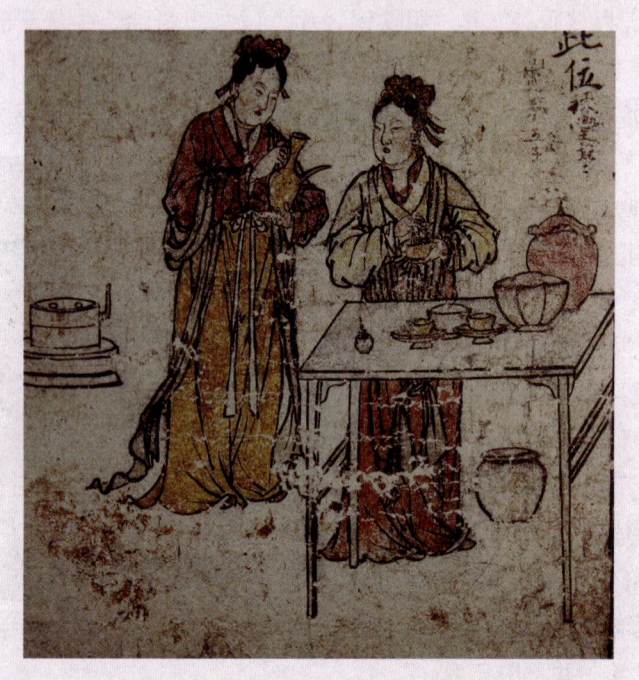

山西屯留元墓壁画《侍女备茶图》

---

① 《咏酒兰膏次恕斋韵》,《至正集》卷一六。
② 《元曲选》第 620—621 页。
③ 己集《诸品茶》。
④ 希提《阿拉伯通史》上册,第 391—393 页,马坚译,商务印书馆 1979 年版。

诸种渴水的制作方法，并称"渴水番名摄里白"，实即舍里别的又一异译。[1]大医学家朱震亨说舍里别"皆取时果之液，煎熬如汤而饮之。……南人因名之曰煎。味虽甘美，性非中和。且如金樱煎之缩小便，杏煎、杨梅煎、蒲桃煎之发胃火，积而久之，湿热之祸有不可胜言者。仅有桑葚煎无毒，可以解渴"。[2]朱震亨一直生活在浙东，他认为舍里别有副作用，从医学角度提出劝告。他的说法是否正确可以研究，但却透露出江浙民间也已流行此种饮料。树奶子就是白桦树汁。"直北朔漠大山泽中，多以桦皮树高可七八尺者，匊而作斗柄梢。至次年正、二月间，却以铜铁小管子，插入皮中作瘿瘤处，其汁自下。以瓦桶收之，盖覆埋于土中，经久不坏。其味辛稠可爱。是中居人代酒，仍能饱人。此树取后多枯瘁。"[3]这一记载见于元代大都地方志，可知大都已有这种饮料。据波斯史家记载，森林中的蒙古人"用白桦和其他树皮筑成敞棚和茅屋，并以此为满足。当他们割开白桦树时，其中流出一种类似甜乳之〔汁〕；他们经常用来代替水喝"。[4]可见生活于蒙古草原北部森林中的蒙古人，早已知道利用白桦树汁作饮料。大都的树奶子，应该来自那里。

总之，元代饮料种类之多，在中国古代历史上是罕见的。由于生活条件和生产方式的差异，各民族都有自己习惯饮用的饮料，各有特色又互相影响。饮料的区别应视为各族饮食风俗的一个重要方面。

---

[1] 《居家必用事类全集》己集。
[2] 《局方发挥》。《四库全书》本。
[3] 《析津志辑佚·物产》。
[4] 拉施特《史集》第1卷第1分册。余大钧、周建奇译，商务印书馆1983年版。

【 第五节　饮食方式 】

元代汉族和蒙古族饮食结构不同，饮食方式也有区别。同一民族内部，不同阶级、等级之间又有不同。

三餐制和两餐制　中国古代汉族一天两餐比较普遍，称为朝、晡两食，朝是早晨，晡是申时，即下午三点至五点。唐、宋时期，一日三餐逐渐普及。到了元代，生活在农业区的汉族已普遍实行一日三餐。

元代杂剧中多处提到一日三餐。《荆楚臣重对玉梳记》中说："每日家三餐饱饭要腥荤，四季衣换套儿新。"①《孟德耀举案齐眉》描写富家之女孟光自愿嫁给穷书生梁鸿，过贫苦的生活，她的母亲吩咐"管家的嬷嬷，一日送三餐茶饭去"，与小姐食用。嬷嬷劝梁鸿上京博取功名，孟光说："我三餐粥尚不能够完全，这一路盘缠出在哪里？"②在《包待制陈州粜米》中，从人说："这位大人（指包拯——引者）清廉正直……一日三顿，则吃那落解粥。"③从以上这些出于元代作家之手的文字，反映出一日三餐在当时是很普遍的，无论贫富，都是如此。

三餐分别称为早饭、午饭（响午饭）和晚饭。大都的"经纪生活匠人等，每至响午以蒸饼、烧饼、馉饼、软糁子饼之类为点心，早晚多便水饭"。④杂剧《崔府君冤家债主》中，悭吝的财主用双手在烧羊肉上捏了两把，先就一只手上的油吃了几碗饭，"留着一只手上油待吃响午饭"。⑤另一杂剧《谢金莲诗酒红梨花》中，从人说："灯在此，酒饭齐备了，请相公慢慢的自吃响午饭。"⑥说明响午饭、晚饭之名已很流行。

---

① 贾仲名作，《元曲选》第1411页。
② 作者佚名，《元曲选》第921、924页。
③ 作者佚名，《元曲选》第45页。
④ 《析津志辑佚·风俗》。
⑤ 作者佚名，《元曲选》第1137页。
⑥ 范寿卿作，《元曲选》第1080页。

蒙古人的习惯与农业地区的汉族等有所不同。访问蒙古的西方教士普兰诺·加宾尼说："他们把小米放在水里煮……他们每个人在早晨喝一二杯，白天他们就不再吃东西；不过，在晚上，他们每人都吃一点肉，并且喝肉汤。"另一位教士鲁不鲁乞说："一路上，在早晨他们给我们一些喝的东西或小米粥。不过，在傍晚，他们经常给我们羊肉（前腿带肩膀肉、排骨）吃，而且可以尽量喝肉汤。"[①] 可见当时蒙古人平时习惯于一日两餐，而以晚餐为主。但他们进入中原与汉族杂居后，这种习惯应有所改变。

饮食用具　汉族使用的进食工具，有匕（匙）、箸（筷子）、碗、碟、盆、锅等。箸既用来拨饭，也用来挟菜。匕（匙）的功能是多样的，可用来拨饭、盛菜、喝汤。碗、碟、盆是盛饭、菜和其他食品的用具，锅则是煮饭和炒菜的工具。杂剧《东堂老劝破家子弟》中，富家子弟扬州奴将家财败尽，准备卖房，但愁"可把什么做饭吃？"帮闲说："我家有一个破沙锅，两个破碗和两双折箸，我都送与你，尽勾了你的也。"[②] 另据记载，大都的"经纪生活匠人等"，"早晚多便水饭。人家多用木匙，少使箸，仍以大乌盆、木勺就地分坐而共食之"。[③] 可知箸（筷子）、匙、碗、锅之类是进食的必备之物。一般的箸是木或竹制的。匙有木制的，也有瓷制的。比较讲究的箸、匙有银制的，也

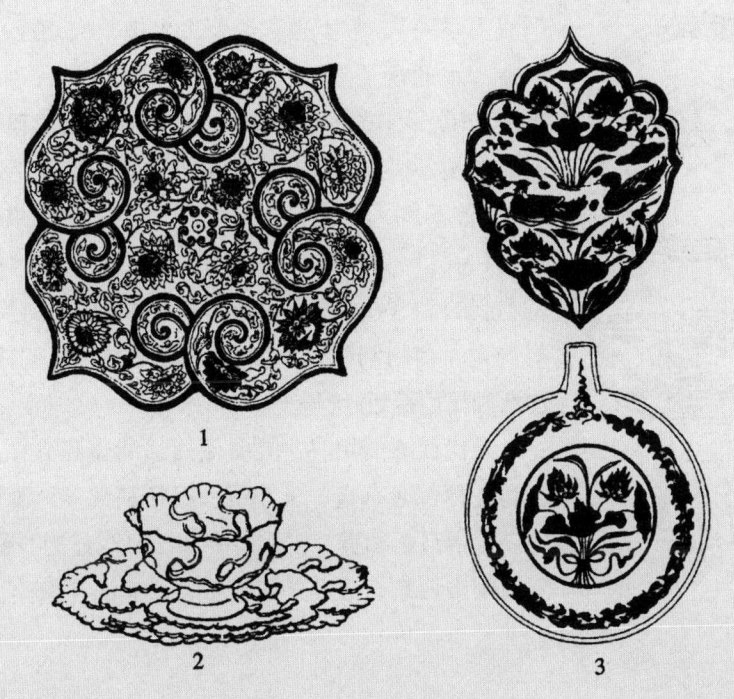

元代饮食用具 1.元代金盘图案　2.元代钱裕墓出土的银碗　3.元代瓷器青花图案

① 《出使蒙古记》第17—18、151页。
② 《元曲选》第211页。
③ 《析津志辑佚·风俗》。

有用象牙制的。碗、盆、碟用瓷制的居多，也有木制或用金、银制造的。此外有陶制的盆、碟等，那是很简陋的，上面所说"大乌盆"就是陶制的盆。至于锅都是用铁制造的。

蒙古人以肉食为主，习惯于用手抓肉，也用刀或叉子。他们"把羊肉切成小块，……然后用一把小刀的刀尖或为此目的而特制的叉的叉尖——这种叉类似于我们吃放在葡萄酒里煮的梨和苹果时习惯使用的那种叉——取肉"。① "蒙古之俗，好以铦刀刺肉"，② "铦刀"就是锋利的刀。这是朝鲜史家的记载。元朝的文人亦说："北人重开割，其所佩小篦刀，用镔铁、定铁造之，价贵于金，实为犀利，王公贵人皆佩之。"③ "开割"就是割肉，小篦刀就是宴会上割肉的工具。元代两处墓葬中都出土刀、叉，一处是甘肃漳县汪世显家族墓葬群，一处是山东嘉祥石林村曹元用墓。④ 前者是汪古部人，汪古是与蒙古关系密切的说突厥语的民族；后者是曾在朝廷任职的汉族官僚。两处刀、叉显然都是进食用具，很可能是受蒙古人影响而使用的。

西方教士提到蒙古人有盘子、碗和锅。普兰诺·加宾尼说，他们"不洗他们的盘子，如果他们偶尔用肉汤来冲洗盘子，洗完后他们又把肉汤和肉倒回锅里去"。鲁不鲁乞说蒙古人把羊肉切成小块，"放在盛着盐和水的盘子里"。"她们（蒙古妇女——引者）从来不洗盘子和碗，不过，在烧肉时，她们从大锅里舀一些沸腾着的肉汤在预备盛肉的碗里，把它冲洗一下，然后又将肉汤倒回锅"。鲁不鲁乞到达蒙哥汗宫廷时，蒙古人借给他们"一口大锅和一口三脚锅"，供他们"煮肉之用"。⑤ 碗、盘等大概是木制的。这些都是生活在草原时的情况。迁徙到农业区的蒙古人，食物结构发生变化，使用的进餐工具也相应变化，逐渐和汉族接近。

元代饮酒的用具主要是酒瓶、酒壶和酒杯。常见的是瓷壶和瓷杯，亦有金、玉、铜、银杯和铜壶。酒瓶大多是瓷制的。元朝宫廷和贵族喜用金杯和玉杯，作为身份的象征。"静瓜约闹殿西东，颁宴宗王礼数隆。首长巡觞宣上旨，尽教满

元代青花龙纹杯

---

① 《出使蒙古记》第116页。
② 《高丽史》卷一〇三《金就砺传》，朝鲜平壤1957年本。
③ 叶子奇《草木子》卷三下《杂制篇》，中华书局1957年版。
④ 王仁湘《饮食与中国文化》第275页，人民出版社1994年版。
⑤ 《出使蒙古记》第17、179页。

饮大金锺。"① "棕殿巍巍西内中，御宴箫鼓奏薰风。诸王驸马咸称寿，满酌葡萄饮玉锺。"② "金锺"、"玉锺"就是金杯、玉杯。蒙古人重视饮酒，生活在草原上的蒙古人，为便于携带，常用"革囊"盛马奶酒。这种习惯长期保存了下来。追随成吉思汗西征的耶律楚材写道："天马西来酿玉浆，革囊倾处酒微香。"③元代后期许有壬写道："悬鞍有马酒，香泻革囊香。"④ "革囊"又称"浑脱"，"北人杀小牛，自脊上开一孔，逐旋取去内头骨肉，外皮皆完，揉软以盛乳酪马湩，谓之浑脱"。⑤ "挏官马湩盛浑脱，骑士题封抱送来。"⑥ "革囊"（"浑脱"）盛酒，是游牧民族的特色。此外，蒙古宫廷中的大型酒器，也是很有特色的。前已述及，哈剌和林宫殿中有一棵能流出四种酒的大银树，实即大型酒器。忽必烈即位后，在至元二年（1265年）下令用整块玉雕成一具高70厘米、直径135厘米的贮酒器，称为"渎山大玉海"，安置在宫城广寒殿内。⑦至元二十二年（1285年），又造大樽，"樽以木为质，银内，而外镂为云龙，高一丈七尺"。⑧这个大樽称为"酒海"，安放在宫城主殿大明殿之中。随着时间的迁移，"酒海"早已不知下落，而"渎山大玉海"历经沧桑，现在安放在北海团城内。

山西大同元代冯道真墓壁画《道童送茶图》

---

① 张昱《辇下曲》，《张光弼诗集》卷二。
② 朱有燉《元宫词一百首》。
③ 《寄贾搏霄乞马乳》，《湛然居士文集》卷四。
④ 《雨中桓州道中》，《至正集》卷一六。
⑤ 《草木子》卷四下《杂俎篇》。
⑥ 张昱《辇下曲》，《张光弼诗集》卷二。
⑦ 《元史》卷五《世祖纪二》。
⑧ 《元史》卷一三《世祖纪十》。

山西大同元墓壁画《备茶图》

元代饮茶有"点"、"煎"之分，已见前述。"点茶"过程比较复杂，茶具有茶臼、研杵、茶罐、汤瓶、茶盏、茶碗、茶筅等。这在元代墓葬壁画中有清楚的表现。"煎茶"的器具有茶壶、茶罐、茶盏等。

饮食业 以经营饮食营利的酒楼、茶馆、饭店和摊贩，都可归入饮食业。元朝都城大都（今北京）便是饮食业特别发达的地方。"茶楼酒馆照晨光，京邑舟车会万方。"[①] 酒馆亦称酒肆，茶楼亦称茶坊。"黄鹤楼东卖酒家，王孙清晓驻游车。宝钗换得葡萄去，今日城东看杏花。"[②] 这是诗人描写京城春天的一首诗，王孙公子从酒楼买得葡萄美酒，前去城东看杏花。大都中心齐政楼（鼓楼）以西有西斜街，"临海子（即积水潭——引者），率多歌台、酒馆"[③]。"小姬劝客倒金壶，家近荷花似镜湖。游骑等闲来洗马，舞靴轻妙迅飞凫。"[④] 这是描写海子边酒楼的诗篇，有使女劝酒，还有舞女表演。大都还有许多茶楼、茶肆（茶坊）。前已提到，散曲作家李德载有小令"赠茶肆"，描写的就是京都茶肆。大都李总管因无子到枢密院东算命，"坐中一千户，邀李入茶坊"[⑤]。总管、千户都是地位颇高的官员，他们也出入茶坊，可知茶坊实际上是交际的场所。

酒楼、茶坊之外，又有饭店（食店）。高丽的汉语教科书记："咱们食店里吃些饭去来。午门外前好饭店，那里吃去来。咱各自爱吃什么饭各自说。过卖，你来，有什么饭？官人们各自说吃什么饭，羊肉馅馒头、素酸稍麦、匾食、水精角儿、麻尼汁经卷儿、软肉薄饼、饼𥻵、煎饼、水滑经带面、挂面、象眼棋子、柳叶棋子、芝麻烧饼、黄烧

---

① 马臻《都下初春》，《霞外诗集》卷四，《元人十种诗》本。
② 廼贤《京城春日二首》，《金台集》卷一，《元人十种诗》本。
③ 《析津志辑佚·岁纪》。
④ 赵孟𫖯《海子上即事与李子构同赋》，《松雪斋文集》卷四，《四部丛刊》本。
⑤ 陶宗仪《辍耕录》卷二二《算命得子》。

饼、酥烧饼、硬面烧饼都有。"①可知饭店里卖的都是粮食加工的食品，类似现在的小吃店。大都还有不少出售食物的摊贩，"街市蒸作面糕。诸蒸饼者，五更早起，以铜锣敲击，时而为之。及有以黄米作枣糕者，多至二三升米作一团，徐而切破，秤斤两而卖之。若蒸造者，以长竹竿用大木权撑住，于当街悬挂花馒头为［幌］子。小经纪者以蒲盒就其家市之，上顶于头上，敲木鱼而货之"。②

永乐宫纯阳殿壁画《斋供图》

大都以外的城市和乡镇，酒肆、茶坊、饭店、摊贩亦相当普遍。湖州有厨行、饭食行、酒行，③都是与饮食业有关的行会组织，可以想见当地饮食业一定相当发达。杂剧《郑孔目风雪酷寒亭》中描写张保"在这郑州城外开着一座小酒店儿"，郑州"满城中酒店有三十座"，有的是"将那酒仙高挂，酒器张罗"，有的则是"茅庵草舍，瓦瓮瓷钵"。④杂剧《吕洞宾三醉岳阳楼》中，酒保说："在这岳阳楼下开着一个酒店，但是南来北往经商客旅，做买做卖，都来这楼上饮酒。"同时同地还有一家茶坊，招徕南北客旅。⑤杂剧《东堂老劝破家子弟》中，扬州富家子弟经常出入"卖茶"的茶房，又与帮闲、妓女到月明楼上饮酒。⑥文学作品是现实生活的反映，从以上这些描写可以看出元代城镇中饮食业是相当兴旺的。

汉人宴会 元代不同阶级的饮食生活是有天渊之别的。贫苦的农民"麦饭稀稀野菜羹"，⑦"麦饭黄浆粥半瓯"，⑧过的是食不果腹的日子。城市中的下层劳动者"每至晌午以蒸饼、烧饼、馓饼、软馓子饼之类为点心，早晚多便水饭。人家多用木匙，少使箸，仍以大乌盆、木杓就地分坐而共食之。菜则生葱、韭蒜、酱、干盐之属"。⑨也就是说

---

① 《朴通事谚解》卷下，第322—326页。
② 《析津志辑佚·风俗》。
③ 《重修东岳行宫记》碑阴题名，《吴兴金石志》卷一三。
④ 杨显之作，《元曲选》第1008页。
⑤ 马致远作，《元曲选》第614、618页。
⑥ 秦简夫作，《元曲选》第209—210、216、220页。
⑦ 元淮《农家》，见《金囷集》。
⑧ 《廉访使者实核松江旱禾见农食有感》，见《正德松江府志》卷六《田赋》。
⑨ 《析津志辑佚·风俗》。

有一顿干饭,其余两顿稀饭,饮食用具简陋,没有经过加工的菜肴。而富豪却过着"烹羊挟妓","朝朝寒食","夜夜元宵"的奢侈生活,①形成鲜明的对比。

元代宴会之风甚盛。宴会的名目多种多样,有的为了祝贺喜庆(生辰、生子女、置产业等)或节日,有的为了请托或酬谢,宴会规模亦有大小不等。但总的来说,宴会是权豪和比较富裕人家的交往方式,集中反映了他们的饮食习俗,至于贫穷的家庭,是无力举办的。

永乐宫纯阳殿壁画《送饭图》

"高楼一席酒,贫家半月粮",是当时颇为流行的谚语。实际上,"一席所费有至千贯者,匹夫匹妇日米二升,又奚啻终身一世之粮价矣"。②上层人物一次宴会所费,等于普通农民一生所需粮食的代价。贫富在饮食上的差别,由此可见。元初太原路民间"嫁女娶妻……肴馔三、二十道,按酒三、二十桌,通宵不散"。③这应是民间地主的宴会,亦与贫苦百姓生活截然有别。

比较正式的宴饮都有一定的仪式。"凡大宴席茶饭则用出卓,每卓上以小果盆列果子数般于前列,菜楪数品于后,长箸一双。厅前用大香炉、花瓶居于中央,祗应乐人分列左右。若众官毕集,主人进前把盏,客有居小者,亦随意出席把盏。凡数十回,方可献食。初巡用粉羹,各位一大满碗,主人以两手捧至面前,安在卓上,再又把盏。次巡或鱼羹或鸡鹅羊等羹(随主人意),复如前仪。三巡或灌浆馒头,或稍卖。用酸羹或群仙羹,同上。末巡大茶饭用牛、马,常茶饭用羊、豕、鸡、鹅等。并完煮熟,以大卓盛之,两人抬于厅中,有梯己人则出剜肉,凡头牲各分面前,头、尾、胸、胑献于长者,腿、翼净肉献于中者,以剩者并散与祗应等人。厅上再行劝酒,令熟醉。结席且用解粥讫,客辞退,主人送出门外。"④由以上文字可知,当时宴会有"大茶饭"和"常茶饭"之分,前者由牛、马肉,后者用羊、豕、鸡、鹅肉。每个客人面前都有桌,

---

① 刘时中《[正宫]端正好·上高监司》,《全元散曲》第674页。
② 胡祗遹《论积贮》,《紫山大全集》卷二二,《三怡堂丛书》本。
③ 《通制条格》卷二七《杂令·私宴》。
④ 《事林广记》(至顺本)前集卷一一《仪礼类·大茶饭仪》,中华书局1963年影印本。

桌上放果子、菜肴。主人要多次把盏。上肉时，头、尾、胸肤（脯）献于尊长，腿、翅膀肉献给与主人地位年龄相当者，剩下部分散与众人。

把盏就是敬酒，是宴席时常见的礼仪。《西厢记》中张生用计退了贼兵，老夫人设酒宴请，命"小姐与哥哥把盏者"，"再把一盏者"。① 杂剧《张子房圯桥进履》中，张良立了大功回来，韩信会集众将为他庆贺"做把盏科"，说道："军师不枉了效力成功，壮哉壮哉，满饮此杯者。"② 把盏的做法是，侍从二人，"一人持酒瓶居左，一人持果盘居右，并立主人之后。主人捧台盏于前，以盏令倾酒，自先尝看冷暖，却倾些小在盘，再令斟满，则跪而献进，持瓶、执果者并跪"。对于地位高的官员，"把盏者云：小人没甚孝顺官人根底，拿一盏淡酒，望官人休怪。候官员接盏后，主人则持盘退三步再跪，待饮尽起身进前再跪，以盘盛盏。如见未尽，再跪，告令饮尽，方可接盏。接盏后，捧果子者则进而献之"。对于与自己"平交"者（地位相等者），"主人进跪云：哥每到这里，小弟没什么小心，哥每根底拿盏淡酒。客亦还跪答云：哥生受，做甚的。却推转盏，劝主人先吃"。主人又轮转云："小人别没小心，只拿一盏儿淡酒，哪里敢先吃。客云：哥每酒是好歹，哥识者。主人尽饮呈过盏，再斟满劝客。客接盏饮，如客饮不尽，主人将盘斜把云：千岁，千岁。待饮尽，接盏同起。或再把盏，或换盏，并随意。"③ 正式宴会中，把盏都是要下跪的，同时主人要陪饮。而且如前所述，宴会开始后，都要把盏"数十回，方可献食"。在献食过程中，"再又把盏"，这样，每次宴会的时间都拖得很长，所以上引文献中说，太原路宴会"通宵不散"。

高丽的汉语教科书《朴通事》一开头便记"官人们""去那有名的花园里做一个赏花宴席"。席上有各种干果（榛子、松子、干葡萄、栗子、龙眼、核桃、荔枝），各种水果（柑子、石榴、香水梨、樱桃、杏子、蘋婆果、玉黄子、虎剌宾），在干、新水果中间"放着象生缠糖，或是狮仙糖"，就是以白

《史集》插图准备宴会图

---

① 王实甫作，《元曲选外编》第281—282页。
② 李文蔚作，《元曲选外编》第241页。
③ 《事林广记》（至顺本）前集卷一一《仪礼类·把官员盏、平交把盏》。

辽宁凌源县富家屯元墓壁画《宴饮图》

糖煎熬后倒入印模中制成之物。正式上的菜肴有烧鹅、白煠鸡、川炒猪肉、爁鸽子弹、爊烂膀蹄、蒸鲜鱼、榻牛肉、炮炒猪肚。上的汤和点心有七道：爊羊蒸捲、金银豆腐汤、鲜笋灯笼汤、三鲜汤、五软三下锅、鸡脆芙蓉汤、粉汤馒头。席上有乐工，"弹的们动乐器，叫将唱的根前来看他唱"。散席时还要"把上马杯儿，如今唱达达曲儿，吹笛儿着"。① "达达"就是蒙古。这是上层人物的大型宴会，排场很大，从内容来看，是属于汉族的饮食范畴。另一种教科书《老乞大》记："咱每做汉儿茶饭着。头一道细粉，第二道鱼汤，第三道鸡儿汤，第四道三下锅，第五道干按酒，第六道灌肺、蒸饼，第七道粉羹馒头，临了割肉、水饭，打散。"② 这个宴会的排场显然比上一个小得多，可能反映民间一般的场面。

蒙古宴会 蒙古人对于宴会十分重视。元代有人说："国朝大事，曰征伐，曰搜狩，曰宴飨，三者而已。"③ 宴会（统治者举行的宴会）被认为是同战争、狩猎同等重要的头等大事。这是因为，按照蒙古的习惯，国家大事都要在宴会上讨论决定。这种习惯的形成，和蒙古的游牧生活方式以及部落组织形式有密切的关系。除了统治者举行的宴会，还有其他大小不等的宴会，都是蒙古人交往的重要场合，联络感情，讨论各种事务。

蒙古人宴会有自己的习俗。南宋使臣赵珙说，"鞑人之俗，主人执盘盏以劝客，客饮若少留涓滴，则主人者更不接盏，见人饮尽乃喜"，"且每饮酒，其俗邻坐更相尝换。若以一手执杯，是令我尝一口，彼方敢饮。若以两手执杯，乃彼与我换杯，我当饮尽

---

① 《朴通事谚解》卷上，第 11—18 页。
② 《老乞大》，见《元代汉语本〈老乞大〉》影印本，第 59 页。
③ 王恽《吕公神道碑》，《秋涧先生大全集》卷五七。

山西洪洞县广胜寺元代壁画《后宫奉食图》

彼酒，却酌酒以酬之，以此易醉。凡见客醉中喧闹失礼，或吐或卧，则大喜曰：客醉则与我一心无异也"。①据西方教士记，蒙古人"聚在一起会饮时，他们首先把饮料洒在男主人头上边的偶像身上，然后依次洒在所有其他偶像身上"。在这样做了以后，一个仆人拿着杯子和一些饮料走出屋外，向南、东、西、北四方洒饮料，下跪敬礼。而"当男主人拿杯子准备喝的时候，他首先倒一些饮料在地上，作为给地喝的一份"。"当他们要举行大宴会和款待任何人时，就由一个拿着一满杯饮料，另外两个人各站在他的左右两边，这样，这三个人一面唱着一面跳着，朝着他们要向他敬酒的那个人走去，他们在他面前唱歌跳舞。当他伸出手来拿杯子时，他们忽然跳了回去，然后他们又像刚才那样走到他面前。他们就这样同他开玩笑，把杯子抽回去三四次，直至他十分激动和十分想喝，这时他们才把杯子给他，在他喝饮料时，他们在他面前唱歌、拍手、踏脚。"②蒙古宴会还有一种奇特的风俗，"好以铦刀刺肉，宾主相啖，往复不容瞥"。③也就是用锋利的小刀刺肉，互相以极快的速度送到他人的口旁，这种做法，实际上是一种技巧和勇气的比赛。

　　蒙古国时期，每遇推选新汗或商议军国大事，都要举行"忽里台"（大聚会之意），贵族、将领都来参加。"忽里台"是议事的会议，也是大型宴会，往往连续数天甚至更长时间。在宴会上大家饮酒作乐，"边痛饮，边商讨国事"。④元朝建立后，这种传统形式保存了下来，称为"诈马宴"或"只孙宴"。"只孙"又作"质孙"，是蒙古语 jusun 的音译，意为颜色的衣服，逐日更换。这种衣服称为"只孙"服，是由皇帝赏赐的。"质孙，汉言一色服也，内庭大宴则服之。冬夏之服不同，然无定制。凡勋戚大臣近侍，赐则服之。下至于乐工、卫士，皆有其服。精粗之制，上下之别，虽不同，总谓之质孙云。"⑤由于与会者都穿"只孙"服，所以便称为"只（质）孙宴"。至于"诈马"一词，则是波斯语 jamah 的音译，意为衣。"只孙"和"诈马"说的是一回事，都突出了宴会上服装的变化和奢华。⑥

　　每年六月，在上都开平（今内蒙古正蓝旗境内）举行的"只孙宴"（"诈马宴"）规模盛大。"国家之制，乘舆北幸上京，岁以六月吉日，命宿卫大臣及近侍，服所赐只孙

---

① 《蒙鞑备录》。
② 《出使蒙古记》第114—115页。
③ 郑麟趾《高丽史》卷一〇三《金就砺传》。
④ 志费尼《世界征服者史》上册，第217页，何高济译本，内蒙古人民出版社1980年版。
⑤ 《元史》卷七八《舆服志一》。
⑥ 韩儒林《元代诈马宴新探》，《穹庐集》第247—253页，上海人民出版社1983年版。按宴会时"佩服日一易"在推举窝阔汗与贵由汗的忽里台上已存在，但有关的记载中没有提到"只孙宴"或"诈马宴"的名称，见《世界征服者史》上册，第217页，《出使蒙古记》第60页。

辽宁凌源富家屯元墓《宴饮奏乐图》

珠翠金宝衣冠腰带，盛饰名马，清晨自城外，各持彩仗，列队驰入禁中。于是上盛服御殿临观，乃大张宴为乐，惟宗王、戚里、宿卫大臣前列行酒，余各以所职叙坐合欢。诸坊奏大乐，陈百戏，如是者凡三日而罢。其佩服日一易。太官用羊二千嗷，马三匹，他费称是。名之曰只孙宴，只孙，华言一色衣也，俗呼为诈马宴。"[①] 可以看出，"只孙宴"的规模与豪华都是惊人的。

---

① 周伯琦《诈马行·序》，《近光集》卷一，元刻本。

第二章
服　饰

  元代的服饰，既有不同民族间的差异，亦有南北地区的差别，更有不同社会等级着装的限制。在游牧文化与农耕文化的碰撞与交融中，形成了一种颇具特色的服饰习俗。

第一节　蒙古族的传统服装

在穿着方面，蒙古人的服饰习俗与汉人不同，但进入中原之后，蒙古人的服装在中国传统服饰制度的影响之下，有了较大的变化，同时中原乃至江南官员、平民的着装，亦因蒙古统治者的干预，发生了较明显的变化。

"逐水草而迁徙"的蒙古人，传统的穿着是"胡服胡帽"。①

所谓"胡服"即袍服，这种袍服不同于中原、江南地区大多数民族服装的"左衽"，而是"右衽"，也就是南宋人所说的"其服右衽而方领"。② 来自西方的传教士鲁不鲁乞对"右衽"作了更进一步的解释："这种长袍在前面开口，在右边扣扣子。在这件事情上，鞑靼人与突厥人不同，因为突厥人的长袍在左边扣扣子，而鞑靼人则总是在右边扣扣子。"③ 南宋人亦对蒙古人的长袍有如下说明："所衣如中国道服之类。""正如古深衣之制，本只是下领，一如我朝道服。领所以谓之方领，若四方上领，则亦是汉人为之，鞑主及中书向上等人不曾着。腰间密密打作细折，不计其数，若深衣止十二幅，鞑人折多尔。"④

蒙古人的男女袍服稍有区别，来自西方的传教士约翰·普兰诺·加宾尼写道："男人和女人的衣服是以同样的式样制成的。他们不使用短斗篷、斗篷或帽兜，而穿用粗麻布、天鹅绒或织锦制成的长袍。这种长袍是以下列式样制成：它们［两侧］从上端到

窝阔台汗像

---

① 赵珙《蒙鞑备录》。
② 彭大雅、徐霆《黑鞑事略》。
③ 《出使蒙古记》第120页。
④ 《蒙鞑备录》、《黑鞑事略》。

底部是开口的，在腰部折叠起来；在左边扣一个扣子，在右边扣三个扣子，在左边开口直至腰部。各种毛皮的外衣式样都相同，不过，在外面的外衣以毛向外，并在背后开口；它在背后并有一个垂尾，下垂至膝部。已经结婚的妇女穿一种非常宽松的长袍，在前面开口至底部。"鲁不鲁乞也指出："姑娘们的服装同男人的服装没有什么不同，只是略长一些。但是，在结婚以后，妇女就把自头顶当中至前额的头发剃光，穿一件同修女的长袍一样宽大的长袍，而且无论从哪一方面看，都更宽大一些和更长一些。"①南宋人赵珙亦特别指出："又有大袖衣，如中国鹤氅，宽长曳地，行则两女奴拽之。"②

制造袍服的材料不同，袍服的颜色亦不相同。"旧以毡、毳、革，新以纻、丝、金线，色以红、紫、绀、绿，纹以日、月、龙、凤，无贵贱等差。"③尽管蒙古人后来大量使用丝织品、棉制品制衣，但是为了御寒，皮毛衣服亦不能舍弃。正如鲁不鲁乞所说："从契丹和东方的其他国家，并从波斯和南方的其他地区，运来丝织品、织锦和棉织品，他们在夏季就穿用这类衣料做成的衣服。从斡罗思、摩薛勒、大不里阿耳、帕思哈图和乞儿吉思，并从在北方的降服于他们的许多其他地区，给他们送来各种珍贵毛皮，他们在冬季就穿用这些毛皮做成的衣服。在冬季，他们总是至少做两件毛皮长袍，一件毛向里，另一件毛向外，以御风雪；后一种皮袍，通常是用狼皮或狐狸皮或猴皮做成的。当他们在帐幕里面时，他们穿另一种较为柔软的皮袍。穷人则用狗皮和山羊皮来做穿在外面的皮袍。"④

成宗铁穆耳像

---

① 《出使蒙古记》第 8、119—120 页。
② 赵珙《蒙鞑备录》。
③ 彭大雅、徐霆《黑鞑事略》。
④ 《出使蒙古记》第 118—119 页。

第二章 服饰

元明宗皇后像

台北故宫博物院藏《元世祖出猎图》中穿紫貂缘领银鼠裘的元世祖

所谓皮袍，就是蒙古人所说的"答忽"，又译写作"搭护"、"搭襫"等，即"皮袄"、"袄子"。① 一般人穿的是羊皮、羊羔皮制成的答忽，贵族才有貂鼠答忽、银鼠答忽，即用貂鼠和银鼠皮制成的皮衣。元代大毛类重银狐、猞猁，小毛类重银鼠、紫貂。可用作皮张的鼠类有银鼠、青鼠、青貂鼠、山鼠、赤鼠、花鼠、火鼠等。银鼠"和林朔北者为精，产山石罅中。初生赤毛青，经雪则白，越经年深而雪者越奇，辽东骨嵬多之。有野人于海上山薮中铺设以易中国之物，彼此俱不相见，此风俗也。此鼠大小长短不等，腹下微黄。贡赋者以供御帏幄、帐幔、衣被之，每岁程工于［大都］南城貂鼠局，诸鼠惟银鼠为上"。青鼠"其尾有青惨色，光润莹软，腹下有白毛寸许，制衣青为衣，而白者缝掇为搭护，仍以银鼠缘饰或水獭黑貂并佳"。青貂鼠"毛色微青黄，差小冗厚，轻软，制衣亚于银鼠"。火鼠"极北有之，生大石山中。以之为衣，即火澣布也"。貂皮也是珍贵皮毛，黑貂"黑而毛厚者为上，多以之为领缘。达官以为衣，多以前面衿饰以纳失失间丝之异表而出之，有以银鼠带尾为衣饰，缘以黑貂尤为精美。黑貂间白毛者谓之浣毛"。九节狐、赤狐等狐皮，"可作暖帽及帏帐被之属"。猫科动物如黑狸、青狸、花狸等的皮毛，也被人们所重视。此外，狮、虎、豹、熊、麋、鹿、獐、獾、狼等野兽的皮毛，亦被用来缝制衣被等物。②

入元以后，答忽仍很流行，故时人有"骏笠毡靴搭护衣，金牌骏马走如飞"的诗句。③ 元朝皇帝的"质孙"

元宁宗皇后像

---

① 《元朝秘史》（校勘本）卷二，第60页。
② 《析津志辑佚·物产》。
③ 郑所南《绝句十首》，《心史·大义集》，见《郑思肖集》，上海古籍出版社1991年版。

服（详见下述）中，"服银鼠，则冠银鼠暖帽，其上并加银鼠比肩，俗称曰襻子答忽"。①元世祖的皇后察必，曾设计出一种新式衣服，"前有裳无衽，后长倍于前，亦无领袖，缀以两襻，名曰'比甲'，以便弓马，时皆仿之。"②所谓"比甲"，应该就是"比肩"。

除袍服外，蒙古人亦穿"搽察"等服装。"搽察"是蒙古语音译，即"衫儿"，③是上衣的通称。蒙古人虽常穿长袍，但亦有各种衫子。此外，亦有裤子，尤其是常备冬季御寒用的毛皮裤子。④

蒙古人穿袍服时，一般要在服外系一条称之为"腰线"或"系腰"的彩带，"又用红、紫帛捻成线，横在腰上，谓之腰线，盖欲马上腰围紧束，突出彩艳好看"。⑤妇女"用一块天蓝色的绸料在腰间把她们的长袍束起来，用另一块绸布束着胸部，并用一块白色绸料扎在两眼下面，向下挂到胸部"。⑥

在蒙古人中间，制衣材料的不同，原来并不完全反映等级差别，正像宋人郑所南所说："衣以出袖海青衣为至礼。其衣于前臂肩间开缝，却于缝间出内两手衣裳袖，然后虚出海青两袖，反支悬纽背缝间，俨如四臂。谀虏者妄谓郎主为'天蓬后身'。衣曰'海青'者，海东青，本鸟名，取其鸟飞迅速之义；曰'海青使臣'之义亦然。虏主、虏吏、虏民、僧道男女，上下尊卑，礼节服色一体无别。"⑦

陕西蒲城洞耳村元墓壁画《夫妻对坐图》

---

① 《元史》卷七八《舆服志一》。
② 《元史》卷一一四《后妃传一》。
③ 《元朝秘史》（校勘本）卷一，第18页。
④ 《出使蒙古记》第119页。
⑤ 彭大雅、徐霆《黑鞑事略》。
⑥ 《出使蒙古记》第120页。
⑦ 郑所南《心史·大义略叙》，见《郑思肖集》。

【 第二节　笠帽与罟罟冠 】

蒙古男子的发式不同于其他民族。"上自成吉思，下及国人，皆剃婆焦，如中国小儿留三搭头在囟门者，稍长则剪之。在两下者总小角，垂于肩上。"① 所谓"婆焦"，就是"男子结发垂两耳"，②"被发而椎髻"。③ 这种发型的具体样式是"环剃去顶上一弯头发，留当前发，剪短散垂，却析两旁发，垂绾两髻，悬加左右肩衣袄上，曰'不狼儿'，言左右垂髻，碍于回视，不能狼顾。或合辫为一，直拖垂衣背。男子俱带耳坠"。④

西方传教士对蒙古男子的这种"辫发"亦记之甚详："在头顶上，他们像教士一样把头发剃光，剃出一块光秃的圆顶，作为一条通常的规则，他们全都从一个耳朵到另一个耳朵把头发剃去三指宽，而这样剃去的地方就同上述光秃圆顶连结起来。在前额上面，他们也都同样地把头发剃去二指宽，但是，在这剃去二指宽的地方和光秃圆顶之间的头发，他们就允许它生长，直至长到他们的眉毛那里；由于他们从前额两边剪去的头发较多，而在前额中央剪去的头发较少，他们就使得中央的头发较长；其余的头发，他们允许它生长，像妇女那样，他们把它编成两条辫子，每个耳朵后面各一条。""男人们在头顶上把头发剃光一方

武宗海山像

---

① 《蒙鞑备录》。
② 李志常《长春真人西游记》。
③ 《黑鞑事略》。
④ 郑所南《心史·大义略叙》，见《郑思肖集》。

块,并从这个方块前面的左右两侧继续往下剃,经过头部两侧,直至鬓角。他们也把两侧鬓角和颈后(剃至颈窝顶部)的头发剃光;此外,并把前额直至前额骨顶部的头发剃光,在前额骨那里,留一簇头发,下垂直至眉毛。头部两侧和后面,他们留着头发,把这些头发在头的周围编成辫子,下垂至耳。"①

辫发还分成多种式样。元代理发业的行业著作《净发须知》中记载了各种发式:"按大元体例,世图故变,别有数名。还有一答头、二答头、三答头、一字额、大开门、花钵椒、大圆额、小圆额、银锭、打索绾角儿、打辫绾角儿、三川钵浪、七川钵浪、川著练槌儿。还那个打头,那个打底:花钵椒打头,七川钵浪打底;大开门打头,三川钵浪打底;小圆额打头,打索绾角儿打底;银锭样儿打头,打辫儿打底;一字额打头,练槌儿打底。"钵椒就是上述"婆焦"的异译,钵浪即"不狼儿"异译,打辫儿即上面所说的"合辫为一"。②

蒙古男子"冬帽而夏笠",③"顶笠穿靴",④"官民皆带帽,其簷或圆,或前圆后方,或楼子,盖兜鍪之遗制也。其发或辫,或打纱练槌,庶民则椎髻"。⑤据说前帽簷是在忽必烈时期由皇后察必改进而成的,按《元史》的记载,"胡帽旧无前簷,帝因射日色炫目,以语后,后即益前簷,帝大喜,遂命为式"。⑥现存图片资料中所见笠子帽,有宽簷笠,也有加帔的笠子帽。"北人华靡之服,帽则金其顶,袄则线其腰,靴则鹅其顶。"⑦贵族等所戴笠上大多装饰着珍珠或玉石。冬季戴的暖帽,多用珍贵皮毛做成,并往往与"质孙"服配套,详见下述。

皇帝帽子的式样,民间严禁仿造。如大德元年(1297年),利用监工匠为皇帝制成一顶新样式的黑细花儿斜皮帽,成宗即下圣旨:"今后这皮帽样子休做与人者,与人呵,你死也。如今街下休做

戴瓦楞帽的皇帝(南薰殿旧藏《历代帝王像》局部)

---

① 《出使蒙古记》第7、119页。
② 《永乐大典》卷一四一二五。
③ 《黑鞑事略》。
④ 郑所南《心史·大义略叙》,见《郑思肖集》。
⑤ 叶子奇《草木子》卷三下《杂制篇》。
⑥ 《元史》卷一一四《后妃传一》。
⑦ 叶子奇《草木子》卷三下《杂制篇》。

者,做的人、带的人交扎撒里入去者(按法律治罪)。"至大元年(1308年),武宗亦因为有工匠仿造皇帝帽子式样特别下了一道圣旨:"这个缝皮帽的人,刁不剌驸马根前我带的皮帽样子为甚么缝与来?""今后我带的皮帽样子,街下休交缝者。这缝皮帽底人分付与留守司官人每,好生街下号令了呵,要罪过者。"此外,还做出规定,"金翅雕样排花,金翅雕样皮帽顶儿,今后休交做,休交诸人带者;做的人根底,要罪过者;带着的人根底夺了,要罪过者"。①

有的蒙古人打破传统习俗,按中原人的服饰习惯着装。如蒙古国时期的功臣木华黎之子孛鲁,"美容仪,不肯剃婆焦,只裹巾帽,著窄服"。②后来元朝宫廷中的服装鞋帽,兼采中原服饰样式,孛鲁等实开风气之先。

戴罟罟冠的皇后(南薰殿旧藏《历代帝后像》局部)

蒙古妇女的冠饰更具特点。贵族妇女,大多戴罟罟冠。罟罟译自蒙古语,有不同的写法,如顾姑、故姑、罟姑、故故、固姑、姑姑、罟冠等,另借用波斯语又称为"孛塔黑",意思都是指已婚妇女所戴的冠帽。③

从不同地区前往草原的人都注意到了蒙古妇女的这种冠饰。

出使草原的南宋使者记道:"妇人顶故姑";"凡诸酋之妻,则有顾姑冠,用铁丝结成,形如竹夫人,长三尺许,用红青锦绣或珠金饰之,其上又有杖一枝,用红青绒饰之";"其故姑之制,用画木为骨,包以红绢金帛,顶之上用四五尺长柳枝或铁打成枝,包以青毡,其向上人则用我朝翠花或五采帛饰之,令其飞动,下下人则用野鸡毛"。④受召前去拜见成吉思汗的中原道士留下了这样的记载:"妇人冠以桦皮,高二尺许,往往以皂褐笼之,富者以红绡其末如鹅鸭,名曰故故。大忌人触,出入庐帐须低徊。"⑤

西方传教士的记载更为详细,鲁不鲁乞写道:"妇女们也有一种头饰,他们称之为勃哈(即孛塔黑,引者,下同),这是用树皮或她们能找到的任何其他相当轻的材料制成的。这种头饰很大,是圆的,有两只手围过来那样粗,有一腕尺(约18—22英寸)多高,其顶端呈四方形,像建筑物的一根圆柱的柱头那样。这种孛哈外面裹以贵重的丝织物,它里面是空的。在头饰顶端的正中或旁边插着一束羽毛或细长的棒,同样也

---

① 《元典章》卷五八《工部一·造作·杂造》。
② 《蒙鞑备录》。
③ 详见方龄贵《罟罟考述》,《内蒙古社会科学》1989年第5期,第55—61页。
④ 《黑鞑事略》、《蒙鞑备录》。
⑤ 李志常《长春真人西游记》。

加前檐笠帽　　　　　　　　　　　　　嵌宝石笠帽

有一腕尺多高；这一束羽毛或细棒的顶端，饰以孔雀的羽毛，在它周围，则全部饰以野鸭尾部的小羽毛，并饰以宝石。富有的贵妇们在头上戴这种头饰，并把它向下牢牢地系在一个兜帽上，这个帽子的顶端有一个洞，是专作此用的。她们把头发从后面挽到头顶上，束成一种发髻，把兜帽戴在头上，把发髻塞在兜帽里面，再把头饰戴在兜帽上，然后把兜帽牢牢地系在下巴上。因此，当几位贵妇骑马同行，从远处看时，她们仿佛是头戴钢盔手持长矛的兵士；因为头饰看来像是一顶钢盔，而头饰顶上的一束羽毛或细棒则像一枝长矛。"[1]

罟罟冠很容易成为区分女子贵贱和已婚未婚的标志。约翰·普兰诺·加宾尼指出："在她们头上，有一个以树枝或树皮制成的圆的头饰。这种头饰有一厄尔（45 英寸）高，其顶端呈正方形。从底部到顶端，其周围逐渐加粗，在其顶端，有一根用金、银、木条或甚至一根羽毛制成的长而细的棍棒。这种头饰缝在一顶帽子上，这顶帽子下垂至肩。这种帽子和头饰覆以粗麻布、天鹅绒或织锦。不戴这种头饰时，她们从不走到男人们面前去，因此，根据这种头饰就可以把她们同其他妇女区别开来。"[2]

蒙古族传统的罟罟冠，进入元朝之后，仍然在宫廷和蒙古贵族妇女中流行。"元朝后妃及大臣之正室，皆带姑姑衣大袍，其次即带皮帽。姑姑高圆二尺许，用红色罗盖。"[3] 正如南宋遗民郑所南所说："受虏爵之妇，戴固姑冠，圆高二尺余，竹篾为骨，销金红罗饰于外。若在北行，妇人戴回回帽，加皂罗为面帘，仍以帕子幂口障沙尘。"[4] 现存的《元代帝后像》，可看到后妃确实都带罟罟冠。敦煌壁画中，亦可见到元代戴罟罟

---

[1] 《出使蒙古记》第 120 页。
[2] 《出使蒙古记》第 8 页。
[3] 叶子奇《草木子》卷三下《杂制篇》。
[4] 郑所南《心史·大义略叙》，见《郑思肖集》。

供养人；安西榆林窟还有戴罟罟冠蒙古贵族妇女行香壁画。①

元人诗歌也有对罟罟冠的描述，如杨允孚的《滦京杂咏》中有"香车七宝固姑袍，旋摘修翎付女曹"的诗句，并自注云："车中戴固姑，其上羽毛又尺许，拔付女侍，手持对坐车中，虽后妃驭象亦然。"大都城内风俗，每年二月十五日做盛大佛事，奉佛祖造像等游历皇城，"自庆寿寺启行入隆富宫绕旋，皇后三宫诸王妃戚畹夫人俱集内廷"，"自东华门内，经十一室皇后斡耳朵前，转首清宁殿后，出厚载门外。宫墙内妃嫔媵嫱罟罟皮帽者，又岂三千之数也哉？可谓伟观宫廷，具瞻京国，混一华夷，至此为盛"！②

元武宗皇后像

元朝时宫廷及贵族家庭中流行的罟罟冠，较蒙古国时期装饰更为华丽。元末人熊梦祥所记罟罟冠的形制颇为详细：

> 罟罟，以大红罗幔之。胎以竹，凉胎者轻。上等大，次中，次小。用大珠穿结龙凤楼台之属，饰于其前后。复以珠缀长条，裱饰方绲，掩络其缝。又以小小花朵插带，又以金䍢事件装嵌，极贵。宝石塔形，在其上。顶有金十字，用安翎筒以带鸡冠尾，出五台山，今真定人家养此鸡，以取其尾，甚贵。罟罟后，上插朵朵翎儿，染以五色，如飞扇样。先带上紫罗，脱木华以大珠穿成九珠方胜，或叠胜葵花之类，妆饰于上。与耳相联处安一小纽，以大珠环盖之，以掩其耳在内，自耳至颐下，光彩炫人。环多是大塔形葫芦环，或是天生葫芦，或四珠，或天生茄儿，或一珠。又有速霞真，以等西蕃纳失今为之，夏则单红梅花罗，冬以银鼠表纳失，今取其暖而贵重。然后以大长帛御罗手帕重系于额，像之以红罗束发，峨峨然者名罟罟。以金色罗拢髻，上缀大珠者，名脱木华。以红罗抹额中现花纹者，名速霞真也。③

出土实物的发现，与熊梦祥所记完全符合。1974年，内蒙古文物考古队发掘四子

---

① 详见沈从文《中国古代服饰研究》第388—394页。
② 《析津志辑佚·岁记》。
③ 《析津志辑佚·风俗》。

王旗乌兰花镇王墓梁元代汪古部贵族陵园时,有数件罟罟冠出土。其中十号墓出土的罟罟冠的构造是桦树皮筒外面包扎着一层黄纱布,其上有用纸和采绸扎成的绿色花带,带上蔓、叶、花具备,还有包着孔雀毛的枣核形饰件,用彩线装饰连缀在黄纱布上。枣核形饰件间点缀以丝绸做成的涂着金边的云形装饰,在其中一个周围饰着纤细的富有艳丽色彩的孔雀毛花朵的花心,插着一个三四寸的小棍,棍顶连一个圆木球,球顶连着一个十字架。这个罟罟冠上还插着许多蓝莹莹的闪耀着光彩的孔雀毛。六号墓出土的罟罟冠,外面包着绚丽多彩的团花绸,上系一对錾有精美花纹的金筒以及铁制云形饰片和圆形铁十字架。此外,有的罟罟冠的丝绸织物上还印有"寿"字,装饰品则有各式松石、琥珀制成的串珠等。

罟罟冠

蒙古妇女的头饰罟罟冠,在江南等地被列为奇观。陶宗仪记下了这样一首咏胡妇诗:"双柳垂鬟别样梳,醉来马上倩人扶。江南有眼何曾见,争卷珠帘看固姑。"[①] 罟罟冠头饰也影响到了其他民族。至顺年间刊行的《事林广记》有如下记载:"固姑,今之鞑靼、回回妇女戴之,以皮或糊纸为之,朱漆剔金为饰,若南方汉儿妇女则不得戴之。"[②]

蒙古妇女还有一种风俗,"往往以黄粉涂额",[③] 作为美容手段,但是在西方人看来,效果似乎不好,"由于她们涂搽面孔,可怕地损毁了她们的外貌"。[④]

---

① 《辍耕录》卷八陶宗仪《聂碧窗诗》。
② 《事林广记》(至顺本)后集卷一〇《服饰类·服用原始》。
③ 《蒙鞑备录》。
④ 《出使蒙古记》第120页。

【第三节　宫廷与官吏服饰】

在中原王朝宫廷传统服饰制度的影响之下，蒙古统治者亦对服饰作出了相应的等级规定，皇帝的冕服、官员以及宫廷宿卫人员的服装，都有了固定的式样和服色。

据《元史·舆服志》的记载，壬子年（1252年）宪宗蒙哥祭天于日月山，始用冕服。[1] 而真正按照中原王朝传统舆服制度设计宫廷礼服等，是在忽必烈即位之后。但是，忽必烈及其继承者仍很注意保持蒙古"本俗"，在服饰方面既要有正规的皇帝服装、仪仗，也要有蒙古人习惯的本民族服饰，正如元代官修政书所说："圣朝舆服之制，适宜便事及尽收四方诸国也，听因其俗之旧又择其善者而通用之。世祖皇帝立国建元，有朝廷之盛，百官之富，宗庙之美，考古昔之制而制服焉。"[2]

用于祭祀、册封、朝会的皇帝冕服，与中原王朝传统的皇帝冕服基本相同。冕服由冕、衮、带、绶、舄等配成一套。衮冕用漆纱制成，冕顶端的天板长1尺6寸，宽8寸，前后各12旒，有玉簪横贯于冠。衮龙服用青罗制成，饰以星、日、月、龙、山、火、华虫、虎蜼章纹，裳用绯罗制成，饰以藻、粉米、黼、黻章纹，配以白纱中单、绯罗蔽膝等。大带用红白二色罗合缝制成。玉环绶用纳石失制成。舄有用红罗制成的高腰靴和用纳石失制成的履。袜子用红绫制成。

太子的冠服为衮冕（九旒）、玄衣（饰以山、龙、华虫、火、宗彝章纹）、纁裳（饰以藻、粉米、黼、黻四章纹）、白纱中单、蔽膝、革带、四采大绶、朱袜、赤舄。

自从实行皇帝穿戴衮冕之后，缠身大龙图案成为皇室专用服饰图案。大德元年（1297年）三月，中书省官员奏报"街市卖的段子，似上位穿的御用大龙，则少一个爪儿、四个爪儿的织着卖有"。成宗特别下旨："胸背龙儿的段子织呵，不碍事，教织者。似咱每穿的段子织缠身大龙的，完泽（中书省右丞相——引者）根底说了，随处遍行

---

[1] 《元史》卷七八《舆服志一·冕服》。
[2] 《经世大典序录·舆服》，《国朝文类》卷四一。

《佛郎国献马图》中的元朝皇帝形象

文书禁约,休教织者。"延祐年间,中书省规定臣民服色等第,更明确宣布臣民一律不许用龙凤纹服饰,并特别说明五爪二角为龙纹饰。①

蒙古国时期,官制混乱,官吏服装混杂。忽必烈即位之后,在汉人谋士的帮助下,逐步确立了中央和地方的官府体制。至元八年(1271年)十一月,刘秉忠、王磐、徒单公履等人建议:"元正、朝会、圣节、诏赦及百官宣敕,具公服迎拜行礼。"②忽必烈采纳了他们的建议,正式下诏颁布了"文资官定例三等服色"。文官按照品级分为紫罗服、绯罗服、绿罗服三大等级,一至五品官为紫罗服,六、七品官为绯罗服,八、九品官为绿罗服。至元二十四年(1287年)闰二月,枢密院建议军官服装"拟合依随朝官员一体制造",得到批准,文、武官员的服色等级因此而无差别。公服全部右衽,各品官员的公服"上得兼下,下不得僭上",即品级高的官员可以穿着低品级官员的服装,任何品级官员均不得穿着比其品级高的公服。公服的具体形制为:

---

① 《通制条格》卷九《衣服·服色》。
② 《元史》卷七《世祖纪四》。

《佛郎国献马图》中的元朝大臣形象

一品官，紫罗服，直径5寸大独斜花纹，玉带；

二品官，紫罗服，直径3寸小独斜花纹，花犀带；

三品官，紫罗服，直径2寸散答花（无枝叶）纹，荔枝金带；

四品官，紫罗服，直径1寸5分小杂花纹，荔枝金带；

五品官，紫罗服，直径1寸5分小杂花纹，乌犀角带；

六、七品官，绯罗服，直径1寸小杂花纹，乌犀角带；

八、九品官，绿罗服，无花纹罗，乌犀角带。①

官员带的幞头（头巾），以漆纱制成。偏带"并八胯，鞓用朱革"。靴子用皂皮制成。②有人对当时的"朝服"作过这样的总结："一品二品用犀玉带大团花紫罗袍，三品至五品用金带紫罗袍，六品七品用绯袍，八品九品用绿袍，皆以罗流。外受省札，则用檀褐。其幞头皂靴，自上至下皆同也。"③

---

① 《通制条格》卷八《仪制·贺谢迎送》。《元典章》卷二九《礼部二·服色·文武品从服带》。
② 《元史》卷七八《舆服志一·冕服》。
③ 叶子奇《草木子》卷三下《杂制篇》。

官员一般服装的用料，一二品可用浑金花，三品用金答子，四五品用云袖带襕，六七品用六花罗，八九品用四花罗。系腰，五品以下可用银饰和铁饰。

"致仕"的官员，与现任官员服装相同，"解降者依应得品级，不叙者与庶人同"。"内外有出身考满应入流品见役人员"和"授各投下令旨有印信见任勾当人员"，服用与九品官员相同。①

元廷还特别规定了参加祭祀等"大礼"的祭服。如祭天、祭社稷等，参加者按等级分别戴笼金貂蝉冠（即笼金纱冠）、貂蝉冠（纱冠）、獬豸冠、水角簪金梁冠（有七梁、六梁、五梁、四梁、三梁、二梁之别）、交角幞头和黑漆幞头等，穿青罗服、红罗裙或者紫罗公服，着赤革履或乌靴及白绫袜。祭祀孔庙，献官的法服是七梁冠、雅青袍、绒锦绶绅、红罗裙、白绢中单、红罗蔽膝、革履、白绢袜，执事穿儒服，戴软角唐巾，穿皂靴。②为便于记忆，还有人编了穿戴服饰的歌诀，如元末人陶宗仪所记："天子郊祀与祭太庙之日，百官陪位者皆法服。凡披秉须依歌诀次第，则免颠倒之失。歌曰：袜履中单黄带先，裙袍蔽膝绶绅连；方心曲领蓝腰带，玉佩丁当冠笏全。"③

吏的公服，至元九年（1272年）三月暂定为穿檀褐罗窄衫，系黑角束带（又称乌角带），带舒脚幞头。大德七年（1305年）九月立为公服定例。次年八月，又规定任"流外之职"的巡检、院务仓库官的服装与吏的公服一样。延祐二年，对吏的常服做出规定，"皂吏公使人惟许服䌷绢"。五年正月，规定各地驿站的官员穿着与吏一样的公服。④

蒙古大汗和元朝皇帝的护卫人员，蒙古语称为"怯薛歹"，有一万余人。从蒙古国到元朝，怯薛歹都享受特殊的政治待遇和丰厚的经济待遇，在服装方面也有种种优待，显示出不同于常人的地

毗卢寺壁画中的差吏

---

① 《通制条格》卷九《衣服·服色》。
② 《元史》卷七八《舆服志一·冕服》。
③ 陶宗仪《辍耕录》卷五《披秉歌诀》。
④ 《元典章》卷二九《礼部二·服色·提控都吏目公服、典史公服、巡检公服、站官服色》。

永乐宫三清殿元代壁画中戴交角幞头的力士

位。蒙古国时期,怯薛歹的服装尚无特殊规定。忽必烈改国号为"大元"之后,随着皇帝与官员服装向"中原化"靠近,宫廷护卫的服装亦有了定制,既保留了草原旧有的长袍和笠帽,也采纳了中原的巾冠服装等。

按《元史·舆服志》的记载,宫廷护卫人员使用的巾、冠等就有13种之多:

(一)交角幞头,交折其角于巾后。

(二)凤翅幞头,形制类似唐巾,两角上曲作云头,两旁覆以两金凤翅。

(三)学士帽,形制类似唐巾,两角如匙头下垂。

(四)唐巾,椭角,两角上曲作云头。

(五)控鹤幞头,形制同于交角幞头,金缕额。

(六)花角幞头,形制同于交角幞头,两角及额上簇象生杂花。

(七)平巾帻,用黑漆革制成,形制如进贤冠之笼巾。

(八)绯罗抹额,上绣宝花。

(九)五色绢巾,上画宝相花。

济南千佛山齐鲁宾馆元墓壁画《门吏图》

（十）锦帽，用漆纱制成，后幅两旁前拱而高，后画连线锦，前额作聚文。

（十一）武弁，用皮革制成。

（十二）甲骑冠，用皮革制成，加黑漆，雌黄为缘。

（十三）金兜鍪，用皮革制成，金涂五色，与衣甲同色。

宫廷护卫人员的服装，主要是袍、袄、皮甲等，另有云肩、䪐、带、汗胯等辅助衣物：

（一）云肩，形制似四垂云，用嵌金五色罗制成，镶青缘。

（二）衬甲，形制类似云肩，用青锦制成，镶白锦缘。

（三）裲裆，形制与衫同。

（四）衬袍，用绯锦制成，武士穿于裲裆内。

（五）士卒袍，用绢绝制成，绘宝相花。

（六）窄袖袍，用罗或绝制成。

（七）辫线袄，形制同窄袖衫，腰作辫线细折。

（八）控鹤袄，用青绯二色锦制成，绘圆答宝相花。

（九）窄袖袄，绀缜色。

（十）乐工袄，用绯锦制成，明珠琵琶窄袖，辫线细折。

（十一）皮甲，绘虎、狮子图案或加金铠锁子文。

（十二）臂䪐（袖套），用锦制成，绿绢里，有双带。

济南千佛山齐鲁宾馆元墓壁画《门吏图》

（十三）锦螣蛇，束麻长1丈1尺，裹以红锦。

（十四）束带，红鞓双獭尾，以黄金涂铜胯，略比腰带狭小。

（十五）绦环，用铜制成，饰以黄金。

（十六）汗胯，用青锦制成，镶银褐锦缘，绣扑兽云气图案等。

宫廷卫士多穿鞾鞋（高腰皮靴）、云头靴或麻鞋。云头靴靴帮嵌云朵，头作云象。另有用绢制成的行縢（绑腿）。①

从上引服装鞋帽的式样可以看出，辫线袄及袍服等蒙古传统服装依然穿着在怯薛歹身上，但皮甲等已与中原地区的传统式样相差不远，幞头、唐巾等则几乎取代了过去的笠帽。

怯薛歹作为皇帝的侍卫人员，除了保卫皇帝及皇室成员的安全外，还参与宫廷事务的管理，并因此而设立了不同的名目，各司其职，"预怯薛之职而居禁近者，分冠服、弓矢、食饮、文史、车马、庐帐、府库、医药、卜祝之事，悉世守之。虽以才能受任，使服官政，贵盛之极，然一日归至内庭，则执其事如故"。②怯薛歹的职掌不同，服装也有所区别。

掌管皇帝护卫的有火儿赤（佩弓矢者）、温都赤（又译为云都赤，佩宝刀者）、玉典赤（户郎）、秃鲁花（质子）等，充当护尉角色时，戴交角幞头，穿紫梅花罗窄袖衫，系涂金束带，白锦汗胯。③尤其是云都赤，"乃侍卫之至亲近者，虽官随诸朝司，亦三日一次轮流入直。负骨朵于肩，佩环刀于腰。或二人、四人，多至八人，时若上御控鹤，则在宫车之前；上御殿廷，则在墀陛之下，盖所以虞奸回也。虽宰辅之日觐清光，然有所奏请，无云都赤在不敢进"。所谓骨朵，即大头杖，"朱漆棒首，贯以金涂铜槌"；"关中人以腹大为胍肛，俗因谓杖头大者亦为胍肛，后讹为骨朵"。④随皇帝出行时，云都赤戴凤翅唐巾，穿紫罗辫线袄，系金束带，乌靴。又有镇殿将军，分立于殿内外，或者"募选身躯长大异常者充"，⑤或者"以近侍重臣摄之"，戴白帽，穿白衲袄，或者穿其品官公服。

皇帝的仪仗队，主要由怯薛人员组成。仪仗人员的服装，大致可分为以下九类：

第一类是有官职的侍卫亲军都指挥使及文职官员等，俱穿本品公服。

第二类是各种名目的"将军"、"折冲"等，服装为交角幞头，绯罗或绯驼绣抹额，紫罗绣辟邪（或狮子、瑞虎、瑞麟、瑞鹰、瑞马、瑞牛等）裲裆（半臂，形似今背心，

---

① 《元史》卷七八《舆服志一·冕服》。
② 《元史》卷九九《兵志二·宿卫》。
③ 《元史》卷八〇《舆服志三·仪卫》，下同。
④ 陶宗仪《辍耕录》卷一《云都赤》，《元史》卷七九《舆服志二·仪仗》。
⑤ 陶宗仪《辍耕录》卷一《大汉》。

前幅当胸，后幅当背），红锦衬袍，金带，乌靴；另有少数将军戴金凤翅兜鍪，着甲，穿云头靴。

第三类是骑士，服装为锦帽，青、绯、紫等色宝相花袍，铜带或涂金带，绿、朱、紫等色云靴。

第四类是甲骑，戴甲骑冠或兜鍪，甲有朱画、绿画、紫画、五色画甲等，靴的颜色与甲一致。

第五类是控鹤马步队，骑士服装为交角金花幞头，红、绯、青等色锦质孙控鹤袄（质孙，详见下述），金束带，鞜鞋；步卒戴金缕额交角幞头，服、靴与骑士相同。

第六类是宿卫步卒，或带弓角金凤翅幞头，穿细折辫线袄；或戴金兜鍪穿甲。

第七类是象、驼、马、骡等的驭者，戴花角唐帽、紫帽或武弁，服绯、青、黄、紫等色花袍或衫，穿相应颜色的靴子。

第八类是手持各种旗帜者，分别戴黄、红、绯等色绔巾，穿相应颜色的花袍和靴子。

第九类是各色乐人，戴展角花幞头等，身穿各色花袍，配以相应颜色的靴子。

此外，掌鸣鞭的"警跸"，以控鹤卫士充任，戴交角幞头，穿紫罗窄袖衫，系涂金束带，着乌靴。执金钺的"天武"，戴金兜鍪，金甲，金束带，绿云靴。

掌管皇帝饮食服装车马及报时、守香之职有答剌赤（掌酒者）、哈剌赤（掌马奶酒者）、博尔赤（主膳者）、速古儿赤（掌内府尚供衣服者）、兀剌赤（又译为阿剌赤，典车马者，圉人）等及擎壶郎（掌直漏刻）、司香等，戴唐巾、交角幞头或学士帽，均穿紫罗袖衫涂金束带，着乌靴。

朝廷命妇的服饰，亦有相应的等级规定。按元代人的记载，"国朝妇人礼服，达靼曰袍，汉人曰团衫，南人曰大衣，无贵贱皆如之。服章但有金素之别耳，惟处子则不

《佛郎国献马图》中的元朝宫女

菱花织金锦抹胸

广胜寺壁画《后宫尚宝图》

得衣焉"①。命妇的服装首饰,一至三品命妇可穿浑金花衣服,用金珠宝玉首饰;四、五品命妇穿金答子衣服,用金玉珍珠首饰;六品以下命妇只能穿销金和金纱答子服装,用金首饰,耳环可用珠玉。②元末人熊梦祥记载了贵族妇女的礼服式样:"袍多是用大红织金缠身云龙,袍间有珠翠云龙者,有浑然纳失失者,有金翠描绣者,有想其于春夏秋冬绣轻重单夹不等。其制极宽阔,袖口窄,以紫织金爪,袖口才五寸许,窄即大,其袖两腋摺下,有紫罗带拴合于背,腰上有紫纵系,但行时有女提袍,此袍谓之礼服。"③这种袍服,应该就是前文所说的蒙古人的传统服装大袖衣。

为保证服装的等级差别,元朝对缎的生产与销售有一系列的规定。缎既有皇帝、诸王等专用的缎匹,也有所谓的"常课段子",由局院官管领工匠制造缎匹等,各级政府官员负有督办的职责。按照中书省和工部的规定,"应造御用诸王异样常例金绣绒素段匹,合用丝金物料,在都委自提调部官主事,外路依已行委达鲁花赤、总管、经历、首领官,不妨本职,多方用心催督局官、库官人等";"额造金素段匹纱罗等物合该丝金颜料,本处正官亲行关支,置库收贮,明立文簿";"局院造作,局官每日巡视,

---

① 陶宗仪《辍耕录》卷一一《贤孝》。
② 《通制条格》卷九《衣服·服色》。
③ 《析津志辑佚·风俗》。

广胜寺壁画《庭院梳妆图》

元代风俗

全彩插图本中国风俗通史丛书

提调官按月点检，务要造作如法，工程不亏"。制造缎匹，包括络丝、打线、缵纴、拍金、织染等工序，各道工序都有官府的定例，"所关丝料，先行选拣打络，须要经纬配答均匀，如法变染。造到段匹，亦要幅阔相应，斤重迭就，不致颜色浅淡，段匹粗糙"。御用缎匹，长8托（1托的长度为4尺）或6托，幅宽1尺4寸5分；诸王百官所用缎匹，长8托或6托，幅宽1尺4寸；常课缎子长6托（2丈4尺），幅宽1尺4寸。打络时要除去乱丝等杂质，按规定用丝10分中有1分折耗，剪接缎匹时也有一定的损耗。8托的缎匹，用正丝53两，得生净丝47两7钱，续头剪接每缎折耗丝1两；6托的缎匹，用正丝40两，得生净丝36两，续头剪接每缎折耗丝7钱。各地额造的缎匹，要在年终织造完毕，正月一日收工，收货时进行严格的质量检查，制造不符合质量的缎匹，工匠和局院官都要受到处罚。需要说明的是，常课缎匹中还有相当一部分是通过"和买"（政府向民间强制购买货物）得到的，如江南地区原来每年织造7万匹常课缎子，后来改为织造1万匹，和买6万匹。[1]

身穿大袖衣的蒙古贵族妇女

---

[1]《元典章》卷五八《工部一·造作·段匹》，《通制条格》卷三〇《营缮·造作》。

【第四节 质孙服】

进入元朝之后，宫廷中最具特色的服装当属"质孙"服。"质孙"是蒙古语 jisun（意为颜色）的音译，又写作"只孙"、"济逊"等，另称为"诈马"，是波斯语 jamah（意为外衣、衣服）的音译，即宫廷宴会上穿的一色衣服。[①]"国有朝会庆典，宗王大臣来朝，岁时行幸，皆有燕飨之礼。亲疏定位，贵贱殊列，其礼乐之盛，恩泽之普，法令之严，有以见祖宗之意深远矣。与燕之服，衣冠同制，谓之质孙，必上赐而后服焉。"[②]"质孙，汉言一色服也，内庭大宴则服之。冬夏之服不同，然无定制。凡勋戚大臣近侍，赐则服之。下至于乐工卫士，皆有其服。精粗之制，上下之别，虽不同，总谓之质孙云。"[③]

质孙服是衣、帽、腰带乃至靴子配套的，衣、帽和腰带上都饰有珠翠玉石。

按照《元史·舆服志》的记载，元朝皇帝冬季穿的质孙服有以下11等：

（一）纳石失（金锦）服，配金锦暖帽。

（二）怯绵里（翦绒）服，配金锦暖帽。

（三）大红宝里服（服之有襕者），配七宝重顶冠。

（四）桃红宝里服，配七宝重顶冠。

（五）紫宝里服，配七宝重顶冠。

大汗继位场景

---

① 详见韩儒林《元代诈马宴新探》，《穹庐集》第247—254页。
② 《经世大典序录·燕飨》，《国朝文类》卷四一。
③ 《元史》卷七八《舆服志一·冕服》。

（六）蓝宝里服，配七宝重顶冠。

（七）绿宝里服，配七宝重顶冠。

（八）红粉皮服，配红金答子暖帽。

（九）黄粉皮服，配红金答子暖帽。

（十）白粉皮服，配白金答子暖帽。

（十一）银鼠服，配银鼠暖帽，其上加银鼠比肩，即前述襻子答忽。

皇帝夏季穿的质孙服，则有以下 15 等：

（一）答纳都纳石失服（缀大珠于金锦），配宝顶金凤钹笠。

纳石失辫线长袍

（二）速不都纳石失服（缀小珠于金锦），配珠子卷云冠。

（三）纳石失服，配珠子卷云冠。

（四）大红珠宝里红毛子答纳服，配珠缘边钹笠。

（五）白毛子金丝宝里服，配白藤宝贝帽。

（六）驼褐毛子服，配白藤宝贝帽。

（七）大红绣龙五色罗服，配大红金凤顶笠。

（八）绿绣龙五色罗服，配绿金凤顶笠。

（九）蓝绣龙五色罗服，配蓝金凤顶笠。

（十）银褐绣龙五色罗服，配银褐金凤顶笠。

（十一）枣褐绣龙五色罗服，配枣褐金凤顶笠。

（十二）金绣龙五色罗服，配金凤顶笠。

（十三）金龙青罗服，配金凤顶漆纱冠。

金镶玉凤纹帽顶 　　　　　　　纳石失辫线袍

质孙帝服（据《元史·舆服志》绘制）

（十四）珠子褐七宝珠龙答子服，配黄牙忽宝贝珠子带后檐帽。

（十五）青速夫（回回长毛呢）金丝阑子服，配七宝漆纱带后檐帽。

蒙古诸王与官员等的冬季质孙服，有大红纳石失服、大红怯绵里服、大红罗官素服、桃红罗官素服、蓝罗官素服、绿罗官素服、紫罗素服、黄罗素服、雅青素服9等；夏季质孙服有素纳石失服、聚线宝里纳石失服、枣褐浑金间丝蛤珠服、大红罗官素带宝里服、大红明珠答子服、桃红罗服、蓝罗服、绿罗服、银褐罗服、高丽雅青云袖罗服、驼褐罗服、茜红罗服、白毛子服、雅青官素带宝里服14等。①

---

① 《元史》卷七八《舆服志一·冕服》。

质孙官服（据《元史·舆服志》绘制）

　　皇帝赏赐质孙服，表示对臣僚的恩宠，受赐者以此为荣，质孙服已经成为当时社会上"达官显贵"的身份象征。元人文献中有不少关于皇帝"赐服"的记载，所赐多为质孙服。以札剌儿部人阿剌罕家族为例，阿剌罕先因功受赐旦耳答衣九袭，"旦耳答者，西域织文之最贵者也"，后又得赐金织文衣九袭和玉带一条。仁宗皇庆改元和英宗至治改元时，均赐给阿剌罕之子也速迭儿金织文衣二袭。文宗即位后，先后赐给也速迭儿金织文衣三袭，又赐以只孙宴服。"只孙者，贵臣见飨于天子则服之，今所赐绛衣也。贯大珠以饰其肩背，膺间首服亦如之。副以纳赤思衣等九袭。纳赤思者，缕皮傅金为织文者也。"[①] 纳赤

---

① 虞集《曹南王勋德碑》，《道园学古录》卷二四，《四部丛刊》本。

棕色罗花鸟绣夹衫

思则纳石失异译，纳赤思衣、金文织衣，实际上都是质孙服。

穿质孙服参加的宫廷宴会，称为"质孙宴"或"诈马宴"。宴会的着装等，有严格的规定。

首先是参加宴会的人，要穿一样颜色的质孙服，并且每日换一次衣服，所以皇帝、贵族、大臣等的质孙服都有多套。马可·波罗对此有详细记载：

> 大汗于其庆寿之日，衣其最美之金锦衣。同日至少有男爵骑尉一万二千人，衣同色之衣，与大汗同。所同者盖为颜色，非言其所衣之金锦与大汗衣价相等也。各人并系一金带，此种衣服皆出汗赐，上缀珍珠宝石甚多，价值金别桑确有万数。此衣不止一袭，盖大汗以上述之衣颁给其一万二千男爵骑尉，每年有十三次也。每次大汗与彼等服同色之衣，每次各易其色，足见其事之盛，世界之君主殆无有能及之者也。……
>
> 应知大汗待遇其一万二千委质之臣名曰怯薛丹者，情形特别，诚如前述。缘其颁赐此一万二千男爵袍服各十三次，每次袍色各异，此一万二千袭同一颜色，彼一万二千袭又为别一颜色，由是共为十三色。此种袍服上缀宝石珍珠及其他贵重物品，每年并以金带与袍服共赐此一万二千男爵。金带甚丽，价值亦巨，每年亦赐十三次，并附以名曰不里阿耳之驼皮靴一双。靴上绣以银丝，颇为工巧。[①]

宫廷宴会中要求穿一样颜色的衣服，在中国历史上并不多见。对这样的风俗，柯九思在《宫词十五首》中有如下描述：

[①] 《马可波罗行记》第222、226页，冯承钧译本，上海书店出版社2001年版。

> 万里名王尽入朝，法官置酒奏萧韶。
> 千官一色真珠袄，宝带攒装稳称腰。
> （自注：凡诸侯王及外番来朝，必赐宴以见之，国语谓之质孙宴。质孙，汉言一色，言其衣服皆一色也。）[1]

其次是参加宴会的人，还必须将坐骑打扮得漂漂亮亮，在当时人的诗歌中有如下描述：

> 彩丝络头百宝装，猩血入缨火齐光。
> 锡铃交驱八凤转，东西夹翼双龙冈。[2]
> 千官万骑到山椒，个个金鞍雉尾高。
> 下马一齐催入宴，玉阑干外换官袍。[3]

再次是入宫赴宴时须手持节杖，元人宫词中对这一细节有所描述：

> 只孙官样青红锦，裹肚圆文宝相珠。
> 羽杖持金班控鹤，千人鱼贯振嵩呼。[4]

周伯琦曾记录上都诈马宴的盛况，上述规定都在其中展现：

> 国家之制，乘舆北幸滦京，岁以六月吉日命宿卫大臣及近侍服所赐济逊（质孙）珠翠金宝衣冠腰带，盛饰名马，清晨自城外各持彩杖，列队驰入禁中。于是上盛服御殿临观，乃大张宴为乐。[5]

我们在这里只叙述诈马宴的服饰要求，在宴会中还有其他规定，已见于本书上章的叙述。

需要注意的是，质孙服实际上是元代"公服"的一种，不允许随意穿着。元廷自至

---

[1] 见陈高华点校《辽金元宫词》第3—4页，北京古籍出版社1988年版。
[2] 袁桷《装马曲》，《清容居士集》卷一五。
[3] 杨允孚《滦京杂咏》，《知不足斋丛书》本。
[4] 张昱《辇下曲》，见《辽金元宫词》第10—17页。
[5] 周伯琦《诈马行》，《近光集》卷一。

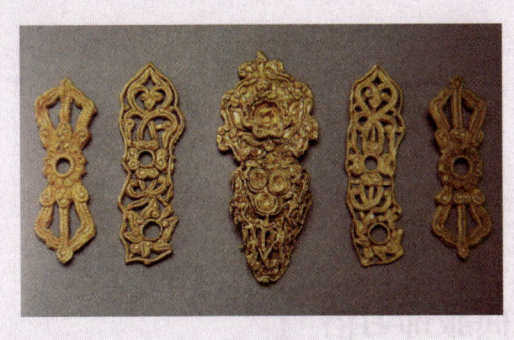

金头饰　　　　　　　　　　　玻璃簪

元六年（1269年）确定朝仪服色后，即明确规定了"正旦朝贺公服拜人"。仁宗皇庆二年（1313年）二月，又宣布"公服乃臣子朝君之礼，今后百官凡遇正旦朝贺，候行大礼毕，脱去公服，方许与人相贺"，也就是禁止官员身着公服会见客人。穿公服祭祀家庙，也是被禁止的。①

---

① 《通制条格》卷八《仪制》，《元典章》卷二八《礼部一·礼制一》。

【 第五节　民间服饰习俗 】

　　由于元廷长期没有对百姓服饰作出明确规定，造成臣民"靡丽相尚，尊卑混淆"的现象。延祐二年（1315年），仁宗特别命令中书省定立了服色等第，颁布全国。蒙古人和怯薛诸色人不受这个规定的约束，只是不许穿有龙凤纹的服装。①

　　一般庶人只准用暗花纻丝、丝绸绫罗、毛毲制作服装，不得用赭黄色，甚至不许使用各种鲜明彩色。在朝廷明文规定下，民间之人大多着深暗色服装，染工因之特别发展了由银灰到黟黑数十种深暗色的织染方法。陶宗仪在写像秘诀中列举的褐色名目就有二十种，包括砖褐、荆褐、艾褐、鹰背褐、银褐、珠子褐、藕丝褐、露褐、茶褐、麝香褐、檀褐、山谷褐、枯竹褐、湖水褐、葱白褐、棠梨褐、秋茶褐、鼠毛褐、葡萄褐、丁香褐等。②

　　对民间买卖的缎匹，朝廷也有严格的规定。缎匹的长度应在五托半之上，幅宽1尺6寸。御用缎匹禁止民间私造，不得在缎子上绣五爪双角缠身龙、五爪双角云袖襕、五爪双角答子、五爪双角六花襕等龙形图案和佛像、西天字等图案，并禁止民间织造、使用柳芳绿、鸡冠紫、迎霜合、栀红、红白闪色、胭脂红等颜色。元廷还多次下令，不准在缎匹上交织金纻丝。由于"随路街市买卖之物，私家贪图厚利，减克丝料，添加粉饰，恣意织造纸薄窄短金素缎匹生熟裹绢并做造药棉，

妆花云雁衔苇纹纱夹袍

---

① 《通制条格》卷九《衣服·服色》。《元典章》卷二九《礼部二·服色·贵贱服色等第》。
② 陶宗仪《辍耕录》卷一一《写像诀》。

元代绘画中的民间男子服装

织造稀疏狭布,不堪用度",朝廷不得不就供买卖的缎匹质量做出规定,"选拣堪中丝线,须要清水夹密"并符合规定长短的缎匹方许买卖。不但纰薄窄短缎匹不许买卖,盐丝药绵、稀疏纱罗、粉饰绢帛、不堪窄布等亦不准买卖。①

民间流行的服装,有上盖、布袍、团衫、唐裙、裙腰、背子、汗塌、裹肚等。

上盖是比较体面的男子外衣。元杂剧中,就有关于上盖的描述,如《神奴儿》中,神奴儿自称"一般学生每,都笑话我无花花袄子穿哩",他父亲即表示要"拣个有颜色的缎子,与孩儿做领上盖穿"。②再如《陈州粜米》中,有这样的台词:"好老儿,你跟我家去我打扮你起来,与你做一领硬挣挣的上盖,再与你做一顶新帽儿,一条茶褐绦儿,一对干净凉皮靴儿,一张靴儿,你坐着在门首,与我家照管门户,好不自在哩。"③可见当时常在社会上出头露面的人,穿着较正式的服装就是上盖。

上盖既可以是袄子一类的上衣,也可以是袍子。"俗谓男子布衫曰布袍,则凡上盖之服或可概曰袍。"④夏季穿的布袍,因家境状况而质地各异;冬季则应备有夹袍或用木棉等做成的袍子。并不是所有的人都能穿着体面的衣服,甚至有的读书人也只有一件布袍。如滕州邹县人李仲谦,任浙西按察司书吏,"而教训之俸薄,奉养不给,妇躬纺

---

① 《元典章》卷五八《工部一·造作·缎匹》。
② 《元曲选》第558页。
③ 《元曲选》第47页。
④ 陶宗仪《辍耕录》卷一一《贤孝》。

绩以益薪水之费。仲谦止有一布衫，或须浣涤补纫，必俟休假日。至是，若宾客见访，则俾小子致谢曰：'家君治衣，弗可出'"。① 又如吕思诚，"家甚贫"，"一日，晨炊不继，欲携布袍贸米于人。室氏有吝色，因戏作一诗曰：典却春衫办早厨，老妻何必更踌躇；瓶中有醋堪烧菜，囊里无钱莫买鱼。不敢妄为些子事，只因会读数行书；严霜烈日皆经过，次第春风到草庐"。② 江南的一位"博学能诗文"的隐士，连布袍也没有，平时只是"露顶短褐，布袜草履"。③ 文人孔齐的父亲曾为建康书吏，家境较好，服装用具也很简单，"服装尚绸绢、木棉，若毳衣、苎丝、绫罗，不过各一二件而已。白绸袄一着三十年，旧而不污"；"布衣素履，磁器木筋，与常人同"。④

妇女的礼服称为团衫和大衣。女子出嫁时，往往必备团衫，元杂剧对此亦有描

山西洪洞县广胜寺元代壁画中的侍女服饰形象

---

① 陶宗仪《辍耕录》卷五《廉介》。
② 陶宗仪《辍耕录》卷一二《文章政事》。
③ 陶宗仪《辍耕录》卷八《隐逸》。
④ 孔齐《至正直记》卷三《衣服尚俭》。

述。如《望江亭》中，媒人就有这样的说词："大夫人不许他，许他做第二个夫人，包髻、团衫、绣手巾，都是他受用的。"①散曲中也有类似描写："冠儿褙子多风韵，包髻团衫也不村，画堂歌管两般春，伊自忖，为烟月做夫人。"②唐裙和裙腰儿，是流行的妇女服式。文人对穿着唐裙的妇女有生动的描述，如"人比前春瘦几分，掩过唐裙"；③"款侧金莲，微那玉体，唐裙轻荡，绣带斜飘，舞袖低垂"。④唐裙是汉族地区的传统女服，因为有别于蒙古人的袍服，所以特别引起时人的注意。裙腰儿又称腰裙，是一般劳动妇女穿的短裙。

褙褡是民间流行的无袖短衣，又称搭背、搭膊等。关于褙褡的描述，见于元杂剧中。如《赵礼让肥》中，有"我则见他番穿着绵纳甲，斜披着一片破背褡"的说法；⑤《燕青博鱼》中，有"则我这白毡帽半抢风，则我这破搭膊落可的权遮雨"的唱词。⑥从这些描述可以看出，褙褡是一种便服，不是体面的服装。

汗塌、汗替或汗衫，是内衣的称呼，男女皆穿，并且多与汗衫同穿裹肚、抹胸一类的胸衣，这在元人杂剧和宫词中都有所反映。如杂剧《董西厢》中，就有"一领汗衫与裹肚非足取，敢是俺咱自做"的说法;《西厢记》中，有"书却写了，无可表意，只有汗衫一领、裹肚一条、袜儿一双、瑶琴一张、玉簪一枚、斑管一枝，琴童，你收拾

黄色绐棉裤　　　　　　　　黄色绐绢棉袍

---

① 《元曲选》第 1664—1665 页。
② 无名氏《四节》，《全元散曲》第 1701—1706 页。
③ 赵显宏《刮地风·别思》，《全元散曲》第 1176 页。
④ 关汉卿《斗鹌鹑·女校尉》，《全元散曲》第 178 页。
⑤ 《元曲选》第 989 页。
⑥ 《元曲选》第 229 页。

得好者"的说词;①《后庭花》中,更有这样的唱词:"你从明朝打扮你儿夫。你与我置一顶纱皂头巾,截一幅大红裹肚,与孩儿做一个单绢裤遮了身命,做一个布上衣盖了皮肤。"②在前引张昱《辇下曲》中,也有"只孙官样青红锦,裹肚圆文宝相珠"的描述。可见不分贵贱,都可用裹肚,只不过质地不同而已。

民间男子多戴头巾(幞头),有唐巾、抹额(又称抹头、包头等)、磕脑等流行式样。女子亦戴头巾,称为包髻。

元人的装饰品,既有金、银等制成品,亦大量使用珠玉和宝石,尤其是贵族官宦人

山西右玉元代壁画中戴幞头、穿包袍的男子

---

① 《元曲选外编》第 311 页。
② 《元曲选》第 934—935 页。

陕西西安元代彩绘盘髻女陶俑　　陕西西安元代彩绘盘髻女陶俑

家。"五金之器，莫贵如金"；"诸石之器，莫贵于玉"。"美玉与金同，亦有成色可比对。其十成者极品，白润无纤毫瑕玷也；九成难辨，非高眼不能别；八成则次之，以至七成、六成又次之。古玉惟取古意，或水银迹、血迹之类，不必问成色也，绝难得佳品。"①

中原和江南，都有珠玉和宝石产地。②来自中亚等地的宝石，称为"回回石头"。成宗大德年间，"本土巨商中卖红刺一块于官，重一两三钱，估直中统钞一十四万锭，用嵌帽顶上，自后累朝皇帝相承宝重，凡正旦及天寿节大朝贺时则服用之"，可见当时宝石的珍贵。宝石有不少种类，红宝石（红石头）有四种，淡红色的称为刺，深红色称为避者达，黑红色称为昔刺泥，红黄黑杂色的称为苦木阑。绿宝石（绿石头）分三等，上等暗深绿色，称为助把避；中等明绿色，称为助木刺；下等浅绿色，称为撒卜泥。雅鹘（亚姑）分成七种，上等深青色，称为青亚姑；中等浅青色，称为你蓝；下等浑青色，称为屋扑你蓝；另外还有红亚姑、马思艮底、黄亚姑和白亚姑。猫睛（猫儿眼）有中含活光的猫睛和似猫睛而无光的走水石两种。甸子（松绿石）产地不同，名称各异。来自中亚的回回甸子称为你舍卜的，来自西夏故地的河西甸子称为乞里马泥，来自襄樊地区的襄阳甸子称为荆州石。③

---

① 孔齐《至正直记》卷三《玛瑙缠丝》、《美玉金同》。
② 《元史》卷九四《食货志二·岁课》。
③ 陶宗仪《辍耕录》卷七《回回石头》。

元廷对民间装饰品有严格限制,规定帽、笠等不许用金、玉装饰。妇女首饰准许用翠花和金钗各一件,耳环可用金珠碧甸,其他首饰皆用银制成。①因受到禁止民间滥用珠玉、宝石等规定的限制,江南等地流行用玛瑙做装饰品。有人指出:"玛瑙惟缠丝者为贵,又求其红丝间五色者为高品。谚云'玛瑙无红一世穷',言其不直钱也;又言'玛瑙红多不直钱',言全红者反贱。惟取红丝与黄白青丝相间,直透过底面一色者佳。浙西好事者往往竞置以为美玩,或酒杯,或系腰,或刀靶,不下数十定,价过于玉。盖以玉为禁器,不敢置,所以玛瑙之作也。……今燕京士大夫往往不尚玛瑙,惟倡优之徒所饰佩,又以为贱品,与江南不同也。"②

受北方习俗影响,元代江南地区亦用"减铁"作为装饰品。当时有人评论道:"近世尚减铁,为佩带、刀靶之饰,而余干及钱塘、松江竞市之,非美玩也。此乃女真遗制,惟刀靶、鞍辔或施之可也,若置之佩带,既重且易生锈。"③

金、银、珠、玉、翠等装饰品,往往成为身份的象征,被世人所追求。但是实际价值相差甚大,无怪有人评论道:"首饰用翠,最为无补之物。买时以价十倍,及无用时不值一文。珍珠虽贵,亦是无用。……民有谣曰'活银病金死珠子',犹不言翠也。盖银为诸家所尚,金遇主渐少,珠子则无有问及者,犹死物也。世之承平时,人人皆自以为百世无虑,以致穷奢极侈,以金银珠玉之外,又置翠毛。殊不知人生不可保一旦,异于昔则无用之物皆成委弃。"④

妇女比较讲究装饰品,往往备有首饰和头面。首饰包括钗、钿、耳环、梳等,头

元代侍从陶俑群

---

① 《元典章》卷二九《礼部二·服色·贵贱服色等第》。
② 孔齐《至正直记》卷三《玛瑙缠丝》。
③ 孔齐《至正直记》卷四《减铁为佩》。
④ 孔齐《至正直记》卷三《首饰用翠》。

面则主要是钏、镯，因质地不同，分为金头面、银头面、玉头面等。

从元杂剧中，可以看出首饰与头面的区别。如《后庭花》中，一妇人为求活命，献出首饰头面，得主还要考究"这钗钏委的是金委的是银"，就是既看首饰，也看钏镯头面。① 《百花亭》中"解元，妾身止有这付金头面，钏镯俱全，与你做盘缠去"的说词，② 讲得更为明确。妇女穿衣装饰，按关汉卿的杂剧《救风尘》中的说法，称为"提领系整衣袂，戴插头面整梳篦"，③ 就是用头面、首饰打扮装点。首饰、头面是妇女个人的私藏，颇受到重视，在杂剧《鲁斋郎》中，就有妇女"逼的人卖了银头面我戴着金头面"的埋怨。④

一般民众，谈不上用金、银、珠、玉、翠，妇女的首饰、头面很简单。杂剧《后庭花》中，要妇人准备的只是"买取一付蜡打成的铜钗子，更和那金描来的枣木梳"，⑤ 就是一个很好的例子。

妇女缠足，始于五代，北宋时缠足妇女还不多，南宋时多起来，到了元朝时，江南地区妇女"札脚"蔚然成风，"人人相效，以不为者为耻也"。⑥ 缠足妇女穿的鞋，称为弓鞋，"小小鞋儿四季花头，缠得尖尖瘦"，⑦ 鞋面多绣花鸟图案。

不缠足的妇女，在一些地方流行穿鞡鞋，如"西浙之人，以草为履而无跟，名曰鞡鞋。妇女非缠足者，通曳之"。⑧ 民间流行的鞋子，还有靴子、布鞋、麻鞋、木履、草鞋等。

地区不同，民间衣服鞋帽等亦各具特点。如大都地区盛行穿木棉鞋和麻鞋，冬季着皮衣。"市民多造茶褐木绵鞋货与人，西山人多做麻鞋出城货卖，妇人束足者亦穿之，仍系行缠，欲便于登山故

元代南方成年妇女服饰

---

① 《元曲选》第 932 页。
② 《元曲选》第 1438 页。
③ 《元曲选》第 195 页。
④ 《元曲选》第 845 页。
⑤ 《元曲选》第 935 页。
⑥ 陶宗仪《辍耕录》卷十《缠足》。
⑦ 无名氏《快活年》，《全元散曲》第 1762 页。
⑧ 陶宗仪《辍耕录》卷一八。

也。""市人多服羊皮御冬寒，只一重不复添加。比至来年三四月间，多平价卖讫，甫及冬冷时却又新买，不复问其美恶，多服之。皮裤亦如之，多是带毛者，然皆窄狭，仅束其腿胫耳。"此外，还有类似于今天风镜的用品。"幽燕沙漠之地，风起则沙尘涨天。显宦有'鬼眼睛'者，以鱿为之，嵌于眼上，仍以青皂帛系于头。"①

社会地位不同，服装样式各异。元代绘画中对一般民众的服饰有所反映。如至治年间刻本《全相五种平话》插图中，有椎发或戴斗笠、穿短衣或披蓑衣、赤足或裹腿的劳动人民形象，应是以当时社会上的人为原形。山西省右玉县宝宁寺藏元代水陆画中有穿长衣的儒流医卜和穿短衣的百工百业人图像。唐棣所绘《秋浦归渔图》中，有三个裹巾子、着短衣裤、穿草鞋的渔民画像。赵孟頫《斗浆图》中，则绘出了裹巾子、穿齐膝短衣的卖茶汤的小商贩的形象。

儒士、僧人、艺人及娼妓的服装，与一般庶民不同，有必要专门加以论述。

各路儒生的公服，至元十年（1273年）规定为穿茶褐罗窄衫，系黑角束带，戴舒脚幞头。参加祭奠孔庙的儒士，往往"不变常服"，"衣服混然，无以异于常人者"。同年，中书省以"衣冠所以彰贵贱，表诚敬"，特别规定参加祭奠孔庙的儒士要自备鞓带、唐巾。大德十年（1306年）六月，以各地学正、学录、教谕等儒官"若与诸生同服，似失尊卑之序"，规定儒官亦穿着公服，形制与吏一样。江南儒士，习惯于穿着"深衣"参加祭祀大典等活动，不愿备鞓戴唐巾。中书省乃特别宣布"南北士服，各从其便，于礼为宜"。②

永乐宫纯阳殿壁画《劳动者》　　山西长治元墓壁画《儿童启门图》

---

① 《析津志辑佚·风俗》。
② 《元典章》卷二九《礼部二·服色》中"礼生公服"、"儒官服色"、"秀才祭丁常备唐巾鞓呈带"、"南北士服各从其便"条。

医官原来没有公服，仁宗延祐三年（1316年），太医院以"儒学正录皆有公服，惟医学正录教谕与常人排列，未辨何役，似失大体"，请求按儒士公服式样制造医官公服，得到了批准。①

山西省右玉县宝宁寺元代水陆画中有着唐宋式巾裹、袍服的文人儒流形象，其中六人衣宋式圆领服，戴元式唐巾；一人衣宋式交领儒服儒巾。宋式圆领和唐式的区别是在圆领内加有衬领。元式唐巾与唐宋巾的不同处是后垂二带，向外分张。

僧人的衣服，至元二十三年（1286年）朝廷做出规定，分为三等，讲主穿着红袈裟、红衣服，长老穿着黄袈裟、黄衣服，一般僧人穿茶褐袈裟、茶褐衣服。吐蕃的僧人，则多穿红色僧服，汉地僧人禁止仿效。②

各种艺人的服饰与庶人相同，但演出时装扮角色所用服饰，不受身份的限制。山西省洪洞县赵城镇广胜寺明应王殿的元代壁画，有戏曲演出场面，题款"大行散乐忠都秀在此作场"，从中可反映出当时艺人穿戴演出服装的情况。

娼妓的社会地位颇低，对娼妓之家的服色限制也最严。至元五年（1268年）十月，中书省宣布："娼妓之家，多与官员士庶同着衣服，不分贵贱。今拟娼妓各分等第，穿着紫皂衫子，戴着冠儿。娼妓之家家长并亲属男子，裹青头巾，妇女紫抹子，俱要各各常穿裹戴。仍不得戴笠子并穿着带金衣服，及不得骑坐马匹。违者许诸色人捉拿到官，将马匹给付拿住的人为主。"至元八年正月，重申此令。延祐二年又规定"娼家出入止服皂褙子，不得乘坐车马，余依旧例"。③

各民族服饰的相互影响，在元代颇为明显。除了蒙古人与汉人之间的服饰习俗影响外，其他民族的服饰习俗也对蒙古人、汉人有不小影响。如元朝末年，"宫衣新尚高丽样，方领过腰半臂裁"，④高丽服饰风靡一时。"京师达官贵人必得高丽女，然后为名家。高丽女婉媚，善事人，至则多夺宠。自至正以来，宫中给事使令，大半为高丽女。以故，四方衣服鞋帽器物，皆依高丽样子。"⑤甚至江南地区也受到影响，陶宗仪记下了这样一则趣事："杜清碧先生本应召次钱唐，诸儒争趋其门。燕孟初作诗嘲之，有'紫藤帽子高丽靴，处士门前当怯薛'之句，闻者传以为笑。用紫色棕藤缚帽而制靴作高丽国样，皆一时所尚。"⑥

---

① 《元典章新集·礼制》。
② 《元典章》卷二九《礼部二·服色·僧人服色》。
③ 《元典章》卷二九《礼部二·服色·娼妓服色》。
④ 张昱《宫中词》，《辽金元宫词》第17—19页。
⑤ 权衡《庚申外史》卷下，《宝颜堂秘笈》本。
⑥ 陶宗仪《辍耕录》卷二八《处士门前当怯薛》。

第三章
居 住

　　蒙古国时期，蒙古大汗和后妃等大多数时间居住在草原地区，只在出征作战时才涉足农耕地区。元朝建立之后，皇帝和皇室成员的居住习俗有了很大变化，都市宫殿成为皇帝和皇室成员的主要居住场所，但是他们每年都要从大都前往上都"避暑"，并经常住在帐幕中，以示不忘游牧生活的本俗，这恰恰反映出了元代居住风俗的特点，即蒙古人受中原传统居住方式的影响，改变了自身的居住方式，而蒙古人的传统居住方式，对其他民族的影响并不大。农业区的居民则保持原有的居住方式。

【 第一节　草原游牧民的居住习俗 】

帐幕，或称为穹庐、毡帐，是草原居民不可缺少的居住场所。为适应游牧生活的需要，一般居民的毡帐都是可以移动的。

蒙古国时期前往草原出使的南宋人见过两种不同的毡帐。"燕京之制，用柳木为骨，正如南方罝罳，可以卷舒，面前开门，上如伞骨，顶开一窍，谓之天窗，皆以毡为衣，马上可载。草地之制，以柳木织成硬圈，径用毡挽定，不可卷舒，车上载行，水草尽则移。"两种毡帐的不同，就在于一种比较轻便，能够折叠（卷舒），即"能够迅速拆开并重新搭起来，且以牲畜驮运"；另一种不能折叠，必须用车辆搬运。车载帐幕有大有小，一般视帐幕主人的社会地位和经济实力而定。较小的帐幕，一头牛拉的车就可以载走；较大的帐幕则要用三头、

蒙古大汗及其后妃子女图

四头甚至更多的牛拖曳。蒙古骑士远行时随身携带的"小帐"，则更为轻便和容易折叠搭建。①

---

① 彭大雅、徐霆《黑鞑事略》。赵珙《蒙鞑备录》，《出使蒙古记》，第9—17、112—121、179页。下引史料未注明出处者，皆出自此三书。

恰如南宋使者和其他人所见，草原上的毡帐都是圆形的。毡帐的骨架用交错的柳枝扎成。草原上缺树木而多高柳，建帐材料能够充分保证，而且柳枝柔韧，可以弯成圆形而不折断。骨架顶端为一小圆圈，由圆圈往下全用白毡覆盖，固结在骨架上。草原居民"常常在毛毡上面涂以石灰、白粘土和骨粉，使之更为洁白"。小圆圈不用毡覆盖，即所谓"天窗"，"以便射入光线，同时也使帐内的烟可以出去"，保持帐内空气新鲜。在"天窗"周围的毛毡上，人们常饰以多彩的图案。毡帐门全部朝南开，用柳条扎成门框，门框下端绑一根横木，作为门槛，任何人不得踩踏。门框上吊着用毛毡制成的门帘，饰以鸟、兽、树、葡萄藤等图案，这些图案是用各种着色的毛毡缝在门帘上的。由于草原上很少发生偷盗事件，所以帐门都不加锁，也不需栅门等防盗设备。

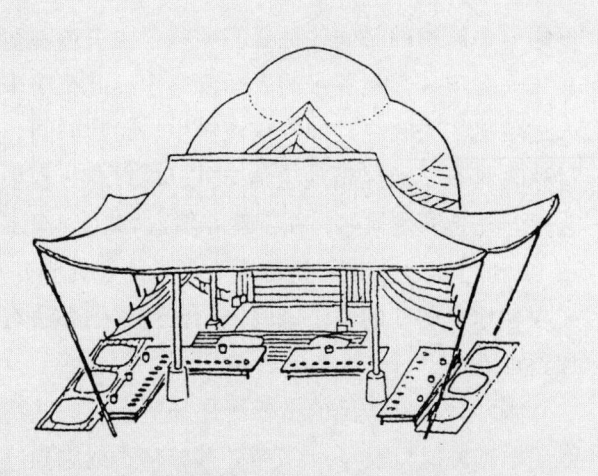

古代绘画中所见穹庐

可以折叠的轻便小帐，类似伞盖，较低，在帐中人往往不能直立，一般用作临时住所，在草地常住的居民大多在较大的帐幕中生活。

毡帐内的装饰很简单，主要是神像和供品。蒙古人大多崇信萨满教，主要供奉天神和地神。天神称为"腾格力"，地神称为"额秃格"。①在贵族和富裕人家的帐幕中央，常设置一个神龛，放置神像和供品。一般牧民将神像放在帐门两侧，并配以毛毡制成的牛、马、羊乳房，用来祈求神祇对家畜的保护；在帐幕男、女主人寝处上方帐壁上，各挂一个像洋娃娃一样的毛毡神像，作为主人的保护神；在这两个偶像的上方，挂一瘦小偶像，象征"腾格力"，作为整个帐幕的保护神；女主人寝处脚下显眼处，置"额秃格"神像，常放一具塞满羊毛或其他东西的皮袋，因为"额秃格"是"保佑牲畜收获并一切土产"之神。神像多用绸布或毛毡制成。

在帐幕中，男主人的寝处置于帐北的正中或偏西，主妇的寝处居于他的左侧。当男主人面南而坐时，主妇的位置在他的东侧。男人进帐后，绝不能将箭袋等挂在妇女这一侧，必须挂在西侧帐壁上。贵族和富裕之家，帐中有床，贫苦牧民则只能在地上铺毡而睡。寝具俱用毛毡制成，可铺可盖，天冷时可加盖皮袍等衣物。

蒙古人实行多妻制，家庭的传统生活模式是丈夫轮流在各妻的帐幕中食宿，在正

---

① 岷峨山人《译语》。《纪录汇编》本，《元朝秘史》（校勘本）卷三，第93页。

妻帐幕中居留的时间往往要多一些。丈夫夜晚宿在谁的帐幕中，第二日白天此妻即坐在丈夫身边，其他各帐的妻子都集中到此帐中来食饮，重要事务即在此讨论。如果有人送给男主人礼物，即收在该帐中。轮宿时间，一般是一日一换。南宋使者就曾看到过这种具有草原风格的生活方式："摩旰侯（木华黎）国王每征伐来归，诸夫人连日各为主，礼具酒馔饮燕，在下者亦然"；"北使入于彼国王者相见，即命之以酒，同彼妻赖蛮（乃蛮）公主及诸侍姬称夫人者八人皆共坐，凡诸宴饮无不同席"。① 后来迁入城市或农耕地区居住的蒙古家庭，轮帐食宿的办法有所变化，但诸妻同席宴饮之俗，仍然保留了下来。

帐幕是草原居民的主要居住场所，有一些特定的习俗必须遵守，如入帐时不得脚触门槛和碰摸绳索等，"或带笠撞帐房，或脚犯户限，俱犯札撒"。在帐中，"食而噎者，口鼻之衄者"，亦为犯忌之举。"见郎主，鼻衄红涴穿庐毡席为第一罪，即拖犯者绕地三匝，众拳打死。""如果任何人吃入一口食物，由于不能咽下去，而把它吐出口外，那么，就要在帐幕下挖一个洞，把他从那个洞里拖出去杀死，决不饶恕。"②

帐幕的地面皆铺地毡，中央只留一小块空地作为火塘。多数人家没有炉子或火盆，烧火的燃料是晒干的牛粪和马粪。火受到游牧民特别的尊重和保护，因为它可以祛除妖邪。在草原上，"拿小刀插入火中，或甚至拿小刀以任何方式去接触火，或用小刀到大锅里取肉，或在火旁拿斧子砍东西，这些都被认为是罪恶；因为他们相信，如果做了这些事，火就会被砍头"。③

草原居民常选择河流、湖泊旁的地点驻帐，以解决取水问题。冬季则主要靠化雪取水。但是在戈壁滩上，水源缺乏，往往难以立帐长住。窝阔台汗即位之后，下令在草原、戈壁上无河流、湖泊的缺水处打井，④ 此后在草原城市或比较固定的驻帐地都有了水井，为居民就近取水提供了便利的条件。当然，即便有了水井，由于水源不足，在缺水处水依然是很宝贵的，一般不能供人洗浴。来自中原的人，即因上都附近的草原居民"悭水"，留下了"汲井佳人意若何，辘轳浑似挽天河；我来涤足分余滴，不及新丰酒较多"的感叹。⑤

草原帐幕内没有洗澡或洗衣服的用具，"其俗多不洗手而拿攫鱼肉，手有脂腻则拭于衣袍上"，但衣服大多"至损不解浣涤"，"当他们要洗手或洗头时，他们就在嘴里含满一口水，将水一点一点都从嘴里吐到手中搓洗，并用它来弄湿头发"。在帐幕中也没

---

① 《蒙鞑备录》。
② 郑思肖《心史·大义略述》、《黑鞑事略》、《出使蒙古记》第12页。
③ 《出使蒙古记》第11页。
④ 《元朝秘史》（校勘本）续集卷二，第397页。
⑤ 杨允孚《滦京杂咏》上。

有便器，因为帐中严禁便溺，在帐外广袤的草原上，自然不需要专门的厕所。

这样的生活习俗，亦与蒙古人的敬畏天神有着密不可分的关系。蒙古人敬天，"每事必称天"，但又惧怕天威，尤其惧怕闪电和打雷，"闻雷声则恐惧不敢行师，曰天叫也"；在野地之人，"必掩耳屈身至地，若弹避状"；在帐幕中的人则会将陌生人驱出帐外，自己躲在帐中，直至雷声停息；只有少数人（如兀良哈部人）敢于高声咒骂天、乌云和闪电。这种惧怕并非毫无道理，因为雷电经常击死牲畜和引起火灾，是草原上难以克服的一种自然灾害。为防止触怒天威，"国人夏不浴于河，不浣衣，不造毡，野有茵则禁其采"；①"春、夏两季人们不可以白昼入水，或者在河流中洗手，或者用金银器皿汲水，也不得在原野上晒洗过的衣服；他们相信，这些动作增加雷鸣和闪电"。②触犯禁忌，洗涤衣服和在帐外晾晒衣服的人要遭到鞭打和驱逐。此外，"他们还说，如果把酒或酸马奶、淡奶和酸奶酒洒出在地上，闪电多半会打到牲畜背上，尤其是马身上。如果洒出了酒，那就会发生更严重的后果，闪电准会打到马身上或打到他们的家里"；也就是所谓的"酌乳酪而倾器者，谓之断后"，因此不得"把奶或任何饮料和食物倒在地上"。经过雷击的牲畜和帐幕，皆弃而不用；有人遭雷击，同族人或家人均要从雷击地迁走，并且在三年中不得进入大汗的斡耳朵。③如果有人并非故意触犯禁忌，一般不做处罚，但要出钱给占卜者，举行涤罪仪式，即连人带物从两堆火中走过，以祓除不祥。

草原居民的日常生活用具亦具有鲜明的游牧生活特色。

草原上煮肉、熬茶、煮粥等，都离不开铁锅。常用的铁锅有大圆底锅和较小的三脚锅。草原原来缺铁，通过边境的榷场从金朝境内得到铁钱等，熔化后制作各种铁器。"后来灭回回，始有物产，始有工匠，始有器械，盖回回百工技艺极精"；"后灭金虏，百工之事，于是大备"。④铁锅等日用品的制造，当然是"百工"产品的一项重要内容。游牧民的食饮比较简单，餐具也不很多，常用的有盘、碗、杯、匙和刀、叉等。锅、碗、匙等炊具和餐具不用清水清洗，而

六耳铁锅

---

① 李志常《长春真人西游记》。
② 《世界征服者史》上册，第241页。
③ 《史集》第1卷第1分册，第256页，《出使蒙古记》第12、17、121页。
④ 《黑鞑事略》。

是用煮沸的肉汤或粥汤涮洗。富家帐中往往有小桌或条凳，放在门内，摆放饮料和食品。[①] 由于瓷器较少，草原居民多用牛皮等制成各种容器。最常见的容器是"浑脱"，这是一种大皮囊，制造马奶酒时必须使用这种容器。除了这种大皮囊外，还有方、圆形小皮袋，用来盛放饮料和各种食品，便于取放和携带。蒙古人远行时必带几皮囊牛奶。草原妇女大多会制造各种皮制品，毛皮用加盐的浓酸羊奶鞣制。羊胃也不丢弃，专门用来收藏奶油。[②] 除了皮制容器外，草原居民亦使用瓷器，尤其是贵族、官宦之家，往往有来自中原、江南等地的各种存贮器，如罐、瓮、钵、瓶、壶等。这一点，有不少出土的元代实物可以证明。北方主要使用的应是黑釉罐和白釉罐。1958年7月，在内蒙古自治区乌兰察布盟察右前旗巴音塔拉土城子出土了元代的黑釉刻花罐和白釉剔花飞凤牡丹纹罐，前者高36厘米，后者高22.5厘米。在北方地区出土的瓷罐还有白釉龙凤罐（北京市）、白釉画花罐（内蒙古昭乌达盟赤峰市初头朗）、内府款黑釉罐等。这些瓷罐大多是不带盖子的。钵和瓮亦受到草原居民的欢迎。内蒙古乌兰察布盟察右前旗土城子出土了高20.5厘米的白釉画花钵。尤其值得一提的是还出土了黑釉乳钵与捣乳棒，乳钵高5.2厘米，口径14厘米，底径15厘米；乳棒头高3.5厘米，当是专为制作马奶酒而制造的用具。阿拉善盟额济纳旗黑城子出土的黑釉搔落瓮，高41厘米，口径27厘米，底径22.8厘米，亦应与制作和存放奶制品等有关。文壶和铜壶等在北方草原地区也多有发现。内蒙古乌兰察布盟察右前旗土城子出土的元代白地搔落飞凤牡丹文壶，高22厘米，口径12厘米，底径9厘米。包头市固阳和伊克昭盟十二连城都出土了白地铁绘花卉文壶，前者高37厘米，口径18厘米，底径12.6厘米；后者高31厘米，口径5厘米，底径11厘米。包头市郊区麻池燕家梁收集到的青花牡丹唐草文壶，高29厘米，口径22厘米，腹径35厘米，底径19厘米。铜壶则出土于乌兰察布盟兴和县卜沟，壶高20.5厘米。这些器具，应当都与存水和饮料有关。

在草原地区还发现了不少元代瓷瓶。在内蒙古自治区首府呼和浩特市，出土了钧窑镂空座瓶。乌兰察布盟察右前旗巴音塔拉土城子出土的元代黑釉瓶，高

钧窑镂空座瓶

---

① 《出使蒙古记》第17—18、114—117页。
② 叶子奇《草木子》卷四下《杂俎篇》，《出使蒙古记》第17—18、114—117页。

23厘米；白釉瓶高26.5厘米，瓶上还有"苗兵下白平"汉文刻字，当是元末或明初流进草原地区的。尤为引人注意的是此地还出土了黑釉四系油瓶和黑釉酒瓶。油瓶高24厘米，内盛植物油。黑釉酒瓶高43厘米，口径9厘米，底径9.3厘米，瓶上还阴刻着"葡萄酒瓶"铭文。除瓷瓶外，还有铜瓶。1957年，在内蒙古乌兰察布盟兴和县魏家村出土的高19.8厘米的元代铜瓶，亦应属于盛酒器具一类。

草原地区也常在室内使用香炉。1956年10月在内蒙古乌兰察布盟四子王旗城卜子出土的元代铜香炉，高16厘米。同时出土的还有高19厘米的铜香插。1970年呼和浩特市白塔村出土的钧窑香炉，高42.7厘米，口径25.5

钧窑瓷香炉

厘米，上有题记"己酉年九月十五日小宋自造香炉一个"。己酉年为武宗至大二年（1309年）。包头市固阳县葛舍沟出土的高8.8厘米的元代绿釉炉，也是香炉一类的用具。受汉人祭祀宗庙、祖先祭器和礼器的影响，蒙古人也开始制造并使用中原形制的祭器和礼器。如1957年秋季内蒙古昭乌达盟赤峰市猴头沟出土的"全宁路三皇庙"铜祭器，就是弘吉刺部贵族专门制造的祭器。这件祭器高9.2厘米，长31厘米，底径14.5厘米。祭器上刻有汉文铭文"皇姊大长公主施财铸造祭器永充全宁路三皇庙内用"。

草原地区也发现了不少花瓶，说明室内（或帐内）摆放鲜花的做法传入这一地区，并得到一些人的欣赏。1970年内蒙古呼和浩特市白塔村出土的青瓷牡丹唐草文花瓶，高50.4厘米，口径26厘米，底径15厘米，是一种大花瓶。1954年呼和浩特市郊区托克托县伞盖村出土的黑釉玉壶春瓶，高33.5厘米，口径9.5厘米，底径4.8厘米。

小的瓷器动物和人物造型，亦受到人们的喜爱，并常摆在室内观赏、把玩。内蒙古乌兰察布盟察右前旗巴音塔拉元代土城子遗址出土了高11.5厘米的小石狮、高4.2厘米的赭釉骑马人和高度分别为4.2厘米、5.7厘米的两只白瓷小羊。乌兰察布盟和林格尔县土城子出土了高2.7厘米的白瓷小鸭。这些物品的发现，表明了草原居民同样喜爱各种精致的工艺品。

【第二节　斡耳朵（宫帐）及其内外陈设】

蒙古大汗居住的帐幕要比一般牧民的帐幕大得多，称为斡耳朵。

斡耳朵是蒙古语 ordo 的音译，又译为斡鲁朵、斡里朵、兀鲁朵、窝里陀等，意为"宫帐"或"行宫"。成吉思汗时建立了四大斡耳朵，作为大汗和后妃的居住场所，以后，"凡新君立，复自作斡耳朵"，[①] 形成了一套比较完整的斡耳朵制度。

斡耳朵是一种庞大的圆形建筑，"即是草地中大毡帐，上下用毡为衣，中间用柳编

坐在斡耳朵中的成吉思汗

---

① 叶子奇《草木子》卷三下《杂制篇》。

为窗眼透明，用千余条索拽住，一门，阈与柱皆以金裹"，所以被称为"金帐"。①斡耳朵外部一般由白毡或"白天鹅绒"搭盖，有时也用"红色天鹅绒"或者白、黑、红条纹相间的狮、豹皮搭盖。帐幕里面的帐顶与四壁，或覆以织锦，或衬以貂皮。牵曳大帐的绳索和大帐的门槛都不能触碰，违禁者要受到严厉处罚。帐幕中有数根柱子，起支撑作用，这些柱子或者贴上金箔，或者镏金雕花；柱子与横梁连接处皆以金钉钉之。早期的斡耳朵，内部一般不隔出厅室，后来则多用柱子隔开走廊和正厅，甚至在正厅后面，还专门隔出皇帝的卧室。

莲花形金盏托和花扣錾花金碗

斡耳朵内的地面铺着厚厚的地毯。在正北面用木板搭起一座高台，饰以金银，上面放置皇帝的"宝座"。大汗宝座"长而宽，好像一张床，全部涂成金色"；"用象牙制成，雕刻得异常精巧，并饰以黄金和宝石……还饰以珍珠"，大汗和正后往往同时坐于其上。这种宝座，实际上就是饰以黄金、宝石的"胡床"，即江南人常说的"金裹龙头胡床"，形状"如禅寺讲座"。摆放宝座的高台，背后呈圆形，高台前有三道楼梯，当中的一道只有皇帝才能上下行走；两边的阶梯供贵族和其他地位较低的人行走。在宫廷宴会中，向皇帝敬酒的人"从一条阶梯走上去，从另一条阶梯走下来"。在高台的后面还有一道阶梯，"是供皇帝的母亲、妻子和家属上下高台的"。宝座旁有时放有

螭纹银杯 　　　　　　　　　　莲花形银杯

① 《黑鞑事略》。

耀州窑缠枝莲纹香炉

皇帝正后的座位，高度低于宝座。在高台的左右两侧，各排列着几排座位，"高起像一个阳台"，但低于高台。在右边就坐的是皇帝的儿子和兄弟，在左边就坐的是他的后妃和女儿。此外还有一些条凳，供贵族、官员等坐；地位再低的人则坐在地毯上。在大帐门口，原来要摆放一些长凳，专门用来陈放饮料和食品，后来多放置皇室专用的大型饮膳器具。①

上述斡耳朵的布置，主要是为皇帝议事和会客而设计的。在这样的大帐后面，排列着后妃的帐幕。这些帐幕稍小一些，但在人们眼中，亦是相当大并很华丽的。整个帐幕的内壁往往全都用金布覆盖。帐中央置一火炉，帐内安置两张或数张床。皇帝到来后，与斡耳朵的主人同坐在一张床上，他们的子女则坐在后面的床上。②

在大帐四周，往往树立一道木栅，木栅上画有各种各样的图案。木栅开二门或三门，较大的一个门只有皇帝有权出入，"虽然这个门开着，却没有卫兵看守，因为没有人敢从这个门出入"；所有被获准进入斡耳朵的人都从另外的门进去，"这个门有手持剑和弓箭的卫兵看守"。守卫斡耳朵的卫兵是皇帝的怯薛（护卫），有"客卜帖兀勒"（宿卫）、"豁儿赤"（箭筒士）、"秃儿合兀惕"（散班）等名目。按照成吉思汗时订立的规矩，未经许可，任何人都不得进入大帐，禀报事务须由怯薛转奏；"如果任何人走近帐幕，进入规定的界线以内，如被捉住，就要被鞭打；如他跑开，就要被箭所射，不过这种箭是没有箭镞的"。③

离大帐约一至二箭射程，有固定的拴马处，蒙古语称为"乞列思"，"华言禁外系马所也"。窝阔台汗时特别做出规定，"凡来会，用善马五十匹为一羁，守者五人，饲羸马三人，守乞列思三人"；"诸人马不应绊于乞列思内者，辄没与畜虎豹人"。乞列思也不许随便闯入，不经许可，"没有一个人能走到停放马匹的地方去"。④

在离大帐一段距离处，往往停放几百辆车子，用来收贮各种贡品和礼物，同时存

---

① 《黑鞑事略》。《蒙鞑备录》，《出使蒙古记》第61—63、99、136—137、145、195页。
② 《出使蒙古记》第172页。
③ 《出使蒙古记》第60、99页，《元朝秘史》（校勘本）卷九，第290—299页。
④ 《元史》卷一《太祖纪》；卷二《太宗纪》，《出使蒙古记》第60页。

放着准备分发给贵族的金、银、丝料等物品。这些车辆，也有专人守卫。

斡耳朵分为两种形式，一种是可以迁徙的，一种是固定不动的。后者比前者的规模要大得多。无论哪一种斡耳朵，都有一个环绕它的庞大的帐幕群。来自西方的传教士惊奇地看到蒙古人的帐幕伸展数里，就像一座大城市："在他们的语言中，宫廷称为'斡耳朵'，它的意思是'中央'，因为它总是在他的属民的中央"；"在宫廷的右边和左边，他们可以按照帐幕所需的位置，随意向远方伸展，只要不把帐幕安置在宫廷前面或后面就行"。在所有的驻营地点，居中南向的斡耳朵都"独居前列"，后妃的帐幕排列在斡耳朵稍后的左右侧，地位最尊贵的"正后"的帐幕列在最西边（蒙古人以右为上），在最东边的帐幕中居住的往往是地位最低的嫔妃。扈卫人员和官员僚属的帐幕，则排列在后妃帐幕稍后的左右边。每个帐幕之间的距离"为一掷石之远"，大约30米左右。① 诗人用"白白毡房撒万星"来形容斡耳朵周围的景象。当然，像皇帝、后妃议事、生活所用的大型帐幕，毕竟是少数，多数帐幕较小，所以就有了"凭君莫笑穹庐矮，男是公侯女是妃"的诗句。②

经常迁徙的斡耳朵，可以直接装在车上拉走。有人在草原上曾见过宽30英尺的帐幕放在车上运送，两个车轮之间的距离为20英尺，装在车上的帐幕两边都超出车轮5英尺。拉这样的车需用22匹牛，均分成两横排，车轴犹如航船的桅杆。③ 赶车人站在车上帐幕门口，驾驭车辆；帐中之人则可坐可卧。人们把这种帐与车的结合称之为"帐舆"，见过的人往往发出"车舆亭帐，望之俨然，古之大单于未有若是之盛"的感叹。"舆之四角，或植以杖，或交以板"，用以固定大帐。

斡耳朵迁徙，称为"起营"；选定地点扎帐，称为"定营"。徙帐的队伍，声势浩大，"如蚁阵萦纡，延袤十五里左右，横距及其直之半"，几乎所有的附属帐幕都要随同斡耳朵移动。在车队前边的往往是专职的占卜术士，他们负责选择新的扎营地点，并首先卸下他们自己的帐幕，为斡耳朵主人举行定营后的宗教仪式做准备工作；其后斡耳朵和其他帐幕才被卸下来，依次安置。驻营地点大多选在坡阜之下，"以杀风势"。斡耳朵迁徙的时间，"亦无定止，或一月或一季迁耳"，完全根据主人的意志。在寒冷的冬季，一般不起营，初春则开始移动。④

成吉思汗时，在卢驹河曲雕阿阑（今克鲁伦河阿布拉嘎河口附近）、土兀拉河黑林（今土拉河上游昭莫多之地）、萨里川哈老徒（地处今克鲁伦、土拉两河上游之间）和

---

① 《出使蒙古记》第112—113、144页。《黑鞑事略》，《长春真人西游记》。
② 杨允孚《滦京杂咏》上、下，《知不足斋丛书》本。
③ 《出使蒙古记》第112页。
④ 《黑鞑事略》，《长春真人西游记》。

杭海岭北侧设置了四个大斡耳朵，此外还有一些斡耳朵。[1]这些斡耳朵都是能够迁移的。

窝阔台即位后修建哈剌和林城，并于1236年在夏营地月儿灭怯土（今吉尔马台河源头附近）的山林中修建了一座可容一二千人的大帐。这个大帐据说"永不拆除"，称为"昔剌斡耳朵"（又译为失剌斡耳朵），意思是"黄色宫殿"，来自江南的南宋人则称之为"金帐"。[2]这个固定不动的斡耳朵，后来成为蒙古大汗召集贵族、宗室聚会的一个重要场所。窝阔台乃至后继的贵由、蒙哥，亦还另建有可以迁徙的斡耳朵。

忽必烈即位后，不再以哈剌和林为都城，以大都为正都，上都为陪都，在上都城西面草原的山麓中新建一座昔剌斡耳朵，"深广可容数千人"，并为它配建了一些宫殿，使之成为一组固定建筑群，用来举行"诈马宴"等活动。这座帐殿，又被人们称为"棕毛殿"、"毡殿失剌斡耳朵"、"西宫"、"西内"等。[3]

在大都城内，亦有固定的斡耳朵。"元君立，另设一帐房，极金碧之盛，名为斡耳朵，及崩即架阁起。"[4]这些斡耳朵设在大都宫城之内，皇帝去世之后，仍由其妃嫔居守，称为"火室房子"或"火失毡房"。"国言火室者，谓如世祖皇帝以次俱承袭皇后职位，奉宫祭管一斡耳朵怯薛、女孩儿，羑请岁给不阙"，"即累朝老皇后传下宫分者"。由于先朝后妃每年都要随从在位皇帝前往上都避暑，均备有专门的车马，所以有人又将"火失毡房"解释为"累朝后妃之宫车"。火室房子的固定地点在大都宫城城门东华门内，在大明殿（详见下述）之东，即元人宫词中所说的"守宫妃子住东头，供御衣粮不外求；牙仗穹庐护阑盾，礼遵估服侍宸游"。到元朝后期，共有"十一室皇后斡耳朵"。[5]

元朝皇帝并未放弃使用"行帐"。在漠北的所谓"太祖（成吉思汗）四大斡耳朵"仍予保留，由皇帝指定的蒙古宗王驻守，人们习惯地称之为"大帐"。[6]元朝皇帝"巡狩"和林时，可能就住在原有的斡耳朵里，所以在当时的宫词中就有"北狩和林幄殿宽"的词句。[7]

---

[1] 详见陈得芝《元岭北行省建置考》上，《元史及北方民族史研究集刊》第9期。
[2] 《史集》第2卷，第70页。《世界征服者史》上册，第279—280页。《黑鞑事略》。
[3] 详见陈高华、史卫民《元上都》第120—127页，吉林教育出版社1988年版。
[4] 叶子奇《草木子》卷三下《杂制篇》。
[5] 《析津志辑佚·岁纪》。杨允孚《滦京杂咏》上。张昱《辇下曲》。
[6] 《元史》卷一一五《显宗甘麻剌传》。
[7] 杨维桢《宫词十二首》，《辽金元宫词》第8—9页。

第三节　宫城和宫殿建筑

　　蒙古人原来"无城壁栋宇",[1]后来则在哈剌和林、大都、上都三个都城内修建了宫城和宏伟的宫殿。三个都城的宫殿建筑有很多共同点,但因时间的先后和地区的不同,又各具特色。

　　在哈剌和林城中,没有建皇城,只有宫城。宫城坐落在和林城西南隅,城墙用土筑成,周约二里。宫城开有四门,"一门为统治世界的皇帝开设,一门为他的诸子和族人开设,再一门为后妃公主开设,第四门作为黎庶进出之用"。[2]按照蒙古的传统习惯,皇帝出入的门应为南门,诸子、后妃等人当出入于东西门,其他人则走北门。

哈剌和林城遗址

---

[1]《黑鞑事略》。
[2]《世界征服者史》上册,第277页。

大都和上都都建有皇城，宫城建在皇城之内。

大都的皇城在城市南部的中央，城墙称为萧墙，也叫阑马墙，周围约20余里，墙外密植参天的树木。皇城城门都用红色，称为红门，共建十五门，正门为南墙正中的灵星门。[①] 入灵星门数十步有金水河，河上架三座白石桥，称为"周桥"，桥身雕刻龙凤祥云，明莹如玉，桥下有四白石龙，"绕桥尽高柳，郁郁万株"，被人赞为"禁柳青青白玉桥"。皇城内除了建有宫城外，还有隆福宫、兴圣宫等太子、太后宫殿和御苑，并将太液池（今北京北海和中海）风景区包括在内。大都的宫城在皇城东部，"周回九里三十步，东西四百八十步，南北六百十五步"，呈长方形。宫城城墙高35尺，用砖砌成，开设六门。南墙有三门，中央是崇天门，又称为午门；左右是星拱门和云从门。东、西、北墙各一门，分别是东华门、西华门和厚载门。"凡诸宫门，皆金铺、朱户、丹楹、藻绘、彤壁，琉璃瓦饰檐脊"。宫城四角都有角楼。[②]

上都城的规模远小于大都，皇城在城的东南，正方形，每边长约1400米，皇城东、南墙是外城东南墙的一部分。皇城城墙用黄土板筑，表层用石块堆砌，高约6米，下宽12米，上宽2.5米。皇城四角建有高大的角楼。皇城共建六门，南北各一门，东西各二门，南门即正门称为明德门，所有皇城城门外都筑有方形或马蹄形的瓮城。与大都皇城不同的是上都的御苑未包括在皇城之内。上都宫城的形式与大都宫城差不多，坐落在皇城的中央偏东，东西宽约570米，南北长为620米。城墙高约5米，用黄土板筑而成，外层在地基处铺半米厚的石条，上用青砖砌起。在青砖表层和土墙之间，

哈剌和林城遗址中的石柱础

[①] 详见《元大都》第52—58页。
[②] 陶宗仪《辍耕录》卷二一《宫阙制度》，萧洵《故宫遗录》。

还夹有一层残砖。上都宫城只在南、东、西墙各开一门，南门称御天门，东、西亦为东华门、西华门。宫城四角也有角楼。①

崇天门和御天门是皇帝颁发诏旨的场所，在皇帝的日常生活中占有重要的地位。"崇天门下听宣赦，万姓欢呼万岁声"；②"御天门前闻诏书，驿马如飞到大都"，③都是描绘当时颁发诏旨的情形。在两门之旁，都有百官会集之所，称为"埒邻"，④官员上朝之前，需在这里等待，"御天门下百官多"的诗句，⑤记述的就是官员上朝时的情况。

宫城中的正殿，是皇帝与宗王、群臣会集议事、宴饮和接见外国使节的场所，也是皇帝的主要住所。和林城中的万安宫、大都城内的大明殿和上都城里的大安阁，是蒙古国和元朝时期的三个具有不同风格的正殿。

元大都凤凰麒麟石刻

万安宫坐落在和林宫城中央，南北55米，东西45米，殿柱72根（南北9行，东西8行），周边的30根是殿墙柱。宫中分为三层，一层专为蒙古大汗所用，一层供后妃使用，第三层供侍臣和奴仆使用。在宫殿的左右，还筑有专为宗王、护卫准备的房屋。万安宫是蒙古统治者修建的第一座宫殿，虽然在当时人眼中极为辉煌雄伟，但实际上还是比较简陋，无法与后建的大明殿和大安阁相比。

大明殿又称长朝殿，坐落在大都宫城内的南部，落成于至元十年（1273年）。大殿东西长200尺，深120尺，高90尺。大殿正门称为大明门，专供皇帝出入；左右有日精、月华两门，供文武百官上朝时出入。殿前的台基分为三级，用雕刻龙凤的白石阑围绕，阑柱下都有伸出的鳌头，十分壮观。在台基上有一坑地方，种植着从漠北原成吉思汗居地移来的莎草，称为"誓俭草"，是忽必烈为了使子孙不忘创业之难而特意安排的。"黑河万里连沙漠，世祖深思创业难；数尺阑干护春草，丹墀留与子孙看"的宫词，说

---

① 详见《元上都》第98—119页。
② 张昱《辇下曲》。
③ 胡助《滦阳杂咏十首》，《纯白斋类稿》卷一四，《金华丛书》本。
④ 陶宗仪《辍耕录》卷一《内八府宰相》。
⑤ 郑彦昭《上京行幸词》，《永乐大典》卷七七〇二。

的就是誓俭草的来历。①

大明殿作为皇帝"登极、正旦、寿节会朝之正衙",建筑极为考究。殿后有柱廊,"深二百四十尺,广四十四尺,高五十尺",与寝宫相连。寝宫"俗呼为弩头殿","东西一百四十尺,深五十尺,高七十尺",共置寝室11间,香阁3间。大明殿、柱廊、寝宫三个建筑合为一体,平面如"工"字形,四周由高35尺的100余间"周庑"环绕。在寝宫的东、西、后面都建有小殿,分别为文思殿、紫檀殿和宝云殿。

大安阁坐落在上都宫城中央,乃"故宋汴熙春阁,迁建上京",②迁建的时间为世祖至元三年(1266年)。③上都"宫城之内,不作正衙,此阁岿然,遂为正殿矣"。④"大安御阁势岧亭,华阙中天壮上京";⑤"大安阁是广寒宫,尺五青天八面风"⑥等诗句,表现了大安阁高入云霄的雄伟气势和精心雕琢的建筑风格。大安阁的上层,设有释迦舍利像,"曾甍复阁接青冥,金色浮图七宝棂",⑦有时皇帝就命帝师等在阁中做佛事。元世祖去世后,原来存放裘带的衣箧留在大安阁中,放在阁的中层,并留下了"藏此以遗子孙,使见吾朴俭,可为华侈之戒"的圣训,⑧这与在大明殿前移植莎草的用意是一

元上都遗址

---

① 柯九思《宫词一十五首》,《草堂雅集》卷一,杨镰等整理本,中华书局2008年版。叶子奇《草木子》卷四上《谈薮篇》。
② 周伯琦《扈从上京宫学纪事绝句二十首》,《近光集》卷一。
③ 《元史》卷六《世祖纪三》。王恽《总管陈公去思碑铭》,《秋涧先生大全文集》卷五三。
④ 虞集《跋大安阁图》,《道园学古录》卷一〇。
⑤ 周伯琦《次韵王师鲁待制史院题壁二首》,《近光集》卷一。
⑥ 许有壬《竹枝十首和继学韵》,《至正集》卷二七。
⑦ 周伯琦《扈从上京宫学纪事绝句二十首》,《近光集》卷一。
⑧ 《元史》卷二〇四《宦者传·李邦宁传》。

汉白玉螭首

样的。大安阁的下层，是皇帝即位、会集百官宗王和宴饮的场所。大安阁的后面，也建有柱廊和寝宫。

在大都、上都的宫城和皇城中，还建有其他的宫殿。大都内比较重要的宫殿有延春阁、隆福宫和兴圣宫；上都内较重要的有洪禧殿、水晶殿、穆清阁等。

延春阁在大明殿寝宫之北，"东西一百五十尺，深九十尺，高一百尺"，分为二层，下层为延春堂，上层为延春阁，堂东边建梯登阁。延春阁后面亦有柱廊与寝宫相连，柱廊的长度为一百四十尺，比大明殿柱廊短，寝宫则大于大明殿，"东西一百四十尺，深七十五尺，高如其深"。寝宫东、西、后分建慈福殿（东暖殿）、明仁殿（西暖殿）和清宁宫。在延春阁及其附属的宫殿周围，同样有100余间"周庑"。延春阁等宫殿的建筑格式，与大明殿一样。在延春阁内，经常举行佛事和道教的祠醮仪式。

大明殿和延春阁是大都宫城内的两个主体建筑。除此之外，在延春阁右庑之西，还有玉德殿（东、西分建香殿）和宸庆殿（东、西分建更衣殿）两组建筑。在宫城北门厚载门上，也建有高阁，阁前有舞台，每当皇帝等登阁游赏时，艺人就在舞台上表演歌舞。舞台的东、西侧分建观星台和内浴室。

隆福宫和兴圣宫建在宫城之外，皇城之内，隆福宫在南，兴圣宫在北。隆福宫的主要建筑是光天殿，兴圣宫的主要建筑是兴圣殿。殿后都有柱廊和寝殿，亦有周庑围绕，建筑布局与室内陈设同大明殿、延春阁大体一致。隆福宫原来是皇太子真金的住所，称为东宫或皇太子宫，真金、世祖去世后这里成为皇太后的住所，改名为隆福宫。兴圣宫是武宗时为皇太后建造的居所。在两宫周围，还建有一些小的宫殿。元廷专门收藏文物图书的奎章阁，建在兴圣宫内，后来改名为宣文阁，元后期又改为端本堂，成为皇太子读书的场所。

上都的洪禧殿、水晶殿、宣文阁等，建筑风格与大都宫殿基本相同，是皇帝处理政务、读书以及宴饮的重要场所。在上都宫城北墙上建有高阁，称为穆清阁，"连延数百间",堪与大都宫城厚载门高阁相媲美。①

在大都和上都城内,都辟有御苑,专供皇室成员游赏。大都皇城内有御苑二处,一处在宫城之北,种植着各种奇花异草,并留出"熟地"8顷,专供皇帝"亲耕"时使用;另一处在隆福宫之西,建有石假山和流杯池等。上都御苑在皇城之北,基本保持了"高榆矮柳"、"金莲紫菊"的草原自然风貌。

著名的太液池在大都宫城之西,隆福宫和兴圣宫之东,包括现在的北海和中海。池中栽满芙蓉,并有龙船供皇帝、后妃等往来游赏。太液池内有两个小岛,南岛称为"瀛洲",即今天团城的所在地,上面建有仪天殿(又称圆殿);北岛即琼华岛,至元八年(1271年)改名为万寿山(又名万岁山)。万寿山"高可数十丈",用玲珑奇石堆叠而成,"四通左右之路,幽芳翠草纷纷,与松桧茂树阴映上下,隐然仙岛"。山顶建殿,名为广寒殿,"东西一百二十尺,深六十二尺,高五十尺"。殿中有小玉殿,摆设御榻与坐床,供皇帝与侍臣等游赏时使用。广寒殿是坐落在大都城地势最高处的宫殿,四望空阔,既可以远眺西山云气,也可以俯瞰大都的街衢市井,风景别具一格。万寿山与瀛洲之间有长达二百余尺的白玉石桥相联,瀛洲东、西二侧又有长桥直通陆地,东为木桥,

元上都遗址出土的汉白玉龙纹角柱

元上都遗址出土的琉璃龙纹瓦和滴水

---

① 权衡《庚申外史》卷上,《宝颜堂秘笈》本。

西为木吊桥。在万寿山和瀛洲上，还建有温泉浴室、厕堂以及"后妃添妆之所"胭粉亭等。太液池的东边，有皇家灵囿，"奇兽珍禽在焉"。

除了建在都城内的御苑外，在两都周围还开辟了专供皇帝"校猎"的猎场。上都周围猎场犹多，"上都西北七百里外"有北凉亭，即所谓的"三不刺之地"；"上京之东五十里有东凉亭，西百五十里有西凉亭，其地皆绕水草，有禽鱼山兽，置离宫，巡狩至此，岁必猎校焉"。上都之南的察罕脑儿（白海），亦有猎场，并建有行宫，称为亨嘉殿，"阙亭如上京而杀焉"。

元代宫殿的建筑形式，讲究对称和装饰，以木结构建筑为主，普遍采用色彩绚丽的琉璃装饰等，基本承袭了中原传统的宫殿建筑风格，但也有一些宫殿别具匠心，体现了少数民族的建筑风格，如将正殿与寝宫用柱廊联结，形成"工"字形建筑布局，显然是受了斡耳朵制度的影响，不失为一种创造。

第四节　宫廷陈设与生活用品

元代宫殿大明殿和大安阁，殿内的摆设是相同的，与斡耳朵内的陈设基本一致。如大明殿，殿中央设"山字玲珑金红屏台"，"重陛朱阑"，台上设御榻与"后位"，"诸王、百僚、怯薛官侍宴坐床，重列左右"。夏季殿壁"通用绢素冒之，画以龙凤"；冬季，"大殿则黄鼬皮壁障，黑貂褥；香阁则银鼠皮壁障，黑貂暖帐"。① 在宫廷正殿中，皇帝、宗王和后妃都有固定的座位。皇帝与正后居中，宗王居右，后妃居左。这样的座序，早在成吉思汗时已经确定，不可更改。宗王的排列，则是皇帝的兄弟、儿子在前，叔侄等在后。各级官员按职务高低，依序排列，或坐或站。在朝觐、聚会、宴饮时，除了被指定的服侍人外，任何人不得随意走动。②

需要注意的是御榻实际已成为宫中常用的坐具，失去了卧具的功能。如大明殿中的"七宝云龙御榻"、广寒殿的"金嵌玉龙御榻"、隆福殿的"缕金云龙樟木御榻"等，又称为"御座"、"座榻"、"御榻褥位"、"木榻"等，③ 都是皇帝与皇后的坐具。皇帝、皇后常坐于御榻之上，离不开坐褥。宫中通用四方坐褥，蒙古语称为"朵儿别真"，简称为"方坐"，多用金锦制成，所以又称为

鋬耳金杯

---

① 陶宗仪《辍耕录》卷二一《宫阙制度》。萧洵《故宫遗录》。下引史料未注明出处者，均引自此。
② 《史集》第2卷，第241—244页。
③ 《元史》卷六七《礼乐志一》。

龙柄银杯

"金锦方坐"。① 在方坐之下，往往铺一条绿褥，称为绿可贴褥，亦用金锦制成，只不过颜色不同于方坐而已（方坐应为黄色）。

蒙古皇帝与贵族、群臣会面、议事、聚饮，分坐在御榻、坐床和地毯上，多数情况下不用桌椅，只在大殿或大帐门旁摆一张"雕像酒卓（桌）"或"螺钿酒卓"，大致长8尺，宽7尺2寸，桌上"高架金酒海"。但是皇帝批改公文、读书以及举行册立皇后、太子等仪式，则不能没有桌椅；"十三宫女善词章，长立君王几案旁"，即可为一证。②桌子有宝舆方案、香镫朱漆案、香案朱漆案、诏案、册案、宝案、表案、礼物案等种类。宝舆方案是皇帝处理日常公务时所用，"绯罗销金云龙案衣，绯罗销金蒙衬复，案傍有金涂铁鞠四，龙头竿结授二副之"。香镫朱漆案和香案朱漆案用来摆置香炉、香盒和烛台，分别罩以黄罗、绯罗销金云龙案衣。诏案、册案、宝案的形状、案衣与香案相同，在举行册立仪式时摆放诏书、册表和御玺等。表案和礼物案桌面上有"矮阑"，罩以案衣，用来摆放群臣的表章和来朝觐人的礼物。③

宫中所用椅子，多为"金红连椅"，又称为"金椅"，实际上就是饰银涂金的交椅。另外，还有"金脚踏"，应该是饰银涂金的矮凳子。

皇帝出行时，宝舆方案、香案、金椅、金脚踏以及案衣、蒙复、衬复等都有专人执把，随皇帝同行。④

皇帝寝宫的摆设也有一定规矩，一般是在寝室内并列三床或二床。寝室地面"席地皆编细簟，上加红黄厚毡"，也就是在竹席上铺厚地毯。忽必烈在位时，皇后察必还曾用羊鞣皮"合缝为地毯"，⑤铺在寝宫内。寝宫的推窗，"间贴金花，夹以玉版明花油

皇姊大长公主祭器香炉

---

① 陶宗仪《辍耕录》卷二《隆师重道》。《元史》卷七八《舆服志一》。
② 杨维桢《宫词十二首》，《辽金元宫词》第9页。
③ 《元史》卷七九《舆服志二·仪仗》。
④ 《元史》卷七九《舆服志二·崇天卤簿·仪仗》，《故宫遗录》。
⑤ 《元史》卷一一四《后妃传一》。

纸，外笼黄油绢幕，至冬则代以油皮"。大明殿和延春阁的"周庑"，是嫔妃居住的地方，"各植花卉异石"，"每院间必建三东西向绣榻，壁间亦用绢素冒之，画以丹青"。

在皇帝寝宫内摆置的"御床"、"龙床"（人们亦习称为"御榻"），才是真正的卧具，有白玉、楠木、紫檀、樟木等不同材料制成的各种御床。嫔妃的床则为"银床"或者"牙床"。在床前往往设有金屏障，"皆楠木为之，而饰以金"，"上仰皆为实研龙骨，方楣缀以彩云金龙凤"。"巫山隐约宝屏斜，朝着重锦昼着纱；徒倚牙床新睡足，一瓶芍药当荷花。"①这段宫词描述的就是嫔妃房中的生活画面。在寝宫和嫔妃的住房内，"壁间每有小双扉，内贮赏衣"。

在各寝宫的御床上，"裀褥咸备"。"每用裀褥，必重数叠，然后上盖纳失失，再加金花贴薰异香，始邀临幸"。见于记载的裀褥有"籍花氆裀"、"金缕褥"、可贴条褥、蓝纻丝条褥、小可贴条褥、胖褥，等等。②除被褥外，床上自然少不了"绣枕"，③床边还挂着幔帐。④忽必烈提倡俭朴，不准用织金褥。太子真金体弱多病，一次忽必烈去看视得病的太子，见到太子床上铺着织金卧褥，忽必烈即不高兴地对太子妻伯蓝也怯赤说："我尝以汝为贤，何乃若此耶？"伯蓝也怯赤跪答道："常时不曾敢用，今为太子病，恐有湿气，因用之。"并马上将褥子换掉。⑤

皇帝在宫中往来，主要乘坐腰舆。腰舆就是轿子，用香木制成，"后背作山字牙，嵌七宝妆云龙屏风"，屏风下置雕镂云龙床，坐前有踏床，龙床上备有坐褥。⑥

在都城的皇城内，设有专门的浴室和厕堂。尤其是大都太液池万寿山山左"万柳"丛中的"温石浴室"，规模最大，浴室"前有小殿，由殿后左右而入，为室凡九，皆极明透，交为窟穴，至迷所出路。中穴有盘龙，左底印首而吐吞一丸于上，注以温泉，九室交涌，香

莲花灯

---

① 周伯琦《宫词》，《近光集》卷一。
② 《析津志辑佚·岁纪》。《元史》卷八《舆服志一》。《宫阙制度》。《故宫遗录》。
③ 萨都刺《四时宫词四首》，《雁门集》卷四。
④ 廼贤《宫词八首，次傻公远正字韵》，《金台集》卷一。
⑤ 《元史》第一一六《后妃传二》。
⑥ 《元史》卷七八《舆服志一·舆辂》。

莲花形玻璃托盏

雾从龙口中出，奇巧莫辨"，是皇室成员洗温泉浴的极好场所。

皇帝常用的卫生用具，有金水盆、金水瓶、鹿庐、金净巾、金香球、金香合、金唾壶、金唾盂、金拂等。水盆"黄金涂银妆为之"，水瓶"制如汤瓶，有盖，有提，有嘴，银为之，涂以黄金"。鹿庐即取水用的辘轳，"制如乂字，两头卷，涂金妆钑，朱丝绳副之"。净巾"绯罗销金云龙，有里"。这些物品都是备皇帝等洗漱时所用。香球和香合用银制成，涂以黄金。香球"为座上插莲花炉，炉上罩以圆球，镂绁缊旋转文于上"；香合则为直径7寸的圆盒。唾壶和唾盂亦用银制而涂金。唾壶"宽缘，虚腹，有盖"；唾盂"形圆如缶，有盖"。在大帐和宫殿中严禁随地吐痰，所以唾壶和唾盂是必不可少的用具。金拂用来驱赶蚊蝇，用红牦牛尾或"洁白细冗软牛毛"制成，"黄金涂龙头柄"，"亦有染色者不一"。[1] 瓶、巾、盆、壶、盂、拂等卫生用具，都有专人掌管，皇帝出行时也要执拿从行。皇宫厕堂中用纸，似乎已成习惯。真金妻伯蓝也怯赤侍候皇后时，"不离左右，至溷厕所用纸，亦以面擦，亦柔软以进"，就是一个典型的例子。[2]

宫中照明，主要用蜡烛。在中书省工部之下，设有出蜡局提举司，"掌出蜡制造之工"。在大都的皇城内，设仪鸾局，"掌殿庭灯烛张设之事及殿阁浴室门户锁钥"，下置蜡烛局。上都亦设有仪鸾局。为皇帝掌管灯烛的人称为"烛剌赤"，由仪鸾局管辖。[3]

皇帝出行时使用灯笼。每年皇帝在大都、上都之间往返，都是在夜里经过居庸关，

---

[1]《元史》卷七九、八〇《舆服志二、三》。《析津志辑佚·风俗》。
[2]《元史》卷一一六《后妃传二》。
[3]《元史》卷八五、九〇《百官志一、六》。

"列笼烛夹驰道而驱"的情景，给人们留下了"烛炬千笼列火城"的深刻印象。①皇后、嫔妃等人的宫车返回大都宫殿时，往往已是黄昏，"籥人俱以金龙红纱长柄朱漆龙杖，挑担大红灯笼罩烛而迎入矣"。②各宫晚上也用灯笼，前引"更深怕有羊车到，自起笼灯照雪尘"的宫词，就是宫人用灯笼照明的真实写照。除大红灯笼外，还有所谓"银灯"，是用白色灯罩的灯笼，有宫词为证："清夜宫车出建章，紫衣小队两三行。石阑干畔银灯过，照见芙蓉叶上霜。"③

宫廷中用柴、炭、煤生火做饭和取暖。在大都和上都设有柴炭局、掌薪司等机构，承办采薪烧炭等事务。④尤其值得一提的是当时中国北方已普遍使用煤炭。大都附近就有"石炭煤"出产，"出宛平县西四十五里大谷山，有黑煤三十余洞。又西南五十里桃花沟，有白煤十余洞"。⑤"城中内外经纪之人，每至九月间买牛装车，往西山窑头载取煤炭，往来于此。新安及城下货卖，咸以驴马负荆筐入市，盖趁其时。冬月，则冰坚水涸，车牛直抵窑前；及春则冰解，浑河水泛则难行矣。往年官设抽税，日发煤数百，往来如织。二三月后，以牛载草货卖。北山又有煤，不佳，都中人不取，故价廉。"⑥从"夜深回步玉阑东，香烬龙煤火尚红"的诗句，可知当时宫中用煤已经是很普遍的现象。⑦

在炎热的夏季，扇子是必备用品。皇室使用的扇子，有导驾用的朱团扇和煽凉用的大、中、小雉扇及青沥水扇等，⑧故有"泥金历水顺飘扬，掌扇香吹殿角凉。不是内

元代绘画中宫女点蜡烛的情景

---

① 《析津志辑佚·属县》。杨允孚《滦京杂咏》。
② 《析津志辑佚·风俗》。
③ 萨都拉《秋词》，《雁门集》卷四。
④ 《元史》卷八五、八七《百官志一、三》。
⑤ 《元一统志》卷一《大都路》。
⑥ 《析津志辑佚·岁纪》。
⑦ 柯九思《宫词十首》，《辽金元宫词》第6页。
⑧ 《元史》卷七九《舆服志二·仪仗》。

官亲执御，太平无用镇非常"的宫词。① 每年端午节前三日，中书省礼部都要向皇室进奉御扇，"扇面用刻丝作诸般花样、人物、故事、花木、翎毛、山水、界画，极其工致，妙绝古今"；有的扇子以玉为柄，有的扇团用银线缠绕，各色各样，"制俱不同"。将作院也要进奉彩画扇、翠扇、金碧山水扇等。后妃、诸王等都可以分到进奉的扇子，准备在夏季使用。②

除上述生活用品外，皇帝为掌握时间，亦需备有专用物品。

在大都大明殿中，陈放着一台大型计时器七宝灯漏。这架灯漏由郭守敬设计制造，高1丈7尺，以金为架，共分四层，"饰以真珠，内为机械"，"其机发隐于柜中，以水激之"。漏中有12个小木偶人，代表12神，各执相属时牌，"每辰初刻，偶人相代开小

元代绘画中的扇子

门出灯外板上，直御床立，捧辰所属以报时"。又有一木偶人站在门内，"常以手指其刻数"。在灯漏下层的四角，各立一木人，分执钟、鼓、钲、铙，一刻鸣钟，二刻敲鼓，三刻响钲，四刻鸣铙。③这架精美的计时器，颇为时人所称赞。④后来元顺帝妥欢帖睦尔又亲自设计制造了一架宫漏，"约高六七尺，广半之，造木为匮，阴藏诸壶其中，运水上下。匮上设西方三圣殿，匮腰立玉女，捧时刻筹，时至，辄浮水而上。左右列二金甲神人，一悬钟，一悬钲，夜则神人自能按更而击，无分毫差。当钟、钲之鸣，狮、凤在侧者皆翔舞。匮之西东有日月宫，飞仙六人立宫前。遇子、午时，飞仙自能耦进，度仙桥达三圣殿，已而复退立如前。其精巧绝出，人谓前代所鲜有"。⑤在其他宫中，也有一些小型宫漏。"铜漏之外，又有灯漏、沙漏，皆奇制也"。⑥

在大明殿上"掌直漏刻"的，有擎壶郎二人。在殿外则有司辰郎二人，又称"鸡

---

① 张昱《辇下曲》。
② 《析津志辑佚·岁纪》。
③ 柯九思《宫词一十五首》。《元史》卷四八《天文志一·大明殿灯漏》。
④ 姚燧《漏刻钟铭》，《国朝文类》卷一七。
⑤ 《元史》卷四三《顺帝纪六》。
⑥ 叶子奇《草木子》卷三下《杂制篇》。

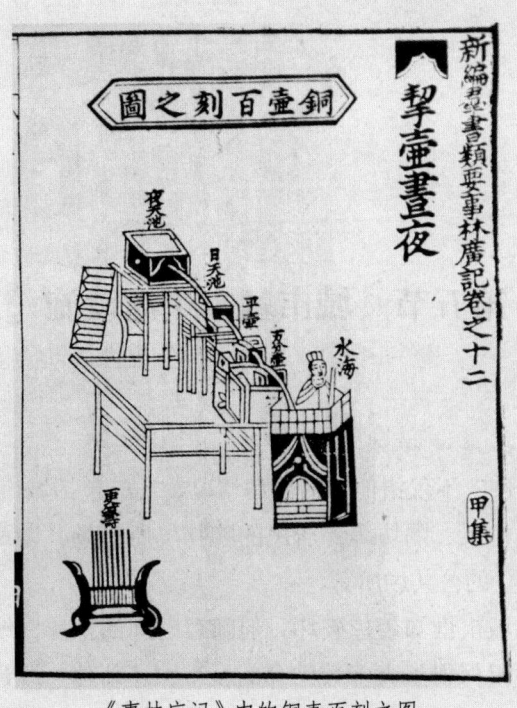

《事林广记》中的铜壶百刻之图

人"或"唱鸡人",一人立在左楼上候北面鸡鸣,另一人站在楼下,即时"捧牙牌趋丹墀跪报"。在司天监下,专设漏刻科,掌管皇室宫漏事务。① 司辰郎的报时,宣告当天宫廷活动的开始,正像诗人所描绘的那样:"鸡人报晓五门开,卤簿千官泊虎台";"方朝犹是未明天,玉戚轮竿已俨然。百兽蹲威绘幡下,万臣效职内门前。东楼绯服唱鸡人,击到朱鼛第几声。楠寐奉常先告备,驾行三叩紫鞘鸣"。②

---

① 《元史》卷八〇《舆服志三》,卷九〇《百官志六》。
② 杨维祯《宫词十二首》。张昱《辇下曲》。

第五节　城市基本生活设施

　　城市居民的居住条件，不仅指他们的住房情况，还应包括城市的基本设施如城墙、城门、街道、钟鼓楼、桥梁、隅坊等，居民的购物场所市场，以及保证卫生环境的设施和为文化娱乐活动建立的公共场所等。

　　蒙古建国初年，对城市惟知焚掠破坏，但随着时间的推移，统治者越来越认识到城市的重要性，于是不仅保留了大多数已存的城市，还新建、改建了一批城市，尤其是在草原游牧地区修建了数座重要的城市。城居生活条件的逐步恢复和完善，为各族城市居民提供了便利的条件。

　　元朝时期进行的最大规模的城市建设，是对大都、上都城的修筑，实际上是用巨大的人力、物力建造了两座新城。其他城市的建设，则多为旧有城市设施的修复或重建，规模要小得多。各城市的基本设施，如城墙、街道、桥梁、园林及输水、行船设施等，一般比较齐全，但是多数城市的城墙、街道等年久失修，不像新建的大都城那

元上都皇城北墙包石残存情况

样雄伟、整齐、壮丽。

城墙和城门是城市的标志。城墙限制着市区的大小和形状。如大都城,东、西城墙各长5555米,南、北城墙各长3333米,因此全城呈长方形。①再如上都城,东城墙2225米,西、南、北三城墙的长度均为2220米,所以全城基本为正方形。在元代城市中,方形城池占绝大多数。城墙都是底阔上窄,按照元代的技术标准,墙的底宽、墙高和顶宽的比例大致是3∶2∶1,大都城墙就是按照这个比例修筑的,底宽24米,高16米,顶宽8米。上都也是一样,现存城墙遗址下宽10米,高约5米,顶宽2米。

元代新建城市的城墙,大多采用我国传统的板筑技术,用夯土筑成。哈剌和林、大都、上都等城市都是如此。土城被雨水浸泡后容易倒塌,北方雨坏城墙的情况比较严重,尤其是大都城墙,所以有人建议改用砖石砌墙,甚至还有人自告奋勇,表示愿意"自备己资,以砖石包裹内外城墙"。②但均因条件所限,未能实现,只是西城角上"略用砖而已"。元朝前期曾用过披苇防水的办法,"大都土城岁必衣苇以御雨","立苇场,收苇以囊城,每岁收百万,以苇排编,自下砌上,恐致摧塌,累朝因之"。元文宗时,为防止敌对势力烧苇攻城,取消了这种做法。③苇城实际上并没有解决土墙防雨问题,雨水透过苇草,仍会对城墙发生腐蚀作用。

大都城共有11个城门,东面为光熙、崇仁、齐化三门,南面有文明(又称哈达)、丽正、顺承三门,西面有平则、和义、肃清三门,北面是建德、安贞二门,④11门并不

黄绿釉琉璃瓦滴水

---

① 详见《元大都的勘查和发掘》,《文物》1972年第1期。
② 赵孟頫《靳公墓志铭》,《松雪斋文集》卷九。
③ 《析津志辑佚·城池街市》,《元史》卷一六九《王伯胜传》。
④ 《元史》卷五八《地理志一》。

是都城的定制，哈剌和林城只有4门，上都城设7门，东、南、北各二门，西墙一门。城门均建有瓮城，有的是方形，有的是马蹄形。城墙之外，有宽深的护城河。

忽必烈在统一全国之后，曾下令"堕天下城郭"，"元混一海宇，凡诸郡之有城郭，皆撤而去之，以示天下为公之义"。除都城外，其他城市的城墙大多被拆毁，只留下了城门。① 到了元朝末年，农民起义骤起，各地官员、士绅为求自保，纷纷筹款筑城。尤其是江南地区，一时修建城池成风。

每个城市几乎都建有鼓楼或钟鼓楼。在鼓楼上，置有钟、鼓、角、壶漏等。壶漏是计时仪器，钟、鼓、角是报时工具。"其上则昼谨时刻，夜严鼓角，所以警动其民之观听而时其作息之节，四系之重盖如此，非直为观美以资游览者也"。② 大都的钟鼓楼是分建的，地处城市中心区，鼓楼在南，又称齐政楼，钟楼在北，"层楼拱立夹通衢，鼓奏钟鸣壮京畿"。③ 其他城市一般只建一楼，分置钟、鼓等于上，有的建在城市中心，有的建在子城上或城市的一角，与谯楼合而为一。

鼓楼既起报时作用，又往往是全城的制高点，可以据高临下地观察四方动静。元朝沿袭前代的宵禁制度，"一更三点，钟声绝，禁人行。五更三点，钟声动，听人行"。④ 除了钟、鼓报时外，城里还有打更人，入夜后依更点敲击木梆和铜锣，南方城市则往往将打更人与守桥者结合起来。

因为不少城市依河而建或有河流穿过城区，所以桥梁往往成为城市中必不可缺的建筑。桥梁的样式，有平型、拱型两种。中原、陕川城市内多造平型桥，江南城市中则多造拱桥。石桥和石木合成的桥居多，纯粹的木桥较少，一般是小桥。为行船的方便，在城市中还有码头、渡口的建筑，并有水闸等设施。

街道和街区，是城市内部最基本的交通和居住设施。草原、中原、江南以及陕川地区的地理环境虽然有所不同，但在城市街道和街区的安排上大体一致，只不过道路铺设材料与附设的排水系统略有不同而已。大多数城市的主要街道都是纵横交错，相对的城门之间，一般有宽广平直的大道。需要注意的是，都城的主要街道因受皇城和宫城的限制，不能不有所变动，在纵横之中又有曲折，有些街道作"丁字形"，甚至还有"斜街"，上都和大都都存在这种情况。

各城市主、次街道的宽度各有统一标准。如大都城，大街阔24步，小街阔12步，另外有"三百八十四火巷，二十九衢通（胡同）"；⑤ "论其市廛，则通衢交错，列巷纷

---

① 《至顺镇江志》卷二《地理·城池》。
② 虞集《抚州路重建谯楼记》，《道园学古录》卷三七。
③ 张宪《登齐政楼》，《玉笥集》卷九，《粤雅堂丛书》本。
④ 《元典章》卷五七《刑部十九·禁夜》。
⑤ 《析津志辑佚·城坊街市》。

绋，大可以并百蹄，小可以方八轮"。① 但是一般城市的街道，尤其是中小城市，大致只有几条主要街道和一些巷子，如镇江城就只有7条街和82条巷子。小城镇大多只有一两条街道，一条街的一般是穿城而过，两条街则在市中心合成十字。各条小巷都与街道相连。

城市街道的路面，多用石头、石子或砖块铺砌。有的城市因缺少石料，除铺有少部分石路外，其他都是土路，大都城就是如此。土路平时尘沙弥漫，"轮蹄纷往还，翳翳黄尘深"；②"长风一飘荡，尘沙涨天飞"。③下雨时，土路即成泥路，"泥涂坎陷，车马不通，潢潦弥漫，浸贯川泽"，④给人们留下"燕山积雨泥塞道"之叹。⑤上都城都是土路，情况更为严重。下雨之后，"市狭难驰马，泥深易没车"，"天街暑雨没青泥"；⑥经常是"雨声才断日光出"，街道上已经"黑淖如糜拨不开"，以至于行人"羸马巡檐行堪踦"。⑦为解决道路泥泞的问题，除了铺砌石块等材料外，有的地方使用了路面高出地面几十厘米的办法，使得污泥雨水不至于淤积在路面上，而是流向两旁，既保证了路面干净，又有助于滋润道路两旁的树木。在大都城御苑内的草场上的道路，就是这样处理的。用石块和砖块铺设的道路，也要解决排水清泥问题。以杭州为例，街道用石块和砖块铺成，并设有拱形的排水沟，以便将雨水排入邻近的河流，使路面经常保持干燥。由于骑马在石头路面上疾驰容易滑倒，还特别在道路的一边留有沙土路。南方城市的主要街道大致都是这样的。

各城市纵横交错的街道之间，就是街区。街区主要用来安置城市居民的住房、市场以及官衙等。有的城市街区很少，如哈剌和林城，只有两个街区，一为回回人区，一为汉人区，市场在回回人区内。但多数城市都有十个以上的街区，如大都城，街区称为坊，城内分为50坊，坊各有门，门上署有坊名。⑧其他城市也有坊的建置，根据城市的大小确定坊的多少。较小的县城有时只有两个坊。有的城市，除了坊以外，还有"隅"的设置，如镇江城入元时设7隅27坊，后来由于"比年以来差调烦重，岁事不登，逃亡消乏，户数减少，故七隅并而为五，由五而四"；至顺二年（1331年）又并为二隅。⑨

---

① 黄文仲《大都赋》，《天下同文集》前甲集卷一六，《雪堂丛刻》本。
② 周权《都城暑夕》，《周此山先生文集》卷八，《元四大家集》本。
③ 胡助《京华杂兴诗》，《纯白斋类稿》卷二。
④ 王恽《冯君祈晴诗序》，《秋涧先生大全集》卷四三。
⑤ 文天祥《移司即事》，《文山先生文集》卷一四，《四部丛刊》本。
⑥ 袁桷《上京杂咏》，《清容居士集》卷一五。胡助《滦阳杂咏十首》，《纯白斋类稿》卷一四。
⑦ 宋本《上京杂诗》，《永乐大典》卷七七〇二。
⑧ 《析津志辑佚·城坊街市》。
⑨ 《至顺镇江志》卷二《地理·城池》。

城市既是某一地区的政治、文化中心，又是手工业制造和商业贸易活动的中心，各种财富大量向城市集中。如有人歌咏杭州为："普天下锦绣乡，寰海内风流地。大元朝新附国，亡宋家旧华夷。水秀山奇，一到处堪游戏。这答儿忒富贵，满城中绣幕风帘，一哄地人烟凑集。"① 所以无论大小城市，市场总是必不可缺的。城市居民不但能够从市场上买进生活必需品和各类食品，还可以在市场上卖出部分自己生产的手工业品。在每一个城市中，都有固定的商业区。在商业区内及大小街道旁的固定铺面经商的人，当时称为"坐商"，其经商活动即称为"坐铺"或"坐肆贾卖"。② 贾卖各种物品的"市"，大多集中在商业区内，少数分布在城门内外和主要街道两旁。以大都为例，城内有两个主要的商业区，一个是城市中心的钟鼓楼周围，另一个是城市西部顺承门内的羊市角头，又简称为羊角市；在这两个商业区中，设置了十几个市。在大都南城和中书省、翰林院等衙门附近，还有一些较小的集市。各城门外，亦有不同的集市。建康、镇江等城市的情况大致相同，镇江城内设有大市、小市、马市、米市、菜市五市，主要集中在"商贾所聚"的税务街一带。

元代城市中，出售同一种物品的店铺往往集中在一起，所以形成了多种专门的"市"。按照市的性质，大致可以分为两大类，一类主要经营日常生活用品，满足城市居民的一般生活需要；另一类主要经营珠宝珍玩等高级商品，满足权贵富豪奢侈生活的特殊需求。

经营日常生活用品的市主要有以下几种：

米市和面市。城市居民吃粮，主要靠米市、谷市和面市等粮食市场，每个城市都离不开它们。粮食市往往建在城市中心或离粮仓较近的地方。粮价的涨落，首先取决于年景收成的好坏，一旦碰上自然灾害，粮食歉收，城市中就会出现"米价日腾涌"的情况；其次取决于商人向城市输送粮食的多少，"来的多呵贱，来的少呵贵有"，③ 尤其是北方城市。自元廷组织大规模漕运粮食后，后一种情况才有所好转。

元代铜壶滴漏

---

① 关汉卿《[南吕]一枝花·杭州景》，《全元散曲》第171页。
② 孔齐《至正直记》卷二《屠剑报应》。
③ 胡祗遹《五月十五日夜半急雨，喜而不寐》，《紫山大全集》卷一。

永乐宫壁画"食品小贩"图

菜市和果市。每个城市对蔬菜和水果都有很大的需求量,所以不能不设菜市和果市。大都城的菜市建在几个城门内外,如丽正门三桥、哈达门丁字街与和义门外,都有菜市;果市则分布在顺义门、安贞门与和义门外,只有一处与菜市建在一起。有些城市将菜市与果市合而为一,亦多建在城门内外。蔬菜和水果市场依城门而设是有一定道理的,因为它们与城郊的产地接近,便于运输和贮存。①

牲口市。大都城的羊角市,实际上应是牲口市的总称,包括羊市、马市、牛市、骆驼市、驴骡市等。其他城市也有羊市、马市或牛马市等。在这些市场里,既可以买到食肉用的牲口,也可售到拉车、骑乘的"脚力"。此外,有的城市还专门设有"猪市"。多数城市的牲口市设在城门外。既然有食肉的需要,当然离不开屠宰场。在城市中,专有"以屠刽致温饱","每坐肆中卖猪肉"和其他家畜肉的屠夫;他们宰杀的牲畜,有的售自牲口市,有的则自己出城收购。②

鱼市和家禽市。鱼和各种家禽、野味,往往也是城市生活中不可缺少的食物,尤其是富裕人家。南方城市,鱼的需求量极大。南方城市都有鱼市或鱼店,自不待言。像大都等北方城市,也有鱼市。鹅鸭市或鸡鸭市,在较大的城市都有专设,中、小城市则可能与牲口市或鱼市等合在一起,或者设有专门的店铺。

---

① 《析津志辑佚·城池街市》,下文所述大都城内市场情况未特别注明者,皆本于此。
② 孔齐《至正直记》卷二《屠刽报应》。

鞋帽市和纱布市。大都城内设有帽子市、皮帽市和靴市。靴市"就卖底皮、西甸皮，诸靴材皆出在一处"。其他城市不一定专建鞋帽市，而是与杂货市等合在一起。南方城市中多专设纱市，买卖各种丝织品。

杂货市。出售日用小商品的店铺，有的城市也集中在一起，如大都城内钟楼前的十字街口，就是杂货贸易的场所。更多城市的杂货店铺，则是分布在大小街道上。有的店铺，只卖一种商品，如镇江城内一肉铺旁，即有"以木梳为业"的店铺。

柴炭市与草市。如前文所述，城市取暖、做饭，离不开柴、炭，所以不能没有柴炭市和草市。大都城内，有四处柴炭集市，一处在顺承门外，一处在钟楼旁，一处在千斯仓，一处在枢密院官衙附近。此外，还有专门的煤市，设在修文坊前。每个城门外都有草市。

木工泥瓦市。为满足城市的建筑需要，各城市中往往辟有专门的木市或泥瓦市。如大都城内，砖瓦、石灰、青泥、麻刀等建筑用料都在这里出售。

经营高级商品和文化用品的主要有珠宝市、胭脂市等。珠宝市一般建在城市内最繁华的街区内。在大都钟楼前街西第一巷，就设有珠子市和沙剌（珊瑚）市，"一巷皆卖金、银、珍珠、宝贝"，各种精器珍玩都集中在这里出售。出售文化用品等的店铺也往往集中在一起，如大都淇露坊"自南而转北，多是雕刻、押字与造象牙匙筯者，及成造宫马大红鞦辔、悬带、金银牌面、红縧与贵赤四绪縧、士夫青匜縧并诸般线香。有作万岁藤及诸花样者，此处最多"。①

有些城市中还设有穷汉市和人市。大都城内有五处"穷汉市"，"一在钟楼后，为最；一在文明门外市桥；一在顺承门城南街边；一在丽正门西；一在顺承门里草塔儿"。所谓"穷汉市"，当是雇工市场，寻觅活计、提供劳力的人集中在这里。在元朝初期，大都城内还有"人市"，设在羊角市，买卖驱口、奴婢等，后来被元廷取缔，但仍保留其建筑，"姑存此以为鉴戒"。

除了固定的市场与店铺外，每个城市还有一批游动商贩，穿街走巷，贩卖各种物品。"贩夫逐微末，泥巷穿幽深，负戴日呼叫，百种闻异音"的诗句，描述的就是商贩的活动情况。② 游动商贩大多是小商人或生活无着不得不参加零卖活动的手工业者、农民、士兵等。游动商贩主要挑卖蔬菜、水果、鱼禽、熟食、柴草等，出售的物品有的是自己生产的，有的则是从市上成批买来，再挑到城内叫卖，为不愿远行购物的人提供方便。官员宅院和富户人家，是游动商贩经常光顾的地方，并使官员、富人的妻妾

---

① 《析津志辑佚·风俗》。
② 胡助《京华杂兴诗》，《纯白斋类稿》卷二。

和家人养成了"倚门买鱼菜之类"的习惯。①

为满足城市居民食饮的需求，每个城市都有酒馆和茶楼。酒馆又称为酒肆、酒楼、酒坊等。门前的"酒旗"是酒馆的标志，在北方的草原城市中也是如此，前往上都的人留下了相关的诗篇："滦水桥边御道西，酒旗闲挂暮檐低"；②"滦河美酒斗十千，下马饮酒不计钱；青旗遥遥出华表，满堂醉客俱年少"。③酒馆门多画春申君、孟尝君、平原君、信陵君四公子像，"以红漆阑干护之，上仍盖巧细升斗，若宫室之状"。门两旁大壁上，"并画车马、驺从、伞仗俱全"。门阁"间画汉钟离、唐吕洞宾"。门前立金字牌，"如山字样，三层"，称为"黄公垆"。北方城市夏季置大冰块于大长石枧中，以消冰之水酝酒。④

有人记载道："元自世祖以来，凡遇天寿圣节，天下郡县立山棚，百戏迎引，大开宴贺。"⑤其实除皇帝诞辰的天寿节外，其他节日如春节、元宵节、端午节等，各城市"市利经纪之人，每于诸市角头以芦苇编夹成屋，铺挂山水、翎毛等画"，也就是所谓的"芦苇夹棚"，出售食品和日用品。因节日的不同，画的内容与所售商品各异。这样的山棚，实际上是城市商人的临时售货点，与专门用作宴饮的山棚不同。后者在城市中也很普及，遇有重大节日，"宫廷宰辅、士庶之家咸作大棚"，张挂图画，"盛陈瓜、果、酒、饼、蔬菜、肉脯"，邀请亲属、好友等宴饮庆贺。⑥

为保证城市的供应，仓库是必不可少的，其中既有政府开设的仓库，也有商人、官员等私人开设的仓库。为防止盗窃，政府所设仓库大多有围墙保护，如大都城内的八作司仓库，"除正门外，周围院墙筑打高厚，其墙上裹外多用棘针樗查，使贼人不能上下出入。将顿物敖门壁饰用砖垒砌，门窗锁钥坚牢"。此外，还有一人专司守卫仓库之职。⑦

城市中的市场、酒馆、茶楼等，不但为市民生活提供了便利的条件，亦造就了独具风格的城市风貌。如当时江南第一大城杭州城，被人们称为"销金锅"。有人记道："杭民尚淫奢，男子诚厚者十不二三，妇人则多以口腹为事，不习女工。至如日用饮膳，惟尚新出而价贵者，稍贱便鄙之，纵欲买又恐贻笑邻里。"但是一旦遇到突然事变，商品尤其是粮食来源断绝，就会出现市民大批饿死的惨象。至正十九年（1359年），杭州

---

① 孔齐《至正直记》卷三《奸僧见杀》。
② 张昱《塞上谣》，《张光弼诗集》卷三。
③ 马祖常《车簇簇行》，《石田文集》卷五。
④ 《析津志辑佚·风俗》。
⑤ 叶子奇《草木子》卷三下《杂制篇》。
⑥ 《析津志辑佚·岁记》。
⑦ 《元典章》卷五一《刑部十三·防盗》。

城被乱军包围三个月，"各路粮道不通，城中米价涌贵，一斗直二十五缗。越数日，米既尽，糟糠亦与常日米价等，有赀力人则得食，贫者不能也。又数日，糟糠亦尽，乃以油车家糠饼捣屑啖之。老幼妇女，三五为群，行乞于市，虽姿色艳丽而衣裳济楚，不暇自惭也。至有合家父子、夫妇、兄弟结袂把臂，共沉于水，亦可怜已。一城之人，饿死者十六七"。① 这个例子，既说明市场在调剂城市居民生活方面起着重要的作用，也表明城市与乡村有着密不可分的经济关系。

燃料问题，用现在流行的术语来说，就是能源问题。城市人口集中，要维持他们的生活，需要大量的燃料。

如上文所述，大都等城市已经用煤作为燃料，但就全国城市而言，木炭和柴草等仍然是主要的燃料。大都附近虽有产煤区，但政府经营的煤窑场，主要供应宫廷用煤；每年由"经纪人"拉入大都市内的煤、炭等，是供"货卖"的，一般市民未必能够享用，所以柴草依然是重要的燃料。② 有人写道："白苇生寒沙，残沙摇敝帚；燕都百万家，借尔作薪樵。"③ 苇草的作用显然不容忽视。元代后期，有人想把西山的煤通过水路运进大都，改变城内的燃料结构。顺帝至正二年（1342年），中书省右、左丞相上奏："京师人烟百万，薪刍负担不便。今西山有煤炭，若都城开池河上，受金口灌注，通舟楫往来，西山之煤，可坐致于城中矣。"顺帝采纳了他们的建议，调发民夫开金口河，但因设计不善而告失败。④

其他北方城市无煤可用，烧饭取暖则主要用柴、炭和马粪等。上都城内的居民，主要烧松柴。上都之北"阴阴松林八百里"，"采薪人"往往争相前往，取柴入城货卖。⑤ 南方城市燃料亦以柴、炭、草为主，极少燃粪做饭、取暖。对烧柴的选择是有讲究的，"山阳之薪，有焰光能发火力。山阴之木，无焰光，然烹之际，不若山阳者佳"；"又困月采薪，虽生湿之木亦可燃"。⑥ 柴草的价格，往往随季节浮动。北方城市冬季柴草价格较高，不但一般市民买不起，就是中小官吏也难以承受。如在朝廷中任职的文人王恽，就曾因冬季柴草太贵，只好挨冻，写下了"薪如束桂米量珠，二月中旬冻未苏"的感怀诗句。⑦

流经城市的河流和城里的湖泊，往往是居民取水或洗衣服的主要场所。如大都城

---

① 陶宗仪《辍耕录》卷一一《杭人遭难》。
② 详见陈高华《大都的燃料问题》，《元史研究论稿》第432—435页，中华书局1990年版。
③ 袁桷《舟中杂咏十首》，《清容居士集》卷三。
④ 权衡《庚申外史》卷上。
⑤ 袁桷《松林行》，《清容居士集》卷一五。
⑥ 孔齐《至正直记》卷三《山阳之薪》。
⑦ 王恽《大都即事》，《秋涧先生大全文集》卷二八。

中有两条水道，一条是由高梁河、海子、通惠河构成的漕运系统，另一条是由金水河、太液池构成的宫苑用水系统。这两条水道，都有专门用途，城内一般居民的生活用水主要是井水，有时利用海子洗衣服，海子"东西南北与枢密院桥一带人家妇女，率来浣涤衣服、布帛之属，就石捶洗"。①

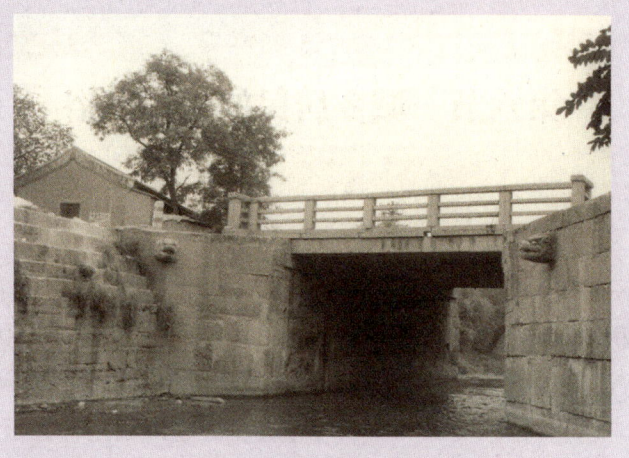

元大都广源闸

各城市还有相当完整的排水系统。如对大都的考古发掘，即发现了当时南北主干大街两旁的排水渠。排水渠为明渠，用石条砌成，宽1米，深1.65米，某些部分顶部覆盖了石条。干渠的排水方向，与大都城内自北而南的地形坡度完全一致。在城墙底部，有石砌的排水涵洞，用来将城中的废水排出城外。②

---

① 《析津志辑佚·风俗》。
② 详见陈高华《元大都》第64—66页，北京出版社1982年版。

【 第六节　城乡居民的居住习俗 】

元代城市居民的住房，因居住者所在地区和贵贱贫富的不同，有着很大的差别。城市住房面积受到城区、街区和城市人口的影响，不能不有所限制。如大都城建成后，元廷即规定"以地八亩为一分"，"贵戚、功臣悉受分地以为第宅"。权贵者的宅院往往超出规定，甚至侵占街道，朝廷不得不特别颁旨，严禁城市造房侵占官街，"如违即便将侵街垣墙房屋拆毁，仍将犯人断罪"。①但是各地的豪富人家往往无视朝廷的规定，如有人在武宗至大三年（1310年）的报告中指出："江南三省所辖之地，民多豪富兼并之家，第宅、居室、衣服、器用僭越过分，逞其私欲，靡所不至。"②

城市住房面积的限制，往往导致城市地价和租房费用的上涨，在一些大城市特别是京城这一问题尤为突出。如杭州城内，"万余家楼阁参差，并无半答儿闲田地"。③大都是元代的京城，"京师地贵"，往往使来自外地的人感到"毕竟京师不易居"，并发出"豪家尽有厦连云，自是诗人嫌日短"的感慨。"嫌日短"是当时流行于大都的一

济南元墓壁画中的仿木楼阁图

---

① 《通制条格》卷二七《杂令·侵占官街》。
② 《元典章》卷五七《刑部十九·禁豪霸》。
③ 关汉卿《[南吕]一枝花·杭州景》，《全元散曲》第 171 页。

元代版画中的建房景象　　　　　元墓壁画中的斗拱图

句俗话,"到月终房钱嫌日短"。①

城市中官员、贵族、巨商的住房,往往连在一起,构成城市中的特殊居住区。如大都城内,"西宫后北街,系内家公廨,率是中贵人居止。每家有阍人,非老即小,自朝至暮司职,就收过马之遗。皇后酒坊前,都是槽坊。各处名望馆,凡栉不间,于内多有产次,此地别无他经纪"。②又如镇江城内的大、小围桥附近,有本路总管脱因、万户胡都鲁不花、平江路同知扎马剌丁、会昌知州康济的宅院;竹竿巷有本路达鲁花赤斡鲁欢牙里和广东副都元帅的住宅;皇佑桥北有两浙运使可马剌丁和广东宪司经历董邦用的住宅;夹道巷则有胡都鲁不花的另一处宅院及副达鲁花赤薛里吉思的住宅,等等。③

贵族、官员与富家私宅,房间多,院落大,如大都考古发掘的后英房遗址,住宅的主院及两侧的旁院东西宽度近 70 米,主院北屋进深 13.47 米,建筑讲究,还有精美的瓷器和漆器等生活用品和用水晶、玛瑙等制成的各种玩物摆设。这样的宅院,只能

---

① 宋褧《初至都,书金城坊所僦屋壁》,《燕石集》卷八,《四库全书》本。
② 《析津志辑佚·风俗》。
③ 《至顺镇江志》卷一二《居宅》。

是中上层人物的住宅。①在这样的院落内外,还有不少附加设施。院门外摆放石狮子或铁狮子的做法比较流行,"都中显宦税硕之家,解库门首,多以生铁铸狮子。左右门外连座,或以白石凿成,亦如上放顿"。此外,还有"皮帽屋"等建筑,"显宦之宅外门内,多做皮帽屋,以其似皮帽之制也"。②

在各地任职的官员,或者在"系官房舍"内居住,或者买房、租房居住,有的则"借住"在民户家中。

由官府掌握的房屋,称为"系官房舍",除了官府办公用房和仓库外,一般还有一批房屋。这些房屋,一部分用作现任官员的住宅,一部分由官府出租,"召人赁住"。按照朝廷的规定,"腹里除诸衙门公廨、局院房舍申准上司明文方许标拨及各官自来相沿交代元任官房外,其余系官宅院房舍,召人赁住,获到房钱逐旋解纳。如有损坏去处,估计合用工物,申覆合干上司,体覆完备,于赁房钱内就用修补"。江南地区官府接收了大量的原南宋政府机关的房屋,如至元二十三年七月浙西道按察司给御史台的公文中即指出"本道所辖八路,系官房舍甚多,皆是亡宋官员廨宇及断没、逃避房屋"。朝廷特别规定到江南任职的官员优先居住系官房舍,并且不交纳房钱,"江淮等处系官房舍,于内先尽迁转官员住坐,分明标注,任满相沿交割"。官员住房外如还有空房,允许出租,"其余系官宅院并不应占住之人,验市井紧慢去处,照依市价一体征收房钱"。③

官员住在系官房舍中,会遇到两个方面的问题。一是房屋损坏后的修理费用问题。

田庐图

---

① 详见《北京后英房元代居住遗址》,《考古》1972年第6期。
② 《析津志辑佚·风俗》。
③ 《元典章》卷五九《工部二·公廨》,下文所引资料未注出处者,皆本于此。

有的地方采取从官府赁房费中出钱为任官修理住房的方法，但到成宗时明确做出了规定，"见任官员住坐官房，若有损坏，合令各官自备工物修理，须要坚完，任满相沿交割"。二是房屋内的家具、摆设的保管问题。至元二十一年十一月，御史台官员指出："亡宋归附之后，所在府、州、司、县系官廨宇、馆驿、园圃、亭阁，各有什物，不移而具。近年以来，迁转官员礼任之初，因而借用，及去任之日，私载而归，以致十去八九，阙用不敷，或因公宴及使臣安歇，一床一卓，未免假动四隅，科扰百姓。"由此特别做出了以下规定："迁转官员、使臣人等将各处府、州、司、县系官廨宇、馆驿、园圃、亭阁应顿物件，若有借使，或私载还家，就便追理施行。仍行移合属官司，将应有系官房舍元有什物查照旧来数目，委自正官提调，置立文簿，拘籍别立什物库，分于上刊写字号，令人专一掌管，依理公用，相沿交割，不得似前搬移，时有损坏。"

系官房舍是不准买卖的，但是官员可以在民间购买房屋居住。元军攻占南宋城市后，官员、军官等大量从民间购买房屋，并出现了强占民房、以低价收买房屋等现象。至元十五年（1278年），朝廷特别颁旨，规定官吏不得收买百姓房屋；已经收买的房屋，应"回付"原主人，由原主按买价赎回。至元二十一年四月，又重申了这一规定。但是不少房屋无法赎还，"盖缘江南归附之初，行使中统钞两，百物价直低微。成交之时，初非抑逼，亦无竞意。目今百物踊贵，买卖房舍价增数倍，致起贪人侥幸之心"。物价变化是一个重要因素，有的房屋已被多次转手，买主又进行过修理，既没有了原买主，又无法按原买价回赎。如龙兴路居民范大鼎，至元十二年（1275年）将一处空屋卖给翟镇抚。至元二十三年（1286年），"范大鼎为见元卖价低，翟镇抚又行添贴价钱四锭，重行给据立契成交"。后翟镇抚将房屋卖给了马万户，马万户又转卖给杜经历。

家居生活图

大德元年（1297年），范大鼎到官府陈告以低价买房，不肯回赎。经过官府核查，翟、马、杜三人先后修房用去工食费等30余锭，且历经三主，"若拟回赎，实亏买主"，只能维持现状。① 又如南宋末年溧阳有一豪民造楼于城内东桥东侧，不久家败，房产等被官府没收。元军占领溧阳后，在州府任幕官的襄阳人王经历看中了这所楼房，以官价购买，居住30年后又转卖给市民周某。② 像这样的情况，同样谈不上回赎。

朝廷明令禁止官员强行占据民房，但是禁而不止。至元二十三年，御史台官员指出："江南自归附以来，所在路、府、州、县有系官房舍，往往礼任官员因为官房无主眷守，却于民户处借什物，以此故倚气力，一面遽将民户梯己房舍、田园地上占住，不惟有妨买卖，又且老小出入不便。甚至屋主什物，恃强夺要，不敢争取。但是官员占住以后，接踵相承，视为传舍，上下蒙蔽，多不理问。"对这种现象，朝廷只能再次强调"礼任官员到来，止于系官房舍安治，无得似前占住百姓人等房舍"，并没有更多的措施。

租房居住的官员，大多是品位较低的官员。顺帝时封为太师的马札儿台，"为小官时，尝赁屋以居"，③ 即为一例。所赁房屋，有的就是系官房舍，以赁者的职务虽然不能享受无偿居住官房的待遇，至少能够用较低的租金解决住房问题。当然，更为普遍的还是租赁民房。

官员的所谓"借住"民房，实际上是江南地方豪强交结官员的一种手法。"亡宋监司、郡守、县令以下，各有官舍，其屋虽撤，其基尚存，未曾修理。凡有新官到来，必须于百姓房子内安下。有一等权豪富户之家，专一修饰房舍，创造花园，伺候新官到来，百计延请于家住坐，诸事应付，通家往来，计会左右，揣摩意况，大开管事之门，交通关节，败坏官府，全无廉耻之心，全无官民之分。"为了堵塞上下交通的弊病，仁宗延祐元年（1314年）特别规定官员不许借住百姓房屋，要求江南各路"照勘亡宋大

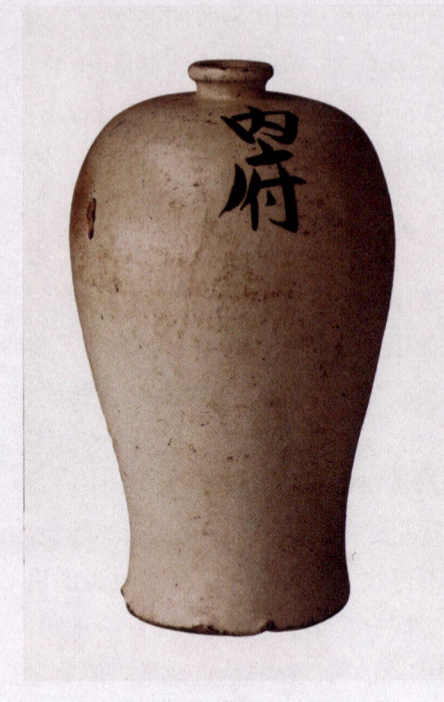

"内府"款小口瓶

---

① 《元典章》卷一九《户部五·房屋》。
② 孔齐《至正直记》卷二《宋末豪民》。
③ 孔齐《至正直记》卷一《脱脱还桃》。

小官舍地基、白莲堂数目，候农隙约量修理，今后新官礼上，并仰于官舍住坐"。

在城市中居住的手工业者、小商贩、小官吏以及各衙门的仆役、儒士和"闲汉"等，住房与达官贵人相差甚远。南宋的一个宦官，宋亡后被带到大都，因病被批准在宫外居住，仅住一室，"起卧饮食皆在焉"，屋内仅有"小炷灶一，几一"。[①]无独有偶，在北京第106中学曾发掘出一间低狭的元代房基，房内仅有一灶、一炕和一个石臼，墙壁用碎砖块砌成，地面潮湿不堪。[②]大都城内一般市民的住房，大致应与此差不多。

上都城内一般市民的住房也很简陋，并且是"土房"。土房又称"土屋"、"板屋"或"地屋"，"屋宇矮小，多以地窟为屋。每掘地深丈余，上以木条铺为面，次以茨盖上，仍种麦、菜，留窍出火"，土屋四周则有土墙。[③]土屋中，建有生火的土炕，供取暖和做饭之用。诗人用"土房通火为长炕"，[④]"土床长伏火，板屋颇通凉"[⑤]等来形容屋内的情形。这种土屋很不牢固，经过冬天冰冻、春天融化之后，往往会变形，东倒西歪，"腊冻彻泉地坟起，土膏春动消成洼。千条万条壁缝拆，十家九家屋山斜"。[⑥]大都和上都简陋的砖房和土房，应是黄河以北一般城市居民的典型住房。火炕的使用，自辽、金以来已经在北方地区普及，北方城市乃至乡村住房中有火炕，在元人眼中已不是稀奇之事。

青花缠枝牡丹纹瓷罐

---

① 孔齐《至正直记》卷一《罗太无高节》。
② 《元大都的勘查与发掘》，《考古》1972年第6期。
③ 严光大《祈请使行程记》。
④ 马祖常《上京翰苑书怀》，《石田文集》卷三。
⑤ 周伯琦《上京杂诗十首》，《近光集》卷一。
⑥ 宋本《上京杂诗》，《永乐大典》卷七七〇二。

乡间地阔，住房面积因人而异，不像城市那样受到种种限制，但由于建筑材料的缺乏，乡村住房的质量一般低于城市住房。

在乡间居住的富户和读书人，很讲究房址的选择。在确定房址前，先要"卜居"、"卜宅"或"卜筑"。① 有的人自己进行卜算，有人则要专请看风水的人来卜定房址。按照当时的风俗，房址选择不当，不但影响家运，还可能召来病、死等灾难。"卜居"的内容，首先是住房的周围环境。有人认为："卜居近水最雅致，且免火盗之患，然非地脉厚者不可居，只可为行乐之所"；"山少而秀、水潆而澄者可作居，山多而顽僻者不可居，盖岚气能损人真气也"。②

元人亦承继了前代的"暖屋"之礼，迁居前要宴饮一番。"今之人宅与迁居者，邻里醵金治具，过主人饮，谓曰暖屋，或曰暖房。"③

乡间房屋的好坏和占地面积的大小，贫富之间的差别是很大的。文人笔下的所谓"三顷田，五亩宅"或"二顷良田一区宅"，④ 只有家境比较好的人家才能做到。富贵人家多愿买田置房，喜好深宅大院，雕梁画栋，讲究排场，及时行乐。但也有人认为，"人生虽富贵，但住下等屋，穿中等衣，吃上等饭"。所谓下等屋，"非茅茨、土阶也，惟不垩壁不雕梁也"，不必为了"不好看"而大兴土木，建新房屋，只要便于居住和能够接待宾客就行了。⑤ 贫穷人家的房宅则条件很差，如有人对一个渔夫的住宅就有这样的描述："见一簇人家入屏帐，竹篱折补苔墙，破设设柴门上张着破网。几间茅屋，一竿风斾，摇曳挂长江。"⑥

比较讲究的乡村住宅，往往注意用树木等来美化环境，当时人的诗句中有不少

章丘绣慧镇女郎山元墓壁画《幔帐门扉图》

---

① 胡祗遹《宿潭口驿》，《郭西卜宅闻嗣子以邻墙未定有感而作》，《紫山大全集》卷一。
② 孔齐《至正直记》卷二《卜居近水》。
③ 陶宗仪《辍耕录》卷一一《暖屋》。
④ 马致远《[南吕]四块玉·恬退》，《全元散曲》第233页。
⑤ 孔齐《至正直记》卷一《人生从俭》；卷二《要好看三字》。
⑥ 杨果《[仙吕]赏花时》，《全元散曲》第8页。

这方面的描述，如"窗中远岫，舍后长松。十年种木，一年种谷"；①"门前栽柳，院后桑麻。有客来，汲清泉，自煮茶芽"；②等等。这样的生活环境，很受文人的称道，不少人满足于"田园日成趣，庐舍亦粗完"的简朴形式，并对"移竹出高笋，种蔬日芳新"的所谓"草堂"生活津津乐道。③从宦海退隐的人也强调："但得黄鸡嫩，白酒热，一任教疏篱墙缺茅庵漏，则要窗明炕暖蒲团厚。"④"窗明炕暖"，实际上亦是对典雅、干净的舒适居住条件的追求。

农村住房往往都有篱笆或院墙围绕。"乡中风俗，中户之家皆用藩篱围屋；上户用土筑墙，覆以上草。至元纪年（后至元年号，1335年）之后，有力之家患盗所侵，皆易以碎石，远近多效之。"⑤用篱笆围屋的人家，往往在篱旁种各种花草或蔬菜，尤其是爬蔓植物，利用藩篱为支架，形成"瓠食满篱落，禾黍过墙屋"的景象。⑥篱笆或院墙的门，一般通称为"柴门"。

元代农村以土葬为主，并且大多保持着祠堂、家庙的建筑。宗族祠堂或家庙，一般建在村落中心或家族居住地的中心；各家的祠堂，则一般设在"正寝之东"。祠堂、家庙既是祭祖的场所，也是聚集族人议事的地方。祠堂、家庙中排列着祖先牌位，由族长、家长掌管，"春秋祭祀"。乡间祭祖是一年中的大事，各种器具要求整齐干净，有人特别指出："凡祭祀庖厨锅釜之类，皆别置近家庙、祀堂之侧最好，庶可精洁感神。贫不能置者，亦先三日涤器釜洁净，此人家当谨之事。"⑦

乡村不像城市那样市场集中，但是能够吃上新鲜粮食和蔬菜、瓜果等，这些食品，有的是自己生产的，有的是在乡间购买的。酒等饮料亦可以自己酿造或在村坊的酒店购买。元人散曲中，有不少有关的描写。如卢挚就写道："雨过分畦种瓜，旱时引水浇麻。共几个田舍翁，说几句庄稼话"；"野花路畔开，村酒槽头榨，直吃的欠欠答答"；"沙三伴哥来嗏，两腿青泥，只为捞虾。太公庄上，杨柳阴中，磕破西瓜"。⑧曾居乡间的马致远和刘敏中亦分别写道："酒旋沽，鱼新买"；⑨"酒旗只隔横塘，自过小桥沽去"。⑩乡村商品经济不发达，能满足基本需要，已经使人们满意了。

---

① 元好问《［黄钟］人月圆·卜居外家东园》，《全元散曲》第1—2页。
② 卢挚《［双调］蟾宫曲》，《全元散曲》第114页。
③ 胡祗遹《题陶令归来图》、《郭西草堂独坐》，见《紫山大全集》卷二。
④ 不忽木《［仙吕］点绛唇·辞朝》，《全元散曲》第76页。
⑤ 孔齐《至正直记》卷二《乡中风俗》。
⑥ 胡祗遹《酷暑怀赵禹卿》，《紫山大全集》卷一。
⑦ 孔齐《至正直记》卷二《祭祖庖厨》。
⑧ 卢挚《［双调］沉醉东风·闲居》，《［双调］蟾宫曲》，《全元散曲》第113—115页。
⑨ 马致远《［南吕］四块玉·恬退》，《全元散曲》第233页。
⑩ 刘敏中《［正宫］黑漆弩·村居遣兴》，《全元散曲》第217页。

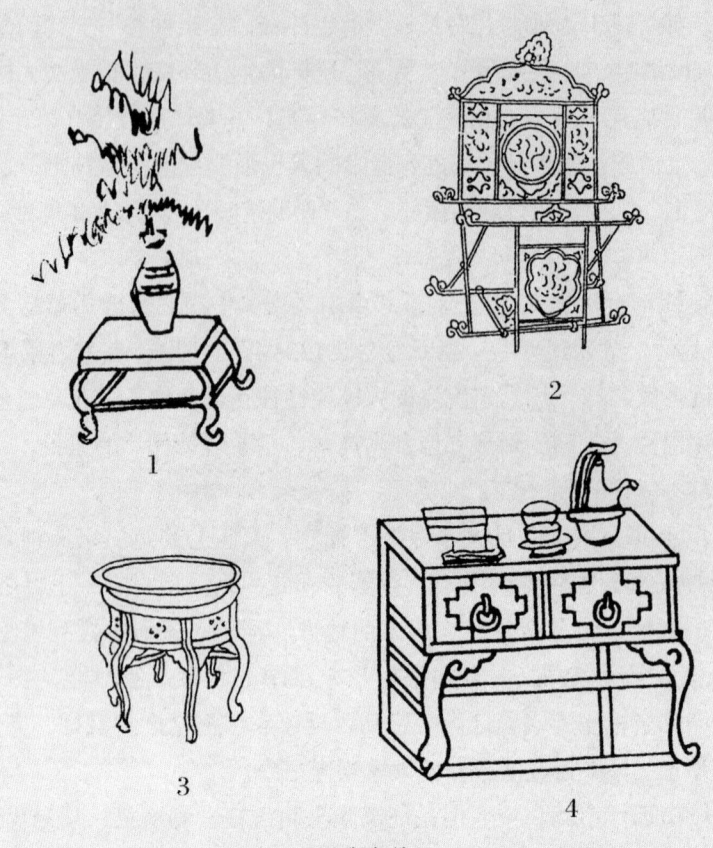

元代家具

1. 花几（内蒙古昭盟赤峰元墓壁画）　2. 银镜架（江苏苏州南郊元墓出土）
3. 六足盆架（山西大同冯道真墓壁画）　4. 抽屉桌（山西文水元墓壁画）

　　无论是城市居民，还是乡村居民，家中贮米、存水、装菜等，往往需要备有专用物品。贮米用的米囤、无底圈，用荆条编成；量米、盛米的斗升和"撮米斗"，则是以柳条扭编成器。取水的井桶、担水斗，也有用柳条制成的。存水用瓮或罐。盛放蔬菜的有筐、挑菜筐、瓜篮、车箕筐等。此外，还有各种瓶、壶等用具。

　　城乡居民家中，往往要摆设一些家具。在北方常用的家具有大小木柜、橱、矮桌、镫檠（灯架）、札花架（花架）等。[①]南方家具亦大致相同。在江南富家的正厅内，经常摆置匡床、胡椅、圆炉、台桌等家具。[②]

　　北方住房中取暖和做饭的设备往往合为一体，如上述火炕，炕前即盘有炉灶，做饭时烧火亦可取暖。一般居民家中都应是如此。只有达官贵人之家才辟有专门的厨房

[①]《析津志辑佚·物产》。
[②] 叶子奇《草木子》卷三下《克谨篇》。

和准备专用于取暖的铁炉。南方的铁炉，有的还镀上一层锡，如镇江所产铁器，"作温器、烧器等物，以锡镀之，其色如银而耐久可用，他郡称之"。① 取火和照明的用具也有所发展。镇江出产的火石，"如玛瑙，击之火生，人多取以为用"。② 杭州则已有了"发烛"的使用。"杭人削松木为小片，其薄如纸，熔硫黄涂木片顶分许，名曰'发烛'，又曰'淬儿'，盖以发火以代灯烛用也。"发烛的发明，是在后周时期，在民间广泛使用和"货易"，则在宋元时期。③

花瓶是点饰室内气氛的重要摆设品。宋元时期，各地瓷窑都能烧制精美的花瓶。花瓶有春瓶、梅瓶等不同种类。春瓶一般高度在30厘米左右，瓶口口径在8—10厘米之间。如湖南常德出土的元代青花人物故事玉壶春瓶，通高30厘米，口径8.4厘米。瓶的形制为侈口，长颈，胆形腹，腹部绘青花人物5人，一武将头戴凤尾高冠，正襟危坐，身后一武士举旗，旗上书"蒙恬将军"，背景有怪石、花木点缀。广东出土的青花人物纹玉壶春瓶，通高30.3厘米，口径8厘米，腹部绘青花人物，上下各辅以蕉叶纹、卷草纹和变体莲瓣纹。此外，还有青花云龙玉壶春瓶、玉溪窑青花鱼藻纹玉壶春瓶、釉里红缠枝菊玉壶春瓶，等等。梅瓶一般比春瓶高，但瓶口细，直径一般在3—6厘米之间。如江西高安县出土的元代青花云龙纹带盖梅瓶，通高48厘米，口径3.2厘米，瓶盖呈杯形，瓶身绘青花卷草、变形莲瓣、凤穿牡丹和云龙纹。同地出土的青花缠枝牡丹纹带盖梅瓶通高48.7厘米，口径3.5厘米，形制、釉料和工艺特点类似于青花云龙纹带盖梅瓶，盖中心有一直管，扣合时插入瓶内，纹饰多达九层，腹部绘缠枝牡丹纹，另有卷草纹、莲花纹等。浙江杭州市出土的孔雀釉内府铭带盖梅瓶，通高35厘米，口径6厘米，瓷胎呈土黄色，粗松厚重，胎上施白色化妆土，外施孔雀蓝釉，近底足无釉，上有覆钵形盖，肩部釉下书"内府"二字。

元代青花瓶

---

① 《至顺镇江志》卷四《土产·器用》。
② 《至顺镇江志》卷四《土产·器用》。
③ 陶宗仪《辍耕录》卷五《发烛》。

第四章
行旅交通

外出旅行，无论是公事、私事，都要选择交通路线和交通工具，并对沿途的食宿条件有所了解。元代的交通系统较前代发达和完善，为行旅交通提供了便利条件。更需要注意的是，在军队出征和皇帝巡幸方面，元代有一套特定的习俗。

【第一节　交通工具的使用】

外出旅行，因路线不同，需要使用不同的交通工具。

元代设立了辽阳、岭北、河南、陕西、甘肃、四川、云南、江浙、湖广、江西等10个行省，并由中书省直接管理"腹里"地区，宣政院直接管辖吐蕃地区。沟通各行省省治并直达大都的驿道，是元代主要的交通干线。以各行省省治所在城市为枢纽建立的驿道，构成了省内路、府、州、县之间的交通系统，并进而与邻省的驿道相接，互通往来。"腹里"地区南部和河南、陕西、四川、甘肃、湖广、江浙、江西等行省的驿道，大多是利用原有的交通路线，并根据需要增加了一些通路。岭北、辽阳、云南行省和吐蕃地区的驿道，则大多是新开辟的交通路线。

蒙古国和元朝时期，不少人曾涉足草原。在广袤的草原上行走，除了骑马和乘车外，别无他途，所以有人"往来草地，未尝见有一步行者"。[1] 为便于游牧地区的交通，草原居民必备各种车辆和优良轻便的马具。蒙古人称车辆为"帖儿坚"。根据不同的用途，草原车辆大致可以分为乘坐和载物两大类。

草原上一般人乘坐的车辆通称为黑车或毡车，蒙古语称为"合剌兀台·帖儿坚"。[2] 所谓"黑车"，就是黑毡篷车，是一种双轮上等轿子车，质量优良，"上覆黑毡甚密，雨水

赵孟頫《人马图》（局部）

---

① 《黑鞑事略》。
② 李志常《长春真人西游记》。《草木子》卷三下《杂制篇》。《元朝秘史》校勘本，卷二，第63页。

不透，架以牛、驼"。①已婚妇女往往为自己制造一辆美丽的篷车，在黑毡上装饰各种图案。还有的人将神像供放在他们帐幕前的一辆美丽毡车内。涉足草原的人，如不习惯骑马，一般都乘坐毡车。载物车包括搬载帐幕的大车和装运各种杂物的驮车。搬载帐幕的车，蒙古语称为"合撒黑·帖儿坚"（大车）或者"格儿·帖儿坚"（帐房车、房车、室车），在本书"居住风俗"中提到的"帐舆"，就是这类车的一种；但是，以几十头牛拉的车在草原上并不多见，常见的还是一头牛或数头牛、驼拉行的小型车辆。这种车的特点就是车上帐内可以乘人，将乘人和拉物结合在一起。需要说明的是，由于已有专门供人乘坐的毡车，一般情况下帐幕搬迁时人们不留在帐中。装运杂物的驮车有多种，见于记载的有"农合速秃·帖儿坚"（羊毛车）、"撒斡儿合·帖儿坚"（有锁的车）等。所谓有锁的车，应该是载运箱子的车辆。西方传教士详细记载了这种箱车的式样："他们用细长的劈开的树枝编成像一个大保险箱那样大小的正方形的东西，然后在它上面，从这一边到那一边，他们用同样的树枝编成一个圆顶，在前面做成一个小门。做成以后，他们用在牛油或羊奶里浸过的黑毛毡覆盖在这个箱子或小房子上面，以便防雨。在黑毛毡上，他们也同样地饰以多种颜色的图案。他们把所有的寝具和贵重物品都收藏在这些箱子里，把它们捆绑在高车上，用骆驼拉车，以便能够渡过河流而不致弄湿。这些箱子从来不从车上搬下来。当他们把帐幕安置在地上时，他们总是把门朝向南方，然后将装着箱子的车子排列在两边，距离帐幕半掷石之远，因此帐幕坐落在两排车子之间，仿佛是坐在两道墙之间一样"；"一个富有的蒙古人或鞑靼人有

马夫俑 　　　　　　　　　　陶马车

---

① 《马可波罗行记》第147—148页。

一二百辆这样的放置箱子的车子"。① 这种箱车显然是可以加锁的，但多数时间没有这种必要。在草原上运送粮食、食品的车辆，大多无篷，类似中原地区的平板车或者架子马车。

　　草原行车，速度很慢。一只牛和骆驼拉的车，一名妇女可以赶二三十辆。赶车人将这些车子一辆接一辆拴在一起，然后坐在第一辆车上驾驭，后面拴定的牛、驼会顺从地拉着车跟进。碰到难行地段和过河时，则需将车子解开，一辆辆拉过去。用数十头牛牵引的大车，驾车的也仅为一主一仆二人，"叱咤之声，牛骡听命惟谨"。② 在车的前方，都有一根横木，称为"辕条"，"按之，则轻重前后适均"。③

　　前往东北的奴儿干等地，在冬季需乘坐狗拉的雪橇或站车。"高丽以北名别十八，华言连五城也。罪人之流奴儿干者必经此。其地极寒，海亦冰，自八月即合，至明年四五月方解，人行其上，如履平地。征东行省每岁委官至奴儿干给散囚粮，须用站车，每车以四狗挽之，狗悉谙人性"。④ 辽阳行省为此曾设立15处狗站，原有站户300户，用狗3000只，"后除绝亡倒死外，实在站户二百八十九，狗二百一十八只"。⑤ 在冰上行驶的站车，由四只狗或六只狗拖曳。根据马可·波罗的记载，这种站车底部是平的，前面翘起为半圆弧，构造适合在冰上奔跑，"大犬六头驾之，不用人驭，径至下站，安行冰泥之上。"每辆车只能搭乘一至二人。⑥

　　农耕地区的马、牛、车等是陆路交通和运输的主要工具。由于山区道路狭窄，马

乘船图

----

① 《出使蒙古记》第112—113页。
② 周密《癸申杂识》续集上，吴企明点校，中华书局1988年版。
③ 杨允孚《滦京杂咏》上。
④ 陶宗仪《辍耕录》卷八，《狗站》。
⑤ 《经世大典·站赤》，《永乐大典》卷一九四二二。
⑥ 《马可波罗行记》第502页。

匹、车辆不宜通行，有时需使用轿子。轿子分为坐轿、卧轿两种。卧轿是专为年老、体弱的人准备的，一般人只能乘坐轿。

水路交通线，分为内陆河道和海运航道。水路交通线主要用来运输粮食和其他物资，亦有不少人利用水路交通线旅行，尤其是江南地区。

元代最重要的内陆河道是沟通南北的运河。南宋灭亡后，江南物资的北运，主要是利用隋代开凿的运河。当时运河的走向是由杭州至镇江，过长江北上入淮水，西逆黄河至中滦（今河南省封丘县），然后陆运货物等至淇门（今河南省淇县东南），通过御河（今卫河）、白河水道达通州（今北京通县），再陆运至大都。这条路线，水陆并用，曲折绕道，极其不便。为解决内河运输问题，元廷展开了大规模的运河工程。元代开

元画《芦沟运筏图》（局部）

凿的大运河，南起杭州，北至大都，沟通海河、黄河、淮河、长江、钱塘江五大水系，采用南北取直的弦线，全长3000余里，总程比隋代的运河缩短了900公里。大运河开通之后，"江淮、湖广、四川、海外诸蕃土贡、粮运、商旅、懋迁，毕达京师"，[①]为南北交通提供了便利条件。

在江南地区，船是主要交通工具，并有专门的客船往来行驶。"江淮上下及淮浙等处小河，往来客船相望不绝"，但是官府经常强行征用民船，给民间客运和货运船只带来了沉重打击。至元二十年（1283年）御史台的两份公文都指出了问题的严重性："诸处官司指以雇船装载官粮、官物为名，故纵公吏、祇候、弓手人等强行拘刷捉拿往来船只，雇一扰百，无所不为，所以客船特少，以致物价腾贵，盗贼公行"；"近岁天旱，中原田禾薄收，物斛价高，百姓艰食，诸处商贾搬贩南米者极多。体知得随处官司遇有递运，将贩卖物斛车船一齐拘撮拖拽，以致水陆道路涩滞难行，南北米货不通，民间至甚不便。"针对这种现象，朝廷特别发出了不许阻挡籴贩客船的禁令，规定"江淮等处米粟任从客旅兴贩，官司毋得阻当，搬运物斛车船并免递运，不以是何人等毋得拘撮拖拽，仍于关津渡口出榜晓谕。如遇籴贩物斛船车经过，不得非理遮当搜检，妄生刁蹬，取要钱物，违者痛行治罪"。至元二十九年，又明令官船损坏由所在官府修理，

[①]《元朝名臣事略》卷二《丞相淮安忠武王事略》，姚景安点校，中华书局1996年版。

元代何澄《归庄图》中的河船（浅图）

不得借机征用民船。① 在政府的保护下，民间客货运得以维持下来。客运船只不仅白天活动，夜间亦经常往来于江河之间，"凡篙师于城埠市镇人烟凑集去处，招聚客旅，装载夜行者，谓之夜航船。太平之时，在处有之"。②

为方便来往旅客，在河流的渡口都有摆渡船，尤其是在黄河、长江的渡口，官、民等都要搭乘渡船。重要的渡口，往往由官府打造船只，"召募惯熟知水势梢工撑驾，遇有押运官物公差使臣及往来官宦，即与摆渡。其余百姓、客旅、车骑、行货、孳畜，依验旧例，定立船资"。收取的船资，一半用来维修渡船，另一半用来赡养梢工。船资各地规定不同，如长江西津渡，原来的船资是中统钞50文，仁宗时做了新规定，"过往百姓、客旅，依验每人、车骑、孳畜各定立船资中统钞三钱，老幼贫穷者毋得取要"。黄河渡口的摆渡船钱以至元钞计算，每人收至元钞一分，"凡随挑搭负载之物及老幼贫穷之人，并不算数"；过渡车辆、马匹等也要收船钱，"重大车一辆钞二钱，空大车一辆钞一钱；重小车一辆钞五分，空小车一辆钞二分；驮子一头钞二分，空头匹一头钞一分，羊猪每五口钞二分"。在船资之外，按规定不许再多要钱和索取物品，但有的梢工"往往刁蹬过往客旅，取要船钱，

元代张渥《雪夜访戴图》中的河船

① 《元典章》卷五九《工部二·船只》。
② 陶宗仪《辍耕录》卷一一《夜航船》。

停滞人难；亦有乘驾船只直至中流，倚恃险恶，勒要钱物，延误不行，以致或因潮来，或因风起，害伤人命"。朝廷为此特别要求各地官府"先将本管境内河道建桥处依例趁时官为搭盖，令车程客旅通行，不得取要钱物。其大河深流巨浸必须用船去处，斟酌宜用坚壮大船，召募惯习熟知水势篙工撑驾，从朝抵暮，守渡其船"，并将船钱分例等"沿河上下镇店摆渡处所两岸张挂，晓谕通知"，严禁艄工等额外取要钱物。河道上的闸门，亦应由管闸人按规定时间放行过往船只，但有的使臣、富商、权要人物不按规定等待开闸，逼迫管闸人随时开启闸门，甚至拷打闸人；还有人擅自在河道内筑坝，破坏闸门。这些做法，都曾被朝廷明令禁止，但收效颇微。①

在开辟内陆河道的同时，元朝政府亦注意到了海运航道的开辟。元代先后开辟了三条南北海运航道。② 海运的快速发展，为乘海船旅行提供了便利条件。各种海船，无论是运粮、运货的货船，还是载人的船只，都要由港口官员验查"券信"后方能入港停泊。③

各种交通工具大多集中在元朝政府手中，供驿站和漕运使用。"凡站，陆则以马以牛，或以驴，或以车"。④ 按照官方的统计，中书省及河南、辽阳、江浙、江西、湖广、陕西、四川、甘肃行省的驿站共计使用站马44301匹，牛8889头，驴6007头，站车4037辆，轿子378乘，船5921只。⑤

由官方控制的交通工具，只供官员、使臣及朝廷特召人员等使用。使用马匹时，可以有两种情况，一种是"长行马"，即从出发地到目的地使用固定的马匹，由各驿站提供草料；另一种是"铺马"，出行者需在各驿站换乘马匹。由于驿站铺马使用频繁，马匹倒毙现象经常发生，朝廷不得不限制来往人员使用铺马的数额。原来规定一品官出行可用铺马八匹，正二品官六匹，从二品官五匹，三品官四匹，四品官三匹，五品官以下三匹或二匹。世祖至元三十年（1293年）调整为一品官用站马五匹，正、从二品官四匹，三、四品官三匹，五品以下

元代《芦沟运筏图》中戴钹笠、穿交领右衽袍的骑驴官吏

---

① 《元典章》卷五九《工部二·船只》。
② 详见高荣盛《元代海运试析》，《元史及北方民族史研究集刊》第7期。
③ 《元史》卷一九五《忠义传三·樊执敬传》。
④ 《元史》卷一〇一《兵志四·站赤》。
⑤ 《经世大典·站赤》，《永乐大典》卷一九四二二、一九四二三。

过桥图

官员二匹。成宗大德元年（1297年）又略作改动，规定官员"三品以上正从不过五人，马不过五匹；四品、五品正从不过四人，马不过四匹；六品至九品正从不过三人，马不过三匹；令译史、通事、宣使等正从不过二人，马不过二匹"。武宗时，又恢复了至元三十年的旧例。朝廷还对使臣及随行人员的数目作了限制，规定三品以上官员的随行人员不许超过五人，四品、五品官的随从不许超过四人，六品至九品官的随从不得超过三人。① 按照政府的规定，各驿站"车马船只，明附文簿，轮番走递，不致偏负"。各马站应置"总差文簿一扇，附写马数，凡遇起马，照依元附文簿，自上而下挨次点差。仍每匹出给堪合印贴一张，并置堪合簿一扇，于贴簿上该写某人马匹起送是何使臣，分付管马牌头，令各牌依上置历，附写过责，付养马人夫收管、递送。其站官日逐书押，须要周而复始，轮流走递，不得越次偏重，重并差遣"。②

使用铺马时，并不提供专门用于搬运行李的驮马，出行官员、使臣等往往用铺马"稍带"行李，"多于兀剌赤马上稍带毡袋、行李、皮箧子、沉重物货，更有不尽，令兀剌赤沿身负带，致将马匹压损，因而倒死"。对于此种做法，朝廷一是限制使用铺马人员的行李重量，规定"出使人员除随身衣服、铺盖、雨衣外，别不得稍带其余物件"，③并限定了"稍带"行李的重量，"一百斤余上不交驮"。④ 二是确定出使人员的脚力标准，规定为赴任、回任官员"装载行李、老小"提供站车，行省平章可用站车2辆，总管府

---

① 《经世大典·站赤》，《永乐大典》卷一九四一九、一九四二〇。
② 《元典章》卷三六《兵部三·给驿》。
③ 《元典章》卷三六《兵部三·使臣·禁约使臣稍带沉重》。
④ 《元典章》卷三六《兵部三·铺马·分拣铺马驼驮》。

行旅图

以上官员用站车1辆,并按规定使用站船。①成宗大德元年(1297年),特别规定了来往使臣、官员使用站船的数量:"一品、二品给三舟,三品至五品给二舟,六品至九品、令译史、通事、宣使等给一舟;身故官妻子验元受品职与先拟回任官一体应付。"②

民间的旅行,同样要使用马、牛、驴、车、船等,出行的人要"雇觅"交通工具后方能上路。雇用和搭乘船只,要履行签订雇约和登录文簿的手续,如至元三十一年江西行省发布的榜文即明确要求:"今后凡雇乘船之人,须要经由管船饭头人等三面说合,明白写立雇船文约,船户端的籍贯姓名,不得书写无籍贯并长河船户等不明字样。及保结,如揽载已后,倘有疏失,元保饭头人等与贼人一体断罪。仍将保载讫船户并客旅姓名、前往何处勾当,置立文簿,明白开写,上、下半月于所属官司呈押,以凭稽考。"③雇用船只,称为"买舟","旅途遇有便水,谁各买舟,但须访问水路何如,若无滩险,可就店主、牙家处扑雇,才有成就,即令写雇契,交领上期钱会,然亦未要多支,盖恐桥津阻滞,或未发舟则依旧出陆,无不可者。如舟梗撑发,勿令梢子夹带私货及额外搭载人数"。搭乘便船亦有一定的规矩,"遇便舟将发,则搭附行李及主仆几人,雇钱每名若干,即依数先支一半,余待泊舟凑足,支费大省,尤为快便。然坐处隘狭,难以宽展,若欲自赁小仓亦可"。④

---

① 《元典章》卷三六《兵部三·船轿》。
② 《经世大典·站赤》,《永乐大典》卷一九四一九。
③ 《元典章》卷五九《工部二·船只》。
④ 《新编群书类要事林广记》庚集卷二《旅行杂记》。

【 第二节　旅途风俗 】

外出旅行，无论公事与私事，都有一定的风俗，包括选择吉日、准备行李盘缠、辞行、旅途住宿、接风等内容。

凡外出旅行者，都要选择吉日启程，并对路程有所了解。"出陆须择吉日，凡欲抵外处，去路宁无迂直，若径趋其直以省其劳也，须先问直路一带平坦有店及无寇劫之患方可。"① 按照传统的说法，出行需避开初四、初七、十六、十九、二十八"五不祥日"，吉日则有初一、初九、十七、二十五等，并有"建宜行，成宜离，寅宜往，卯宜归"的"四顺"择日标准。② 选择出行吉日，一般要找人卜卦。如一位高丽商人在准备

铜鎏金八思巴字牌符　　　　　金八思巴字牌符

---

① 《新编群书类要事林广记》庚集卷二《旅行杂记》。本节所引史料未注明出处者，均本于此。
② 《居家必用事类全集》丙集。

行别献酒图

回国时，即通过卜卦确定启程时间，在《老乞大》①中记录了卜卦的过程："俺拣个好日头回去，我一就待算一卦去。这里有五虎先生，最算的好有，咱每那里算去来。""我待近日回程，几日好？且住，我与你选个好日头。甲乙丙丁戊己庚辛壬癸是天干，子丑寅卯辰巳午未申酉戌亥是地支，建除满平，定执破危，成收开闭，你则这二十五日起去，寅时往东迎喜神去，大吉利。二两半卦钱留下者，各自散了。"从上述记载来看，卜卦者显然并未违背通行的择日标准。

亦有人为了躲避所谓"血光之灾"而远行。在元人杂剧中，即有"是打卦的先生，算孩儿命里有一百日血光之灾，除千里之外可躲"的记载。②躲灾远行的人，也要选择"好日子"成行。在杂剧中，就有这样的描述："我在这长街市上，算了一卦，道我有一百日灾难，千里之外可躲。我今一来躲灾，二来往南昌做些买卖"；"叔父，你孩儿去南昌做买卖，就躲灾难，今日是好日辰，特来拜辞叔父"。③

准备行李盘缠，选定所使用的交通工具以及同行者、从人，是出行前必须做的事情。"行者裹囊须计往返，预先准办。""束装以齐整牢固为佳，雇夫以少壮熟事为尚。若官员行李，须示占牌，及到站则挂之厅外，自然可以御侮。如刀剑之类又当随身，

---

① 《老乞大》，《元代汉语本〈老乞大〉》影印本，第77—78页。
② 《玎玎珰珰盆儿鬼》，《元曲选》第1389页。
③ 孟汉卿《张孔目智勘魔合罗》，《元曲选》第1368页。

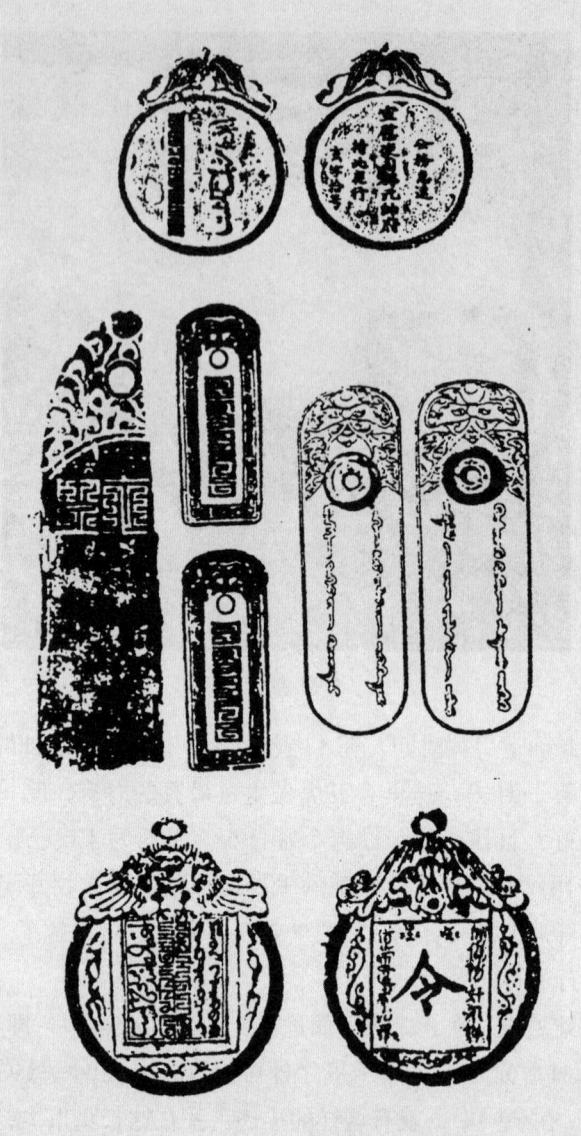

元代驿传牌符

庶可以待暴。其他如油、烛、盐、醋料物，亦须带些，以待不时之需可也。"由于驿站与客馆一般不提供铺盖，所以出行者除了带够供旅途花费的银两钱钞外，还须自备衣被等日常生活用品。

有行李就有雇夫的问题。雇夫既需要强壮之人，又需履行雇契等手续。"雇夫既择少壮，又责保识，仍取雇契，明书行路几程，送至何所并雇钱会若干，预借若干，余钱候至日支足，如此方可分付行李。如中途或苦疲病，要人代力，亦需托路傍店主寻雇，庶得来历，或用分头钱与店主解折，切不可吝，但得前去，免疎虞尔。"

旅行者在外出前还要准备相应的出行证明。公出并使用驿站者，要有官府的证明

重阳殿元代壁画《送行》(会纥石烈)

或诸王的令旨。官府证明分为铺马圣旨(又称铺马札子、御宝圣旨)、金字圆符(铁制,又称圆牌)、银字圆符三种。"朝廷军情大事奉旨遣使者,佩以金字圆符给驿,其余小事止用御宝圣旨。诸王、公主、驸马亦为军情急务遣使者,佩以银字圆符给驿,其余止用御宝圣旨。"[1]蒙古诸王的钧旨,也可以起发站马。站赤验符、旨给驿和供应首思,持圆符者有优先的权利。[2]民间商旅等出行,则要持有官府的许可证明,在要道路口和渡口等处查验后方许通行。"诸斡脱、商贾凡行路之人,先于见住处司县官司具状召保给公凭,方许他处勾当。若公引限满,其公事未毕,依所在倒给";"经过关津渡口,验此放行,经司县呈押。无公引者并不得安下。遇宿止,店户亦验引,明附店历"。[3]"若经由州、县兑换官会,则当于未入境前批发关照至局,方免差跌。不然,可自遣人赍状赴监官处兑换,庶亦可以薄助。"

出行者的辞行,因人而异,但晚辈向家长辞行是较普遍的风俗。在元人杂剧中,就有"则今日好日辰,辞别了父亲、母亲,便索长行也"的说词。[4]文人中盛行送友出行的风俗,不但设宴为出行者饯行,互赠诗句,有时还要送出一程,以表朋友情谊。如萨都剌即在送友出行时,留下了这样的诗句:"平原痛饮如有神,醉吐不惜车中茵。明朝送子上船去,回首江南江北人。"[5]"公子青骢马,追随十里遥。风头云叶冻,酒面

---

[1] 《元史》卷一〇三《刑法志二·职制下》。
[2] 《经世大典·站赤》,《永乐大典》卷一九四一七。
[3] 《元典章》卷五一《刑部十三·防盗》。
[4] 武汉臣《包待制智赚生金阁》,《元曲选》第1716页。
[5] 《送马伯庸子之京》,《雁门集》卷七。

元代绘画中出行者的就食情景

雪花消。惜别迟回首,何因见舞腰。君归金帐暖,无限可怜宵。"①

出行者登程时还有一定的仪式,如告祖、祭神等。尤其是选择水路的人,发船前必须祭祀河伯等神,"登舟宜祭河伯,或止以纸钱投之水中,亦可保无惊恐"。元人杂剧中,就有开船前艄公的表白:"只等那船头上烧了利市纸马,分些神福,吃得醉饱了,便撑动篙来,开起船来。"②也就是说,简单的祭祀仪式是向水中撒纸钱,较正式的仪式是奉有祭品并有烧纸马等告祭活动,然后分食祭品,才能开船。

外出旅行,食宿至关重要。公出之人可以在驿站解决食宿问题,民间行旅则需依靠客店。

驿站是元代官办的交通设施,按照官方的统计,在中书省直辖的腹里地区和河南、辽阳、江浙、江西、湖广、陕西、四川、云南、甘肃行省共设立了1400处驿站,③通往岭北行省的三条主要站道共设置驿站119处,④宣政院管辖的吐蕃地区设置了27处驿站。⑤

---

① 《四美亭饯别时雪大作戏赠赵公子》,《雁门集》卷七。
② 《冯玉兰夜月泣江舟》,《元曲选》第1740页。
③ 《经世大典·站赤》,《永乐大典》卷一九四二二、一九四二三。
④ 《经世大典·站赤》,《永乐大典》卷一九四二一。
⑤ 《汉藏史集》第166—170页。陈庆英译,西藏人民出版社1986年版。

驿站为官方来往人员提供交通工具、休息场所和饮食服务，"于是四方往来之使，止则有馆舍，顿则有供帐，饥渴则有饮食，而梯航毕达，海宇会同"。[①]

交通有陆路和水路之分，驿站也因此分为陆站和水站两大类。陆站亦称为旱站，主要提供马、牛、驴、车、轿等交通工具，所以又分为马站、牛站、驴站、车站、轿站等。在辽阳行省北部设有狗站，以狗作为站赤的交通工具；还有的地方用骆驼作为站赤的交通工具，因而又有了帖麦赤（牧骆驼者）驿的设置。水站提供的交通工具是船。无论是陆站还是水站，都有专门的"站舍"，或者称为"馆舍"，为来往人员提供住处，并设有"厩舍"或船坞。有的地方，尤其是江南地区，水站和陆站的馆舍是建在一起的。如镇江的丹阳驿，"馆舍共一百九楹，使客之驰驿而至者，则西馆处焉；其乘舳而至者，则东馆处焉。马厩在西馆之西，凡四十五楹"；丹阳县的云阳驿，"水马使客咸莅焉，屋凡二十七楹；厩舍在云阳桥漕渠之西，屋凡四十一楹"；同县的吕城驿，"为屋大小二十九楹，水马馆亦并置。厩舍在馆之南，屋四十一楹"。[②]

驿站为官方来往人员提供的饮食、灯油、柴炭等，蒙古语称为"首思"，汉语意译为"祗应"。祗应"分例"的确定，是逐步制度化的。窝阔台时规定，"使臣人等每人支肉一斤，面一斤、米一升，酒一瓶"。世祖中统四年（1263年）又做出了更具体的规定："乘驿使臣换马处，正使臣支粥食、解渴酒，从人支粥。宿顿处，正使臣白米一升、面

《史集》中的皇家出行图

[①] 《元史》卷一〇一《兵部四·站赤》。
[②] 《至顺镇江志》卷一三《公廨·驿传》。

蒙古旅人图

一斤、酒一斤、油盐杂支钞一十文";"随从阔端赤不支酒肉、油盐杂支钞,白米一升、面一斤"。冬季时驿站还要为使臣每日支炭五斤,"自十月初一日为始,至正月二十日住支"。[①] 至元二十一年(1284年),因使臣每日支油盐菜钞十文"市易不敷",中书省决定"正使臣每员油盐菜等日支增钞二分,通作三分",并对"首思"的定例做了更明确的说明:"每月乳酪于分例酒肉内准折,应付正使宿顿,支米一斤、面一斤、羊肉一斤、酒一升、柴一束、油盐杂支钞三分,经过减半。从者每人支米一升,经过减半。"[②] 各官府派出的公干人员,司吏、曳剌等每日支米一升、面一斤、杂支钞一分、柴一束,从人支米一升、杂支钞一分、柴一束;巡盐官吏,每日支米一升,马粟三升,刍一束,"虽多不过十人。草青之时,不支刍粟"。原来蒙古军官在"祗应"方面享受优待条件,"蒙古万户、千户、百户远近出征,经过及聚会去处,合用饮食,令有官署州县照依定例应付"。最初的定例是万户日支酒三十升、羊肉三十斤、面三十斤、米三斗;千户日支酒二十升,羊肉、米、面等按万户祗应分例的一半供给;百户日支酒十升,肉、面、米比千户少一半。至元十六年(1279年)作出新的规定,万户日支酒三瓶,千户二瓶,百户一瓶。次年,又因军官已有俸禄,取消了军官在驿站停留时的肉、米、面供应,酒则仍按规定供给。[③]

各地驿站原来使用的量具不同,"斤重多寡不一",朝廷乃特别做出规定,1石米

---

① 《经世大典·站赤》,《永乐大典》卷一九四一六。《元典章》卷一六《户部二·分例》。
② 《经世大典·站赤》,《永乐大典》卷一九四一八。
③ 《经世大典·站赤》,《永乐大典》卷一九四一七。《元典章》卷一六《户部二·分例》。

要酿制干好酒90升,并按照尚酿局的造酒升勺特制出"铁钉木升",发给各地,作为标准升,要求各地制造并使用同样的量具;小麦1石,应出白面70斤,各地驿站"不得应副宣使人等不堪食用面货,亦不得克减斤重"。驿站供肉,问题颇多。北方驿站有的能够供应羊肉,有的只能提供猪、牛、马肉,但是某些来往人员坚持要羊肉,供给羊肉又嫌肉瘦;"回回使臣到城,多称不食死肉,须要活羊"。江南地区羊少,"每一口羊用七八十两钞",而且主要是山羊,驿站或者供应山羊肉,或者供给猪肉、鱼、雁、鹅、鸭、鸡等,一些从北方来的使臣则不但要吃羊肉,还"不要山羊,只要北羊"。对这些做法,朝廷称之为"刁蹬公事",规定不得因食肉问题骚扰站赤,禁止强行索要活羊、北羊,各地可根据物产提供猪肉和鱼,不许供给鹅、雁、鸭等飞禽。[①]

驿站供应首思,是有时间限制的。世祖时规定驿站只为使臣提供两日的祗应,成宗时确定用驿分大事、小事,"大事八日,小事三日,许支铺马、祗应";事关军情要务和各投下的,供应首思的时间以半个月为限;禁止拖延时间,长期住在站内支取分例。[②]

元朝政府亦要求各城市县镇都有客栈馆舍,为商旅提供住宿和饮食。按照政府的规定,乡村和渡口也要设置村店、店舍等,并要专门差人充当弓手,保证过往商旅的人身和财物安全。"州县城子相离窎远去处,其间五七十里所有村店及二十户以上者,设巡防弓手,合用器仗,必须备足,令本县长官提控。若不及二十户者,依数差补。若无村店去处,或五七十里创立聚落店舍,亦须要及二十户数;其巡军另设,不在户

驼队图

---

① 《元典章》卷一六《户部二·分例》。
② 《经世大典·站赤》,《永乐大典》卷一九四一八。

河船图

数之内。关津渡口必当设置店舍、弓手去处，不在五七十里之限。若沿边州县及相去地里窎远去处，从行省就便定夺。"①

为民间服务的客店，既有"官店"，也有私人开的客店。不少客店是与"酒务儿"（酒馆）合而为一的，如在杂剧《盆儿鬼》中，就有一个店小二的自述："别家做酒全是米，我家做酒只靠水，吃的肚里胀膨脿，虽然不醉也不馁。在下店小二的便是，在这上蔡县北关外十里店，开着个小酒务儿，但是南来北往推车打担做买做卖的，都到俺小铺来买酒吃，晚间就在此安歇。"②客店除提供住处外，一般都能提供饮食，但亦有客店只提供灶火及锅、碗等，由住店者自己做饭。③

住店颇有讲究，一是要仔细观察客店的条件，"凡问店须先看店之左右又复有店，或与人家密迩，店内齐楚，水清米白，薪菜酒食色色有之，兼以店主和颜招接，方可驻留。及入店，先令仆从点视房内不得有窗，更看床下空净无物，壁堵牢固，或遇楼阁，亦看板地完密，方可安顿行李"。二是妥善安排食用器具，"旅店多系贫民看守，店内器具饮食之物所当几何，宿者纷然则应用不周矣。凡到店，合用柴米盐菜酒食之类，须先指挥，庶得依数供过。若同店客多，又须令仆先占锅灶器用等物"。三是预先谈好店钱，如一位高丽商人在询问了食宿价钱（房钱、火钱）后，即与店主算清了费用："主人家，俺明日五更头早行，咱每算了房、火钱着。俺这一宿人马盘缠通该多少？您称了三斤面，每斤七钱半，计二两二钱半。切了一斤猪肉，该一两半。四个人，每

---

① 《元典章》卷五一《刑部十三·防盗》。
② 《元曲选》第 1390 页。
③ 《老乞大》，《元代汉语本〈老乞大〉》影印本，第 10—12 页。

164

人打火、房钱一两，该四两。黑豆六斗，每斗二两半，该一十五两。草十一束，每束一两，通。通该三十三两七钱半。俺草料、面都是你家里买来的，你减了些个如何？伱教去了那三两七钱半另的者，只将三十两来。"①经常出门的人，熟悉道路与客店情况，一般前往熟悉的客店投宿。有些客店有比较固定的客源，如大都顺城门官店，"但是直东去的客人每，别处不下，都在那里安下"。②

既然有村店等设置，官方即要求商旅等投店住宿，如至元元年（1263年）八月颁发的圣旨规定："往来客旅、斡脱、商贾及赍擎财物之人，必须于村店设立巡防弓手去处止宿。其间若有失盗，勒令本处巡防弓手立限根捉，如不获者，依上断罪。若客旅、斡脱、商贾人等却于村店无巡防弓手去处止宿，如值失盗，并不在追捕之限。"③如果行旅错过了旅店，投宿于村落人家，一般会遭到拒绝，理由是"官司排门粉壁，不得安下面生歹人，恁知他你是那里来的客人，自来又不曾相识，怎知是好人歹人，便怎么敢容留安下？"即使行者出示印信文引，亦在反复盘问后才有可能留住。④

旅途结束，一般会安排亲戚、朋友的"接风"酒席。如回到家中，同样会有祭神、告祖等仪式。

外出旅行，人身和财产安全十分重要，难免有一些禁忌和注意事项，并有一套禳灾的办法。

陆路旅行需注意"大路平坦，稍有人家去处，尚可早行。候五更关鸡叫唱方起炊爨，不然失之太早。若荒僻危险及前有津渡，须候黎明方可出店。及晚宿尤宜相度，才见日已衔山，即用问馆，毋欲奔程以至昏黑，则苟简疏虞之患多矣"。夜间行路更需小心，为了吓鬼禳灾，"凡夜行，左手或右手以中指书手心作我是鬼三字握固，自然无恐惧。一云凡人宜戴辰沙小块于顶上，诸神见不敢近，盖辰沙夜有光也"。"远行所在有邪魔，但至宿所在望空划九龙符，则压诸邪"。⑤

水路旅行相对危险性较大，禁忌更多。"如随行有大珠及块砂，并宜撤去，恐致风波不虞之患。凡遇恶风大作，不可解揽。遇涉险处，切忌戏谑及一切秽语。"为保平安，可以画符带在身上。"凡渡江河，以朱书字佩之免风涛保安吉。一法旋取笔写土字，或以手画之亦可。"⑥

---

① 《老乞大》，《元代汉语本〈老乞大〉》影印本，第13页。
② 《老乞大》，《元代汉语本〈老乞大〉》影印本，第6—7页。
③ 《元典章》卷五一《刑部十三·防盗》。
④ 《老乞大》，《元代汉语本〈老乞大〉》影印本，第26—27页。
⑤ 《新编群书类要事林广记》己集卷一〇。
⑥ 《新编群书类要事林广记》己集卷一〇。

第三节　军事行旅习俗

蒙古人长于"骑战",并有一套完整的军事行旅习俗。

蒙古军队的大规模出征,大多选择在秋季和冬季进行,因为春季和夏季是牧业生产的大忙季节,蒙古人又不适应草原以外区域的暑热气候;入秋之后,马力壮健,气候凉爽,冬季更是牧业生产的闲暇时期,正是骑兵外出作战的大好时机。所以蒙古建国初年,蒙古军一直实行春去秋来、盛暑不战的出征方式。当然,在需要的时候也在夏季作战,有人即明确指出成吉思汗"亲督大军平定西域数年,未闻当暑不战"。[①] 实际上夏季蒙古军如不撤回草原,也往往在战场附近选择凉爽地点屯驻,避过暑热后再战。这比每年返回草原,来年重新出动,显然是一种改进。进入元朝后,已有相当一部分军队屯驻在中原,当暑不战的习俗有了根本的改变。

蒙古军队出征之前,除了聚会各级将领商议进攻方向外,还要占卜吉凶。"凡占卜吉凶、进退杀伐,每用羊骨扇以铁椎火椎之,看其兆坼以决大事。"[②] "其占筮则灼羊之枚子骨,验其文理之逆顺而辨其吉凶,天弃天予,一决于此,信之甚笃,谓之烧琵琶。事无纤粟,不占,占必再四不已。"[③]

蒙古骑兵作战图

---

① 《元史》卷一一九《木华黎传》。
② 《蒙鞑备录》。
③ 《黑鞑事略》。

占卜由萨满或精通术数的人来做，但决定者亦可用烧琵琶的办法来进行验证。契丹人耶律楚材既在"每将出征"时为成吉思汗"预卜吉凶"，成吉思汗"亦烧羊髀骨以符之"，就是很好的例子。① 占卜并不是徒具形式的宗教仪式，如得凶兆，可能改变进攻方向或改派统军将领。入元以后，这种习俗仍被延续下来，如忽必烈即经常命刘秉忠占卜大事，并赞扬刘秉忠"其阴阳术数之精，占事未来，若合符契，惟朕知之"。② 在忽必烈准备发军渡江攻南宋前，亦有术士田忠良专为其占筮。③ 出征时间决定之后，蒙古各军均听"传令而行"。"如果要突然召集士兵，就传下命令，叫若干千人在当天或当晚的某个时刻到某地集合，他们将丝毫不延误，但也不提前。总之，他们不早到或晚到片刻。"④ 军队集结后，要检查士兵的武器和行装等，并进行分拨调遣。需要注意的是，出征的骑兵都需准备"从马"（又称"副马"，蒙古语称为"可团勒"），以备出征时长期机动和失利时换马脱身。

蒙古军攻城图

大军启程前，要有祭旗等仪式，称为"祃牙"⑤或"祃旗"。蒙古国时期，只有蒙古大汗和重要将领有旗帜。"成吉思之仪卫建大纯白旗为识认，外此并无他旌幢。"所谓"大纯白旗"，就是成吉思汗即位时所建"九游白旗"。⑥ 成吉思汗西征时，封木华黎为太师、国王，主持中原军事行动，"赐大驾所建九游大旗"，并声称"木华黎建此旗以出号令，如朕亲临也"，⑦ 可见蒙古人对旗帜的重视，"今国王止建一白旗，九尾中有黑月，出师则张之。其下必元帅方有一旗"。⑧ "祃旗"的具体仪式不详，但重视吉兆、凶兆应是不争的事实。"己卯（1219年）夏六月，大军征西，祃旗之际，雨雪三尺，上

---

① 宋子贞《中书令耶律公神道碑》，《国朝文类》卷五七。
② 《元史》卷一五七《刘秉忠传》。
③ 《元史》卷二〇二《田忠良传》。
④ 志费尼《世界征服者史》上册，第33页。
⑤ 《元史》卷四《世祖纪一》。
⑥ 《蒙鞑备录》。《元史》卷一《太祖纪》。
⑦ 《元史》卷一一九《木华黎传》。
⑧ 《蒙鞑备录》。

蒙古骑兵押送战俘图

（成吉思汗）恶之，公（耶律楚材——引者）曰：此克敌之象也"，① 就是一个极具代表性的例证。

蒙古大军出行，一般要分为右、左、中三路，主帅居于中路军。三路军在出发前即确定会合地点和时间。行军亦有严格顺序。大队人马之前有前锋探路，"其行军，尝恐冲伏，虽偏师亦必先发精骑，四散而出，登高眺远，深哨一二百里间，掩捕居者、行者，以审左右前后之虚实，如某道可进，某城可攻，某地可战，某处可营，某方有敌兵，某所有粮草，皆责办于哨马回报"。② 统帅在行军队伍中居中，奥鲁（老小营）居后。在大队之后还有"殿兵"，负责收留遗散人马和捉拿逃兵。

出征军队安营扎寨时，"必择高阜，主将驻帐必向东南，前置逻骑"；属下以身份贵显为序列在主将营帐左右和帐后。每个营帐"营留二马，夜不解鞍，以防不测"，营主的名字就是"夜号"（口令）。哨马的营帐扎于大营之外，主持者居中，"环兵四表"，天未黑即燃起营火，称为"火铺"；入夜后迁营于隐蔽处，火铺仍留在初营地点；夜晚派出骑哨，传木刻巡逻于各营。

在前线战死的人，或者派人"驰其尸以归"，或者尽其资财就地掩埋。"若奴婢能自驰其主尸首以归，则止给以畜产；他人致之，则全有其妻奴畜产。"③

大军班师之后，则有论功行赏、分配战利品和饮宴等活动。

---

① 宋子贞《中书令耶律公神道碑》。
② 《黑鞑事略》。
③ 《黑鞑事略》。

【 第四节　两都巡幸风俗 】

自忽必烈确定两都制度后，皇帝每年来往于两都之间，并确立了固定的行程和相应习俗。

连结大都和上都的交通路线有四条。"大抵两都相望，不满千里，往来者有四道焉，曰驿路，曰东路二，曰西路。东路二者，一由黑谷，一由古北口。"① 由大都至上都的驿路，全长800余里，从大都经居庸关西行至怀来，转而北上，翻越枪杆岭、偏岭等，进入草原，直趋上都，设有昌平、榆林、洪赞、雕窝、龙门、赤城、独石口、牛群头、明安、李陵台、桓州等11处驿站。② 驿路是一般官员及商人等来往两都之间的主要通道。黑谷东路，俗称"辇路"，全长750余里，是皇帝往来两都之间的专道，"每岁扈从，皆国族大臣及环卫有执事者，若文臣仕至白首，或终身不能至其地也"。③ 该路出居庸关后继续北上，经过今延庆县，翻山越岭，进入草原，在牛群头与驿路汇合。经古北口赴上都的另一条东路，全程870余里，也是一条"禁路"，专供监察御史和军队使用。西路全长1095里，大致先沿着今京包铁路线至张家口，然后北上赴上都。这条道路，在蒙古国时期是驿道正路，称为"孛老站道"。④ 世祖中统三年（1262年），驿路改线，孛老站道变成"专一搬运段匹、杂造、皮货等物"的运输道路。⑤ 元代皇帝每年巡幸上都大多"东出西还"，即由东道辇路赴上都，经西道返回大都。⑥

在大都、上都之间的交通干线上，设置了一些固定的帐幕和房舍，供皇帝及其随行人员使用，称为"纳钵"（"捺钵"的转译，又译写为"纳拔"、"纳宝"、"剌钵"等）。

---

① 周伯琦《扈从集·前序》。
② 详见《元上都》第32—49页。
③ 周伯琦《扈从集·前序》。
④ 张德辉《纪行》，载《秋涧先生大全文集》卷一〇〇。
⑤ 《经世大典·站赤》，《永乐大典》卷一九四一六。
⑥ 周伯琦《扈从集·后序》。

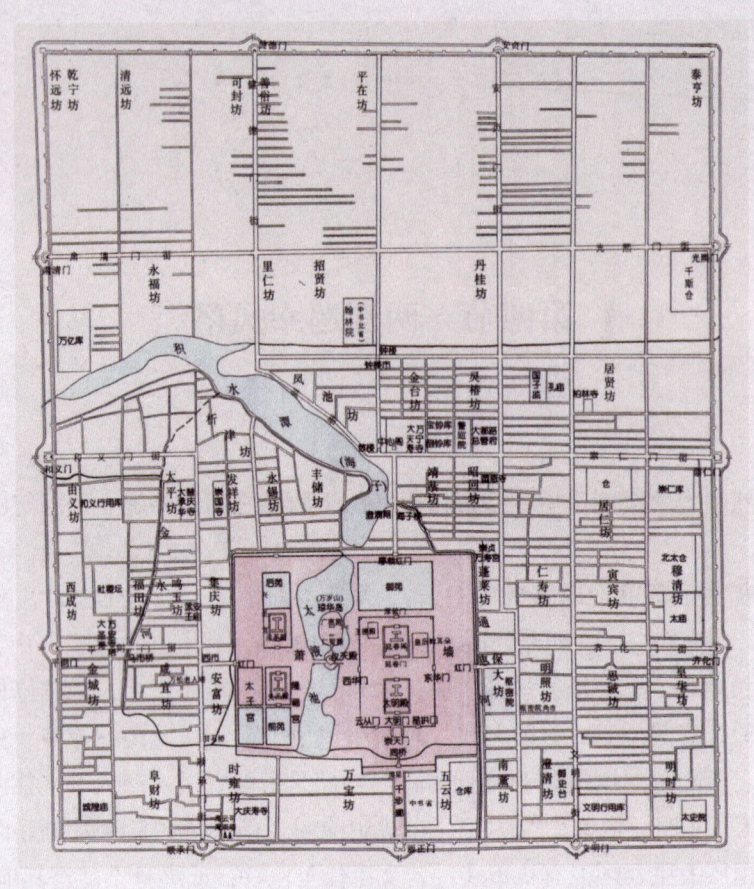

元大都城图

"捺钵"是契丹语的汉文音写,意为"行营"、"行在"或"行帐",指辽朝皇帝出行时居住的帐幕,即所谓"皇帝牙帐"。[1]元人承用此词,专指"车驾行幸宿顿之所"。[2]如大都正北数十里处的太平庄,"乃世祖经行之地,营盘所在";[3]居庸关南、北的龙虎台、棒槌店,"皆有次舍,国言谓之纳钵"。[4]纳钵的位置是固定的,规模小于斡耳朵(宫帐)。在大都与上都之间,共设有33处纳钵。[5]

蒙古大汗出行,原来大多坐在可以迁移的斡耳朵内,自忽必烈即位之后,皇帝出行改为乘"象辇"。

---

[1] 《辽史》卷三二《营卫志》中。
[2] 周伯琦《扈从诗前序》,《扈从集》。
[3] 《元史》卷一〇〇《兵志三·屯田》。
[4] 《析津志辑佚·属县》。
[5] 详见《元上都》第40—49页。

"皇帝马棰开云南，始得一象来中国。"① "丁酉年（1237年）元日进大象，一见，其行似缓，实步阔而疾撞，马乃能追之。高于市屋檐，群象之尤者。"驾辇的象最先来自云南，后来缅国、占城、交趾、真腊以及金齿、大小车里等处陆续贡来驯象。在京城的驯象，都养育于"析津坊海子之阳"，即今北京积水潭和什刹前后海之南，"房甚高敞"，"行幸则蕃官骑引，以导大驾，以驾巨辇"；"庚子年（1360年），象房废"。②

所谓"象辇"，实际上是架在四只大象背上的大木轿子，轿上插有旌旗和伞盖，里面衬着金丝坐垫，外包狮子皮，每象有一名驭者；在狭窄的山路上行走或穿过隘口时，皇帝独乘一象或坐在由两只象牵引的象轿里。③所以，象辇又称作"象轿"或"象舆"，是从至元十七年（1280年）十月开始制造的。④

元大都妙应寺白塔

象辇虽然舒适，但安全性能较差。至元十九年（1282年）吏部尚书刘好礼向中书省进言："象力最巨，上往还两都，乘舆象驾，万一有变，从者虽多，力何能及。"不久就发生了象惊几乎踩伤从者的事件。⑤无独有偶，数年之后，在忽必烈围猎归途上，有"伶人"表演狮子舞迎驾，惊了舆象，"奔逸不可制"，幸得参乘的侍从官驾胜及时投身向前挡住象的去路，后至者断靷纵象，才避免了一场灾祸。⑥虽然如此，元朝皇帝始终未放弃这种工具。泰定二年（1325年）正月，宫廷中依然在"造象辇"，⑦就是明证。

除象辇外，皇帝还备有各种舆辂。辂皆为二轮车，颜色因造辂材料不同而各异。如玉辂为青色，辂马皆用青马，鞍辔鞦勒等皆青色；而金辂则为红色，象辂用黄色，革辂用白色，木辂用黑色，等等。车厢内安置一张靠背龙椅，椅上置"方坐子"和"可贴"（金锦）褥各一，厢底置"方舆地褥"。勾阑内亦放置各种褥被，以备不时之需。车厢上层"左画青龙，右画白虎，前画朱雀，后画玄武"，并置有"云龙门帘"。各辂上

---

① 魏初《观象诗》，《青崖集》卷一。
② 《元史》卷七九《舆服志二·仪仗》，《析津志辑佚·物产》。
③ 《史集》第2卷，第352页。
④ 《元史》卷一一《世祖纪八》，卷三〇《泰定帝纪二》，卷七八《舆服志一·舆辂》。
⑤ 《元史》卷一六七《刘好礼传》。
⑥ 《元史》卷一七九《贺胜传》。
⑦ 《元史》卷二九《泰定帝纪一》。

居庸关云台石刻多闻天像 　　　　　　居庸关云台石刻增长天像

都还装有"朱漆轵柜",摆放金香球、金香合等物。①

皇后、嫔妃和太子、诸王、大臣等人随皇帝出行,大多乘坐"宫车",有时则骑马。宫车的数量极大,所以能给人们留下深刻的印象。驾车的牲畜,有马、牛和牦牛,并有大量的骆驼。"翎赤王侯部落多,香风簇簇锦盘陀。燕姬翠袖颜如玉,自按辔条架骆驼";②"春游到处景堪夸,厌戴名花插野花。笑语懒行随凤辂,内官催上骆驼车"。骆驼除了用来驾车外,还用来驮装金银锦缎和珠宝等,以备皇帝赏赐之用,类似"驼装序入日精门"等诗句,③记载的就是骆驼驮物的景象。

元朝皇帝的两都巡幸,"次舍有恒处,车庐有恒治,春秋有恒时"。④元代民间知识分子对皇帝巡幸上都的时间有一些零星的记载。如叶子奇说:"元世祖定大兴府为大都,开平府为上都。每年四月,迤北草青,则驾幸上都以避暑,颁赐予其宗戚,马亦就水草。八月草将枯,则驾回大都。自后宫里岁以为常,车驾虽每岁往来于两都间,他无巡狩之事。"⑤孔齐也说:"国朝每岁四月驾幸上都避暑,为故事,至重九还大都。"⑥这些记载大多来自道听途说,并非亲身经历,所以与事实有出入。

忽必烈正式开始巡幸上都是在中统四年(1263年),二月十三日由大都启程,八月二十五日返回大都。以后则大多在二月出发,偶尔在三月起行,从来没有推迟到四月。由上都返回大都的时间多在九月,有时提前到八月或推迟至十月。大都新城建成之后,

---

① 《元史》卷七八《舆服志一·舆辂》。
② 杨允孚《滦京杂咏》上。
③ 张昱《辇下曲》。柯九思《宫词十首》,《辽金元宫词》第5页。
④ 《经世大典序录·行幸》,《国朝文类》卷四一。
⑤ 《草木子》卷三下《杂制篇》。
⑥ 《至正直记》卷一,《上都避暑》。

忽必烈往往先在一月底或二月初"畋（打猎）于近郊"，地点在大都西南的柳林，返回大都宫殿后二至七天内启程北上。元成宗铁穆耳基本遵循世祖的巡幸时间。武宗海山时将巡幸时间确定在三月至九月，以后的皇帝，习惯于草原生活的如英宗、泰定帝等都遵循这一时间；习惯于中原汉地生活的仁宗、文宗和顺帝，由于不适应草原的寒冷气候，都尽量缩短在上都的时间，往往四月甚至五月才从大都出发，七月即从上都启程南返，八月回到大都。元末人所记"九月车驾还都，初无定制，或在重九节前，或在节后，或在八月"，① 这一记载是可信的。②

皇帝从大都前往上都走东道，东道上设18处纳钵，每个纳钵只住一夜，需要19天，元文宗至顺元年（1330年）前往上都时即用了19天。如在某处纳钵停留数日，即需要二十四五天。从上都返回大都走西道，西道设24处纳钵，至顺元年文宗返回时用了23天，③至正十二年顺帝返回时用了22天，④可见有一两处纳钵不停留。

皇帝每年巡幸上都，后妃、太子和蒙古诸王都要随行，中央各机构的主要官员也要随同前往，"则宰执大臣下至百司庶府，各以其职分官扈从"，"文武百司，扈从惟谨"。⑤宗教领袖与名士硕儒，国子监的生员，以及皇帝的怯薛和侍卫亲军各卫，都要随从皇帝前往上都。皇帝及其随从人员人数众多，待其返回大都时，"都城添大小衙门官人、娘子以至于随从、诸色人等，数十万众"。⑥为了保证这些人的供给，在皇帝出行前，供纳钵所用的牛羊畜群已陆续出发，诗人为此写下了这样的诗句："翠华慰民望，时暑将北巡。牛羊及骡马，日过千百群。"⑦

来往于两都之间的巡幸队伍，有一定的顺序和仪仗。在巡幸队伍最前面的是皂纛、驼鼓和马鼓。皂纛即黑旗，蒙古语称为"如秃"，"凡行幸，则先驱建纛，夹以马鼓"。皂纛与驼鼓是合一的，使用双峰骆驼，前峰绑树皂纛，后峰树小旗，"毛结缨络，周缀铜铎小镜，上施一面有底铜捆小鼓"，由一人乘驭，"凡行幸，先鸣鼓于驼，以威振远迩，亦以试桥梁伏水而次象焉"。马鼓则是在马背绑缚四足小架，上置皮鼓一面，马首、后胸和当胸"皆缀红缨拂铜铃"，由一人徒步牵引而行；"凡行幸，负鼓于马以先驰，与纛并行"。仪仗队包括金鼓队、清游队、飞队、殳仗前队、诸卫马前队、二十八宿前队、

---

① 《析津志辑佚·风俗》。
② 详见《元上都》第58—60、216—241页。
③ 《元史》卷三五《文宗纪四》。
④ 周伯琦《扈从集》。
⑤ 黄溍《上都御史台殿中司题名记》、《上都翰林国史院题名记》，均见《金华黄先生文集》卷八，《四部丛刊》本。
⑥ 《析津志辑佚·岁纪》。
⑦ 胡助《京华杂兴诗二十首》，《纯白斋类稿》卷二。

第四章 行旅交通

元上都大安阁遗址

左右领军黄麾仗前队、殳仗后队、左右牙门旗队、左右青龙白虎队、二十八宿后队、诸卫马后队、左右领军黄麾仗后队、左右卫仪刀班剑队、供奉宿卫步士队、亲卫步甲队、翊卫护尉队、左右卫甲骑队、左卫青甲队、前卫赤甲队、中卫黄甲队、右卫白甲队等22个步、骑队伍，分执旗、鼓、弩、弓、刀、叉等仪仗。①

在两都巡幸中，已形成一套固定的送迎仪式，大致包括以下内容：

（一）吉日起驾。每年皇帝出行前，都要预先择定吉日为起驾时间。至元代末年，大多在四月中旬，"太史院涓吉日，大驾幸滦京"。②

（二）大口导送。距大都建德门20里的大口，是皇帝出行的第一个纳钵，亦是皇帝往返时的迎送地点，"车驾春秋往还，百官迎送于此"，③所以"大驾时巡，千官导送至此"。④

（三）龙虎台奏行程记。龙虎台距京城百里，距居庸关25里，为出京第三纳钵，由此前行即进入山路，并要通过居庸关，所以要举行一定的仪式。"纳宝盘营象辇来，画帘毡暖九重开；大臣奏罢行程记，万岁声传龙虎台。"⑤"纳宝"即纳钵的异译，行程记就是巡幸的日程。

（四）夜过居庸关。居庸关山道30里，"每岁圣驾行幸上都，并由此塗，率以夜度关，跸止行人，列笼烛夹驰道而趋"。⑥恰如诗人描述的情形："宫车次第起昌平，烛炬千笼列火城；才入居庸三四里，珠帘高揭听啼莺。"

（五）沙岭迎驾。皇帝由东道行300余里山路至沙岭进入草原，"上都守土官远迎至此"，在纳钵处"内廷小宴"。⑦

（六）抵上都。巡幸队伍到达上都后，"千官至御天门俱下马徒行，独至尊骑马直入，前有教坊舞女引导，且歌且舞，舞出天下太平字样，至玉阶而止"。随即皇帝受百官诸王朝贺，举行酒宴。"又是宫车入御天，丽姝歌舞太平年；侍臣称贺天颜喜，寿酒诸王次第传。"

（七）上都南返。从上都返回大都，亦要先选吉日，至时开马奶子宴，始奏起程。"内宴重开马湩浇，严程有旨出丹霄；羽林卫士桓桓集，太仆龙车款款调。"

（八）南坡导送。皇帝从西道返回大都，距上都30余里的南坡店为第一纳钵，上

---

① 《元史》卷七九《舆服志二·仪仗》。
② 《析津志辑佚·岁纪》。
③ 周伯琦《纪行诗·大口》，《扈从集》。
④ 《析津志辑佚·属县》。
⑤ 杨允孚《滦京杂咏》。下引诗未注明出处者，均出于此。
⑥ 《析津志辑佚·属县》。
⑦ 周伯琦《纪行诗》，《扈从集》。

都留守官导送至此，随行大臣奏行程记也在此处。"南坡暖翠接南屏，云散风轻弄午晴；寄语行人停去马，六龙飞上计远程。"

（九）怀来远迎。怀来纳钵设在县城南2里处，皇帝北返至此，"凡官署留京师者，皆盛具牲酒果核于此，候迎大驾，仍张大宴，庆北还也"。[①]

（十）大口迎驾。巡幸队伍返回大都前，依然是夜过居庸关，至龙虎台纳钵，"高眺都城宫苑，若在眉睫"，部分官员至此迎接皇帝、三宫和太子。再行至大口，"独守卫军指挥、留守怯薛、百辟于此拜驾，若翰苑泊僧道乡老，各从本教礼祝献，恭迎大驾入城"。

（十一）入城。皇帝在大口纳钵过夜，第二天清早与太子和正后由厚载门入宫城。其他皇后嫔妃等宫车次第入城，于凤池坊南从西面入西宫。因为车辆、随从过多，后行者至晚方能还宫，"籥人俱以金龙红纱长柄漆龙杖，挑担大红灯笼罩烛而迎入矣"。皇帝还宫后数日，宰相方才择吉日请视朝政。[②]

[①] 周伯琦《扈从集·后序》。
[②] 《析津志辑佚·岁纪》。

第五章

家庭与婚姻

在元朝统治之下，各地区、各民族以及各阶级、阶层人氏家庭、婚姻情况千差万别，但相互间的影响亦很明显。在本章中不仅介绍婚姻、家庭结构和家庭生活等方面的基本情况，还将叙述伦理、道德方面的问题。

第一节　多妻制婚姻形态与家庭

元朝有些民族保持着多妻制婚姻形态，并有收继婚的习俗。

蒙古族实行多妻制。妻子的多少，由家庭的财产状况决定。"每一个男人，能供养多少妻子，就可以娶多少妻子。"蒙古人的妻子数目差距很大，有的人可以有十几个、甚至几十个妻子，有的人只有几个妻子甚至一妻或无妻室。[①]迁到中原、江南等地居住的蒙古人，依然实行多妻制。一般的官员、贵族，妻子的数目在五至十个之间；平民则少一些，一般是二妻或三妻，还有不少实际上是一夫一妻。在法律规定上，蒙古人多娶妻子是不受限制的。[②]

蒙古人通行严格的族外婚，部族内部成员禁止通婚。因为实行多妻制，一个人同时或者先后娶其他部族的姐妹为妻并不禁止，而且是较为流行的做法。[③]

在一些蒙古部族之间，往往保持着比较固定的相互通婚关系，成吉思汗家族的婚姻关系可为典型代表。成吉思汗家族的男性成员选择配偶，尤其是蒙古大汗、皇帝选择后、妃，大多本着"因其国俗，不娶庶姓，非此族也，不居嫡选"的原则。[④]公主和宗室女出嫁，亦早有定制，"非勋臣世族及封国之君，则莫得尚主，是以世联戚畹者，亲视诸王，其藩翰屏垣之寄，盖亦重矣"。[⑤]与"黄金家族"长期保持通婚关系的，有弘吉剌、亦乞列思、汪古等部族。

成吉思汗所在的蒙古乞颜部与弘吉剌部原来就是世代通婚的两个部族。成吉思汗年幼时，其父也速该带着他去相亲，见到弘吉剌部的特薛禅，特薛禅称也速该为"忽答"（亲家），并表示："俺弘吉剌家在前日子里，不与人争国土、百姓，但有颜色的女

---

① 《出使蒙古记》第8、121页。《黑鞑事略》。
② 《通制条格》卷四《户令·嫁娶》。
③ 《出使蒙古记》，第121页。
④ 《元史》卷一〇六《后妃表》。
⑤ 《元史》卷一〇九《诸公主表》。

元墓壁画《夫妻对坐图》

子,便献与您皇帝人家,后妃位子里教坐有来。"成吉思汗遂与特薛禅之女孛儿台定亲。成吉思汗建国后,以孛儿台为正后,"特薛禅与子按陈从太祖征伐有功,赐号国舅,封王爵,以统其部族",并且继续维持两部间的婚姻关系。窝阔台汗又于1237年时特别宣布:"弘吉剌部生女世以为后,生男世尚公主,每岁四时孟月,读所赐旨,世世不绝。"蒙古国乃至元朝的皇后,确实大多出自弘吉剌部;而弘吉剌部的男性领主,几乎无一例外地具有驸马身份。①

成吉思汗先后把妹妹和女儿嫁给亦乞列思部的孛秃。建国之后,孛秃及其后人以驸马都尉的身份主掌亦乞列思部,长期保持与成吉思汗家族的通婚关系。宪宗蒙哥、武宗海山的皇后等,均出自亦乞列思部,该部的男性领主多娶公主为妻,承袭了驸马都尉的身份。②斡亦剌部的领主,也与成吉思汗家族建立了相同的关系。

成吉思汗还曾与汪古部的领主"约世婚,敦交友之好,号按答一忽答"。汪古部的领主建国后亦取得了驸马的地位,并与弘吉剌、亦乞列思等部的领主一样,后来有了"王"的称号。但明显不同的是成吉思汗及其后裔只将女子嫁到汪古部去,而很少以汪古部女子为妻为后。究其原因,汪古部属于色目人,不是蒙古部族,而成吉思汗家族显然只限于以属于蒙古系统的世婚之家的女子为皇后。③与成吉思汗家族建立这种婚姻

---

① 《元史》卷一一八《特薛禅传》。详见白拉都格其《弘吉剌部与特薛禅》,《内蒙古大学学报》1979年第3—4期合刊。
② 《元史》卷一一八《孛秃传》。
③ 详见周清澍《汪古部与成吉思汗家族世代通婚的关系》,《内蒙古大学学报》1979年第3—4期合刊。

关系的还有畏兀儿族的高昌国王后裔和高丽王族等。①

一般蒙古部族之间，也同样维系着比较稳固的通婚关系，元代著名的"五投下"，除弘吉剌、亦乞列思两部外，札剌儿、兀鲁兀、忙兀等部，也都有自己固定的通婚部族。

在与其他民族发生接触之后，不少蒙古人通过婚娶或抢掠等方式得到了来自汉族以及色目各族的妻子。但是，为了保持"蒙古本俗"，大多数蒙古人仍然至少要娶一个本民族人为妻。这种状况，一直延续到了元朝末年。

实行多妻制，在妻室中就有明确的正、次或长、次之分。正妻只有一个，一般是结发妻子。正妻去世后，可以将位置仅次于他的妻子立为正妻。正妻以下的诸妻，按结婚时间先后排序，有时为了好区分，往往加上二、三、四等排号。在诸妻中，尤其是皇帝诸后中，往往指定几个人为长后。蒙古大汗多建四大斡耳朵（宫帐），由大汗确定守各斡耳朵的都是长后，在其下又序列一些皇帝妻室。守第一斡耳朵的即正妻或正后。②在决定家庭事务方面，正妻有高于其他妻子的发言权。蒙古人在列数某人的儿子时，包括他的诸妻所生之子，往往要特别指出其正妻生育的情况，突出正妻诸子的地位，也就是要讲明所谓嫡出、庶出的关系。③

在草原上的蒙古人，"每一个妻子都有她自己的帐幕和家属"。从帐幕的位置和质地的好坏，可以看出该妻的地位。地位最高的正妻的帐幕扎营时排列在最右边（蒙古人以右为上），在最左边扎帐的则是地位最低的妻子。④

从蒙古国到元朝，经过半个多世纪的战争，"老酋宿将死者过半"，但是蒙古草原上的人口，"昔稀今稠，则有增而无减"。除了大量的外族人口被掳入草原外，蒙古族的多妻制为子孙后代的繁衍提供了基本保证。"一夫而数妻，或一妻而数子"；"成吉思汗立法，只要其种类子孙蕃衍，不许有妒忌者"。战死之人，妻子亦能得到安置。"其死于军中者，若奴婢能自驰其主尸首以归，则只给以畜产；他人致之，则全有其妻奴畜产。"⑤统一战争结束之后，东、西方蒙古宗王相继叛乱，再加上旱灾和风雪灾的不断袭击，草原上发生过"人民流散，以子女鬻人为奴婢"的现象，⑥正常的婚姻受到一定程度的影响，但多妻制的习俗依然保留了下来。

蒙古族与其他北方游牧民族一样，有着传统的收继婚风俗。收继婚，又称为"转

---

① 《元史》卷一二二《巴而术阿而忒的斤传》；卷一〇九《诸公主表》。
② 《元史》卷一〇六《后妃表》。
③ 《元朝秘史》、《史集》等书介绍蒙古皇室成员情况时都是如此，汉、藏文史书受其影响，后来亦采用同样方法。元代文人为蒙古人书写碑文时，也多是先嫡后庶，讲明正、次妻之分。
④ 《出使蒙古记》第13、113页。
⑤ 《黑鞑事略》。
⑥ 《元史》卷一三六《拜住传》。

房"或"接续",指寡居的妇女可由其亡夫的亲属收娶为妻。按照收继者与被收继者双方的辈分,收继婚可划分为同辈收继和异辈收继两类。同辈收继即弟收兄嫂或兄娶弟妇,异辈收继则为子收庶母、侄收婶母、孙娶继祖母等。[①]实行收继婚的一个重要原因,是保证家庭和家族财产的稳定性,不致因寡妇再嫁使财产流向其他家庭或家族。

来自西方的传教士指出,蒙古人中的寡妇如果无人收继,即不会重新结婚,而收继则是一种合法行为。收继的对象,除生身母亲和同母姐妹外,庶母、嫂婶甚至同父异母的姐妹都可包括在内。[②]也就是说,平辈收继和异辈收继的形式都存在。进入元朝之后,这种风俗并未改变。虽然有人认为"国俗父死则妻其从母,兄弟死则收其妻"不合纲常;[③]又有人指出"蒙古乃国家本族",应该改变"不行三年之丧,又收继庶母、叔婶、兄嫂"的旧俗,[④]但并未引起统治者的重视,因为这种风俗在蒙古人中根深蒂固,不可能很快改变。

冥婚制亦在蒙古人中流行。"彼等尚有另一风习,设有女未嫁而死,而他人亦有子未娶而死者,两家父母大行婚仪,举行冥婚。婚约立后焚之,谓其子女在彼世获知其已婚配。已而两家父母互称姻戚,与子女在生时婚姻者无别。彼此互赠礼物,写于纸上焚之,谓死者在彼世获有诸物。"[⑤]

蒙古族的家庭,生产和家务劳动主要由妇女承担。"其俗,出师不以贵贱,多带妻孥而行,自云用以管行李、衣服、钱物之类,其妇女专管张立毡帐,收卸鞍马、辎重、车驮等物事。"[⑥]平时在草原上生活也是如此。准备家

《史集》中的蒙古大汗宫廷场景

---

① 详见王晓清《元代收继婚述论》,《内蒙古社会科学》1989年第6期。杨毅《说元代的收继婚》,《元史论丛》第5辑。
② 《出使蒙古记》第8、121—122页。
③ 《元史》卷一八七《乌古孙良桢传》。
④ 《元史》卷四四《顺帝纪七》。
⑤ 《马可波罗行记》第155页。
⑥ 《蒙鞑备录》。

庭所需的食品、管理仆役和看护小孩是妇女的日常事务，制造皮衣等生活用品亦是她们应尽的义务；除此之外，还要照看牲畜，参加牧业生产。男子则主要从事狩猎、骑战，除了制造弓箭等武器外，较少从事其他用品的制造；他们也参加一些牧业生产。由于妇女在生产劳动中占据着比较重要的地位，所以蒙古妇女在家庭中的地位较汉族妇女高，在一般的社会交往中不需要回避，在家庭事务的处理上也有较多的发言权。在实行多妻制的家庭中，诸妻之间一般能够和睦相处，即使有十个或更多的妻子，亦较少发生争吵事件。[1]

蒙古人有"贱老而喜幼"的风俗，但是在赡老哺幼方面有一套较好的做法。蒙古家庭的子女长大后，婚配成家，立帐另过，只有正妻所生幼子，常年留在家中，成婚后不分离出去。蒙古人称幼子为"额毡"（家主、主人）或"斡惕赤斤"（守炉灶者），就是因为"幼子经常在家，而灶火乃是家庭生活的中心"；"蒙古有这样的习俗，幼子称为额毡，根据这个理由，他留在家里，掌管家内的财产经营和家务"。幼子承继父辈的主要财产，和父母生活在一起，自然承担着赡养老人的义务。他的兄长在分帐时亦要分到一份财产，一般情况下年长者较年幼者多得一些。诸子的地位视其母亲的等级地位而定，正妻所出诸子在分财产时占有明显的优势地位。夫死之后抚养幼年子女的寡妇，全权掌管家庭财产，直到儿女长大成人各自婚嫁后为止。[2]

被元朝统治者列为"色目人"的各民族，大多原来就实行多妻制。如唐兀人，"娶妻之数惟意所欲"，主要决定于"资力"。[3]吐蕃地区亦盛行多妻制，而且不禁止各佛教教派僧人娶妻育子。各教派的教主、本禅（教派执事）以及万户长等，多有正妻和次妻，有的人有五妻、六妻。不禁佛教僧人娶妻的风俗，还被吐蕃人带入内地，影响到一些寺院。[4]

元代色目人中的大多数民族亦盛行收继婚制。除回回以外，唐兀、钦察、汪古、乃蛮和畏兀儿都同蒙古族一样，既实行同辈收继，也实行异辈收继。回回人严格禁止异辈收继，允许弟收兄嫂、兄收弟妇的同辈收继。顺帝后至元六年（1340年）七月，颁旨"禁色目人勿妻其叔母"，[5]对色目各族的异辈收继多了一些限制。

南方一些少数民族亦实行多妻制，如所谓的"野蛮"，"男少女多，一夫有十数妻"。[6]

---

[1]《出使蒙古记》第16—19、121页。
[2] 详见符拉基米尔佐夫《蒙古社会制度史》第87—91页，刘荣焌译，中国社会科学出版社1980年版。
[3]《马可波罗行记》第129页。
[4]《汉藏史集》第193—217页。
[5]《元史》卷四〇《顺帝纪三》。
[6] 李京《云南志略》，《说郛》本。

色目人和其他少数民族，各有传统的家庭分工方式和处理夫妻关系的做法，有的和蒙古族相似，有的和汉族相同。但对有些重男轻女的做法，政府是要出面干涉的。如畏兀儿"火州城子里人每的媳妇每，若生女孩儿呵，多有撒在水里淹死了"，至元十三年七月，忽必烈特别给掌管畏兀儿事务的亦都护等下旨，禁止淹死女孩，规定"今已后女孩儿根底水里撒的人每，一半家财没官与军每者。首告的人每若是驱奴呵，作百姓者……违犯圣旨，管民官每有罪过者"。①

---

① 《通制条格》卷四《户令·女多淹死》。

第二节　妻妾制婚姻形态与家庭

元代汉族家庭多为一夫一妻制，以纳妾作为补充婚姻形式，基本承袭了前代的婚姻形态。受蒙古人和色目人的影响，汉族的婚姻形式发生了一些变化。

汉族家庭重视"主妇"的地位，选择配偶是人生大事，自然非常重要。在一般家庭的婚姻问题上，地区、社会乃至家族、宗族、民族等因素起着不可忽视的作用。

绝大多数汉人配偶的选择和婚姻的缔结，是在所居区域内进行的。在同村、邻村乃至邻里家庭中寻求配偶的现象，相当普遍。范围较大的择选可以扩大到毗邻的州、县或城镇。跨远州、县的婚姻乃至跨南、北方的婚姻，为数不多，往往是由偶然因素促成，如北方人到南方任官、经商等，就在该地婚娶；反之亦然。元代的大一统虽然为人们的南来北往提供了便利条件，但各地区的相对封闭仍然存在，地区性婚配的格局并没有被打破。相比起来，城镇的情况比乡村要好一些，在大都市如大都、上都、杭州等城市，经常可以看到来自不同地区的人婚配的现象。

人们的社会地位不同，对于配偶的门第、出身、财力、品行的要求也有所不同。在社会上，既有追逐财富、地位或美色的婚姻风气流行，也有择妻坚持行为端正、知书达礼标准的做法存在，更有专事买卖妇女的"奸人"的活动。但是一般说来，社会地位的高低、家境的好坏和受教育的水平，往往决定了人们婚姻的层次。元朝时期，官员之间或官商、官员与富户大家之间的通婚，以及富豪大户人家之间的通婚，在汉族上层是相当普遍的现象。至元七年（1270年）尚书省的一份奏折就曾指出："随路迁转到任官员，多与部内权豪富强之家交结婚姻，继拜亲戚，通家来往，因此挟势欺压贫弱。"[①]真定史天泽、保定张柔、东平严实、济南张宏、天成刘黑马、藁城董文炳，是当时北方炙手可热的六大汉人家族，不但高官辈出，还有相当大的地方势力。蒙古国时期，为加强世族集团的凝聚力，各家族成员主要以其部属为择婚对象。入元之后，各

[①]《元典章》卷一八《户部四·官民婚》。

元墓壁画中的主人与妻妾并坐场景

家族择婚不再限于一隅，改以朝中高官、地方大员或硕学名儒为主要对象。史氏、董氏及保定张氏，亦相互联姻，甚至各大家族都有与蒙古、色目官贵之家联姻的记录。[①] 南方的富商、地主，亦纷纷与官员建立婚姻关系，并且相互通婚，以婚姻关系为纽带，结成强大的地方势力。在这样的风气之下，各阶层人往往难以打破等级、门第、出身甚至职业的界线解决婚姻问题，所以儒士家庭联姻，农户之间通婚，手工业者结为亲家，小商小贩相互论亲，成为社会上主要的婚姻模式。当然，亦存在跨职业通婚的现象，如小商贩、手工业者与农户间的通婚等。

社会的不安定，严重影响婚姻的缔结和稳定。持续了二十余年的蒙金战争和延续三十余年的宋元战争，拆散了很多家庭，也使不少在战乱中流离他乡的人仓促成婚，造成了一些与这些人社会地位不符的婚姻。元朝统一之后，社会相对安定，各地的婚姻重入正轨。但是到了元朝后期，社会又动荡不定，并发生了一次因谣言而席卷中原、江南的仓促成婚浪潮。顺帝后至元三年（1337年）六月，"民间谣言朝廷将采童男女以授鞑靼为奴婢，且俾父母护送，抵直北交割。故自中原至于江之南，府县村落，凡品官庶人家，但有男女年十二三以上，便为婚嫁，六礼既无，片言即合。至于巨室，有不待车舆亲迎，辄徒步以往者，盖惴惴焉唯恐使命戾止，不可逃也。虽守土官吏与夫鞑靼、色目之人亦如之，竟莫能晓，经十余日才息。自后有贵贱、贫富、长幼、妍丑匹配之不齐者，各生悔怨，或夫弃其妻，或妻憎其夫，或讼于官，或死于夭"。十余年

---

① 详见萧启庆《元代几个汉军世家的仕宦与婚姻》，台北史语所主编《中国近世社会文化史论文集》第213—277页，1992年版。

后，战乱又起，各地的婚姻再次受到重大的冲击。①

儿孙婚姻由家长操办，对于不合"家规"、"族法"的婚姻，族长可以进行干涉，这是汉族传统的做法，元代亦不例外。世祖至元五年（1268年），中书省户部还通过一起争婚案例特别强调"母在子不得主婚"。朝廷对汉人的婚姻，只是规定同姓不得为婚，并宣布以至元八年（1271年）正月二十五日为限，"已前者准已婚为定，已后者依法断罪，听离之"。后来又多次重申这一规定，并明确说明回回人等不受此限制。②

由于元朝的统一造成了不少地区的民族杂居现象，使得一些汉族家庭面临与所谓"异族"通婚的问题。北方经过辽、金的长期统治，这一问题不太突出，江南地区则比较突出。南方人孔齐的说法代表了儒士阶层的普遍看法："婚姻之礼，司马文正（司马光——引者）论之甚详，固可为万世法者。士大夫家或往往失此礼，不惟苟慕富贵，事于异类非族，所以坏乱家法，生子不肖，皆由是也。"孔齐是坚持不与他族人通婚的，并说出了一番道理："先人居家，誓不以女嫁异俗之类，尝曰：娶他之女尚不可，岂可以己女往事以辱百世之祖宗乎？盖异类非人性所能度之，彼贵盛则薄此，必别娶本类，以凌辱吾辈之女；贫贱则来相依，有乞觅无厌之患。金陵王起岩最无远识，以女事录事司达鲁花赤之子某者，政受此患，犹有不忍言者。世上若此类者颇多，不能尽载。……世俗所谓非我同类，其心必异，果信然也，可不谨哉！"③孔齐的观点带有狭隘的民族情绪，但他的论述中，亦揭示了一个不可回避的事实：来自北方的蒙古人和色目人，多是官员、商人和士兵，或有地位，或有财富，或有特权，对于追逐政治待遇和物质条件的人，很难用"异俗"的观念加以约束和限制。加上蒙古统治者并不限制各民族间的通婚，民族因素确实影响着部分地区汉族家庭的婚姻。

为了保持一般家庭夫妻婚姻的稳定，防止动辄休妻再娶和买卖妻子风气的蔓延，元朝政府依汉地旧例，规定"弃妻需有七出之状"，也就是必须有无子、淫佚、不事公姑、口舌、盗窃、妒忌、恶疾七条理由，方可离异。"一曰无子，谓绝世也；二曰淫佚，谓乱族也；三曰不事舅姑，谓逆德也；四曰口舌，谓乱亲也；五曰盗窃，谓反义也；六曰妒忌，谓乱家也；七曰恶疾，谓不可供奉粢盛以祭先也。"符合离异条件的，还有"三不出之理"，即在公姑丧期内、娶时贱后贵和有所受无所归者，不许离异。卖妻行为，称为"义绝"，一经发现，即判为离异，卖妻钱财依数追没。如发现妻子有

---

① 陶宗仪《辍耕录》卷九《谣言》。
② 《元典章》卷一八《户部四·婚姻·嫁娶》。
③ 孔齐《至正直记》卷一《婚姻正论》、卷三《不嫁异俗》。

"犯奸"行为，则允许离异。① "凡出妻妾，须用明立休书"，禁止使用"手模"等形式。②

婚姻的缔结，男女双方必须"议定写立婚书文约"，不能只凭以前的"指腹并割衫襟为亲"及"媒妁"或"口词"定婚。"拜门"和"吃乾羊"等定婚形式也在禁止之列。如"陕西民俗，婚姻之家召媒求聘，未尝许肯，先吃乾羊，此家未已，彼家复来"；朝廷乃明文规定，"民间议结婚姻，明立婚书，已有元行定例。其乾羊一节，虽是陕西习俗，比附拜门，亦合禁断"。婚书的主要内容除说明婚者情况外，还包括"元议聘财钱物"的数量或指定女婿养老、出舍的年限，主婚人、保亲人和媒人都要在婚书上"画字"，"凡婚书不得用彝语虚文，须要明写聘财礼物，婚主并媒人各各画字。女家回书，亦写受到聘礼数目，嫁主并媒人亦合画字；仍将两下礼书背面大书合同字样，分付各家收执。如有词语朦胧，别无各各画字并合同字样，争告到官，即同假伪"。由于有的"百姓之家，始于结亲，家道丰足，两相敦睦；在后不幸男家生业凌替，元议财钱不能办足，女家不放嫁娶，遂生侥幸，违负元约，转行别嫁；亦有因取唤归家等事，遂聘他人者"，元朝政府遵循汉地旧制，申明"男女婚配，人之大伦"，"其妇无再醮之礼，一与夫合，终身不改"，严令禁止"悔亲别嫁"。订立婚约后男方身死或有"谋反"等行为，则允许宣布婚约无效。③ 不娶"五逆之家、淫乱之家、犯死罪之家、龝疠之家、亡父母之家"之女为妻的做法，在当时也很流行。④

对于"随路迁转到任官员，多与部内权豪富强之家交结婚姻"，元朝政府持认可态度，原因在于"迁转官员俱系诸色头目人等，离乡远近不一，贫富不等，若只于本乡及邻境交结婚姻，门户须要相当，儿女须配合，及媒妁往来，地里遥远，难便成婚，因循一、两任间，儿女过时，深为不便"。对官员本身的娶妻置妾，则须合乎"亡妻或无子嗣"的标准，而且必须经过官媒说合与明立婚书的手续。⑤

置妾，应是解决发妻无子、后嗣乏人矛盾而采取的婚姻手段。但是汉地富家豪民，有妻有子，为贪图享受，多蓄美妾，甚至有"夺人妻女十一人为妾"者；⑥ 老年置妾之风亦很盛行。⑦ 置妾的手段，无非买卖、强占、媒人说合几途，亦有人收娼为妾。⑧ 政

---

① 《元典章》卷一八《户部四·休弃》。徐元瑞《吏学指南》第92页。另同书148页又有"七去"之说，与此大同小异："女有七去者，一不顺父母，二无子嗣，三犯淫乱，四妒忌，五言语无定，六窃盗家财，七有恶疾体臭者。"杨讷点校，浙江古籍出版社1988年版。
② 《通制条格》卷四《户令·嫁娶》。
③ 《通制条格》卷四《户令·嫁娶》。《元典章》卷一八《户部四·婚礼·嫁娶》。
④ 《吏学指南·正婚》。
⑤ 《元典章》卷一八《户部四·官民婚》。
⑥ 《元史》卷一九二《良吏二·林兴祖传》。
⑦ 孔齐《至正直记》卷一《年老蓄婢妾》。
⑧ 孔齐《至正直记》卷二《买妾可谨》、《婢妾命名》。

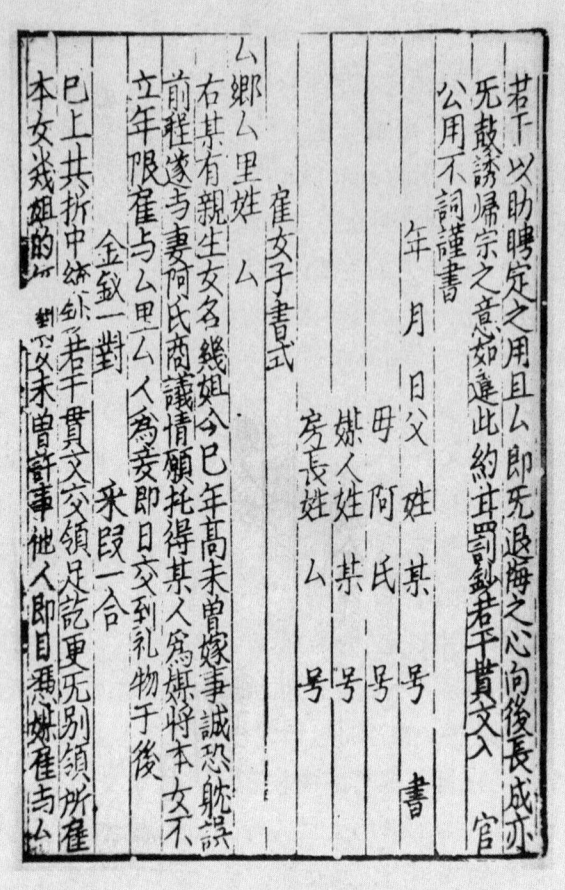

《雇女子书式》书影

府并不限制置妾的行为，但是规定置妾亦要写立婚书，出妾也要明立休书。①

蒙古人的多妻制和汉族的妻妾制，在蒙古人眼中是有区别的。蒙古人的正妻、次妻观念，不允许引入汉人的婚姻形式之中。汉人的妻子，无所谓正、次之分，只能有一个，按照朝廷的规定，汉人"有妻更娶妻者，虽会赦，犹离之"，若双方自愿，可以改为妾。妾既不能有次妻的称谓，也不应享有妻子的地位。②

受女真、蒙古乃至色目人的影响，收继婚在汉族中也流行起来，北方地区尤盛，同样包括了异辈收继和同辈收继两种形式。元朝政府最初并不承认汉族收继婚的合法性。至元七年（1270年）八月曾由尚书省出榜晓谕各地，不许汉人、渤海人等收继。次年二月，又颁发圣旨："妇人夫亡，服阕守志并欲归宗者听，其舅姑不得一面改嫁。"十二月，中书省请求颁发"小娘根底、阿嫂根底休收者"的诏令，但得到的批复恰恰

---

① 《通制条格》卷四《户令·嫁娶》。
② 《通制条格》卷四《户令·嫁娶》。

相反，允许收小娘（庶母）、阿嫂为妻，也就是承认了汉族异辈及同辈收继婚的合法性。但不久政府又颁发了一系列规定，对汉族收继婚加以限制，不但禁止子收父妾、侄收婶母的异辈收继，对同辈收继的兄收弟妇亦予禁止，收继表嫂等更在所不容。这样，"弟收兄嫂"实际上成为元代合法的汉人收继婚形式。为保护"守志"妇女，又规定了愿不改嫁者可不与小叔续亲，"应继人不得骚扰，听从所守"；如要改嫁他人，"即各断罪，仍令收继"。叔嫂年龄差距太大，即所谓的"年甲争悬"，亦不准收继。[①]后来，汉人、南人一切收继婚都在禁止之列。[②]需要说明的是，汉族实行收继婚往往发生在下层贫民之中，一般的汉人士大夫将此视为"乱伦"行为，不但不能实行，还不断加以抨击。江南地区受理学影响较深，妇女的贞节观和伦理观重于北方，所以收继婚现象较少出现。

针对汉族地区"妇人夫亡守节者甚少，改嫁者历历有之，至齐缞之泪未干，花烛之筵复盛"的现象，元廷特别作出了朝廷命妇不得改嫁的规定："妇人因得夫、子得封郡县之号，即与庶民妻室不同。既受朝命之后，若夫、子不幸亡殁，不许本妇再醮，立为定式。如不遵式，即将所受宣敕追夺，断罪离异。"[③]

汉族家庭的传统分工方式，是"男勤耕，女勤织"，或者是"男通鱼盐之利，女习缉纺之业"，[④]男子主要从事生产劳动，妇女主要从事家务劳动。城镇居民亦不例外，坐肆贾卖及制造手工业产品多是男人之事，妇女则操持家务。在这种模式下，妇女在家庭中的地位往往较低，她们的社会交往受到多方面的限制。但是有些地区已经出现了妻子与丈夫平起平坐的现象，如浙西盛行"妇女各理生计，直欲与夫相抗"的风俗，夫妻"乃各设掌事之人，不相同属"；"或其夫与亲戚乡邻往复馈之，而妻亦如之，谓之梯己问信"。浙东亦受到影响，"间或若是者盖有之也"。在城镇中，亦经常看到妇女坐肆贾卖。[⑤]

处理妻妾间的关系是不少汉族家庭面临的问题，这在汉族地区已不是一个新问题。在妻妾关系的处理上，元代汉族家庭的一般做法与前代没有什么不同。

汉族也有分家的传统，但不少人对此抱有异议，认为"人家兄弟异居者，此不得已也"，[⑥]不分家者往往得到士人的表彰。如延安人张闰，"八世不异爨，家人百余口，无间言。日使诸女诸妇各聚一室为女功，工毕，敛贮一库，室无私藏。幼稚啼泣，诸

---

① 《通制条格》卷三《户令·夫亡守志·收嫂》。《元典章》卷一八《户部四·收继·不收继》。
② 《元史》卷一〇二《刑法志二·户婚》。
③ 《元典章》卷一八《户部四·官民婚》。
④ 《元一统志》卷一《般阳府路》；卷一〇《郁林州》，赵万里校辑本，中华书局1966年版。
⑤ 孔齐《至正直记》卷二《浙西风俗》、《屠剑报应》。
⑥ 孔齐《至正直记》卷一《兄弟异居》。

母见者即抱哺。一妇归宁,留其子,众妇共乳,不问孰为己儿,儿亦不知孰为己母也。闰兄显卒,即以家事付侄聚,聚辞曰:'叔,父行也,叔宜主之。'闰曰:'侄,宗子也,侄亦主之。'相让既久,卒以付聚。缙绅之家,自谓不如"。① 这样的家庭,当然是比较少的,更受到称赞的乃是社会上的孝子贤孙尽心奉养父母及祖父母等的事例。

兄弟分居后父母无人赡养是一个严重的问题。"随路居民有父母在堂,兄弟往往异居者,分居之际,置父母另处一室,其兄弟诸人分供日用。父母年高,自行拾薪,取水执爨为食。或一日所供不至,使之诣门求索。或分定日数,令父母巡门就食,日数才满,父母自出,其男与妇亦不恳留。循习既久,遂成风俗。"这样的家庭关系,在财产问题上自然有所反映。"汉人官吏士庶与父母异居之后,或自己产业增盛而父母日就窘乏者,子孙犹视他家,不勤奉侍,以为既已分另,不比同居;或有同祖同父叔伯兄弟姊妹子侄等亲,鳏寡孤独老弱残疾不能自存者,亦不收养,以致托身养济院苟度朝夕。"更有甚者,"士民之家,往往祖父母、父母在日,明有支析文字或未曾支析者,其父母疾笃及亡殁之后,不以求医侍疾丧葬为事,止以相争财产为务"。对于这种现象,政府只能颁布诸如"父母在堂之家,其兄弟诸人不许异居,著为定式"的规定,或者"今后若有别居异财,丰衣美食,坐忍父母窘乏,不供子职,及同宗有服之亲寄食养济院,不行收养者,许诸人首告,重行断罪"的条令,加以限制。②

汉族家庭的财产主要由长子继承。如家中无子,则用"过继"的方法"立嗣"。有人指出:"壮年无子,但当置妾,未可便立嗣。或过四旬之后,自觉精力稍衰,则选兄弟之子,无则从兄弟之子以至近族或远族,必欲取同宗之源,又当择其贤谨者可也";"异姓之子,皆不得为后"。③ 立嗣问题往往是影响家庭关系的一个重要因素。

云南各民族的婚姻风俗与其他地区不同。"云南俗无礼仪,男女往往自相配偶"。④ 就是文化水平最高的白人,亦是"处子媚妇出入无禁,少年子弟号曰妙子,暮夜游行,或吹芦笙,或作歌曲,声韵之中皆寄情意,情通私藕,然后成婚"。⑤ 湖广行省的岑溪之民也有同样的习俗,"每月中旬,年少女儿盛服吹笙,相召明月下,以相调弄,号曰夜泊以为娱。二更后,匹偶两两相携,随处即合,至晓则散"。⑥ 有的民族还有去齿成婚的习俗,如土僚蛮,"男子及十四五,则左右击去两齿,然后婚娶"。

南方有些民族亦有妻妾制的习俗,如罗罗,"嫁娶尚舅家,无可匹者,方许别娶",

---

① 《元史》卷一九七《孝友传一》。
② 《通制条格》卷三《户令·亲在分居·收养同宗孤贫》。
③ 孔齐《至正直记》卷二《壮年置妾》。
④ 《元史》卷一二五《赛典赤赡思丁传》。
⑤ 李京《云南志略》。下述云南婚俗未注出处者皆本于此。
⑥ 《元一统志》卷一〇《藤州》。

"妻妾不相妒忌"，"正妻曰耐德，非耐德所生，不得继父之位。若耐德无子，或有子未及娶而死者，则为娶妻，诸人皆得乱，有所生，则为已死之男女"。

在一部分民族中，还有"试婚"或"不重处女"的习俗。南方民族表现得比较突出，除前述白人的婚姻外，罗罗"凡娶妇必先与大奚婆（男巫）通，次则诸房昆弟皆午之，谓之和睦，后方与其夫成婚；昆弟有一人不如此者，则为不义，反相为恶"。再如金齿百夷，"嫁娶不分宗族，不重处女"；么些蛮"淫乱无禁忌"，等等。有些汉族地区也有这种风气，如有人指出："浙西风俗之薄者，莫甚于以女质于人，年满归，又质而之他，或至再三，然后嫁。其俗之弊，以为不若是，则众诮之曰无人要者，盖多质则得物多也，苏杭尤盛。"[①]

南方少数民族有一些独特的家庭生活方式。如云南的金齿百夷，男子"不事稼穑，唯护小儿"，妇女"尽力农事，勤苦不辍，及产，方得少暇；既产，即抱子浴于江，归付其父，动作如故"。又如罗罗，"夫妇之礼，昼不相见，夜同寝。子生十岁，不得见其父，妻妾不相妒忌"。

---

① 孔齐《至正直记》卷二《娶妻苟慕》。

第三节　赘婿、童养媳与驱良婚等

男方不能自立门户，娶妻育子，被女方家长招入家中，称为"入赘"，本人即被称为"赘婿"。"民间召婿之家，或无子嗣，或儿男幼小，盖因无人养济，内有女家下财，召到养老女婿，面籍气力；及有男家，为无钱财，作舍居年限女婿。"①"赘婿"分为养老女婿、年限女婿、出舍女婿、归宗女婿四种，"一曰养老，谓终于妻家聚活者；二曰年限，谓约以年限，与妇归宗者；三曰出舍，谓与妻家析居者；四曰归宗，谓年限已满或妻亡，并离异归宗者"。②

无子之家招养老女婿，养老送终，补其世代，称为"补代"。有的人为了保全家产而招婿，称其为"抱财女婿"。③有的人则是为了在地方上找靠山，如溧阳有一豪民，"生二女一子，患吏胥无厌，乃以二女召市中女保家子为婿，意谓得通于官府"，④就是典型的代表。做年限女婿，亦有纯系贪图钱财，拿到女家钱财或女家贫困后即逃之夭夭，也就是人们所说的"未婚之先，期不永之计"。⑤江西甚至出现过这样的现象，"或有妻子矣，又游他方，见富贵可依者，便云未娶。若设计为婿，既娶矣，外家贫，又往而之他方，亦云未娶，则前日之妻皆不顾，亦无所记念矣"。⑥所以有人指出："入家赘婿，俗谚有云三不了事件：使子不奉父母，妇不事舅姑，一也；以疏为亲，以亲为疏，二也；子强婿弱，必求归宗；或子弱婿强，必贻后患，三也。"⑦赘婿问题，已成为影响不少家庭生活的社会问题。

---

① 《元典章》卷一八《户部四·嫁娶》。
② 徐元瑞《吏学指南·亲姻》。
③ 《通制条格》卷三《户令·收嫂》。
④ 孔齐《至正直记》卷二《天道好还》。
⑤ 《元典章》卷一八《户部四·嫁娶》。
⑥ 孔齐《至正直记》卷三《友畏江西》。
⑦ 孔齐《至正直记》卷二《赘婿俗谚》。

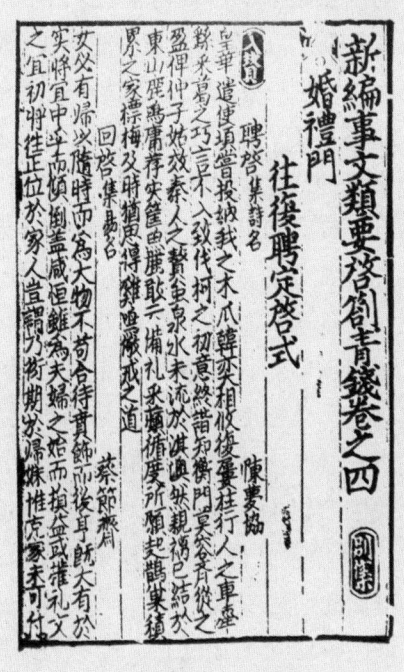

《往复聘定启式》书影　　　　　　《入赘》书影

为限制女婿潜逃和动辄更换女婿的做法，元朝政府颁布了以下规定："民间富贵可以娶妻之家，止有一子，不许作赘；若贫穷止有一子，立年限出舍者听"；无论招养老女婿还是做出舍年限女婿，都要明立婚书，写明"养老出舍年限语句"，并由官府"籍记姓名"；结婚后出逃的女婿，由官府治罪后判离并追回财物；因为"民间招召女婿，往往婚书上该写年限不满，在逃百日或六十日，便同休弃，听从别嫁"，朝廷特别强调："人伦之道，夫妇义重，生则同室，死则同穴，期于永久，世之常也。今后招召女婿，毋得似前于婚书上该写女婿在逃便同休弃听离语句。"[1]

元代汉族地区将儿童结发为姻称为"绾角儿婚"或"绾角儿夫妻"。在元杂剧中就有这样的描述："弃旧的委实难，迎新的终容易。新的是半路里姻眷，旧的是绾角儿夫妻。"[2]有童婚就有童养媳，并会出现以钱财买童养媳的现象。元代著名戏曲家关汉卿在名作《窦娥冤》中，提供了一个生动的实例。收童养媳的蔡婆婆自称："不幸夫主亡失已过，止有一个孩儿，年长八岁，俺娘儿两个，过其日月。家中颇有些钱财，这里一个窦秀才，从去年间我借了二十两银子，如今本利该银四十两。我数次索取，那窦秀才只说贫难，没得还我。他有一个女儿，今年七岁，生得可喜，长得可爱，我有心看

---

[1]《通制条格》卷四《户令·嫁娶》。
[2] 关汉卿《望江亭》，《元曲选》第1661页。

上他，与我家做个媳妇，就准了这四十两银子，岂不两得其便。"送女儿当童养媳的窦秀才则无奈地表示："小生一贫如洗，流落在这楚州居住。此间一个蔡婆婆，他家广有钱物，小生因无盘缠，曾借了他二十两银子，到今本利该对还他四十两。他数次问小生索取，教我把甚么还他；谁想蔡婆婆常常着人来说，要小生女孩儿做他儿媳妇。况如今春榜动，选场开，正待上朝取应，又苦盘缠缺少。小生出于无奈，只得将女孩儿端云送与蔡婆婆做儿媳妇去。"①买卖童养媳，在当时显然已是较流行的做法。

元代中产以上的家庭，大多使用仆役和女婢。"北人女使，必得高丽女孩童；家僮，必得黑厮，不如此谓之不成仕宦"；②又专门有人从南方"每掠买良人子女投北，转卖为奴婢"。③反之，北方亦有被卖到南方为奴婢者。"乙酉年（1345年）后，北方饥，子女渡江，转卖与人

《感天动地窦娥冤》插图

为奴为婢，乡中置者颇多"；"甲午年（1354年），乡中多置淮妇作婢，贪其价廉也"。④除了买卖得来的奴婢外，战争掳掠和用高利贷迫使债务人为奴亦是奴婢的重要来源。

元代奴婢的通称为"驱口"。驱口的婚姻，由主人（使主）作主，自己不能随意嫁娶。⑤元朝政府严格限制"良贱为婚"，不许驱口与良人婚配，规定"诸奴婢不得嫁娶、招召良人"，"禁治良人家女孩儿每并不得嫁与人家驱口为妇，若是嫁与的，便做奴婢"。由于社会上流行"朦胧娶嫁"的风气，"江南来的官员、客旅、军人并诸色人每，就江南百姓人家的女孩儿并无男儿底妇人根脚底，做媳妇求将来，却行瞒昧做梯己人，卖与诸人为驱"，政府乃明令禁止"将求到人作驱口货卖"，"如有将求到媳妇做梯己驱口货卖，将被卖良人随即改正为良，价钱没官，买主卖主治罪"。虽然有政府的禁令，民间"良贱"之间的婚配还是很普遍，有的人即"誓不以婢配仆厮。或有仆役忠勤可任

---

① 《元曲选》第1499—1517页。
② 叶子奇《草木子》卷三下《杂制篇》。
③ 孔齐《至正直记》卷三《溧阳父老》。
④ 孔齐《至正直记》卷三《乞丐不置婢仆》。
⑤ 《通制条格》卷三《户令·驱女由使嫁》。

者，则别娶妇女以配之；婢则别配佃客、邻人之谨愿者"。① 仅以几纸禁令显然是很难改变社会上流行的风气。

以歌舞为生的乐人，社会地位也很低，但是官豪富势人家往往喜爱乐人妇女姿色才伎，"暗地捏合媒证娶为妻妾"。政府亦限制这种做法，规定"乐人只娶乐人"，其他人娶乐人为妻要治罪断离。②

元朝政府收编的南宋降军，称为新附军。新附军人社会地位亦很低下，婚姻问题往往不好解决，既有"江南新附军人多有支身不能求娶，无以系恋，因而逃避"的现象，也有"新附军人抛下支身妻室，内有各军驱虏收拾为妻及媒下财求娶为妻"的状况。对随意的"收拾为妻"，政府加以限制，确定要由管军正官将身死军人妻室"配合"给支身新附军人；对立媒下财求娶妻室的行为，则予以承认。③

---

① 《元典章》卷一八《户部四·驱良婚》。《通制条格》卷三《户令·良贱为婚》。孔齐《至正直记》卷三《婢不配仆》。
② 《元典章》卷一八《户部四·乐人婚》。
③ 《元典章》卷一八《户部四·军民婚》。

【 第四节　婚礼习俗 】

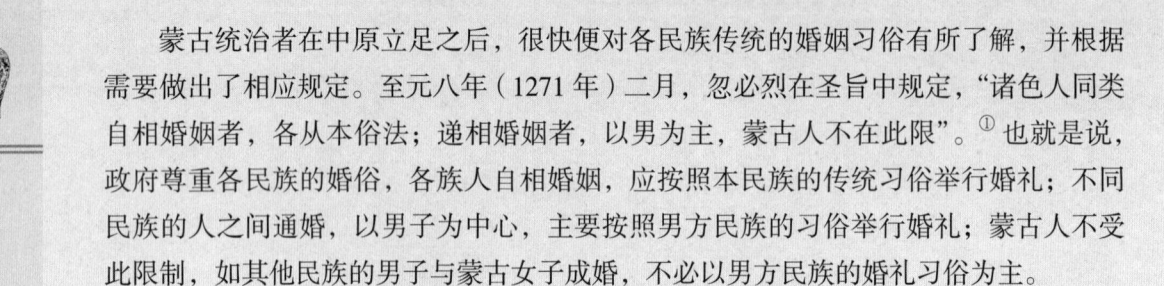

蒙古统治者在中原立足之后，很快便对各民族传统的婚姻习俗有所了解，并根据需要做出了相应规定。至元八年（1271年）二月，忽必烈在圣旨中规定，"诸色人同类自相婚姻者，各从本俗法；递相婚姻者，以男为主，蒙古人不在此限"。[①] 也就是说，政府尊重各民族的婚俗，各族人自相婚姻，应按照本民族的传统习俗举行婚礼；不同民族的人之间通婚，以男子为中心，主要按照男方民族的习俗举行婚礼；蒙古人不受此限制，如其他民族的男子与蒙古女子成婚，不必以男方民族的婚礼习俗为主。

"草帖"与"婚书"书影

---

① 《通制条格》卷三《户令·婚姻礼制》。

蒙古人重视"议婚",饮"布浑察儿",是议婚中最重要的程序。"布浑察儿,华言许亲酒也",实际上就是"许婚筵席"、"定亲筵席"。① 在筵席上,通常要吃羊颈喉肉。羊颈喉骨头坚硬,吃羊颈喉肉,表示定婚不悔。定婚时,男方家庭要向女方家庭下聘礼,通常是以马匹为聘。定婚后,未来的女婿要留在女方家庭中一段时间。②

蒙古人过去有"抢亲"的习俗,后来演变成婚礼上的一种仪式。"当任何人同另一个人达成一项交易,娶他的女儿为妻时,姑娘的父亲就安排一次宴会,而这位姑娘则逃到亲戚家里躲起来。这时父亲便宣布:'现在我的女儿归你所有了,你在哪里找到她,就把她带走。'于是他和朋友们到处寻找她,直至找到了她;这时他必须用武力把她抢过来,并把她带回家去,佯装使用暴力的样子。"③

原来金朝女真人的"拜门"习俗,入元后被朝廷明令禁止。至元八年(1271年)九月,中书省礼部特别根据朱熹《家礼》中有关婚礼的内容,颁布了如下婚礼条例:

一曰议婚。身及主婚者,无期以上丧乃可成婚。必先使媒氏往来通言,俟女氏许之,然后纳采。

二曰纳采(原注:系今之下定也。下同)。主人具书,夙兴,奉以告于祠堂(人之大伦,于礼为重,必当告庙而后行,示不忘祖。而今往往俱无祠堂,或画影及写立位牌亦是)。乃使子弟为使者如女氏,女氏主人出见使者,遂奉书以告于祠堂,出以复书授使者,遂礼之。使者复命,婿氏主人复以告于祠堂。或婚主人等亲往纳采者听。

三曰纳币(系今之下财也)。拟合酌古准今,照依已定筵会,以男家为主,会请女氏诸亲为客,先入坐。男家至门外,陈列币物等,令媒氏通报,女氏主人出门迎接。相揖,俟女氏先入,男家以次随币而入。举酒,请纳币,饮酒,受币讫。女氏主人回礼,婿家饮酒毕,主人待宾如常礼,许婿氏女子各各出见,并去世俗出羞之币。

四曰亲迎。前期一日,女氏使人张陈其婿之室,厥明,婿家设位于室中,女家设次于外。初昏,婿盛服,主人告于祠堂,遂醮其子而命之迎。婿出,乘马至女家。俟子次女家,主人告于祠堂,遂醮其女而命之。主人出迎,婿入奠。雁姆奉女出登车,婿乘马先行,妇车至其家,导妇以入。婿妇交拜,就坐饮食。毕,婿出。复入,脱服。烛出,主人礼宾。

---

① 《元史》卷一《太祖纪》。《元朝秘史》(校勘本)卷五,第175页。
② 《元朝秘史》(校勘本)卷一,第21—24页;卷二,第59—60页。
③ 《出使蒙古记》第122页。

五曰妇见舅姑。明日夙兴，妇见于舅姑，舅姑礼之。次见于诸尊长。若冢妇，则馈于舅姑，舅姑飨之。

六曰庙见。三日，主人以妇见于祠堂（如无祠堂，或悬形及写位牌亦是）。

七曰婿见妇之父母。明日，婿往见妇之父母，次见妇党诸亲，妇家礼婿如常仪。

登车、乘马、设次等礼节，如果迎亲之家贫困，无力举办，"从其所欲"。① 男方家庭给女方家庭所下的定礼，一般是表里、头面和羊酒。② 以上规定主要适用于汉族和其他与汉族生活方式相同的民族，如契丹、女真等。

举行婚礼的日期，要选所谓"十全吉日"，即壬子、丙子、乙丑、丁丑、癸丑、丁卯、癸卯、己卯、乙卯、乙巳。③

大都等地，盛行出嫁前为姑娘沐浴的风俗。"都中官员士庶之家，聘女将嫁之明日，家人送女儿入堂中澡浴，男家一应都散汤钱，凡应役者赏有差。男家复把避风盏之类，比及出门，轻者十封，及有剃面钱之类，迟明则出嫁。"④ 此外，还有"传席"风俗。有人记道："今人家娶妇，舆轿迎至大门，则传席以入，弗令履地。"并指出这是自唐代以来就有的习俗。⑤

色目人的婚礼，与汉人不同，所以当其结婚时，邻近的汉人常来围观。杭州曾发生过因围观回回人举行婚礼房倒压死人的事故。"杭州荐桥侧首，有高楼八间，俗谓八间楼，皆富实回回所居。一日娶妇，其婚绝与中国殊，虽伯叔姊妹，有所不顾。街巷之人，肩摩踵接，咸来窥视，至有攀缘檐阑窗牖者，踏翻楼屋，宾主婿妇咸死。"⑥

婚姻是人一生中的大事，婚礼当然受到重视。当时士人理想的婚礼是这样的："人伦之道，始于夫妇；夫妇之本，正自婚姻。婚姻之事，又当谨其始，而轻信以终之也。凡娶妇嫁女，必先察其婿妇性行及其家法何如，然后明立婚约。称其贫富，办纳聘财及物，虽有多寡不同，必须精粹坚好，却不得以滥恶充数。其要约日期，各宜遵守。又当随其丰俭，聊备酒食，以会亲戚故旧。此所以合姻娅之欢，厚男女之别，以和夫妇，以正人伦也。"⑦

---

① 《通制条格》卷三《户令·婚姻礼制》。
② 《通制条格》卷三《户令·驱女由使嫁》；卷四《户令·嫁娶》。
③ 《居家必用事类全集》丙集，"嫁娶十全吉日"条。
④ 《析津志辑佚·风俗》。
⑤ 陶宗仪《辍耕录》卷一七《传席》。
⑥ 陶宗仪《辍耕录》卷二八《嘲回回》。
⑦ 王结《善俗要义》，《文忠集》卷六。

嫁娶图

然而社会风俗与士人的要求不同，追求的是奢侈，婚礼花费颇大，"聘财无法，奢靡日增，至有倾资破产，不能成礼，甚则争讼不已，以致嫁娶失时"。作媒之人亦经常借机向婚姻之家索要钱财，甚至有的地方流行聘礼的十分之一归媒人的做法。无怪有人指出："今日男婚女嫁，吉凶庆吊，不称各家之有无，不问门第之贵贱，例以奢侈华丽相尚，饮食衣服拟于王侯，贱卖有用之谷帛，贵买无用之浮淫，破家坏产，负债终身，不复故业，不偿称贷。"① 面对奢侈的婚礼习俗，元朝政府做出了一些限制规定。至元八年（1271年）二月对聘财的数额做了如下规定："婚姻聘财表里头面诸物在内，并以元宝钞为则，以财畜折充者听，若和同不拘此例。品官：一品、二品五佰贯，三品四佰贯，四品、五品三佰贯，六品、七品二佰贯，八品、九品一佰二十贯；庶人：上户一佰贯，中户五十贯，下户二十贯。筵会高下，男家为主，品官不过四味，上户、中户不过三味，下户不过两味。"同年七月，对招收入赘女婿的财礼亦做了规定："招召

---

① 胡祇遹《论农桑水利》，《紫山大全集》卷二二。

养老女婿,照依已定嫁娶聘财等第减半";"招召出舍年限女婿……照依已定嫁娶聘财等第验数,以三分中不过二分"。①至元十九年(1282年)四月,又特别规定:"推举年高信实妇人为媒,须要钦依圣旨,定到聘财求娶,不得中间多余索要财礼钱物,亦不得拾分中取要一分媒钱。如有违犯之人,谕众断决。"②

政府的规定并没有起到约束作用,正如胡祗遹所说:"婚姻聘财虽有定例,立格之日民已不从,盖缘后有'自愿者听之'一言故也。又兼立格之年绢一匹直钞一贯,今即绢一匹直八贯,他物类皆长价八九倍十倍,虽严加罪责勿越定例,民亦不从。"他提出了如下建议:"不若再立上、中、下三等嫁财,定立上户嫁财缎子里绢各几匹、金银头面各钱两,非品官之家不得衣金衣服,中、下户近减一等,永为定例。"③胡祗遹的建议显然引起了当政者的重视。大德八年(1304年)正月颁发的诏书,除要求"亲礼筵会,务从省约",特别规定聘礼和筵会花销限额为上户金1两,银5两,彩缎6表里,杂用绢40匹;中户金5钱,银4两,彩缎4表里,杂用绢30匹;下户银3两,彩缎2表里,杂用绢15匹。筵席仍然是规定上、中户不得超过三味,下户不得超过二味;"省部定例,但有筵会白日,至禁钟前罢散"。④但是,对已经奢侈成风的社会来说,这样的定例同样不会有多大的效用。

此外,在各地官府中还盛行婚礼时同僚及下属送礼的风俗,更有甚者直接从官吏俸禄中扣除份额。仁宗延祐七年(1320年)六月的一则奏章指出:"近年以来,内外诸衙门指与上司官员庆贺馈送,一切人情,或私相追往,公然于所辖官吏俸钞科取";"目今内外诸大小衙门,或为各官生辰,或因儿女婚聘,一切庆贺所用之资,所属官吏俸钱内科取。同僚追叙之礼,固所宜然,而人吏亦何预焉,致将月俸十除八九,何以养廉。"为此,朝廷特别规定:"今后各官公私宴会、追贺人情,止于自己钱内出备,不许于所属官吏俸钱内克除。如蹈前辙,许监察御史廉访司体察明白,以赃论罪。"⑤尽管有了这样的规定,官员还是可以用其他办法得到下属的礼物,只不过做法隐晦一点而已。

社会上常有一些恶少无赖,结聚朋党,"更变服色,游玩街市,乘便生事";"但遇嫁娶,纠集人众,以障车为名,刁蹬婚主,取要酒食财物,故将时刻阻误,又因而起斗致伤人命"。政府对这些聚众闹事的行为严令禁止,违令者按情节轻重受到"红泥粉壁识过其门"、"与木偶连锁巡行街衢"或杖责、迁徙等处罚。⑥

----

① 《元典章》卷一八《户部四·婚礼》。
② 《通制条格》卷四《户令·嫁娶》。
③ 胡祗遹《革昏田弊榜文》,《紫山大全集》卷二二。
④ 《通制条格》卷三《户令·婚姻礼制》。《元典章》卷一八《户部四·婚姻》。
⑤ 《元典章新集·刑禁》。
⑥ 《元典章》卷五七《刑部十九·禁豪霸》。《通制条格》卷二七《杂令》。

【 第五节　家庭伦理道德风尚 】

蒙古建国之后，统治者要求臣民遵循蒙古传统道德观念行事，并将这一规定列入了律令之中。在改建"大元"国号前后，受中原儒士的影响，蒙古统治者又接受了汉族传统伦理道德观念中的部分重要内容，并使之成为支配各族臣民的基本伦理道德规范。

成吉思汗曾经说过这样一段话："凡是一个民族，子不尊父教，弟不聆兄言，夫不信妻贞，妻不顺夫意，公公不赞许儿媳，儿媳不尊重公公，长者不保护幼者，幼者不接受长者的教训，大人物信用奴仆而疏远周围亲信以外的人，富有者不救济国内人民，轻视'约孙'（习惯）和'札撒'（法令），不通情达理"，就会国弱民穷，并导致亡国。这是成吉思汗对蒙古传统道德观念的总结和发展，并用法律形式为建国后新的蒙古社会制定的基本道德规范，包括恪守"约孙"和"札撒"、尊重长者、为人忠诚、约束滥饮、禁止淫盗等内容。①

元墓壁画中的郭巨埋儿奉母图

---

① 《史集》第1卷第2分册，第354—356页。下同。

元觉谏父图

成吉思汗规定蒙古人的言行,需受"约孙"和"札撒"的约束。"古来的习惯"即传统禁约是"约孙"的主要内容,成吉思汗的言语则构成了"札撒"的主要内容。也就是说,既要尊重传统习俗,也要服从君主的意志,成了建国以后指导蒙古人行为的基本道德准则。

北方游牧民族,素有"贱老而贵壮"的风俗,蒙古人也不例外。但是,长者能够不断地用"约孙"即所谓"古来的习惯"来教育下一代人,从蒙古族的早期文学、历史作品《蒙古秘史》中就能看到了不少蒙古老人"引证着古语"教训年轻人的事例,所以在蒙古人中对于不尊重长者的行为是不能饶恕的。成吉思汗还特别留下了这样的教诫:"到长者处时,长者未发问,不应发言。长者发问以后,才应作适当回答。因为如果他抢先说了话,长者听他的话那倒还好,否则他就要碰钉子。"由尊重长者又引申出了敬重贤者的观念。"经过三个贤人评定的话,可以在任何场所一再重复地说,否则就不可靠。要将自己的话、别人的话同贤人们的话进行比较,如果合适的话,就可以说,否则就不应当说。"成吉思汗要求臣民慎言和主动约束自己,他不但希望人们"说话时要想一下,这样说妥当吗?无论是认真地说出去或者开玩笑地说出去,再也收不回来了";还强调"能清理自身内部者,即能清除国土上的盗贼"。

在"约孙"中,对妇女的约束是比较严格的,成吉思汗也作了如下归纳:"妇女在其丈夫出去打猎或作战时,应当把家里安排得井井有条,若有使者或客人来家时,就能看到一切有条有理,她做了好的饭菜,并准备了客人所需要的一切东西。这样的妇女自然为丈夫造成了好名声,提高了他的声望,而她的丈夫在社会集会上就会像高山般耸立起来。人们根据妻子的美德来认识丈夫的美德。如果妻子愚蠢无知、放荡不羁,人们也还是根据她来看丈夫的。"用这样的道德观念教育出来的蒙古妇女,往往具有顺从、勤劳的品质,受到外来人的称赞。

和睦族人在蒙古人中已有传统，并形成了朴实的相互合作和尊重的风俗。来自西方的传教士对此大加赞赏："他们很少互相争吵，或从来不互相争吵，并且从来不动手打架。在他们中间，殴打、口角、伤人、杀人这类事情从来没有遇到过。……他们相互之间表示相当尊敬，十分友好地相处。……他们不互相嫉妒，在他们之间实际上没有诉讼；没有人轻视别人，而是帮助别人。"[1] 这种"无私斗争"的风俗，[2] 自然被统治者认可。成吉思汗还增入了新的内容，规定构乱皇族、挑拨是非、助此反彼者要严加处罚。[3]

蒙古人历来重视誓言，蔑视谎言。草原各部早就流行这样的说法："咱达达每答应了的话，便是誓一般，若不依着呵，同伴里也不容"；"约会的日期，虽是有风雨呵也必要到"。[4] 成吉思汗在建立大蒙古前就以"英勇果决，有度量，能容众，敬天地，重信义"而享名于草原各部。对于说谎欺骗者，"其一法最好，说谎者死"，[5] 所以在蒙古人中说谎话的人很少。

在阶级社会中，人与人之间只重信誓、不说谎话，显然是不够的，还要有体现上下尊卑的等级观念。"人的身子有头呵好，衣裳有领呵好"，一般百姓不能"无个头脑管来，大小都一般"。[6] 在确定了主从关系之后，事主尽忠的观念随之产生。成吉思汗本人就非常赞赏忠心侍主的行为，哪怕是自己的敌人。对于背叛主人的人，"自的正主

鲁义姑舍子救侄图

---

[1] 《出使蒙古记》第15—16页。
[2] 《蒙鞑备录》。
[3] 王鹗《至元改元诏》，《国朝文类》卷九。
[4] 《元朝秘史》校勘本，卷三，第89页。
[5] 《黑鞑事略》，《蒙鞑备录》。
[6] 《元朝秘史》校勘本，卷一，第11页。

杨香打虎救父图

敢拿的人"，则严惩不贷。① 如果下级敢于冒犯上级，要遭到鞭打。② 由此而形成的蒙古人对主人的恭敬和对上司命令的绝对服从，给当时的人留下了深刻的印象，并反映在他们的记述中："其赏罚则俗以任事为当然，而不敢以为功。其相与告诫，每曰其主遣我火里去或水里去，则与之去。"③ 蒙哥汗即位后，又特别诫谕大臣忙哥撒儿后人："惟天惟君，是敬是畏；立身正直，制行贞洁，是汝之福；反是勿思也"；"而母而妇，有谗欺巧佞构乱之言，慎勿听之，则尽善矣"。④ 这些话不失为尽忠观念的一次极好阐释。

蒙古人有醉酒的习惯，不少人因此伤身害命。这种恶习的泛滥，早就引起统治者的注意。成吉思汗即指出酒是一种麻醉剂，"喝酒既无好处，也不增加智慧和勇敢，不会产生善行美德"；"国君嗜酒者不能主持大事、颁布必里克和重要的法令；异密（官员）嗜酒者不能掌管十人队、百人队或千人队，卫士嗜酒者将遭受严惩"。他推崇戒酒或节饮的做法，并希望臣民接受这种观点。⑤

蒙古人有禁止淫欲和盗窃的传统风俗，"相与淫奔者，诛其身"；"其犯寇者，杀之；没其妻子、畜产以入受寇之家"；"鞑俗真是道不拾遗，然不免有盗，只诸亡国之人为之"。⑥ 这种风俗在草原社会的盛行，实际上后来成了蒙古人及其他居住在草原地区的外族人的共同道德行为标准。

理学肇始于北宋时期，到南宋时由朱熹集大成，成为儒学的主流派。金元之际，

---

① 《元朝秘史》校勘本，卷八，第252页。
② 《出使蒙古记》第18页。
③ 《黑鞑事略》。
④ 《元史》卷一二四《忙哥撒儿传》。
⑤ 《史集》第1卷第2分册，第357—358页。
⑥ 《黑鞑事略》。

刘明达卖儿行孝图

理学在北方亦广为传播并有所发展，元朝前、中期先后出现了鲁斋、静修、草庐、北山、徽州等学派。尽管派别不同，理学家们诠释的道德观念，大多还是以尊圣贤、褒忠义、奖孝悌、重贞节、慎行止、恤黎民为基本内容。在元朝统治的特定历史时期，受理学思想左右的汉人官员和儒士等一方面要以理学学说影响统治者，促进蒙古人及其他民族接受汉族传统伦理道德观念，另一方面要继续在中原、江南等地的汉族聚居地区维护理学思想的至尊地位，保证传统伦理道德观念的延续。但某些汉族地区"大家"、"富豪"中常有背离传统伦理道德的行为，如"浙间妇女，虽有夫在，亦如无夫，有子亦如无子，非理处事，习以成风"。原来家中"谨门户"、"严内外"的习俗也被打破。"浙西富家，多以母妻之党中表子弟使之入室混淆"；"乡中大家皆用刀镊者入内院，虽妇人、女子，咸令其梳剃"。主仆之别亦受到了挑战。如浙中、浙东地区的富豪子弟，常与家仆之子相戏，"慢骂喜怒必相敌"，父母亦不呵禁，只称"小儿无知"；幼女亦经常与仆人之子"群聚"，或者由仆人抱出去游玩；至幼女长大出嫁后，"其仆于外必谈及女子疾病、好恶、嬉戏之类，盖其幼而见之也"。[①]

针对这些所谓"伤风败俗"的社会现象，元代人发过不少议论，重点在于强调家法的重要、妻妾的规矩和律己待人的要求等，并归纳出了所谓"人家有三不幸"和"子弟三不幸"的说法："人家有三不幸。读书种子断绝，一不幸也；使妇坐中堂，二不幸也；年老多蓄婢妾，三不幸也。""人家子弟有三不幸。处富贵而不习诗礼，一不幸也；内无严父兄，外无贤师友，二不幸也；早年丧父而无贤母以训之，三不幸也。"[②]

---

① 孔齐《至正直记》卷二、三。《浙西风俗》、《郑氏义门》、《乡中大家》、《娶妻苟慕》、《仆主之分》诸条。
② 孔齐《至正直记》卷一。《人家三不幸》、《子弟三不幸》。

孟母断机图

自蒙古统治势力进入中原之后，中原儒士利用不同的机会向统治者灌输中原的伦理观念，尤其是强调"圣贤修己治人之方"和"天下治平之道"。[①] 忽必烈在即位之前已经听到不少来自中原儒士、僧道的陈说，对中原的伦理道德有了一定的认识。但是在即位之后，忽必烈主要遵循的还是札撒规定的道德规范。到了成宗、武宗、仁宗朝，才陆续接受臣僚的意见，以诏旨等形式对汉人的传统道德观念加以认同，使之成为行之全国的道德规范和行为标准。一些人后来又陆续加以补充和阐述，努力使蒙古统治者崇尚的道德观念更加"标准化"（即"中原化"）。[②] 经过蒙古统治者认同和文人辩说的与家庭道德行为有关的，主要是忠孝贞节等内容。

在中原、江南地区生活的人，习惯于用忠义、孝悌、贞节和慎言行、谨交往的传统伦理道德观念来观察社会和支配自己的行动，并希望以此来影响蒙古统治者。元朝建立之后，不断有人向皇帝建议褒奖忠义、节烈之人，[③] 就是要敦促统治者尽快认同汉族的传统伦理道德观念，但没有收到预期效果，"如孝行复役、节妇有旌、议婚姻、立学师、表淋匿、忠臣义士岁有常秩之类，非不家至户晓，然终无分寸之效者，徒文具虚名而已"。[④] 就拿对功臣及忠勇之士的"封赠"而言，"至元中追赠之制，惟一二勋旧之家以特恩见褒，虽略有成，例未行也"。[⑤] 直到武宗至大二年（1309年）九月，才"议行封赠之制"，以表"课忠责孝之意"；至仁宗延祐三年（1316年）八月，才终于

---

① 《元史》卷一五九《赵璧传》。
② 详见徐远和《理学与元代社会》，人民出版社1992年版。
③ 魏初《奏议》，《青崖集》卷四。
④ 王恽《上世祖皇帝论政事书》，《秋涧先生大全文集》卷三五。
⑤ 《经世大典序录·封赠》，《国朝文类》卷四〇。

定出了"流官封赠通例"。① 至于"定论平生"的谥法,虽然存在,② 亦像有人所说:"太常定谥,古今美制,欲使奸人知惧于死后,善人有勤于生前;近岁谥号之称不公殊甚。"③ "义夫、节妇、孝子、顺孙"的表彰和"子证其父、奴讦其主及妻妾子弟各犯名义"的禁止等,也是在成宗朝后才在诏书中陆续出现。④

尽管蒙古统治者对汉族传统道德观念的认同比较迟缓,但在蒙古国时期和元朝前期一些迁入中原地区居住的蒙古人和唐兀人、畏兀儿人、回回人等,习染华风,逐渐接受中原的伦理道德观念,并习惯于按照汉人的行为准则办事。其中有笃好汉学者,如蒙古功臣木华黎的后人相威,"不饮酒,寡言笑,喜延士大夫,听读经史,论古今治乱,至直臣尽忠、良将制胜,必为之击节称善"。⑤ 哈剌鲁人虎都铁木禄,"好读书,与学士大夫游,字之曰汉卿"。⑥ 畏兀儿人廉希宪,笃好经史,手不释卷,被忽必烈称为"廉孟子"。⑦ 又有主动向蒙古人传授汉人伦理道德观念者。如畏兀儿人岳璘帖穆耳,被任为铁木哥斡赤斤(成吉思汗之弟)诸子之师,"训导诸王子,以孝弟敦睦、仁厚不杀为先"。⑧ 唐兀人高智耀,向蒙哥、忽必烈进言"儒以纲常治天下","又力言儒术有补治道,反复辩论,辞累千百"。⑨ 有人则身体力行,尊奉孝悌养育之道。如畏兀儿人布鲁海牙,"性孝友,造大宅于燕京,自畏吾国迎母亲来居,事之,得禄不入私室。幼时叔父阿里普海牙欺之,尽有其产,及贵显,筑室宅旁,迎阿里普海牙居之。弟益特思海牙以宿憾为言,常慰谕之,终无间言"。⑩ 迦叶弥儿人铁哥,因功受忽必烈诏选贵家女为妻,以"臣母汉人,每欲求汉人女为妇,臣不敢伤母心"为由而谢绝。⑪ 有少数蒙古妇女,受汉族贞节观的影响,夫死守志不嫁,反抗收继婚。最典型的例子是鲁国大长公主祥哥剌吉,"蚤寡守节,不从诸叔继尚,鞠育遗孤"。⑫ 还有弘吉剌部人脱脱尼,夫死后拒绝前妻之子"以本俗制收继"之求,并斥之为:"汝禽兽行,欲妻母耶,若死何面目见汝父地下?"⑬

---

① 《元典章》卷一一《吏部五·封赠》。
② 《经世大典序录·谥》,《国朝文类》卷四一。
③ 马祖常《建白一十五事》,《国朝文类》卷一五。
④ 《元典章》卷一《圣政一·厚风俗·旌孝节》。
⑤ 《元史》卷一二八《相威传》。
⑥ 《元史》卷一二二《虎都铁木禄传》。
⑦ 元明善《平章政事廉文正公神道碑》,《国朝文类》卷六五。
⑧ 欧阳玄《高昌偰氏家传》,《圭斋文集》卷二四。
⑨ 《元史》卷一二五《高智耀传》。
⑩ 《元史》卷一二五《布鲁海牙传》。
⑪ 《元史》卷一二五《铁哥传》。
⑫ 《元史》卷三三《文宗纪二》。
⑬ 《元史》卷二〇〇《列女传一》。

还有人将汉族的伦理道德观念推行至南方少数民族地区。如回回人赛典赤赡思丁、忽辛父子，先后在云南任职，"云南俗无礼仪，男女往往自相配偶，亲死则火之，不为丧祭。无秔稻桑麻，子弟不知读书。赛典赤教之拜跪之节、婚姻行媒，死者为之棺椁奠祭；教民播种，为陂地以备水旱；创建孔子庙、明伦堂，购经史，授学田，由是文风稍兴"。忽辛继承父业，"乃复下令诸郡邑遍立庙学，选文学之士为之教官，文风大兴"。①

蒙古统治者对中原传统伦理道德观念的认可，直到元朝中后期才基本得以实现。从那时开始，"孝事父母、友于兄弟、勤谨、廉洁、谦让、循良、笃实、慎默、不犯赃滥"的行止标准，才成为全国统一的道德行为标准。②不孝、不睦、不义、内乱，亦成了专为维护汉人传统道德观念而设的禁令。"凡言詈詈祖父母、父母，及祖父母、父母在，别籍异财，若供养有阙；居父母丧，身自嫁娶"，以及居丧匿不举哀、不守丧丁忧、诈称祖父母、父母死，甚至在服内宿娼等，均为不孝，要因"败坏风化"而受到责罚。亲戚之间因家产等事殴斗、谋杀等行为，即为不睦。妇女夫死不守丧而图谋改嫁、虐待前妻儿女以及丈夫虐待其妻父母，均为不义之举。父奸子妻、兄奸弟妻、调戏媳妇、强奸亲女等，都被视为内乱。这些行为，都是"大伤风化"，犯者均要治罪。③

元朝政府还承袭了以往"礼高年"的做法，对老年人加以照顾。按规定80岁以上的老人，可以"存侍丁一名"，即免除一名子孙的杂役，使之侍养老人。90岁以上的老人，"存侍丁二人"。在皇帝即位时，往往还要特别赐给80岁以上老人绢帛等，以示关怀。④

---

① 《元史》卷一二五《赛典赤赡思丁传》。
② 徐元瑞《吏学指南·行止》。
③ 《通制条格》卷二八《杂令》。《元史》卷一〇二《刑法志三·诸恶》。《元典章》卷四一《刑部三·诸恶》。
④ 《元典章》卷三《圣政二·赐老者》。

第六章
医疗卫生

在元代，人们每遇疾病，或求医治疗，或自开药方，或祈祷上天、神祇给予救治，或求助于巫觋、道士驱除病魔。元代医生水平参差不齐，庸医甚多，假药流行。讲究养生之道，在元代是颇为流行的风尚。但社会上仍有不少不利于健康的陋俗。

【 第一节　医疗习俗 】

有元一代，战争不断，各种灾荒接连发生，加上城乡卫生条件普遍很差，多数百姓缺乏卫生常识，常见病（呼吸道疾病、肠胃病等）的发病率是很高的，大规模的传染病时有发生，男女的寿命一般是比较短的。

当时人们得病以后，采取的治疗方法，大体上可以说有四种。一种是请医生看病，一种是自己开药方抓药吃，一种祈祷上天、神祇救治，还有一种是求助于巫觋或道士施行巫术、法术，驱除病魔。

元代为人治病的主要是中医，其次是回回医。中医就是用中国传统医学理论和技艺来治病的医生，诊断时望、闻、问、切，治疗以药物为主，配以针灸，以及某些手术。"济艺世之道，莫大于医术；却病之功，本皆于镵药。"① "镵"就是针灸。元代中医分为十科，即：大方脉杂医科、小方脉科、风科、产科兼妇人杂病科、眼科、口齿兼咽喉科、正骨兼金镞科、疮肿科、镵灸科、祝由书禁科。② 用今天的分类，即是内科（大方脉杂医科、风科）、小儿科（小方脉科）、妇产科（产科兼妇人杂病科）、牙科和口腔科（口齿兼咽喉科）、外科（正骨兼金镞科、疮肿科）、针灸科（镵灸科）、眼科。此外祝由书禁科则属于巫术的变种（见下）。可见分科已很细密。医生大多专精一科，兼通各科者很少。

"望"、"闻"是观察病情；"问"是询问情况；"切"是把脉。其中把脉对于确定疾病性质最为重要，也是中医诊断的一大特色。诊断确定患者的疾病以后，才能进行医治。对于内科、小儿科、妇科的疾病，一般由医师开出医方。医方有汤剂，也有丸、散、膏等，用各种药材配制而成。前代的医书和元代的医学著作中，都有大量的医方。医师开方，通常以各种医书、医学著作为据，根据病者情况和自己的经验，适当加以增

---

① 《元典章》卷九《吏部三·医官》。
② 《通制条格》卷二一《医药·医学》。

永乐宫壁画中的救苟婆眼疾图

减。内蒙古额济纳旗发现的元代文书中,有医方五件,有的是抄写的某种医书残本,上有甘草附子汤和白虎汤等全剂药名、份量和主治病症,有的是制作丸药的剂方和汤剂方,还有临床治病的处方。① 额济纳旗是元代亦集乃路所在地,地处偏远,亦有中医为人治病,内地可想而知。

中医治病的情况,在高丽的汉语教科书中有比较具体的描写:

"我有些脑疼头眩,请太医来诊候脉息。看什么病。太医说:你脉息浮沉,你敢伤着冷物来?我昨日冷酒多吃来。那般呵消化不得,上脑痛头眩,不思饮食。我这药里头与你些剋化的药饵,吃了便教无事。消痞丸、木香分气丸、神芎丸、槟榔丸,这几等药里头,堪中服可治饮食停滞,则吃一服槟榔丸。食后每服三十丸,生薑汤送下。吃了时便动脏腑,动一两行时便思量饭吃。先吃些薄粥补一补,然后吃茶饭。

明日,太医来问:你较些个么?今日早晨才吃了些粥,较争些个也。明日病疴了时,太医根底重重的酬谢也。"②

"我今日脑疼头旋,身颤的当不的,请将范太医来看。太医来这里。请的屋里来。好相公坐的,小人虚汗只是流水一般,夺脑疼的一宿不得半点睡,与我把脉息看一看。咳,相公脉息尺脉较沉,伤着冷物的样子,感冒风寒。……我如今先

---

① 李逸友《黑城出土文书(汉文文书卷)》第59—60页,科学出版社1991年版。
② 《老乞大》,《元代汉语本〈老乞大〉》影印本,第59—60页。

与你香苏饮子熬两服吃,热炕上炕着出些汗。我旋合与你藿香正气散,吃了时便无事了。贴儿上写与你引子,每服三钱,水一盏半、生姜三片、枣一枚,煎至七分,去滓温服。然后吃进食丸,每服三十九,温酒送下。"①

二者病情都是"脑疼头眩(旋)",但病因不尽相同。前者是消化不良引起,后者则是受风寒所致。因此,太医在诊断以后,采用不同的治疗。前者用帮助消化的槟榔丸,后者则先用汤剂,再服丸药。

高丽汉语教科书中还有关于针灸的描写:

"咳,贵人难见,你那里有来?这两日不见,你来怎么这般黄瘦?我这几日害痢疾,不曾上马。咳,我不曾知道来,早知道时,探望去好来,你休怪。不敢,相公。如今都好了不曾?一个太医看我小肚皮上使一针,脚内踝上灸了三壮艾来,如今饭也吃得些个,却无事了。虚灸那实灸?怎么虚灸?将一根儿草来,比着只一把长短铰了,将那草稍儿放在脚内踝尖骨头上,那稍儿到处,把那艾来揉的细着,一个脚上三壮家,灸的直到做灰。这般时,艾气肚里入去,气脉通行便好了,只是腿上十分无气力。你且休上马,忙什么?且着干饭、肉汤,慢慢的将息却不好?"②

在元代杂剧中亦有不少中医看病的描写。如杂剧《萨真人夜断碧桃花》中,太医"把脉"后说:"这寸关尺三指脉微沉细,常是寒热往来","我下服建中汤,减了附子,加上官桂,就着他疾病痊可也"。③另一出杂剧《降桑葚蔡顺奉母》中,两个骗人的庸医,为病人诊治,"双双把脉",一把左手,一把右手,诊断完全相反。④杂剧《同乐院燕青博鱼》中,梁山好汉燕青因被罚气坏了眼睛,"会神针法灸"的燕二,用"金针"为燕青"下针",配以口服药,便使他的眼睛"复旧如初"。⑤

元代除了中医以外,还有回回医师。元代大批回回人(中亚和西南亚信仰伊斯兰教诸民族的成员)来中国定居,他们带来了伊斯兰文化,其中就有伊斯兰医学。元朝政府专门设立了广惠司,管理回回药物。当时大都(今北京)有"回回医官"为人治病,很可能就是在广惠司任职的。⑥还有"西域贾胡""久客江南"卖药,能治"瘤疾跛

---

① 《朴通事谚解》卷中,第166—169页。
② 《朴通事谚解》卷上,第72—74页。
③ 作者佚名,《元曲选》第1692页。
④ 刘唐卿作,《元曲选外编》第430页。
⑤ 李文蔚作,《元曲选》第233页。
⑥ 《辍耕录》卷二二《西域奇术》。

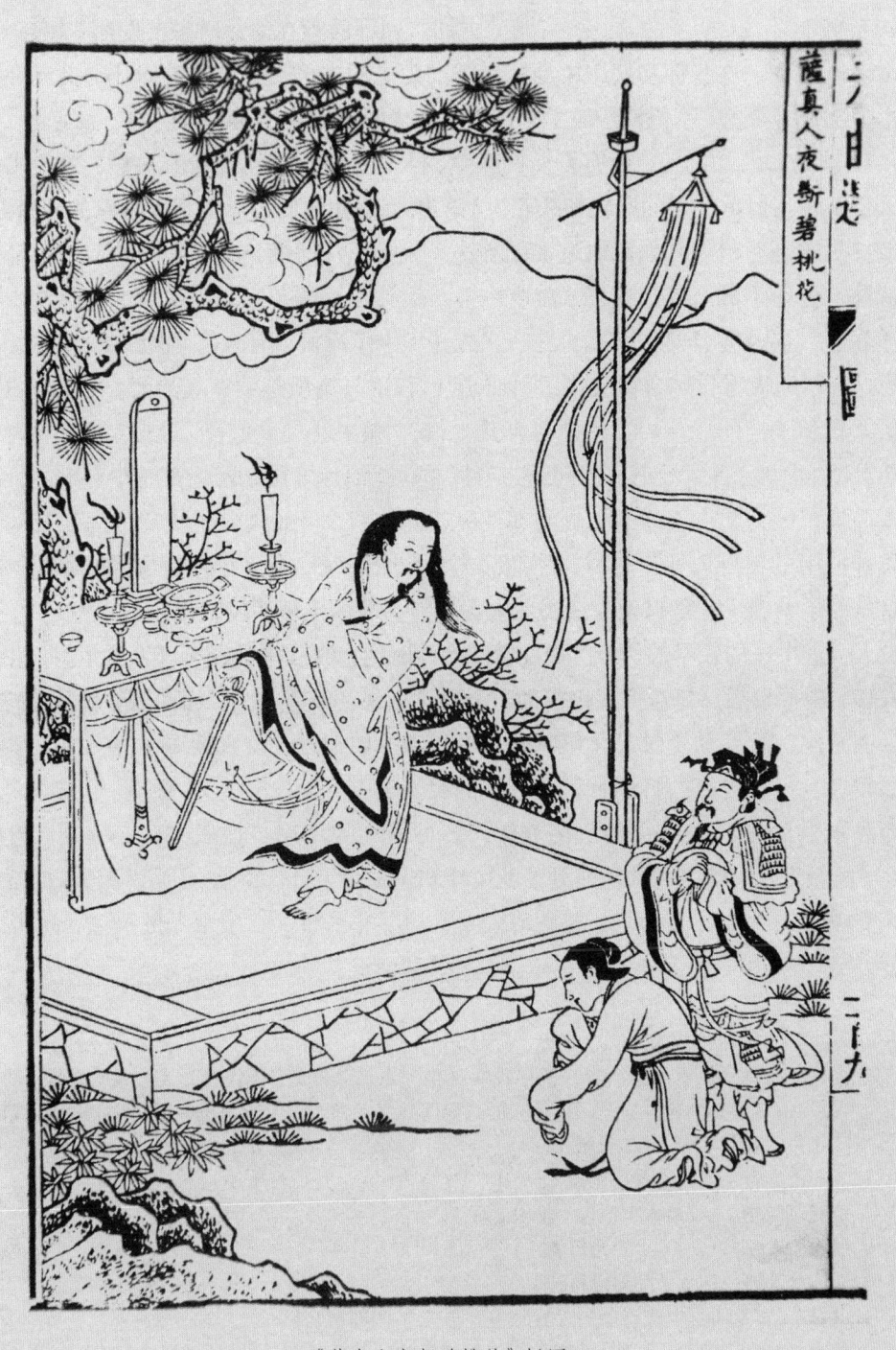

《萨真人夜断碧桃花》插图

癃"。① 所谓"贾胡",指的显然是回回人。这一时期,还出现了《回回药方》这样的著作,系统介绍了伊斯兰医学的各种治疗方法。回回医师在治疗时主要使用"胡药",以丸散膏丹为主,这些都和使用中药、以汤剂为主的中医形成鲜明的对比。此外在外科手术上也很有特色。② 伊斯兰医学的传播是元代医疗方式不同于前代的一大变化。

13 世纪初的蒙古人,没有专门的医生,人们患病时,不是听其自然,就是求助于上天或巫觋。但是长期的游牧和战斗生活的磨炼,使他们积累了某些特殊的医治方法,比较突出的是医治因外伤流血过多的方法。成吉思汗时期,将领布智儿身中数箭,血流遍体,昏迷不醒,成吉思汗"命取一牛,剖其腹,纳布智儿于牛腹,浸热血中,移时遂苏"。③ 成吉思汗之子窝阔台在一次战斗中中箭流血,有人将"凝住的血咂去"。成吉思汗又"用火将斡阔台箭疮烙了"。④ 咂血和用火烙便是蒙古人治箭(枪)伤的传统方法。在和王罕的战斗中,将领畏答儿受伤,"脑中流矢,疮甚",成吉思汗"亲傅以善药"。⑤ 可见已有医治疮伤的药物。当然,这些治疗方法和药物都是很有限的。随着不断向外扩展,蒙古人逐渐接触到其他民族的医学,开始请其他民族的医生看病。成吉思汗信用的契丹人耶律楚材,"博极群书",兼通医、卜之术,"丙戌冬,从下灵武,诸将争取子女金帛,楚材独收遗书及大黄药材。既而士卒病疫,得大黄辄愈"。⑥ 这是蒙古人引进中医的较早的例子。而在窝阔台汗时期,宫廷中已经有汉人医生。⑦ 大批蒙古人移居中原以后,每遇疾病仍求助于上天、巫觋,但请中医、回回医看病日趋普遍。

在元代,汉族和受汉文化影响较深的民族(如契丹、女真族等)中,中医学知识传播较广。元代流行的日用百科全书型的民间类书《事林广记》,便有"医学类",详记各种疾病的症状和治疗的用药方法,各种药物的用途与加工方法,以及"药性反忌"、"解救药毒"等,目的显然是普及医疗知识,便于自行诊治。⑧ 当时医生数量有限,看病要收费,再加交通不便,有病请医生诊治并非易事。一般常见的病症,患者及其

---

① 王沂《贾胡歌》,《伊滨集》卷六,《四库全书》本。
② 《回回药方》原本三十六卷,现存残本四卷,关于它的成书年代有元代、元明之际、明初诸说,但其主要内容,应是元代传入的,则无异义,参看《伊斯兰与中国文化》第六章第六节(宁夏人民出版社 1995 年版)。
③ 《元史》卷一二三《布智儿传》。
④ 《元朝秘史》(校勘本)卷六,第 192 页。
⑤ 《元史》卷一二一《畏答儿传》。
⑥ 《元史》卷一四六《耶律楚材传》。
⑦ 姚燧《郑龙冈先生挽诗序》,《牧庵集》卷三,《四部丛刊》本。
⑧ 《事林广记》(后至元刻本)戊集下。按《事林广记》(日本元禄翻刻元泰定本)辛集亦有类似内容。以上两本均见《事林广记》(中华书局 1999 年版)。《事林广记》(元至顺刻本,中华书局 1963 年影印本)无此项内容。

家属常采取自行购药服用的办法。名医罗天益的《卫生宝鉴》中便记录了不少这样的例子，如齐大哥"因感寒邪、头项强、身体痛"，先服用灵砂丹，后服通灵散；高郎中弟妇"产未满月，食冷酪、苦苣及新李数枚，渐觉腹中疼"，家人便以槟榔丸服之，等等。① 但是，这种做法往往引起事故，导致病情的恶化，罗天益是不赞成的。

以上讲的是医生治病和自行诊断吃药的一些情况。治病的另一种方式是向上天和神祇许愿祈祷。例如，"王荐，福宁人，性孝而好义。父尝疾甚，荐夜祷于天，愿减己年益父寿。父绝而复苏……疾遂愈"。"杨时皋，扶风人。……[母]朱氏尝病剧，时皋叩天求代，遂痊，如是者再。""张旺舅，安丰霍丘人。……母病，伏枕数月，旺舅无赀命医，惟日夜痛哭，礼天求代，未几遂愈。"② 以上是祈天的例子。在祈祷神祇方面，比较常见的是东岳神、城隍神、关羽等。在本书其他部分已有论述。

向上天或神祇祈祷却病消灾，通常都和许愿联系在一起的。从上面一些例子可以看出，许愿的主要内容是减寿或以身相代，此外，也有表示在自己或某人病愈以后贡献物品。元代杂剧中对此亦有描写。《降桑葚蔡顺奉母》一剧中，因母亲患病不起，蔡顺"对天祷告，愿将己身之寿，减一半与母亲"。果然他的行为"感动天地神灵"，在寒冬天气降生桑葚，其母食用后病愈。③ 杂剧《小张屠焚儿救母》中，因母亲得病，张屠向东岳神许愿，以五岁孩儿作祭品，来救母亲一命。④ 这种荒谬、野蛮的举动并非文学家的虚构，而是当时的实事。⑤

祈天或祈神治病，常与"神水"有关。"王思聪，延安安塞人。……父尝病剧，思聪忧甚，拜祈于天，额膝皆成疮。得神泉饮之，愈。""杨时皋母朱氏""失明，时皋登太白山取神泉洗之，复如故"。"赵荣，扶风人，母强氏有疾，荣……负母登太白山，祷于神，得圣水饮之，乃痊。"⑥ "神泉（水）"治病，在民间流传已久，元代仍然流行。某些泉水因传说与天、神有关，因而便蒙上了神秘的色彩，被认为有治病的特殊功能。

治病还有一种方式是请巫觋施行巫术或道士施行法术。患病是由于鬼怪作祟的结果，施行巫术或法术，驱除作祟的鬼怪，可使病人恢复健康，这是当时各族群众中普遍存在的一种认识。关于巫觋治病，在本书的第九章中已有论述。道士施行法术治病，主要流行于汉族中间。元代道教中有不同派别，有的宗派强调个人修炼，有的宗派则擅长法术，施行符咒，自称能驱使鬼神，祈雨治疾。例如湖州道士莫月鼎，有疾患求

---

① 《卫生宝鉴》卷一《汗多亡阳》；卷三《妄投药戒》，人民卫生出版社1963年版。
② 《元史》卷一九七《孝友传一》。
③ 《元曲选外编》第416—447页。
④ 《元曲选外编》第716—724页。
⑤ 《元典章》卷五七《刑部十九·杂禁·禁投醮舍身烧死赛愿》。
⑥ 《元史》卷一九七《孝友传一》。

纯阳殿元代壁画《为母治眼》

治者,"或以蟹中黄篆符与之,或摘草木叶嘘气授之,无不立愈者"。[①] 杂剧《萨真人夜断碧桃花》中,状元张道南及第后任潮阳知县,"染病在身,医药无效",他的父亲认为"必有邪魔外道迷着",便请萨真人救度。萨真人设一坛场,施行法术,驱使神将押到女鬼,张道南因此得愈。[②]

中医在形成发展过程中,与巫术、道教的法术有密切的关系。后来医术逐渐从巫术和法术中分离开来,但仍有巫术、法术的痕迹。元代中医分为十科,其中之一是祝由书禁科。所谓"祝由"是有病者对天告祝其由之意,"书禁"就是以符咒治病。符是符箓,在纸或木板、布帛上写含有神秘意义的文字或图案,将纸烧成灰吞服,或将木板、布帛悬挂、携带,据说便可产生治病的效果。咒是咒语,含有神秘意义的语言,据说诵读可以祛除病痛。唐、宋中医学中均有书禁科,元代继续存在。祝由书禁,实际上就是巫术和法术的变种,在元代仍是普遍认可的一种医疗手段。元代大医学家朱震亨有一段议论:"或曰:《外台秘要》有禁咒一门,庸可废乎!予曰:移精变气,乃小术耳,可治小病。若内有虚邪,外有实邪,当用正大之法,自有定式,昭然可考。然符水惟膈上热痰,一呷凉水,胃热得之,岂不清快,亦可取安。若内伤而虚,与冬严寒,

---

[①] 宋濂《元莫月鼎传碑》,《宋文宪公全集》卷九。
[②] 作者佚名,《元曲选》第 1684—1701 页。

符水下咽，必冰胃而致害。"① 显然，他对符咒治病是抱怀疑态度的，但也说明这种医疗手段在当时是颇为流行的。

总起来说，在元代多数人心目中，以上几种治疗方法是并行不悖的。疾病患者往往在求医的同时，祈祷上天、神祇援救，或求助于巫觋、道士，也有先用一种方法治疗，无效时再改用其他方法。例如，上述《降桑葚蔡顺奉母》中，蔡顺母亲得病，他一面向上天祈祷，愿减己寿与母，另一面又请医生前来治病。甲寅年（1254年），忽必烈的斡耳朵（营帐）中，有一个名叫丑厮兀闽的人，"发狂乱弃衣而走"。先由"巫师祷之，不愈而反剧"，忽必烈便命罗天益治之，用中医医术治愈。② 朱震亨则记述了一个相反的病例。有一"金氏妇"得病，"言语失伦"，朱震亨认为，"此非邪，乃病也，但与补脾清热导痰，数日当自安"。但"其家不信，邀数巫者喷水而咒之，旬余乃死"。③

---

① 《格致余论·虚病痰病有以邪祟论》。"移精变气"指祝由科治病而言，《丛书集成》本。
② 《卫生宝鉴》卷六《泻热门·发狂辨》。
③ 《格致余论·虚病痰病有以邪祟论》。

【 第二节 医生和医药 】

元代为人看病的医生，有"医人"、"医工"、"医士"、"太医"等称呼。一般称医生为"医人"、"医师"、"医工"或"医士"。①"太医"原是官设医疗机构中的一种职位，前代有太医院（局），在其中任职的医生有"太医"的头衔。元代继承前代制度，亦设太医院，选择名医为太医，为宫廷及贵族、官僚服务。民间于是便把"太医"当作对医生的尊称。②

从宋代起，出现了"儒医"一名。"儒医"既指身为儒生而致力于医学，为人治病；又指身为医师而有较好的儒学修养。在宋代以前，儒、医是不同的行业，两者可以说没有多大联系。"儒医"名称的出现，表示"医"与"儒"合流，医生的身份有所提高。这是中国历史上医生身份的一大改变。③到了元代，"儒医"一名，更为普遍。名医罗天益说，他有一个治咳嗽的方子，是"从军过邓州，儒医高仲宽传此"。④罗天益"从军"是指13世纪中期宋蒙交战时，邓州（今河南省邓县）当时在蒙古控制下。这是一个不大的偏僻的城市，已有"儒医"之称。14世纪前期，元朝政府的一件文书中说："比年以来，一等庸医，不通《难》、《素》，不谙脉理，……辄于市肆，大扁'儒医'。"⑤"庸医"也以"儒医"自相标榜，可见"儒医"已成为医道高明的代名词。事实上，在元代医生中，可以看到上述两种情况。一种是身为医生而以读儒书自诩，例如江西"为医十有一世"的萧与宾，家有"读书堂"，其祖父萧震甫说："医道由儒书而出……舍儒而言医，世俗之医耳。"⑥世代为医的医生也以讲读诗书为荣，这是由"医"向"儒医"发

---

① 见《通制条格》卷二一《医药·医学·试验太医》；《元典章》卷三二《礼部五·学校二·禁治庸医》；杂剧《降桑椹蔡顺奉母》。
② 《降桑葚蔡顺奉母》，《萨真人夜断碧桃花》。
③ 陈元明《宋代的儒医》，《新史学》（台北）第6卷第1期。
④ 《卫生宝鉴》卷一二《咳嗽门》。
⑤ 《元典章》卷三二《礼部五·医学·禁治庸医》。
⑥ 欧阳玄《读书堂记》，《圭斋文集》卷六，《四部丛刊》本。

展。另一种如"金元四大家"中的朱震亨,是浙东理学家许谦的弟子,后因母久病不愈,到处求师问学,终于成为一代名医,这是由"儒"而成为"儒医"。当然,当时还有许多医生,实际上既不精于医学,儒学也不通,纯粹是欺世盗名而已。元代以后,号称"儒医"的医生就更多了。

就出身而言,元代的中医医生,有三种情况。

一种是家学。"医非三世,不服其药,圣人著之《礼经》,以示后世。"①医学需要长期的钻研和经验的积累,所以古人强调家学,形成一种传统。元代这种传统的影响仍是很突出的。例如,"真定窦氏以医术名著百余年矣",在忽必烈时代,窦行冲被任命为尚医,为宫廷服务。②河间名医王彦泽,"家河间数世矣,皆以医业相传"。③江西庐陵萧尚宾为医十有一世,已见前述,这是见于记载历时最久的从医家族。平江(今江苏苏州)葛应雷,父葛从豫"业儒而于九流百家靡所不通,尤工于医"。应雷继承家学,又能刻苦钻研,"其处方剂施砭焫率与他医异",以此名动一时。④元朝政府推行医户制度,行医之家凡在户籍上登记为医户者,必须世代以医为业,不能随便改易。这就从制度上加强了医学家传的传统。需要说明的是,元代户籍制度比较混乱,不少以医为业者不在医户户籍内。

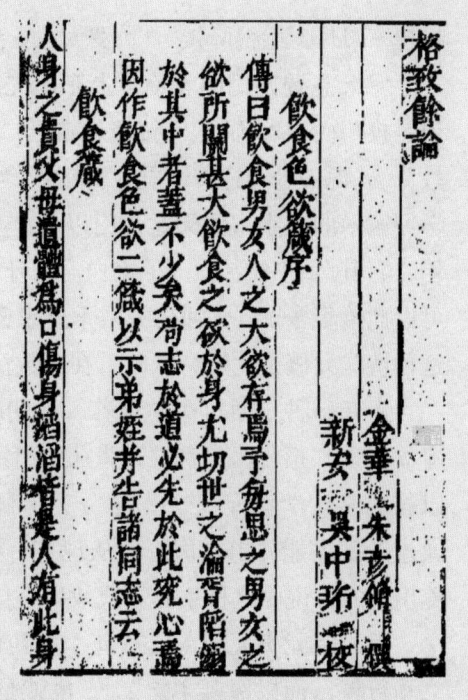

《格致余论》书影

一种是师徒相传。有志学医的青年往往跟随已经行医的医生学习,这种情况亦相当普遍。前面提到过的北方名医罗天益,便是"金元四大家"中李杲的学生。"金元四大家"中最后一位朱震亨,到处求师问学,最后得到罗太无的指点,成为一代名医。一些名医对于徒弟的选择是很严格的。李杲因年老,"欲道传后世,艰其人"。友人向他推荐罗天益,"君(李杲——引者)一见曰:汝来学觅钱医人乎?学传道医人乎?"罗天益回答:"亦传道耳。"⑤正因为罗天益表示愿为医学发扬光大而努力,而不是仅仅作为谋生的手段,李杲才收下了这个弟子。朱震亨闻罗太无之名,"遂往拜之,蒙叱咄者五、七次,

---

① 苏天爵《元故尚医窦君墓碣铭》,《滋溪文稿》卷一九,中华书局1997年版。
② 苏天爵《元故尚医窦君墓碣铭》,《滋溪文稿》卷一九。
③ 苏天爵《医学教授王府君墓表》,《滋溪文稿》卷一九。
④ 黄溍《葛公墓志铭》,《金华先生文集》卷三八,《四部丛刊》本。
⑤ 砚坚《东垣老人传》,《东垣先生试效方》卷首。见《东垣医集》,人民卫生出版社1993年版。

赵趑三阅月，始得降接"。①罗太无看到朱震亨专心求学，才将自己的学问倾囊传授。

罗天益登师门时作有《上东垣先生启》，前面颂扬李杲医术神妙："问病而证莫不识，投药而疾靡不瘳。"接着说自己"常切求师之志"，"欲敬服弟子之劳，亲灸先生之教"。并说："今乃谨修薄礼，仰渎严颜。"②可见投师要送上礼物，并呈上表示自己愿意学习医术的文字。罗天益入门以后，李杲对他十分照顾，"日用饮食，仰给于君。学三年，嘉其久而不倦也，予之白金二十两曰：'吾知汝活计甚难，恐汝动心，半途而止，可以此给妻子。'"③师徒关系十分亲密，不但不收学费，而且老师还负担徒弟的家用。这种情况大概是比较特殊的，在多数情况下，徒弟都要向老师交纳学费。

还有一种是通过医学培养。元朝政府对医疗事业颇为重视，在全国路府州县普遍建立医学，招收医户和"开张药铺行医货药之家"的子弟入学，"若有良家子弟才性可以教训愿就学者听"。④医学分为十科，已见前述。医学学生要经过一定年限的学习，通过考试才能外出行医。但从现有一些记载看来，元代有名的医生似乎没有从医学培养出来的，说明这种培养方式效果不佳。

元成宗元贞元年（1295年），"初命郡县通祀三皇，如宣圣释奠礼。……有司春秋二季行事，而以医师主之"。⑤也就是在各地普遍建立三皇庙，祭祀仪式与孔庙相同，由医师负责日常事务。这是以政府的名义，确认"三皇"为医生行业的神祇。各地设立的医学，都和三皇庙在一起，就像儒学与孔庙在一起一样。"三皇之祠于医学，自国朝始。"⑥凡是"行医之家"，"每遇朔望"，都要到三皇庙集会，"各说所行科业，治过病人，讲究受病根因，时月运气，用过药饵，是否合宜。仍令各人自写曾医愈何人病患，治法药方，具呈本路教授"。⑦三皇庙的设置和三皇崇拜的流行，行医之人在三皇庙定期集会探讨医术，都可以说是元代医疗活动的特色。

元代的医学，就整体水平来说，比起前代来，有明显的进步。"金元四大家"中的李杲、朱震亨，都活动于元代，他们的医学理论和实践，产生了广泛的影响。针灸技术亦有新的发展，代表人物是窦默，还有一些著名的医生。回回医术的传入，对中医产生了有益的作用。但从当时的实际情况来看，真正出色的能够治病救人的"良医"是极少数，就是一般能胜任本职工作的医生亦不多，滥竽充数甚至假医为名骗人钱财的庸医、

---

① 《格致余论·张子和攻击注论》。
② 《卫生宝鉴》卷首《自启》。
③ 《东垣老人传》。
④ 《元典章》卷三一《礼部五·医学·讲究医学》。
⑤ 《元史》卷七六《祭祀五·郡县三皇庙》。
⑥ 苏天爵《前卫新建三皇庙记》，《滋溪文稿》卷二。
⑦ 《元典章》卷三一《礼部五·医学·讲究医学》。

江湖医生却是到处可见的。医生治病效果总的来说是不高的。元代前期，罗天益著《卫生宝鉴》，其中记录了不少庸医杀人的例子。他特别反对请所谓"福医"看病的风气："不精于医，不通于脉，不观诸经、本草，赖以命运通达而号为福医，病家遂委命于庸人之手，岂不痛哉！"①这类缺乏必要医学修养只凭运气为人治病的"福医"，正是"庸医"的典型，在当时比比皆是，所以罗天益才会大声疾呼，加以声讨。至元五年（1268年），提点太医院官员上奏说："有不习医道诸色人等，不通医书，不知药性，欺诳俚俗，假医为名，规图财利，乱行铖药，误人性命。又有一等妇人，专行堕胎药者，作弊多端。"请求取缔。忽必烈批准这一建议，"仰中书省遍行随路，严行禁约"。②将近半个世纪以后，同样的问题又提了出来。至大四年（1311年），中书省刑部的一件呈文中说："比年以来，一等庸医不通《难》、《素》，不谙脉理，至如药物君臣佐使之分，丸散生熟炮炼之制，既无师傅，讵能自晓。或日录野方，风闻谬论，辄于市肆，大扁'儒医'，以至闾阎细民，不幸遭疾。彼既寡知，谩往求谒。庸医之辈，惟利是图，诊候中间，弗察虚实，不知标本，妄投药剂，误插针灸。侥幸愈者，自以为能，谬误死者，皆委于命。……似此致伤人命，不可缕数。"③呈文中提出，应加强对医生的管理，"若能明察脉理，深通修合者，方许行医看候。如有诊候不明，妄投药剂，误插针穴，致伤人命者，临事详其轻重追断"。④皇庆元年（1312年），太医院上奏："如今有一等不畏官法的人每，当街聚众施呈小技，诱说俚俗，货卖药饵。及有不通经书，不知药性，乱行医药针灸，贪图钱物，其间多有伤害人命。"元朝皇帝又一次下令禁止。⑤这里主要说的是一些江湖医生。庸医、江湖医生不懂医理，随意治病，伤害人命，屡禁不绝，已成为元代一大公害。

在元代杂剧中，常有关于医生的描写，有趣的是，多数都是以庸医的面目出现的。例如在《感天动地窦娥冤》中，有一个赛卢医，自称"行医有斟酌，下药依本草，死的医不活，活的医死了"，"小子太医出身，也不知医死多少人，何尝怕人告发"。⑥在《萨真人夜断碧桃花》杂剧中，也有一位赛卢医，上场时说："我做太医手段高，《难经》、《脉诀》尽曾学。整整十年中间，医不得一个病人好，拼则兵马司中去坐牢。"⑦"卢医"即古代名医扁鹊，以家在卢国，故又有此名。"赛卢医"是外号，即胜过扁鹊之意。但两剧中"赛卢医"都是医死人的庸医，外号和能力相比形成强烈的讽刺。还有一出《降

---

① 《卫生宝鉴》卷三《福医治病》。
② 《通制条格》卷二一《医药·假医》。
③ 《元典章》卷三二《礼部五·医学·禁治庸医》。
④ 《元典章》卷三二《礼部五·医学·禁治庸医》。
⑤ 《元典章》卷五七《刑部十九·禁毒药·禁治沿街货药》。
⑥ 关汉卿作，《元曲选》第1500、1504页。
⑦ 作者佚名，《元曲选》第1692、1694页。

桑葚蔡顺奉母》杂剧，蔡顺之母得病，请了两位医生，一个名叫胡突虫，一个是宋了人。两人治病，"指上不明，医经不通"。"活的较少，死者较多"。"他有一分病，俺说做十分病，有十分病，说做百分病。到那里胡乱针灸，与他服药吃。若是好了，俺两个多多的问他要东西钱钞，猛可里死了，背着药包，望外就跑"。① 这类人物形象的塑造，决非偶然，无疑是现实生活中存在大量庸医的写照。

中医治病，需用各种药材。中药的发售，有专门的"药铺"。经营"药铺"者一般都懂医术，有的就是为人看病的医生。例如杭州蒋景，"故宦族，而君之先独弗仕，至君遂学为医，然不专以其技自用，恒蓄善药为丹剂汤饵以售于人。取嵇叔夜《养生论》所引神农氏语，以'养斋'扁其药室。其制药也自山泽来致其物者必以色味，参诸图经，非其地崖及采暴之时弗苟取也。铢分之等，捣治熰灸，合和之宜，必本诸方书，小失其度，辄弃去弗苟用也。言医者冀得善药辅其术，教病家求药必之养斋。自达官显士、闾巷小夫，至于旁州比县之人，无不知求药于养斋者，故其室无留药，日役数十人药犹不给。或持钱躇其门，累日乃得药，不以为愠。杭之业于药者千百不啻，莫敢与之齿也。凡学于君者多良医，而食于君者皆良工云"。② 杭州一地药铺"千百不

元代版画中的生熟药铺图

① 刘唐卿作，《元曲选外编》第428—429页。
② 黄溍《养斋蒋君墓志铭》，《金华先生文集》卷三八。

啻",可能有些夸大,但数量可观则是可以断言的。蒋景本人是个"良医",他经营的药铺("养斋")对药材的收购和加工都很认真,因此获得了良好的声誉,成为杭州药铺之冠。在他的药铺中从事药材加工的每日不下数十人,产品常常供不应求。这是大药铺的例子。杂剧《感天动地窦娥冤》中,赛卢医为人看病,同时"在这山阳县南门开着生药局"。① "生药局"便是药铺的别名,② 这家药铺显然规模很小。药铺都有特定的幌子作为标志。高丽的汉语教科书记载,有人害疥,痒当不的,旁人便说:"你去更鼓楼北边王舍家里,买将一两疥药来搽一遍,便成疙瘩都吊了。"此人问:"我不知道那家有什么幌字(幌子的谐音——引者)?"答:"那家门前兀子上,放着一个三只脚铁虾蟆儿便是。"③ 这三脚虾蟆便是药铺的幌子。

　　元代医生中,"庸医"多,江湖医生多,已见上述。与之相应的是假药盛行,毒药泛滥。至元九年(1272年)中书省的一件文书中说:"七月二十一日,阿合马平章奏:'如今街上多有卖假药,及用米面诸色包裹诈装药物出卖的也有,恐误伤人性命。'奉圣旨:'您也好生出榜明白省谕者。如省谕已后有违犯人呵,依着扎撒教死者。'"④ "扎撒"是蒙语音译,意为法律。也就是说,如果在禁令发布以后再卖假药,就要按照法律处以死刑。尽管如此,假药并未禁绝。元贞二年(1296年)监察御史的呈文中说:"切见大都午门外中书省、枢密院前,及八匝儿等人烟辏集处,有一等不畏公法假医卖药之徒,调弄蛇禽傀儡,藏挟撒钹到花钱击鱼鼓之类,引聚人众,诡说妙药。无知小人利其轻售,或丸或散,用钱赎买,依说服之,药病相反,不无枉死。参详京师天下之本,四方取法者也,太医院不为禁治,不唯误人性命,实伤风化。理宜遍行禁治。"中书省批准这一建议。⑤ "八匝儿"是突厥语音译,义为市集。可见京师大都的热闹去处假药泛滥成灾。京师如此,外地可想而知。

　　中药铺中出售的药物,有一部分是含毒性的。有毒的药物在治疗某些疾病时是必需使用的,此外也有人在酿酒时"加以马蔺、芫花、乌头、巴豆、大戟等药,以增气味"。⑥ 更有甚者,则用来害人。杂剧《感天动地窦娥冤》中,张驴儿从药铺买来毒药,原想毒死蔡婆婆,结果毒死了自己的父亲。⑦ 毒药的随意买卖,是社会的不安定因素。至元五年(1268年)的圣旨中说,有些"开张药铺之家""往往将有毒药物如乌头、

---

① 《元曲选》第1500页。
② 此外又有"生药铺"之称,见《刘夫人苦痛哭存孝》,《元曲选外编》第43页。
③ 《朴通事谚解》卷下,第272—274页。
④ 《元典章》卷五七《刑部十三·禁毒药·禁货卖假药》。
⑤ 《通制条格》卷二一《医药·假医》。
⑥ 《卫生宝鉴》卷四《饮伤脾胃论》。
⑦ 《元曲选》第1504—1506页。

附子、巴豆、砒霜之类，寻常发卖与人，其间或有非违，杀伤人命"，因而"严加禁约"。① 大德二年（1298年）中书省上奏说：

> "俺与太医院官、部官众人一处商量得，今后如砒霜、巴豆、乌头、附子、大戟、莞花、黎蒌、甘遂这般毒药，治痛的药里多用着，全禁断呵，不宜也者。如今卖药的每根底严切禁治，外头收采这般毒药将来呵，药铺里卖与者。医人每买有毒的药治病呵，着证见买者。卖的人文历上标记着卖与者。不系医人每闲杂人每根底休卖与者。这般省谕了明白知道。卖与毒药害了人性命呵，买的卖的两个都处死者。闲杂人每根底卖与阿（呵），不曾害人性命有人告发呵，买的卖的人每根底各杖六十七，追至元钞一百两与元告人充赏者。又街市造酒曲里这般毒药休用者。"

这件上奏文书得到皇帝批准。② 它对毒药买卖作出了具体规定。毒药采集后，只许卖给药铺，药铺只能卖给医生，出卖时要有见证人，还要登记在册。凡因毒药买卖伤害人命，买卖双方都要处死。卖给不是医生的闲杂人，不曾伤害人命，一经举报，买卖双方杖六十七，罚钞百两。不许用毒药酿酒。等等。显然，毒药害人已成为社会公害，但又不能完全禁止，于是便采取种种办法，加强管理，控制毒药的流通。但这些禁令的效果如何是值得怀疑的。《窦娥冤》中张驴儿就是"闲杂人"，他用恐吓的手段从药铺得到了毒药。

毒药酿酒亦能害人。罗天益认为饮用这样制造出来的酒"伤冲和、损精神、涸荣卫、竭天癸、夭人寿者也"。③ 大德二年的文书中专门提到禁止用毒药造酒出售。到了至大四年（1311年），太医院又上奏说：

> "在先薛禅皇帝、完者笃皇帝时分，曲药里多用有毒的药物，为伤人的上头，遍行文字禁断来。如今造酒踏曲的都交严行禁断，更要罪过呵，怎生？"

皇帝表示同意，宣布"合禁药物"有砒霜、巴豆、乌头、附子、大戟、莞花、梨蒌、甘遂、侧子、天雄、乌喙、莨菪子共十二种。④ "薛禅皇帝"是元世祖忽必烈，"完者笃皇帝"是元成宗铁穆耳，可见用毒药酿酒，也是屡禁不止的。

---

① 《元典章》卷五七《刑部十九·禁毒药·禁卖毒药乱行钅咸医》。
② 《元典章》卷五七《刑部十九·禁毒药·禁治买卖毒药》。
③ 《卫生宝鉴》卷四《饮伤脾胃论》。
④ 《元典章》卷五七《刑部十九·禁毒药·禁治毒药》。

第三节　养生与卫生

总的来说，元代各种疾病盛行，平均寿命短促。这就激发人们去探求健康长寿的方法。归纳起来，元代人们认为可以导致健康长寿的方法主要有下列几种。

祈祷上天、神祇添寿。成吉思汗要全真道领袖邱处机与他的门人为自己"诵经祝寿"。在向汉地官员颁发的圣旨中说："邱神仙应有底修行底院舍等，系逐日念诵经文告天底人每，与皇帝祝寿万万岁者。"[1] 后来元朝历代皇帝都颁圣旨"和尚、也里可温、先生、答失蛮不拣什么差发休着者，告天祝寿者"。[2] 也就是说，各种宗教职业者都可免除赋税，但要诵念经文，为大汗（皇帝）向上天祈祷增寿。统治者如此，贵族、官僚以至民间百姓亦是如此。上一节说过，人们常向上天、神祇祈祷，愿减己寿为亲人添寿，

《饮膳正要》书影

实际上就是认为上天、神祇掌握着寿命的长短。东岳崇拜之所以特别流行，重要原因是传说东岳神"掌管人间生死贵贱"。[3]

中国古代道教中有外丹一派。即以水银、丹砂、雄黄等物炼成丹，据说服后可以

---

[1] 李志常《长春真人西游记》卷下及附录。
[2] 参看《元代白话碑集录》（蔡美彪编）中有关碑文，科学出版社1955年版。
[3] 佚名《看钱奴买冤家债主》，《元曲选》第1585页。

治病延年，甚至长生不老。唐宋时炼外丹之风很盛，元代此风明显下降，但热衷于此者仍不乏其人。著名的有湖南道宣慰使赵淇，"飘然有神仙之思，……使方士烧水银、硫黄、朱砂、黄金等物为神丹，以资服食"。[1] 由于一部分贵族、官僚好此道，于是社会上便出现了一批专门讲究炼丹的"丹客"，到处招摇撞骗。正如一篇散曲中描写的那样："朝烧炼暮烧炼朝暮学烧炼，这里串那里串到处都串遍。东家骗西家骗南北都诓遍，惹的妻埋怨子埋怨父母都埋怨。我问你金丹何日成，铅汞何日见，只落的披一片挂一片拖一片。"[2]

神仙服食图

药物保健颇为盛行。服用某些药物来预防疾病，在元代颇为流行。民间的谚语说："无病服药，如壁里安柱。"比较典型的是春天服"宣药"（春宣丸）。这是用牵牛、大黄等制成的，"或丸或散，自立春后，无病之人服之，辄下数行。云：凡人于冬三月厚衣暖食，又近于火，致积热于内，春初若不宣泄，必生热疾"。[3] 此法南、北都很普遍。[4] 又如，有人因肥胖，"恐后致中风"，便服搜风丸，"其药推陈致新化痰"。[5] 此外还有多种据说可以延年益寿、滋补强身的药物，名目繁多。[6]

至迟从宋代起，饮"汤"之风颇盛。[7] 所谓"汤"，就是用各种药物、香料制作的饮料，常用的药材有荳蔻、缩砂、干姜、良姜等，香料有丁香、沉香、檀香、苏木等。宋代的医学著作认为："诸汤可以清痰，可以消积，可以快气，可以化食。口鼻既宜，胸膈亦纾。平居无事，思患预防，非方之良者乎！"[8] 饮"汤"实际上是药物保健的一种方式。

但是，上述药物保健之法受到一些名医的反对。罗天益引用李杲的话说："无病服药，乃无事生事。"他自己认为，"夫用药如用刑，民有罪则刑之，身有疾则药之，无

---

[1] 虞集《赵文惠公神道碑》，《道园学古录》卷一三。
[2] 无名氏《丹客行》，《全元散曲》第 1664 页。
[3] 《卫生宝鉴》卷一《春服宣药辨》。
[4] 朱震亨《格致余论·春宣论》。
[5] 《卫生宝鉴》卷三《戒妄下》。
[6] 参见许国桢《御药院方》卷六《补虚损门》（人民卫生出版社 1993 年版），萨德弥实《瑞竹堂经验方》卷七《羡补门》，人民卫生出版社 1982 年版。
[7] 参见本书第一章。
[8] 转引自朱震亨《局方发挥》，《四库全书》本。

罪妄刑,是谓虐民,无痛妄药,反伤正气"。以服宣药而论,罗天益说:"初春宣药服寒凉,无故令人遭疫疠。"①朱震亨对此也抱否定的态度。②对于饮"汤",朱震亨同样不以为然。他说:"今观诸汤,非荳蔻、缩砂、干姜、良姜之辛宜于口,非丁香、沉、檀、苏、桂之香宜于鼻,和以酸、咸、甘、淡,其将何以悦人。奉养之家,闲佚之际,主者以此为礼,宾朋以此取快。不思香辛升气,渐至于散;积温成热,渐至郁火;甘味恋膈,渐成中满。……将求无病,适足生病,将求取乐,反成受苦。……其病可胜言哉!"③

以饮食养生。元代关于饮食养生的论说颇多,概括起来,可以分成两个方面。一是主张节制饮食以保证身体健康,一是主张"食疗",即注意饮食的"忌避",防止病从口入,并用适当的饮食(有的加上药物)达到治病或强身的目的。

关于节制饮食,元代论者颇多。罗天益强调"饮食之有节"是"不药之药也"。④朱震亨作《饮食箴》,指出:"为口伤身,滔滔皆是。……睠彼味者,因纵口味,五味之过,疾病蜂起。""山野贫贱,淡薄是诸,动作不衰,此身亦安。"⑤饮食没有节制,是患病的重要原因。元代中期成书的宫廷饮食著作《饮膳正要》中,也特别强调节制饮食对于养生的重要性:"今时之人,……起居无常,饮食不知忌避,亦不慎节,多嗜欲,厚滋味,不能守中,不知持满,故半百衰者多矣。""虽然,五味调和,食饮口嗜,皆不可多也。多者生疾,少者为益,百味珍馔,日有慎节,是

《饮膳正要》卷一"饮酒避忌"图

《饮膳正要》卷一"食疗诸病"图

---

① 《卫生宝鉴》卷一《春服宣药辨》。
② 《格致余论·春宣论》。
③ 《局方发挥》。
④ 《卫生宝鉴》卷一《无病服药辨》。
⑤ 见《格致余论》。

为上矣。"①

关于"食疗",在元代也是颇为流行的。上述《饮膳正要》,可以说是集"食疗"之法大成的一部著作。此外还有一些论著讨论"食疗"的问题。当时的"食疗",有两个内容。一个内容是探讨食物的各种禁忌,"饮食藉以养生,而不知物性有相反相忌,丛然杂进,轻则五内不和,重则立兴祸患,是养生者亦未尝不害生也"。②《饮膳正要》中列有"食物利害"、"食物相反"、"食物中毒"、"服药食忌"等目,分别介绍有些食品在某种状态下不可食,有些食品不能同时食用,等等。目的是要"饮食"时知所"忌避","若贪爽口而忘避忌,则疾病潜生而中不悟,百年之身而忘于一时之味,其可惜哉"!③另一种名为《饮食须知》的著作,"专选其反忌,汇成一编,俾尊生者日用饮食中便于检点耳"。④这是一部在民间流行的作品。可见,上起宫廷,下到民间,都很注意饮食的"忌避"问题,防止饮食不当而得病,把它看成"养生"的不可缺少的环节。

当时关于饮食"忌避"的说法很多,其中有些是长期经验的总结,确有道理。如"猪羊疫死者不可食","诸肉臭败者不可食"等。也有不少内容,显然是不可信的,如"诸果落地者不可食","蟹八月后可食,余月勿食"等。还有许多关于"食物相反"(两种食物不能同食)、"食物利害"的内容,是否可信,有待验证。也就是说,元代关于食物"忌避"的说法,有些是可信的,有很多是不可信的,不能一概而论。

"食疗"的另一个重要内容,则是用适当的富有营养的饮食,有的还加上药物,达到强身、治病的效果。《饮膳正要》中有"食疗诸病"一门,罗列饮食名目六十一种,分别开列制作方法和主治病症,如"生地黄鸡"用生地黄、饴糖、乌鸡加工制成,"治腰背疼痛,骨髓虚损,不能久立,身重气乏,盗汗少食,时复吐利"。"羊蜜膏"用熟羊脂、熟羊髓、白沙蜜、生姜汁、生黄地汁加工制成,"治虚劳腰痛咳嗽肺痿骨蒸"。⑤同书中还有"聚珍异馔"和"诸般汤煎",前者收录主食花样和菜肴九十余种,后者收录饮料、油料五十余种,其中不少亦开列其治病养生功能,如"马思答吉汤""补益温中顺气";"炙羊腰""治卒患腰眼疼痛者";"白梅汤""治中热五心烦躁霍乱呕吐干渴津液不通",等等。⑥

元朝宫廷中以蒙古人为主,蒙古人原来饮食简单,宫廷中的"食疗"诸方,有的是中原汉族的,有的来自域外(主要是回回人传入的),也有少数是蒙古原有的或其他

---

① 《饮膳正要》卷一《养生避忌》、《五味偏走》。
② 贾铭《饮食须知·序》。
③ 《饮膳正要·引言》。
④ 《饮食须知·序》。
⑤ 《饮膳正要》卷二。
⑥ 《饮膳正要》卷一、卷二。

少数民族的，比较复杂。在宋代，"食疗"已相当流行。这种风气在元代延续下来，既对宫廷有影响，又在民间继续流传。最能反映这种风气延续的是，宋代陈直作《养老奉亲书》一卷，强调对老人"若有疾患，且先详食医之法，审其症状，以食疗之。食疗未愈，然后命药"。① 元代邹铉续增三卷，共四卷，并更名为《寿亲养老新书》。原书有"食治老人诸疾方"多种，续增部分又增添了若干种"食治方"，并说："食治诸方，不特老人用之，少壮者对证疗病皆可通用。"② 以此书和《饮膳正要》相比较，可以发现，两书的"食疗"方有不少是相同的，如"猪肾粥"、"生地黄粥"、"荜拨粥"、"黄雌鸡"、"野鸡羹（臛）"等，还有一些制作方法很相近。

清心寡欲以养生。金元之际，全真道在北方影响很大。全真道领袖邱处机应成吉思汗之召前往中亚。成吉思汗向他询问"长生之道"，邱处机回答"以清心寡欲为要"。③ 全真道的这种养生论在元代流传颇广。名医罗天益亦持类似看法："饮食之有节，起居而有常，少思寡欲，恬澹虚无，精神内守，此无病之时，不药之药也。"④ 生活有规律，节制饮食和房事，便是"清心寡欲"的主要内容。大医学家朱震亨作《饮食箴》，已见前述，又作《色欲箴》："睠彼昧者，狥情纵欲，惟恐不及，济以燥毒。……士之耽兮，其家自废，既丧厥德，此身亦瘁。"⑤ 宫廷饮食著作《饮膳正要》更提出："善摄生者，薄滋味，省思虑，节嗜欲，戒喜怒，惜元气，简言语，轻得失，破忧阻，除妄想，远好恶，收视听，勤内固，不劳神，不劳形，形既安，病患何由而致也。"⑥ 为了养生，一切欲望都在摒除之列。

"清心寡欲"，说起来容易，做起来很难。特别像《饮膳正要》中的要求，不但皇帝做不到，一般人也难以达到。就是跳出红尘出家的僧人、道士，

丘处机像

---

① 陈直、邹铉《寿亲养老新书》卷一《饮食调治第一》。
② 《寿亲养老新书》卷二《食治方》。
③ 《元史》卷二〇二《释老传》。李道谦《长春演道主教真人传》，《道家金石略》第635—636页。
④ 《卫生宝鉴》卷一《无病服药辨》。
⑤ 《格致新论》。
⑥ 卷一《养生避忌》。

真正做到"清心寡欲"的也不多。

此外还有修炼气功以养生。修炼气功，由来已久。宋代在道士中很盛行，对文人士大夫亦有一定影响。元代全真道主张修炼内丹，可以长生益寿，实际上就是修炼气功。文人中间，也有讲究气功养生的，例如周密（1232—1298）就笃信"道家胎息之法"，说是"试行"之后，"精神便自不同，觉脐下实热，腰脚轻快，面目有光"。①

由上所述，可以看出，元代讲究养生成风，方法众多。但总的说来，热衷于养生的，主要是贵族、官僚、文人，还有一些僧人、道士，至于下层群众，简单的衣食尚且不敷，养生之道与他们是无缘的。

在个人卫生方面，刷牙、洗澡、理发等行为相当普遍。以刷牙来说，元代医书《御药院方》、《卫生宝鉴》和《瑞竹堂经验方》等著作中都有不少治牙齿的方子，有的治牙疼、牙齿垢腻等，有的则用来使牙牢固，后一类的性能实际上类似今天的牙粉。例如"遗山牢牙散"，用"七味为末"配成，"早辰用药刷牙，晚亦如之"。长期使用，可以使牙齿牢固及无疼痛。又有"沉香散"、"治刷牙，坚固牙齿，荣养髭发"。用沉香等十五味研为细末，"每用半钱，如常刷牙，温水刷漱了，早晚二次用"。又有刷牙药，用香附子、大黄等为细末，"每日刷牙"。②刷牙的工具称为牙刷。诗人郭钰有诗《郭恒惠牙刷得雪字》，其中云："南州牙刷寄来日，去腻涤烦一金直。短簪削成玳瑁轻，冰丝缀锁银帛密。"③似颇讲究。高丽汉语教科书记载，卖刷子的有"帽刷"、"靴刷"、"刷牙"和"掠头"。④其中"刷牙"显然就是牙刷。可以认为，刷牙在元代已不罕见。

元代宫廷中有浴室，在延华阁东南隅东殿后。又有"温石浴石在瀛洲前"，应是突厥式的洗澡设备。⑤许多佛寺、道观都有"浴堂"。⑥高丽时代汉语教科书有一段关于"混堂"的记载：

"孙舍，混堂里洗澡去来。我是新来的庄家，不理会的多少汤钱。我说与你，汤钱五个钱，挠背两个钱，梳头五个钱，剃头两个钱，修脚五个钱，全做时只使得十九个钱。我管看汤钱去来。衣裳、帽子、靴子都放在这柜里头，分付这管混堂的看着。到里间汤池里洗了一会儿，第二间里睡一觉，又入去洗一洗，却出客位里歇一会儿，梳刮头，修了脚，凉定了身已时，却穿衣服吃几盏闭风酒，精神

---

① 《癸辛杂识》前集《胎息》。
② 《重订瑞竹堂经验方》卷十《发齿门》。
③ 《元诗选初集·静思集》。中华书局1987年版。
④ 《朴通事谚解》卷下，第315—316页。
⑤ 陶宗仪《辍耕录》卷二一《宫阙制度》。
⑥ 参看《元代白话碑集录》（蔡美彪编）中有关碑文中的记载。

便别有。"①

"混堂"即澡堂，至今某些地方仍有此称呼。从这段记载可以看出，"混堂"中有"汤池"，又有休息的地方。可以洗澡，还可以梳头、挠背、剃头、修脚。其设备和功能与后代的城市澡堂差不多。《朴通事》记述的主要是大都的景物，以上所记应即大都城中的澡堂。同书又记有人"搬在法藏寺西边混堂间壁住里"，②法藏寺是大都名刹之一，"在石佛寺西北，金城坊内"。③另据方志记载，"都中官员士庶之家，聘女将嫁之明日，家人送女儿入堂中澡浴。男家一应都散汤钱，凡应役者赏有差。……及有剃面钱之类，迟明则出嫁"。④以上这些记载，都足以说明大都的"澡堂"不在少数。其他城市料亦如是。西方旅行家马可波罗说，杭州若干街道"置有冷水浴场不少，场中有男女仆役辅助男女俗人沐浴"。"浴场之中亦有热水浴，……土人每日早起，非浴后不进食。"⑤这些记载是否完全属实有待研究，但杭州多浴室则是可信的。总之，元代上至皇室，下及民间，都有洗澡的风气。不少大型寺观，都有专门的浴室。当时还有专门的"澡洗药"，用干荷叶等配合而成，"每用二两，生绢袋盛，用水二桶，熬数十沸，放稍热，于无风房内淋浴。避风，勿令风吹。光腻皮肤，去搔痒"。⑥这是见于记载较早的药浴。

无论城乡理发都很普及。当时有不少专业的理发师。理发成为一个专门的行业，还出现了《净发须知》这样的行业内部用书。⑦高丽汉语教科书中有关于理发的描写：

"叫将那剃头的来，你的刀子快也钝？你剃的干净着，不要只管的刮，刮的多头痛。剃了，撒开头发梳。先将那稀篦子篦了，将那挑针挑起来，用那密的篦子好生篦着，将风屑去的爽利着。梳了，绾起头发来，将那镊儿来摘了那鼻孔的毫毛，将那铰刀斡耳，捎息来掏一掏耳朵。与你五个钱。"⑧

这一段描写的是理发的过程。当时汉人留长发，用刀剃的主要是鬓发。梳头是理发中比较重要的程序，"篦子"就是"篦"，梳头的工具。前引同一记载说"梳头五个钱，

---

① 《朴通事谚解》卷上，第96—98页。
② 《朴通事谚解》卷中，第188页。
③ 《析津志辑佚·寺观》第78页。
④ 《析津志辑佚·风俗》第209页。
⑤ 《马可波罗行记》第359页。
⑥ 《重订瑞竹堂经验方》一《诸风门》。按《御药院方》卷八《治杂病门》亦有此方。文字略有出入。
⑦ 见《永乐大典》卷一四一二五。
⑧ 《朴通事谚解》卷上，第82—84页。

剃头两个钱",正说明了梳头比剃头要复杂费事一些。有的记载中提到"业梳剃者",[①]亦说明理发时梳剃并重。理发还包括摘鼻毛、斡耳和掏耳朵等程序。

在家庭卫生方面,焚香仍被认为是去除秽气、净洁环境的良方。元代名画家倪瓒"有洁癖",离不开香料。有一次"因偶出,行李中乏香烧用",便向友人请求给"杂香另碎者","烧置卧内,以净秽气"。[②]官员们在宴会上用"汝瓷鸭炉焚香"。[③]高丽汉语教科书记载,收拾招待客人的房间,"洒些水,将苕帚来扫的干净着"。炕上铺褥子,周围放交椅,挂上画儿,再"将镂金香炉来,烧些饼子香"。[④]这当然是富裕人家的生活方式。又记:"不知道那里距丽死了一个蚰蜒,我闻了臊气,恶心上来,冷疾发的当不的。拿着水来我漱口,急忙将苕帚来,绰的干净着,将两根香来烧。"[⑤]说明以烧香去除秽气。

有蚊子时,"买将草布蚊帐来,打着睡"。"把那菖蒲叶儿来做席子,铺着睡时,跳蚤那厮近不的"。[⑥]皮衣撒上菖蒲末儿,便可防虫子蛀。[⑦]

---

① 《辍耕录》卷八《飞云渡》。
② 倪瓒《与介石》,《清閟阁全集》卷一○,清康熙刊本。
③ 王逢《陪宴周伯温左丞、刘君楚侍郎……》,《梧溪集》卷三,《北京图书馆古籍珍本丛刊》本。
④ 《朴通事谚解》卷中,第226—227页。
⑤ 《朴通事谚解》卷下,第263页。
⑥ 《朴通事谚解》卷中,第254页。
⑦ 《朴通事谚解》卷下,第261页。

【第四节　陋俗种种】

元代社会，既有讲求卫生、养生的风气，又有不少不利于健康的陋俗，其中比较突出的是缠足、酗酒和棚股治病。

缠足是一种对妇女身心健康有极大损害的陋俗。一般认为，缠足始于五代，到了宋代已是"人人相效，以不为者为耻"了。① 元代缠足之风更盛，散曲中常有这方面的描写，如"小小鞋儿连根绣，缠得帮儿瘦，腰似柳，款撒金莲懒抬头"。②"衬湘裙玉钩三寸"。③ 女性蹴鞠时，"锦鞠袜，衬乌靴，款蹴金莲"。④"蹴鞠场中，……款侧金莲"。⑤ 行走时，"盈盈娇步小金莲"；⑥"三月三日曲水边，一步一朵小金莲"。⑦ 有的散曲专门咏"美足小"："地锦踏，香风飒。款步金莲蹴裙纱。纤柔娇衬凌波袜。软玉钩，新月牙，可喜杀。"⑧ 杂剧《温太真玉镜台》写的是南北朝温峤娶亲的故事，剧中女性有"一对不倒踏窄小金莲"。显然是元代女子的特征。以上散曲、杂剧作者南、北均有，说明缠足之风遍及南北。

文学作品中大量出现关于缠足的描写，说明了这种现象的普遍，当然也反映出当时文人在审美上的畸形心理。缠足使女性的足变形，无论在肉体上或是在心理上都受到很大的折磨，但是当时的许多文人却对此抱着欣赏的态度，视为美的表现。特别突出的如元末著名文人杨维桢，"每于宴间见歌儿舞女有缠足纤小者，则脱其鞵载盏以行

---

① 《辍耕录》卷一〇《缠足》。
② 商挺《[双调]潘妃曲》，《全元散曲》第 62 页。
③ 吴昌龄《[正宫]端正好》，《全元散曲》第 289 页。
④ 萨都剌《[南吕]一枝花·妓女蹴鞠》，《全元散曲》第 699 页。
⑤ 关汉卿《[越调]头鹌鹑·女校尉》，《全元散曲》第 178 页。
⑥ 张可久《[双调]水仙子·湖上即事》，《全元散曲》第 763 页。
⑦ 张可久《[越调]寒儿令·三月三日书所见》，《全元散曲》第 786 页。
⑧ 关汉卿作，《元曲选》第 89 页。

元墓壁画中的醉归乐舞图

酒，谓之金莲盏"。① 有的甚至以缠足的鞋作杯。②

尽管缠足成风，仍有一些家庭持反对态度。理学家程颐的六世孙程淮在南宋度宗时任安庆府（治今安徽潜山）通判，规定程氏家族"妇人不缠足，不贯耳"，入元以后"仍守之"。③ 这在当时是很难得的。缠足主要流行于汉族中间，蒙古、回回都没有这种陋俗。

酗酒就是过度饮酒，这是元代一个相当突出的社会问题。元代的酗酒，在汉人中存在，但主要发生在蒙古人中间。13世纪30年代前往燕京的南宋使臣说："鞑人之俗，主人执盘盏以劝客，客饮若少留涓滴，则主人更不接盏，见人饮尽乃喜。……终日必大醉而罢。"④ 每当举行忽里台（贵族、将领大聚会）时，与会者每天都要开怀痛饮。窝阔台汗"素嗜酒，晚年尤甚，日与诸大臣酣饮"。⑤ 据蒙古族的文献记载，窝阔台汗曾说自己即汗位以后，有四项成绩，四项失误，失误的第一条便是"既嗣大位，沉湎于酒"。⑥ 窝阔台汗是典型的酒徒，其他蒙古贵族大多如此。酗酒之风在蒙古平民中也是很普遍的。

元朝统一以后，"京师（今北京）列肆百数，日酿有多至三百石者，月已耗谷万石。百肆计之，不可胜算"。⑦ 成宗大德八年（1304年），大都酒课提举司管辖下有槽房（又作槽坊、酒坊，用粮食造酒的作坊）100所，次年并为30所，"每所一日所酿，不许过二十五石以上。"以此计算，30所槽房每日用粮达750石，一年耗费粮食27万石。到武宗至大三年（1310年），增为54所，如按原限额计，则每年耗粮近50万石。⑧ 这是官方规定的限额，事实上肯定不止此数。当时大都粮食主要依靠海道由南方运来，至大三年海运漕粮为271万余石，用来酿酒的粮食至少要占海道漕粮的六分之一以上，和元朝政府在大都供应城市居民的籴米数大致相等。⑨ 槽坊酿酒主要是供应一般城市居民的。政府中则设光禄寺，下辖尚饮局、尚酝局，专门造酒供应宫廷、贵族和百官的需要，其数量没有明文记载，一定是相当可观的。各地方也大量造酒，如"杭州一郡，岁以酒糜米麦二十八万石"。⑩ 虽比不上大都，但亦很惊人。

---

① 《辍耕录》卷二三《金莲盃》。
② 刘时中《[中吕]红绣鞋·鞋杯》，《全元散曲》第656页。
③ 《湛渊静语》卷一，《武林往哲遗著》本。
④ 赵珙《蒙鞑备录》。
⑤ 宋子贞《中书令耶律公神道碑》，《国朝文类》卷五七。
⑥ 《元朝秘史》续集卷二，第401页。
⑦ 姚燧《姚文献公神道碑》，《国朝文类》卷六〇。
⑧ 《元史》卷九四《食货志三·酒醋课》。
⑨ 《元史》卷九六《食货志四·赈恤》。
⑩ 《元史》卷二二《武宗纪一》。

粮食酒之外，还有马奶酒、果实酒。蒙古人原来喝马奶酒，后来与其他民族接触，才学会喝粮食酒和果实酒（主要是葡萄酒），但是仍然保留喝马奶酒的习惯。皇帝、贵族都有专用挤奶酿酒的马群。一般蒙古平民亦有此嗜好。汉族则以粮食酒为主，也喝果实酒和马奶酒。马奶酒和葡萄酒虽然酒精成分不高，喝多了同样能醉人。蒙古人中间酿酒，是以马奶酒、葡萄酒为主的，汉人中间则以粮食酒为主。元代从域外传入阿刺吉酒的制作方法，即蒸馏酒，很快便流行开来。阿刺吉酒（蒸馏酒）的酒精成分很高，更易醉人，助长了当时的酗酒风气。

元代后期吴师道说："利兴于榷酤而流于后世，虽欲禁民无饮，不可得矣。今列肆饮坊，十室而九，糜谷作醪，不知其几倍于粒食也。斗争凌犯之讼，失业荡产之民，皆由于此。"①他认为用来酤酒的粮食大大超过了供食用的粮食，而正是酒的大量消耗亦即酗酒，引起了许多刑事犯罪和部分家庭的破产。这是酗酒的社会恶果。酗酒的另一个恶果，则是导致饮用者健康的恶化。著名医生罗天益特别反对过度饮酒，他说："故近年中风、虚劳、消狂、疮疡、癖积、蛊蠍、芝毒、下血者多有之，大概由朝醉夕醒、耽乐为常而得之也。古人云：脾热病则五脏危。岂不信哉！孔子云：惟酒无量不及乱。谓饮之无多而且有节，则所以养精神而介眉寿也。凡饮酒之际，切宜慎之、戒之也。"②蒙古人常患足疾和其他一些疾病，则与过度饮用马奶酒有关。忽必烈"过饮马湩，得足疾"，③多方医治，终身不愈。罗天益记过一些病例，如忽必烈侍卫纽邻，"久病疝气，复因七月间饥饱劳役，过饮湩乳所发，甚如初，面色青黄不泽，脐腹阵痛，搐搦不可忍，腰曲不能伸"。④"蒙古百户昔良海，因食酒肉饮湩乳，得霍乱吐泻"。⑤但尽管医生大声疾呼，酗酒之风终元之世一直存在，特别是在蒙古上层人物中间。

元代汉族中间普遍有一种心态，认为孝可以感动上天，从而拯救长辈的性命。这种心态发展到极端，便是以自己的血肉作为药物，来治疗长辈的疾病。比较常见的是"刲股肉"，也就是割下手臂或腿上的肉，给病人服用。如："萧道寿，京兆长平人。……母尝有疾，医累岁不能疗，道寿刲股肉啖之而愈。""潭州万户移剌琼子李家奴，九岁，母病，医言不可治，李家奴刲股肉，煮糜以进，病乃痊。"⑥"张义妇，济南邹平人。……父母舅姑病，凡四刲股肉救不懈。""郎氏，湖州安吉人。……姑尝病，

---

① 《国学策问四十道》，《吴礼部集》卷一九，《续金华丛书》本。
② 《卫生宝鉴》卷四《饮伤脾胃论》。
③ 《元史》卷一六八《许国祯传》。
④ 《卫生宝鉴》卷一五《疝气治验》。
⑤ 《卫生宝鉴》卷一六《内伤霍乱治验》。
⑥ 《元史》卷一九七《孝友一》。

刲股肉进啜而愈。"① 又有割心肝者。"延祐乙卯冬，平江常熟之支塘里民朱良吉者，母钱氏，年六十余，病将死。良吉沐浴祷天，以刀剖胸，割取心肉一脔，煮粥以饮母，母食粥而病愈。"② "胡伴侣，钧州密县人。其父实尝患心疾数月，几死，更数医俱莫能疗，伴侣乃斋沐焚香，泣告于天，以所佩小刀于右胁傍刲其皮肤，割脂一片，煎药以进，父疾遂瘳，其伤并旋愈。""哈都赤，大都固安州人，天性笃孝。幼孤，养母。母尝有疾，医治不痊，哈都赤砺所佩小刀，拜天泣曰：'慈母生我劬劳，今当捐身报之。'乃割开左胁，取肉一片，作羹进母。……数日而病愈。"③ 更有甚者是凿脑和药。"秦氏二女，河南宜阳人，逸其名。父尝有危疾，医云不可攻。姐闭户默祷，凿己脑和药进饮，遂愈。"④ 自行开胁取肉（肝）已很困难，"凿己脑"更是难以想象的。

　　刲股、开胁取肉、凿脑等自残身体的行为完全是封建迷信的表现，用来和药作羹（粥）供病人服用，在医疗上不可能发生积极的作用。因此"病愈"的记载，纯属欺人之谈。上面所举事例，分布南北各地，可见这种观念在当时深入人心，实际上是一种不利于健康、无益于医疗的陋俗。对于这种陋俗，至元三年（1266年），政府申明"旧例"，对割股加以旌赏，⑤ 但对割肝等则加禁止："至元三年（1266年）十月，中书右三部呈，上都路梁重兴为母病割肝行孝。合依旧例，诸为祖父母、父母、伯叔姑、兄姐、舅姑割肝、剜眼、割臂、剗胸之类，并行禁断。都省准拟。"⑥ "旧例"指金朝的法令。元朝沿用金朝的法令，对此采取否定的态度。后来对割股亦认为与"圣人垂戒"有矛盾，不再加旌赏。⑦ 此后一概加以禁止。⑧ 元代有人解释颁行这条禁令的理由时说："人以父母遗体而生，乳哺鞠育，教诲劬劳，其恩号罔极。然而剖心刲股，恐其伤生而或死也，父母存而子死，故又有禁止之令焉。"⑨ 可见已认识到这种行为对身体的危害。但是，元朝政府对执行这一禁令是很不认真的，有"刲股"、"割肝"和"凿脑"行为的男女，不仅受到社会舆论的鼓励，而且各级政府常常予以表彰，"旌其家"。因此，这种陋俗在有元一代始终流行，而且延续到后代。

---

① 《元史》卷二〇〇《列女一》。
② 《辍耕录》卷六《孝行》。
③ 《元史》卷一九八《孝友二》。
④ 《辍耕录》卷六《孝行》。
⑤ 《元典章》卷三三《礼部六·孝节·禁割肝剜眼》。
⑥ 《通制条格》卷二七《杂令·非理行孝》。
⑦ 《元典章》卷三三《礼部六·孝节·行孝割股不赏》。
⑧ "诸为子行孝，辄以割肝、刲股、埋儿之属为孝者，并禁止之。"见《元史》卷一〇五《刑法志·禁令》。
⑨ 《辍耕录》卷六《孝行》。

第七章
丧 葬

　　在元代民族大杂居的现状和政府采取各族各依本俗的方针下，丧葬方式和祭奠方法因习俗不同而各异，但对于入乡随俗的做法，尤其是一部分少数民族受儒家节、孝思想影响，坚持"守制"的做法，基本上不予干涉。宫廷丧葬大体依照蒙古族传统习俗，但是祭祀等活动在中原传统制度影响下，已形成一种双轨仪制。

第一节 土葬习俗（上）

蒙古人盛行土葬，但是在地面上不留坟冢。根据各种文献资料的记载，大致可以看出蒙古人丧葬的程序。

按照草原上的习俗，与死者接触过的人，在一段时间内不能进入蒙古大汗和贵族的帐幕。涉足草原的西方传教士记下了这种独特的风俗。鲁不鲁乞指出："当任何人死亡时，他们高声痛哭，表示哀悼，以后死者家属可以免于纳税，直至年底。如果任何人在一个成人死亡时在场，他在一年以内不得进入蒙哥汗的帐幕；如果死亡的是一个小孩，他在一个月内不得进入蒙哥汗的帐幕。"约翰·普兰诺·加宾尼亦记道："当任何人得了病而医治不好时，他们就在他的帐幕前面竖立一枝矛，并以黑毡缠绕在矛上，从这时起，任何外人不敢进入其帐幕的界线以内。当临死时的痛苦开始时，几乎每一个人都离开了他，因为在他死亡时在场的人，直至新月出现为止，谁也不能进入任何首领或皇帝的斡耳朵。"[①]

南宋人郑所南记录了蒙古人处理死者尸体的方法："鞑靼风俗，人死，不问父母子孙，必揭其尸，家中长幼各鞭七下，咒其尸曰：'汝今往矣，不可复入吾家！'庶断为祟之迹。及茶毗，刀断手足肢体为三四段，刀破搅腹肠，使无滞恋之魂。若葬，亦以刀破腹翻涤肠胃，水银和盐纳腹中，刀断手足肢体，叠小，马革裹尸，乃入棺。"[②]其他记载未见鞭尸断肢之说，郑所南记下的这种风俗，可能在某些地方流行，不一定是草原上通行的习俗。

蒙古人"刳木为棺"，并有一定的随葬品。"北俗丧礼极简，无衰麻哭踊之节，葬则刳木为棺，不封不树，饮酒食肉无所禁，见新月即释服。"[③]官僚贵族的随葬品中，往

---

① 《出使蒙古记》第 123、13 页。
② 《心史·大义略叙》，《郑思肖集》第 182—183 页。
③ 黄溍《答禄乃蛮氏先茔碑》，《金华黄先生文集》卷二八。

成吉思汗灵帐

往有金银器皿等，如元世祖忽必烈时的大臣玉昔帖木儿死后，就是"刳香木为棺，锢以金银，被葬于怯土山之原"。[①]蒙古人的葬地是对外保密的，地面上不留坟冢等标志。蒙古国时期，前往草原的南宋使者记道："其墓无冢，以马践蹂若平地。"[②]约翰·普兰诺·加宾尼更对葬埋死者的习俗做了详细的描述，现转引于下：

当他死去以后，如果他是一个不很重要的人物，他就被秘密地埋葬在他们认为是合适的空地上。埋葬时，同时埋入他的一顶帐幕，使死者坐在帐幕中央，在他前面放一张桌子，桌上放一盘肉和一杯马乳。此外，还埋入一匹母马和它的小马、一匹具备马笼头和马鞍的马。另外，他们杀一匹马，吃了它的肉以后，在马皮里面塞满了稻草，把它捆在两根或四根柱子上；因此，在另一个世界里，他可以有一顶帐幕以供居住，有一匹母马供他以马奶，他有可能繁殖他的马匹，并且有马匹可供乘骑。……他们在埋葬死人时，也以同样方式埋入金银。他生前乘坐的车子被拆掉，他的帐幕被毁掉，没有任何人敢提到他的名字，直至第三代为止。

至于埋葬他们的首领，则他们有一种不同的方法。他们秘密地到空旷地方去，在那里他们把草、根和地上的一切东西移开，挖一个大坑，在这个坑的边缘，他们挖一个地下墓穴。在把尸体放入墓穴时，他们把他生前宠爱的奴隶放在尸体下面。这个奴隶在尸体下面躺着，直至他几乎快要死去，这时他们就把他拖出来，让他呼吸；然后又把他放到尸体下面去，这样他们一连搞三次。如果这个奴隶幸

[①] 阎复《太师广平贞宪王碑》，《国朝文类》卷二三。
[②] 《黑鞑事略》。

而不死，那么，他从此以后就成为一个自由的人，能够做他高兴做的任何事情，并且在他主人的帐幕里和在他主人的亲戚中成为一个重要人物。他们把死人埋入墓穴时，也把上面所说的各项东西一道埋进去。然后他们把墓穴前面的大坑填平，把草仍然覆盖在上面，恢复原来的样子，因此，以后没有人能够发现这个地点。上面所描述的其他事情，他们也同样地做，只是他们把他生前的帐幕丢在空地上，而不埋入墓中。

在他们的国家里，有两个墓地。一个是埋葬皇帝们、首领们和一切贵族的地方，不管这些人死在什么地方，如果能合适地办到的话，都把他们运到那里去埋葬。另一个墓地是埋葬在匈牙利战死的人，因为很多人在那里丧了命……

死者的亲属和住在他帐幕内的所有人都必须用火加以净化。这种净化的仪式是以下列方式实行的：他们烧起了两堆火，在每一堆火附近竖立一枝矛，用一根绳系在两枝矛的矛尖上，在这根绳上系了若干粗麻布的布条；人、家畜和帐幕等就在这根绳及其布条下面和两堆火之间通过。有两个妇女，在两边洒水和背诵咒语。如果有任何车子在通过时损坏了，或者，如果在通过时有任何东西掉落地上，那么这些东西就归魔法师所有。如果任何人被雷电击毙，住在他帐幕里的所有人都必须按照上述方式在两堆火之间通过；没有一个人接触他的帐幕、床、车子、毛毡、衣服或他拥有的任何其他这类东西，它们被所有的人认为是不洁之物而予以摈弃。①

尽管蒙古人在地面不堆坟冢，但还是把固定的地方划为墓地。草原上的墓地，尤其是皇室、贵族的墓地，往往有人守护。鲁不鲁乞记道："在他们埋葬贵族的地方，附

元墓壁画中的穹隆顶图

① 《出使蒙古记》第13—15页。

近总是有一座帐幕，看守坟墓的人就住在里面。"这些墓地严禁人们进入，违禁者要受到严惩。约翰·普兰诺·加宾尼亦指出："除了被委派在那里看守墓地的看守人以外，没有一个人敢走近这些墓地。如果任何人走进这些墓地，他就被捉住、剥光衣服、鞭打并受到严厉的虐待。我们自己曾经无意之中走进了在匈牙利战死者的墓地的界线以内，看守人冲向我们，并要用箭来射我们，但是，由于我们是外国使节，而且不知道这地方的风俗，因此他们就让我们自由地走开了。"①

自成吉思汗开始，蒙古大汗即有了专门的陵地。这块陵地，在元代汉文文献中称为"起辇谷"，是皇室成员的专用陵地。

根据波斯史家拉施特的记载，成吉思汗生前就已经选定了自己的墓地："有一次成吉思汗出去打猎，有个地方长着一棵孤树。他在树下下了马，在那里心情喜悦，他遂说道：'这个地方做我的墓地倒挺合适！在这里做上个记号吧！'举哀时，当时听他说过这话的人，重复了他所说的话，诸王和异密（官员）们遂按照他的命令选定了那个地方。"按照拉施特的说法，成吉思汗的葬地在不儿罕合勒敦山。②出使草原的南宋使者徐霆记道："霆见忒没真（成吉思汗铁木真——引者）墓在泸沟河之侧，山水环绕。相传云忒没真生于此，故死葬于此，未知果否。"③《元史》记载成吉思汗"葬起辇谷"。④据现代学者考证，"起辇谷"是《元朝秘史》中的"古连勒古"的译写，而古连勒古正在不儿罕合勒敦山南，具体地说应在今蒙古国肯特省曾克尔满达勒一带。⑤成吉思汗逝世在西夏境内，属下按照他的旨意，秘不发丧、举哀，将灵柩运回漠北。为了保密，运送灵柩的队伍将遇到的人畜全部杀死。在漠北为成吉思汗举行了隆重的哀悼仪式，"成吉思汗四大斡耳

启门图

---

① 《出使蒙古记》第14、123页。
② 《史集》第1卷第2分册，第322—323页；第1卷第1分册，第259—260页。
③ 《黑鞑事略》。
④ 《元史》卷一《太祖纪》。
⑤ 关于成吉思汗的葬地，有很多讹传，最具代表性的是将从漠北移到鄂尔多斯的祭祀成吉思汗的"八白室"当成成吉思汗的陵墓，对"起辇谷"也有不少错误的解释，详见亦邻真：《起辇谷和古连勒古》（《内蒙古社会科学》1989年第3期）一文的考辨。

成吉思汗陵后殿灵包和银棺

朵,每个斡耳朵都为死者举哀一天。讣闻传到远近地区时,后妃、诸王奔驰多日从四面八方来到那里哀悼死者。由于某些部落离那里很远,大约过去三个月后,他们还陆续来到那里哀悼死者"。① 按照蒙古人的传统习俗,成吉思汗陵墓中的随葬品不乏金银和马匹等。据波斯史家志费尼的记载,还有 40 名用珠玉、首饰和贵重衣服装扮的美女陪葬。

成吉思汗的陵墓和其他蒙古贵族的墓地一样,地面上不留痕迹。原来是孤树的地方,后来成了一片大树林,即便是守护那里的老守林人,也无法找到成吉思汗的确切埋葬地点。② 尽管如此,成吉思汗的墓地已成为草原上的"大禁地",蒙古语称为"也可·忽鲁黑",有专人保护。"若忒没真之墓,则插矢以为垣,逻骑以为卫。"③ 被指定守护"大禁地"的,是兀良哈部的一个千户。④

成吉思汗以后的窝阔台汗、贵由汗、蒙哥汗及拖雷汗等人,都埋葬在起辇谷,并

---

① 《史集》第 1 卷第 2 分册,第 321—323 页。
② 《史集》第 1 卷第 2 分册,第 321—323 页;第 1 卷第 1 分册,第 259—260 页。
③ 《黑鞑事略》。
④ 《史集》第 1 卷第 1 分册,第 257—260 页。

且遵从成吉思汗死后的葬仪。如蒙哥汗去世后,"阿速带斡忽勒把军队交给浑答海那颜统率,亲自带着父亲的灵柩,把他运送到了斡耳朵。在四处斡耳朵中轮流为他举哀:第一天在忽秃黑台哈敦的斡耳朵中,第二天在忽台哈敦的斡耳朵中,第三天在这次随同他出征的出卑哈敦的斡耳朵中,第四天则在乞撒哈敦的斡耳朵中。每天将灵柩放到另一斡耳朵中的座上,众人对他放声痛哭哀悼。然后,他们把他葬在被称为'也可·忽鲁黑'的不勒罕合勒敦地方的成吉思汗和拖雷汗的陵寝的旁边"。①

忽必烈及以后的元朝皇帝,死后也都北上归葬在起辇谷。在丧葬仪制中,依然按照蒙古旧俗行事。王恽记道:"至元三十一年(1294年)岁次甲午,正月廿二日癸酉亥刻,帝崩于大内紫檀殿,既殓,殡于肖墙之帐殿,从国礼也。越三日乙亥寅刻,灵驾发引,由建德门出,次近郊北苑。有顷,祖奠毕,百官长号而退。"②汉人官僚不能参加蒙古皇帝的丧葬仪式,所以将灵驾送到大都建德门外就必须止步了。

元代宫室棺椁和埋葬方式,与蒙古国时期基本相同。"凡宫车晏驾,棺用香楠木,中分为二,刳肖人形,其广狭长短,仅足容身而已。殓用貂皮袄、皮帽,其靴袜、系腰、盒钵,俱用白粉皮为之。殉以金壶瓶二,盏一,碗碟匙筯各一。殓讫,用黄金为箍四条以束之。舆车用白毡青缘纳失失为帷,覆棺亦以纳失失为之。前行,用蒙古巫媪一人,衣新衣,骑马,牵马一匹,以黄金饰鞍辔,笼以纳失失,谓之'金灵马'。日

赤峰元宝山墓室壁画伎乐门吏图

---

① 《史集》第2卷,第270—271页。
② 王恽《大行皇帝挽辞八首》,《秋涧先生大全集》卷一三。

三次，用羊奠祭。至所葬陵地，其开穴所起之土成块，依次排列之。棺既下，复依次掩覆之。其有剩土，则远置他所。送葬官三员，居五里外。日一次烧饭致祭，三年然后返。""凡帝后有疾危殆，度不可愈，亦移居外毡帐房。有不讳，则就殡殓其中。葬后，每日用羊二次烧饭以为祭，至四十九日而后已。"①"元朝宫里，用楠木二片，凿空其中，类人形大小合为棺。置遗体其中，加髹漆毕，则以黄金为圈，三圈定，送至其直北园寝之地深埋之，则用万马蹴平，俟草青方解严，则已漫同平坡，无复考志遗迹。"② 按照郑所南的说法，元代送皇帝北葬时，亦将路遇之人杀死："虏主及虏主妇死，剖大木刳其中空，仅容马革裹尸纳于中，复合其木，僭用金束之于外，皆归于鞑靼旧地，深葬平土，人皆莫知其处。往葬日，遇行路人，尽杀殉葬。"③

涉足草原之外的蒙古人，一般死后归葬草原。"其从军而死也，驰其尸以归，否则罄其资橐而痊之。"南宋使者徐霆记道："其死于军中者，若奴婢能自驰其主尸首以归，则止给以畜产。他人致之，则全有其妻奴畜产。"④

在漠南的草原上，还可以看到另一种墓葬，"其形状犹如大场院，地上铺着大而平坦的石块，有圆的，有方的。在场院的四面，有四块高而垂直的石头，朝向四方"。⑤ 这种墓地，大多是汪古部人的。墓上铺石块，是突厥人的习俗。汪古部是突厥人的后裔，所以保留了这种墓葬风俗。1976年，内蒙古文物考古队对位于内蒙古自治区乌兰察布盟兴和县五股泉公社五甲地村西北约2公里处的元代汪古部墓地的四个墓葬进行调查和发掘。1号墓位于墓地西边，墓顶原来堆着乱石，石下为黑土，由墓表到墓底深约2米。该墓出土了随葬的高足金杯、铜带饰、铁马镫、铁刀和铁镞等。2号墓位于1号墓东南，深约2米，在杂土中发现

元墓壁画中的侍女图

元墓壁画中的男侍图

第七章 丧葬

---

① 《元史》卷七七《祭祀志六》。陶宗仪《辍耕录》卷三〇《金灵马》。
② 叶子奇《草木子》卷三下《杂制篇》。
③ 《心史·大义略叙》，《郑思肖集》第182—183页。
④ 《黑鞑事略》。
⑤ 《出使蒙古记》第123页。

了织锦残片、棺钉和铁环等遗物。3号墓位于2号墓东南数步，出土铜饰件等。系统发掘的是4号墓。4号墓位于墓地东南部，墓地有一圆形石堆，石堆下为坚硬的黑土。墓为长方形土坑竖穴式，头向北偏西20°，墓口与墓底尺寸相同，长2.1米，宽0.75米，深2.12米。木棺已朽，尸骨保存较好，系仰身直肢葬；随葬物品有金器、银器、铁器、桦树皮器和木器等。① 汪古部人祭奠死者的方式亦不同于其他蒙古人。南宋使者称汪古部人为"白鞑靼"，并记下了他们的一些习俗："所谓白鞑靼者，容貌稍细，为人恭谨而孝，遇父母之丧，则嫠其面而哭。尝与之联辔，每见貌不丑恶而腮面有刀痕者，问曰：'白鞑靼否？'曰：'然。'"②

汪古部人亦有归葬草原的习俗。如成宗时封汪古部人阔里吉思为高唐王，领兵出征西北叛王，死于西北边地。武宗即位后，阔里吉思子尤安对家臣表示："先王旅殡卜罗荒远之地，神灵将何依，吾痛心欲无生，若请于上，得归葬先茔，瞑目无憾矣。"家臣通过枢密院官员向皇帝提出请求，武宗即派专人前往西北，找到了阔里吉思的尸体，由500名士兵护送返回，葬于汪古部的墓地。③

---

① 详见盖山林《兴和县五甲地古墓》，《内蒙古文物考古》第3期（1984年3月出版）。
②《蒙鞑备录》。
③《元史》卷一一八《阿剌兀思剔吉忽里传》。

【第二节　土葬习俗（下）】

汉族亦主要实行土葬，坟地称为坟院、坟园、坟所、墓所等，既有家族坟地，也有类似现在公墓的公共坟地，以前者为多。元杂剧中，关于家族坟地的描述颇多，仅举一例。武汉臣撰杂剧《老生儿》中，就有关于这方面的场景。张郎表白："时遇清明节令，寒食一百五，家家上坟祭祖。我将着这春盛担子，红干腊肉，同着社长上坟去来。"接着对夫人说："浑家，每年家先上你刘家的坟，今年先上俺张家的坟罢。"夫人表示要先到刘家坟地上坟，社长即指出："大嫂，你差了也。你便姓刘，你丈夫不姓刘。你先上张家的坟，才是个礼。"张生也说："浑家，你嫁了我，百年之后，葬在俺张家坟里，还先上俺张家坟去。"[①] 这个场景说明家族坟地有着不可忽视的地位。

坟地一般选在高地，并要讲究风水。如杂剧《货郎担》中，就有"大嫂亡逝已过，便须高原选地，破木造棺，埋殡他入土"的说法。[②] 城市的墓地是划定范围的，如至元六年（1269年）特别规定原都城北面、东面禁止殡葬，新亡者可葬在西面和南面，这应该是考虑大都城扩建的需要。大都城建成后，这种限制当被取消，但是城郊的墓地还是要指定具体区域。

仿木楼阁图

[①] 《元曲选》第 377 页。
[②] 《元曲选》第 1642 页。

章丘绣慧镇女郎山元墓壁画幔帐杂宝图

  从元朝初年已有明确规定,贫民无地葬者可以在系官荒地中埋瘗;无人收葬者,由各地官府负责埋瘗。所以在各地都有公共墓地。[①]这种做法到元朝末年依然有效,如至正十八年(1358年),京城大饥荒,皇后奇氏"出金银粟帛命资正院使朴不花于京都十一门置冢,葬死者遗骸十余万,复命僧建水陆大会度之"。[②]阵亡军人,按规定亦由官府埋葬。延祐七年(1320年),又特别规定镇守和林、甘肃、云南、四川、福建、广海的新附汉军"死者给烧埋银中统钞二十五两,拘该州县凭准管军官印署文于本处课程钱内随即支付,候有同乡军人回还,就将骸骨送至其家"。[③]

  对官员和一般百姓墓地的大小,元朝政府参照传统仪制做了规定:一品官墓地九十步,二品八十步,三品七十步,四品六十步,五品五十步,六品四十步,七品以下二十步。庶民墓地九步,"庶人墓田,四面去心各九步,即是四围相去十八步。按式度地,五尺为步,则是官尺每一向合得四丈五尺,以今俗营造尺论之,即五丈四小尺是也"。[④]后来定制,一品官坟地四面各三百步,二品二百五十步,三品二百步,四品、五品一百五十步,六品以下一百步。庶民和寺观的坟地,各三十步。对坟地的石人等"葬仪",亦有规定:"一品用石人四事,石柱二事,石虎、石羊各二事;二品、三品用石人、石柱、石虎、石羊各二事;四品、五品用石人、石虎、石羊各二事。"[⑤]列数坟地的石人、石柱、石虎和石羊的数量,就可以知道坟内人生前的身份。

[①]《元典章》卷三〇《礼部三·葬礼》。
[②]《元史》卷一一四《后妃传一》。
[③]《元典章》卷二《圣政一·抚军士》。
[④]《元典章》卷三〇《礼部三·葬礼》。
[⑤]《大元通制(节文)》,黄时鉴辑点《元代法律资料辑存》第74页,浙江古籍出版社1988年版。

按照规定，墓上不得盖房屋，但是江南有些地区的"豪民"盛行皆"用石墙围祖墓，以绝樵采"；还有人"于里茔建庵，命僧主之"，"浙东西大家，至今坟墓皆有庵舍，或僧或道主之"。对后一种风俗，有人是不以为然的。久居乡村的文人孔齐认为："予尝谓茔墓建庵，此最不好。既有祠堂在正寝之东，不必重造也，但造舍与佃客所居，作看守计足矣。至如梵墓以石墓前建拜亭之类，皆不宜。此于风水休咎有关系，慎勿为之可也。"①

元墓壁画中的侍女灯檠图

中原、江南地区的官员、富户人家，都有厚葬的习俗，各地还流行用纸做成房子等物随葬，"每家费钞一两定"。至元七年（1270年），朝廷特别规定"除纸钱外，据纸糊房子、金钱、人马并彩帛、衣服、帐幕等物"尽行禁断。②武宗至大元年（1308年），江西行省转给中书省的一份公文指出："江南流俗，以侈靡为孝。凡有丧葬，大其棺椁，厚其衣衾，广其宅兆，备存珍宝、偶人、马车之器物，亦有将宝钞藉尸殓葬，习以成风，非惟甚失古制，于法似有未应。每见厚葬之家，不发掘于不肖子孙，则开凿于强切盗贼，令死者暴骸露尸，良可痛哉。如蒙备申上司禁治，今后丧葬之家，除衣衾棺椁依礼举葬外，不许辄用金银、宝玉、器

元墓壁画中的主人神位图

---

① 孔齐《至正直记》卷一、二《乡中风俗》、《僧道之患》、《茔墓建庵》。
② 《元典章》卷三〇《礼部三·丧礼》。

玩装殓，违者以不孝坐罪，似望无起盗心，少全孝道。"中书省参照至元七年的规定，重申禁约厚葬之令。①朝廷的约束，显然并没有起到改变风俗的作用，厚葬之风，依然盛行如故。

元代还风行移墓重葬的做法。移墓或是与风水有关，或是子孙贪图钱财，出售墓地等。如江西行省官员所说："江西风俗侥薄，为人后者，不务勤俭，破荡财产，及至贫乏，不自咎责，反谓先茔风水不利"；"士民之家，止图利己，莫恤祖宗，往往听信野师俗巫妄以风水诳惑，曰某山强则某支富，某水弱则某支贫；或曰兹山无鼎镬之似，安得出一品之贵；又曰兹山无仓库之似，安得致千金之富。于是，有一墓屡迁而不止者。又有子孙不肖，贫穷不能固守，从而堕师巫之诱，但图多取价钞，掘墓出卖剖分者有之；其富税之家贪图风水，用钱买诱使之改掘出卖者有之；又有图葬埋之金银，破祖宗之棺椁并骸骨于水火者有之"。朝廷当然不能无视这种伤风败俗的做法，曾多次下令禁止出卖祖宗墓地，并且规定不得随意砍伐或出售墓地的树木。②

盗墓之风也越演越烈。盗墓者贪图墓中的随葬品，如武宗至大三年（1310年），江西行省吉州路官府破获了一起盗墓案，盗墓者从墓中掘出银唾盂、银香炉等银器12件及黑漆犀皮镜匣等物品。③朝廷对盗墓者是严加打击的，但灾荒兵乱时往往是盗墓盛行的时候。孔齐记道："天历己巳年（1329年）旱歉后，诸处发冢之盗，公行不禁"；"至正乙未（1355年）以后，盗贼经过之所，凡远近墓冢，无不被其发者"。④

办理丧事的程序，元代汉族与前代基本相同。

人死后，一般在头或脚放油灯一盏，称为"随身灯"，备死者前往阴曹地府时照路用。将钱放在死者口中、身下，称为"口含钱"和"垫背钱"。以衣服、布帛装殓尸体，

供奉龛

---

① 《元典章》卷三〇《礼部三·葬礼》。
② 《元典章》卷五〇《刑部十二·发冢》。
③ 《元典章》卷五〇《刑部十二·发冢》。
④ 孔齐《至正直记》卷一《棺椁之制》。

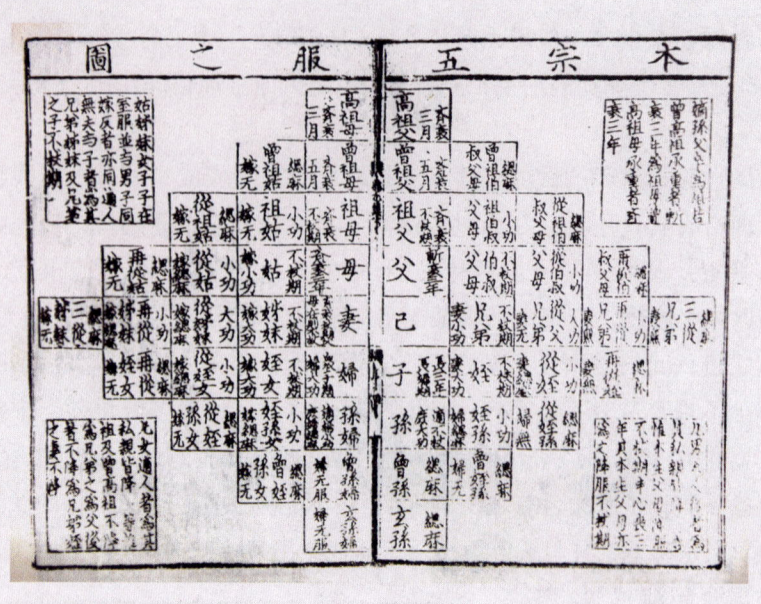

本宗五服之图

称为"装裹"或"妆裹"。死者入棺后，灵柩停放待葬，称为"停柩"。这些风俗，在元代杂剧中都有描述。

一些地区盛行停尸不葬的习俗。"江南风俗，但有亲丧，故将尸棺经年暴露，不肯埋葬。"① "近闽中此风盛行，停丧不葬，经一二十年，有一家累至三四柩者。"朝廷虽三令五申，禁止停丧不葬，但显然没有起到移风易俗的效果。②

汉族传统的五服和守丧仪制，按照朝廷丧葬各依本俗的原则，不但得到认可，后来又正式定为法令。"国家初得天下，服制未行。大德八年（1304年），饬中外官吏丧其亲三年。至治以来，《通制》成书，乃著五服之令。"③《通制》即《大元通制》，是元代官修的法典，英宗至治三年（1323年）颁行。④斩衰、齐衰、大功、小功、缌麻五服，根据与死者的亲疏关系，都有具体规定，对正服、义服、加服、降服、报服的"服制"也有具体说明。⑤"江淮之间，习俗丧服有戴布幞头、布袍为礼者。"仁宗延祐二年（1315年），中书省特别对丧服式样做出规定，"除蒙古、色目人各从本俗，其余依乡俗以麻布为之"，并严禁比依公服式样制造丧服。⑥

---

① 《大元通制（节文）》，《元代法律资料辑存》第74页。
② 《元典章》卷三〇《礼部三·葬礼》。
③ 《经世大典序录·宪典总序》，《国朝文类》卷四二。
④ 详见黄时鉴《〈大元通制〉考辨》，《中国社会科学》1987年第2期。
⑤ 徐元瑞《吏学指南·五服·服制》。
⑥ 《元典章》卷三〇《礼部三·丧礼》。

汉族地区重视丧葬，出殡仪式往往颇为隆重。不但要烧抛纸钱（俗称买路钱），还有路祭等仪式，富户人家尤甚。有人曾指出："无学之人，恃其豪富，凡遇丧事，不以哀戚为念，而以奢侈为务。普破布帛，岂念亲疏，彩结鳌楼，宝装坛面，布设路祭，乱动音乐，施引灵柩，远绕正街，为孝者虽有哀容，扬扬自得。"办丧事既可夸富，亦能收礼。"父母兄长初亡，殡葬之际，彩结丧车，翠排坛面，鼓乐前导，号泣后随，无问亲疏，皆验赗礼多寡，支破布帛，少不如意，临丧争竞。"有的地方出殡时还往往以官府差人为仪从，陕西汉东道按察司官员即曾指出："所辖城郭内，值丧求亲之家往往尽皆使用祗候人等，掌打茶褐伞盖、银裹校椅、仪仗等物送殡。权势之家，官为差拨；士庶之户，用钱雇请。"朝廷曾明令"不得彩结舆车神楼路祭，及不得用大乐坛面，亲者依轻重破服，疏者但助送死之资，不破孝服，宁最可止往，由当街巷出送"。朝廷还做出规定，官员丧葬，按品级规定的仪从人数送殡，一般百姓不得雇请官差充当仪从人员。①

死者出殡后，每隔七日作一次佛事，先后七次，至四十九日止，称作"累七"（"垒七"）或"累七修斋"、"垒七追斋"。佛事作完，称作"断七"。这种风俗，在元代汉族中亦很盛行。

居丧期间的宴饮之风，更是长盛不衰，正如江南行御史台官员所说："近年以来，江南尤甚。父母之丧，小殓未毕，茹荤饮酒，略无顾忌。至于送殡，管弦歌舞导引，循柩焚葬之际，张筵排宴，不醉不已。"中原地区也是如此。尤其是"累七"时，"又以追斋累七食品数多为之孝道"；"及追斋累七，大祥小祥，祭祀之日，遇其迎灵，必须置备酒食，邀请店铺亲朋人等，务以奢靡相尚，遂用百色华丽采

椟式

《郑元和风雪卑田院》插图中的丧事队伍

---

① 《大德典章遗文》，《元代法律资料辑存》第50—51页。《元典章》卷三〇《礼部三·丧礼》。

段之物，纷然陈列，装锦绣梳洗影楼，金银珍翠坛面，杂以僧道，间以鼓乐，服丧之人随之于后，迎游街市以为荣。既至作斋寺观，复用采结金桥之来。其斋食，每个有近一斤者为美斋"。针对这些现象，朝廷亦曾做出规定："居丧送殡，不得饮宴动乐，违者诸人首告得实，示众断罪；所在官司申禁不严，罪亦及之。"①

色目人中，也有实行土葬的。如伊吾庐人塔本去世前"遗命葬以纸衣瓦棺"，②就是希望按本族习俗埋葬。畏兀儿人的土葬，一般要具备"棺子上贴的、画的、钉磨钉子刻来的太岁头双祭物单祭物有者，合胺上、乳头上、肚脐上放的金子，牵驼、驮马根前拿大麦盘子的，挂甲的走灵马，唱的孝车前承应的，浇奠路祭的，坟上盖答的、立坟地的、埋葬的"，可知其随棺亦有从葬品，并且有出殡、路祭等仪式，但仪制显然与汉族不同。服丧时，女儿、媳妇等戴白孝、散头发；男子当和尚的在肩甲上挂白财帛，俗人散头发；享祭的茶饭等均为素食。但是入居内地的畏兀儿人，往往受汉族风俗的影响，有人特别指出："畏吾儿田地里从在先传留下底各自体例有来。这汉儿田地里底众畏吾儿每，丧事体例有呵，自己体例落后了，随着汉儿体例，又丧事多宰杀做来底勾当。"为维护畏兀儿的传统习俗，元廷规定不管是在哪里居住的畏兀儿人，都必须按照本族体例办丧事，不得追随汉人丧葬习俗，并强调"休推着做享祭的茶饭，杀马、杀牛、杀羊者，伴灵聚的人每根底与素茶饭者"。③

有一些南方民族实行传统的悬棺葬。如土僚蛮"人死，则以棺木盛之，置于千仞颠崖之上"。回回人赛典赤赡思丁在云南任职期间，曾大力推行土葬，"死者为之棺椁奠祭"，被当时人奉为倡行儒教的楷模。④

---

① 《大德典章遗文》。《元典章》卷三〇《礼部三·丧礼》。
② 《元史》卷一二四《塔本传》。
③ 《元典章》卷三〇《礼部三·丧礼》。
④ 李京《云南志略》。《元史》卷一二五《赛典赤赡思丁传》。

第三节 火葬习俗

汉族地区本来盛行土葬,但受到佛教和契丹人、女真人的影响,北方和南方的部分汉族亦实行火葬。如地处辽阳行省的北京路,"百姓父母身死,往往置于柴薪之上,以火焚之"。① 大都城内,"城市人家不祠祖祢,但有丧孝,请僧诵经,喧鼓钹彻宵。买到棺木,不令入丧家,止于门檐下,候一二日即舁尸出,就檐下入棺。抬上丧车,即孝子扶辕,亲戚友人挽送而出,至门外某寺中。孝子家眷止就寺中少坐,一从丧夫烧毁,寺中亲戚饮酒食肉,尽礼而去。烧毕,或收骨而葬于累累之侧者不一。孝子归家一哭而止,家中亦不立神主。若望东烧,则以浆水、酒饭望东洒之;望西烧,亦如上法。初一、月半,洒酒饭于黄昏之后"。②

内蒙古出土的银质骨灰屋

元人杂剧中,也有不少关于火葬的描述。如郑德辉撰杂剧《㑇梅香》中,就有"削一条柳橡儿","把你来火葬了"的说法。③ 无名氏撰杂剧《赚蒯通》中,则有"便做有春秋祭飨,也济不得他九泉之下魂魄凄凉。不如早将我油烹火葬,好和他死生厮傍"的唱词。④ 尸体焚烧后,将骨灰(当时称为"骨殖"、"灰骨"等)放在匣子(称为"骨殖匣"或"骨匣")或瓶子(称为"葬瓶")里面。如元杂剧《哭存孝》中,就有"我将这引魂幡执定在手中摇,我将这骨殖匣轻轻的自背着"的唱词。⑤ 杜仁杰在散曲中,则

---

① 《元典章》卷三〇《礼部三·丧礼》。
② 《析津志辑佚·风俗》。
③ 《元曲选》第1155页。
④ 《元曲选》第82页。
⑤ 《元曲选外编》第55页。

有"楮树下梯要摘梨，葬瓶中灰骨是个不自由的鬼"的说法。①骨殖匣或葬瓶，或者埋葬，或者存放在寺庙中。火化尸体后再行埋葬，当时合称为"烧埋"。关汉卿撰杂剧《蝴蝶梦》中，有"我叫化了些纸钱，将着柴火烧埋孩儿去呵"的说词，②可为证明。

火葬的出殡亦有一定的仪式，在《朴通事》中就以对话方式记录了大都城内一曹姓人的出殡过程："曹大家里人情来么？甚么人情？却不没了老曹来。我不曾知道来，出殡么？今早起出殡来。几岁了？今年才三十七岁。咳，年纪也小哩。留几日来？三来。阴阳人是谁？朱先生来。殃榜横贴在门上，你过来时节不曾见？我不曾见。写着甚么哩？写着：壬辰年二月朔丙午十二日丁卯，丙辰年生人，三十七岁，艮时身故，二十四日丁时殡，出顺城门。巳、午、亥、卯生人忌犯哩。黑衣道场里你有来么？我有来。为头儿门外前放一个卓儿，上头放坐一尊佛像。明灯点烛，摆诸般茶果等味。请佛入到殡前，吹螺打钹，摇鼓撞磬，念经念佛，直念到明。供养的是豆子粥、箕子烧饼、面茶等饭。临明吃和和饭。多早晚入殓来？丑时入殓。件作家赁魂车、纸车、影亭子、香亭子、诸般彩亭子、花果、酒器、家事，都装在卓儿上抬着。又是魂马、衣帽、靴带之类，十余队幢幡、宝盖、螺钹、鼓磬。咳，那小孩儿可怜见，穿着斩衰。谁碎盆来？曹大就门前碎盆。送殡的官人们有甚么数目，都系着孝带。尸首实葬了那怎的？烧人场里烧着，寺里寄着哩。"③由此可知，大都不仅有专门的"烧人场"（火葬场），还有专门操办丧事的"阴阳人"和出租丧礼器具的店铺等。

云南大部分地区原来即盛行火葬，"亲死则火之，不为丧祭"。如僰人，"人死，浴尸，束缚令坐，棺如方柜，击铜鼓送丧，以剪发为孝，哭声如歌而不哀。既焚，盛骨而葬"。罗罗人"酋长死，以豹皮裹尸而焚"。末些人"人死，则用竹簀舁至山下，无棺椁，贵贱皆焚一所；非命死者，则别焚之"。④

对火葬的习俗，元廷因"四方之民，风俗不一"，不能一体禁约，所以只规定土著汉人不许火葬，需按礼制葬埋，并规定"烧了收骨殖呵，休似人模样包裹者"。⑤

琉璃塔

----

① 《[般涉调]耍孩儿·喻情》，《全元散曲》第33页。
② 《元曲选》第644页。
③ 《朴通事谚解》卷下，第341—346页。
④ 李京《云南志略》。
⑤ 《元典章》卷三〇《礼部三·丧礼》。

【 第四节　官员守制 】

官吏家有丧事，是否按照中原王朝的传统做法，三年服丧丁忧，朝廷最初没有明确的说法，只是默认汉人官吏可以服丧丁忧。

在蒙古国时期和元朝前期，一些迁入中原地区居住的蒙古人和唐兀人、畏兀儿人、回回人等，习染华风，逐渐接受中原的伦理道德观念，并习惯于按照汉人的行为准则办事，在丧葬礼制上表现的尤为突出。如被人们称为"廉孟子"的畏兀儿人廉希宪，在母亲去世后，"力行丧礼，水不入口者三日，每恸呕血毁瘠，几至灭性。既葬，藉草枕块，必于终制"。中书省官员因忧制未定，欲起其议事，"未至庐所，闻其哭声之哀，不忍言而退"，不得不由忽必烈下诏书"夺情起复"。不久，廉希宪父亲又去世，希宪"力请终制，上不听，强起之，墨衰即事"。①

元朝政府关于官员守制的规定，是逐步作出的。

至元二十八年（1291年），对官员"奔丧"做出了正式规定：官员如遇祖父母、父母丧亡，给假30日，并刨除往返路程时间，奔丧期间照发俸禄；为祖父母、父母迁坟，给假20日。②

成宗大德八年（1304年）正式宣布："三年之丧，古今通制。今后除应当怯薛人员、征戍军官外，其余官吏父母丧亡丁忧，终制方许叙仕，夺情起复不拘此例，蒙古、色目人员各从本俗，愿依上例者听。"③

所谓三年之丧，实际时间为27个月。仁宗即位后又特别宣布："官吏丁忧，已尝著令，今后并许终制（实27个月），以厚风俗。朝廷夺情起复，蒙古、色目、管军官员，

---

① 元明善《平章政事廉文正公神道碑》，《国朝文类》卷一五。
② 《元典章》卷一〇《吏部四·职制一·假故》。
③ 《元典章》卷一〇《吏部四·职制一·赴任》。

廉希宪像

不拘此例。"① 后来又有不少具体规定，如确定丁忧时间从官员闻丧之日起算，以13个月为小祥，25个月为大祥；军府中的迁转官员如知事等，亦允许服丧丁忧。

官吏等"因事取受"，事发到官，遇父母之丧，可以丁忧终制后再追问，但是有侵吞官钱等行为的官员，不能同"取受"一样对待，虽遇父母丧制，照样追问，不准服丧丁忧。民间犯罪之人，在服丧期间同样要问罪处罚。

对"夺情起复"的对象，亦有了明确规定。英宗时有人指出："旧例居丧夺情起服之官，或是朝廷顾问儒臣，或是必用耆旧。迩来权臣紊坏典故，至于富室少年、庸书小吏、在官之人，动以择恃起服。"于是特别规定"果是顾问儒学之臣，或是必用之耆旧，特奉圣旨，方许起服"，以堵塞"小人"的侥幸之心。②

---

① 《元典章》卷——《吏部五·职制二·丁忧》。
② 《元典章新集·吏部·职制》。

【第五节　蒙古祭祖风俗】

用"烧饭"的方式祭祀死者，是北方游牧民族的传统习俗，蒙古人也不例外，所以有人说"元朝人死，致祭曰烧饭，其大祭则烧马"，[①]在中原王朝祭祀仪制的影响下，元朝统治者的祭祖仪式既有按照蒙古族传统习俗确定的"国俗旧礼"，也有按中原王朝传统制度设计的"太庙"祭礼，并在其中加入了"国俗"的内容。

国俗旧礼，主要内容是祭天、祭祖和烧饭。

蒙古人敬天、畏天，非常重视祭天活动。"每岁，驾幸上都，以六月二十四日祭祀，谓之'洒马奶子'。用马一，羯羊八，彩段练绢各九匹，以白羊毛缠若穗者九，貂鼠皮三，命蒙古巫觋及蒙古、汉人秀才达官四员领其事，再拜告天。又呼太祖成吉思御名而祝之，曰：'托天皇帝福荫，年年祭赛者。'礼毕，掌祭官四员，各以祭币表里一与之；余币及祭物，则凡与祭者共分之。"[②]

祭天之后不久，又要举行祭祖活动。"岁以七月七日或九日，天子与后素服望祭北方陵园，奠马酒，执事者皆世臣子弟。"[③]祭祖一般在上都的"西内"（即失剌斡耳朵）举行，如顺帝后至元三年（1337年）七月，"丙午，车驾幸失剌斡耳朵。丁未，车驾幸龙冈，洒

元代家族宗庙一号石雕人像

---

① 叶子奇《草木子》卷三下《杂制篇》。
② 《元史》卷七七《祭祀志六》。
③ 周伯琦《立秋日书事五首》，《近光集》卷一。

马奶以祭"。①"丙午"与"丁未"是相连的日子，可知顺帝是先到失剌斡耳朵，次日到附近的龙冈祭祖，以马奶酒为祭品。

烧饭仍然是元朝宫廷中的重要祭祖仪式。"每岁，九月内及十二月十六日以后，于烧饭院中，用马一，羊三，马湩，酒醴，红织金币及裹绢各三匹，命蒙古达官一员，偕蒙古巫觋，掘地为坎以燎肉，仍以酒醴、马湩杂烧之，巫觋以国语呼累朝御名而祭焉。"②

在上都附近，还有蒙古皇室的"家庙"。至元十三年（1276年），南宋的少帝、皇太后等被送到上都去觐见忽必烈。在抵达上都的第三天，"早出西门五里外，太后、嗣君、福王、隆国夫人、中使作一班在前，吴坚、谢堂、刘岊并属官作一班在后。北边设一紫锦罘罳，即家庙也。庙前两拜，太后及内人各胡跪，胡王、宰执如南礼。又一人对罘罳前致语，拜两拜乃退"。③

忽必烈即位之后，在汉人谋士的推动下，很快着手太庙的建筑。中统四年（1263年）三月"诏建太庙于燕京"。至元三年（1266年）十月，太庙建成。由于很快兴建了新的大都城，原来修建的太庙成为一个临时性的祭祖场所。至元十四年（1277年）八月，忽必烈下令在大都城内建太庙。至元十七年（1280年）十二月，新的太庙建成，旧太庙中的"神主"（祖宗牌位）等全迁入新庙，并将旧庙拆毁。④按照中原王朝都城"庙东社西"的传统布局，新建太庙位于大都皇城之东，"在都城齐化门之北"。⑤太庙的建筑风格，亦依照"前庙后寝"的

元代家族宗庙二号石雕人像

元代家族宗庙三号石雕人像

---

① 《元史》卷三九《顺帝纪二》。
② 《元史》卷七七《祭祀志六》。
③ 严光大《祈请使行程记》，《钱塘遗事》卷九。上海古籍出版社1985年影印本。
④ 《元史》卷五、一一《世祖纪二、八》；卷七四《祭祀志三》。
⑤ 《元一统志》卷一《中书省·大都路》。

原则，建正殿东西7间、南北5间，寝殿东西5间、南北3间，"环以宫城"；"左右连屋六十余间"，是齐班厅、省馔殿、斋室、雅乐库、神厨等附属建筑。英宗时，"增广庙制"，另建大殿15间于太庙前，将原庙正殿改为寝殿。新建的正殿，"中三间通为一室，余十间各为一室，东西两旁际墙各留一间，以为夹室"。齐班厅、省馔殿、斋室、雅乐库、神厨等均南移，增建附属建筑50余间。①

太庙中用的"神主"，共有两种。一种是由刘秉忠在至元三年考古制设计的木神主，用栗木制成。一种是由八思巴在至元六年奉旨制成的"木质金表牌位"，称为"金主"。后来太庙中用的祖宗牌位，多是"金主"。

忽必烈在位时，确定在太庙中供奉的祖宗牌位分为八室，烈祖也速该、太祖成吉思汗、太宗窝阔台、定宗贵由、宪宗蒙哥及尤赤、察合台、拖雷，都在祭享之列。忽必烈去世之后，后继的皇帝为明确皇统，以成吉思汗在太庙中居中为第一室，并突出拖雷、忽必烈一系的沿承，不断为忽必烈的子孙在太庙中安排位置。

太庙的祭礼，主要是汉儒按照中原王朝传统仪制设计的典礼仪式，但糅进了蒙古族的特点。"其祖宗祭享之礼，割牲、奠马湩。以蒙古巫祝致辞，盖国俗也""每岁，太庙四祭，用司禋监官一员，名蒙古巫祝。当省牲时，法服，同三献官升殿，诣室户告腯，还至牲所，以国语呼累朝帝后名讳而告之。明旦，三献礼毕，献官、御史、太常卿、博士复升殿，分诣各室，蒙古博儿赤跪割牲，太仆卿以朱漆盂奉马乳酌奠，巫祝以国语告神讫，太祝奉祝币诣燎位，献官以下复版位载拜，礼毕。""太庙荐新，春行享礼，曰祀。四孟以大祭，雅乐先进，国朝乐后进，如在朝礼。每月一荐新，以家国礼"；"初献，勋旧大臣怯薛完真；亚献，集贤大学士或祭酒；终献，太常院使；并用法服"。祭品中也加入了蒙古因素，如"天鹅、野马、塔剌不花（其状如獾）、野鸡、鸹、黄羊、胡寨儿（其状如鸠）、湩乳、葡萄酒，以国礼割奠，皆列室用之"。②

除了在太庙祭祀祖宗牌位外，在大都城内的寺院中，还有专门祭祀元朝皇帝"御容"的影堂，后来改称为"神御殿"。"所奉祖宗御容，皆纹绮局织锦为之"。忽必烈和太子真金的影堂在万安寺，堂中还收藏着玉册和玉宝等物。另外如成宗影堂在万宁寺，武宗影堂在福元寺，仁宗影堂在普庆寺，英宗影堂在永福寺，明宗影堂在延圣寺，等等。"其祭之日，常祭每月初一日、初八日、十五日、二十三日，节祭元日、清明、蕤宾、重阳、冬至、忌辰。"此外，太祖、太宗、睿宗（拖雷）的"御容"，藏在翰林国史院，"院官春秋致祭"。③

---

① 《元史》卷七四《祭祀志三》。《析津志辑佚·太庙》。
② 《元史》卷七四、七七《祭祀志三、六》。《析津志辑佚·岁纪》。
③ 《元史》卷七五《祭祀志四》。《析津志辑佚·祠庙》。

色目人的祭祖习俗与汉族、蒙古族不同。如钦察人燕铁木儿曾在上都祭奠其先人石像,"像琢白石,在滦都西北七十里地,曰'旭泥白'。负重台架小室贮之,祭以酒湩。注彻,则以肥胔周身涂之,从祖俗也"。[1] 向石像灌酒和用肥肉涂抹石像全身,应该是钦察人祭祖的传统习俗。

---

[1] 许有壬《陪右大夫太平王祭先太师石像》,《至正集》卷一六。

第八章
物质生产

人类要生存，必须进行物质生产。元代各民族从事的物质生产，有农业、牧业、手工业、商业、狩猎等，各个民族所处环境不同，从事的物质生产有别，又各有自己的历史传统，因而也就形成了各自独特的物质生产风俗。[1]

---

[1] 交通亦是物质生产的一个重要部门。关于交通的风俗，本书第四章有专门的论述。

【第一节 农业风俗】

农业风俗是伴随古代农业经济生活而产生的文化现象。元代从事农业的主要是汉族，也有其他一些民族。本节所说农业习俗，主要是元代汉族中间流行的与农业生产有关的习俗。这些习俗大多是从前代传承下来的，各地有很大的差异。

（一）农业耕作的时序、节令习俗。汉族民间很早就根据一年十二月的自然时序二十四节气，用来指导农业生产。元代民间仍然流行以时序节令来安排农业生产的风俗。"盖二十八宿用天之度，十二辰日月之会，二十四气之推移，七十二候之迁变，如环之循，如轮之转，农桑之节，以此占之。四时各有所务，十二月各有其宜，先时而种，则失之太早而不生，后时而蓺，则失之太晚而不成。"[1] "二十四气"就是二十四节气。所谓"七十二候"指的是集中反映时序变化的七十二种物候（自然现象），每月六种。例如正月的物候是"东风解冻，蛰虫始振，鱼上冰，獭祭鱼，候雁北，草木萌动"；二月的物候是"桃始华，仓庚鸣，鹰化鸠，玄鸟至，雷发声，始电"。农民根据时序、物候的变化，安排农业生产，正月是"修农具，粪地，耕地，嫁树，烧苜蓿，烧荒，葺园庐，垄瓜田，修种诸果木，栽榆柳织箔"；二月是"种蓏粟豆黍穄茶蔬瓜瓠椒秧芋，祭社，造布，开荒，

元代劳动人民形象

---

[1] 王祯《农书》《农桑通诀集之一·授时篇》。

修蚕室，栽接桑果，浸稻种，修沟渠池塘筑墙"，如此等等。①

元代的农学著作《农桑辑要》、《农书》和《农桑衣食撮要》，都很重视农业耕作的时序，特别是《农桑衣食撮要》一书（鲁明善作），"分十二月令，件系条别，简明易晓，使种艺敛藏之节，开卷了然"。②其中所述，实际上都是当时农民一年内约定俗成的耕作风俗。

（二）预卜农事丰歉。农业生产收成丰歉，与农民生活有密切关系。新的一年开始，农民便通过察看自然现象和物候的状况，来预测当年气候和收成好坏。常见的是："验岁朝。一日鸡，二日犬，三日豕，四日羊，五日牛，六日马，七日人，八日谷。日色晴明温暖，则蕃息安泰；风雨阴寒惨冽，则疾病衰耗。以各日验之。""验岁草。荠菜先生，岁欲甘。葶苈先生，岁欲苦。藕先生，岁欲雨。蒺藜先生，岁欲旱。蓬先生，岁欲荒。水藻先生，岁欲恶。艾先生，岁欲病。皆孟春占之。"③春季"连绵雨雪，占岁者云，春雪多霖潦之兆也"。④

《事林广记》"耕获图"

除了每年开始时的各种预测之外，一年之中亦有种种预卜年成之法。如："二月，月内三卯，有则宜豆，无则早种禾。农家每岁经验之言。""三月，月内三卯，有则宜豆，无则宜麻、麦，此农家经验之言也。""四月，月内三卯，有则宜麻，无则麦不收。此是农家经验之言。"四月"初八日雨下则无麦，十三日亦然，此老农有验之言"。"种菉豆，……若预占豆收否，当年李不蛀则宜豆。"⑤"若当年杏多不蛀，则宜大麦……桃

---

① 王祯《农书》《农桑通诀集之一·周岁农事》。
② 《四库全书总目》卷一〇二《子部十二·农家类》。
③ 《农桑衣食撮要》卷上，《四库全书》本。
④ 郑元祐《祈晴有应序》，《侨吴集》卷八。
⑤ 《农桑衣食撮要》卷上。

多不蛀，则宜小麦。"① 有的以"月内三卯"（用天干地支相配纪日，一月有三个卯日）卜年成，有的以某日是否下雨卜年成，有的以水果是否虫蛀卜年成，方法可谓多种多样。这些习俗都是农民多年经验的总结，对于指导农业生产，有一定的价值。

（三）农业禁忌。在农业生产过程中，有不少禁忌。例如有的记载说，三月种大豆，"忌申、卯日种"。六月种菉豆，"忌卯日下种"。② 八月种麦，大麦"忌子日种"，小麦"忌戌日种"。③ 另有记载"种田忌日"，"大豆忌卯、午、丙、子、甲、乙"，"大麦忌子、丑、戊、己"，"小麦同稻忌寅、卯、辰"。记载下种农作物忌日的不同应是地区的差异。此外，农业生产过程如耕田、浸谷、下秧、耕田、浇田等都有"吉日"、"凶日"（"忌日"）之分。④ 这种"吉""凶"日子的规定，带有很大的随意性。

养蚕是传统农业生产的重要组成部分。养蚕禁忌甚多。农书《务本新书》列举"杂忌"十九条，农书《士农必用》列举六条。这两种农书都应是金朝灭亡后不久的作品，可以归入元代。⑤ 这些禁忌大多是关于清洁卫生方面的，如"忌不净洁人入蚕室"，"蚕室忌近臭秽"，"忌正寒陡令过热"，"忌酒醋、五辛、膻腥、麝香等物"；"忌食湿叶"，"忌食热叶"等。都是生产经验的总结，有其合理性。但是也有一些禁忌，如："忌秽语淫辞"，"忌产妇、孝子入家"，

《事林广记》"蚕织图"

---

① 《农桑衣食撮要》卷上。
② 《农桑衣食撮要》卷上。
③ 《农桑衣食撮要》卷下。
④ 《居家必用事类全集》戊集《农桑类》。按，种植各种作物有"宜"有"忌"，由来已久，见《齐民要术》所引《杂阴阳书》（《农桑辑要》卷二《播种》引《杂阴阳书》即据此）。但两相比较，可知元代的"吉"、"凶"日与《杂阴阳书》的"宜"、"忌"差别很大。
⑤ 《农桑辑要》卷四《养蚕·杂忌》。见缪启愉《元刻农桑辑要校释》第274—276页，农业出版社1988年版。

"不得放刀于灶上箔上"，等等，则都带有迷信的成分。

（四）祈祷丰收的习俗。农业生产的丰歉，对于农民来说，是头等大事。在科学技术水平落后的情况下，农民不能正确认识农业生产的规律，只能寄希望于上天和神祇的保佑，于是便有了种种祈祷丰收的习俗。这在各种民族中都是普遍存在的。汉族历史上有多种祈祷丰收的习俗，在元代，见于记载而比较突出的，是"照田蚕"和"打春"。

元代方志记载，浙西一带，腊月二十五日"田家燃炬，名照田蚕"。①"照田蚕"的具体情景，在宋代范成大的诗歌《照田蚕行》中有生动的描述："乡村腊月二十五，长秆燃炬照南亩。近似云开森列星，远如风起飘流萤。今春雨雹茧丝少，秋日鸣雷稻堆小。侬家今夜火最明，的知新年田蚕好。夜阑风焰西复东，此占最吉余难同，不惟桑贱谷芃芃，仍更苎麻无节菜无虫。"在诗序中，范成大说，每年腊月二十五日夜间，"吴中村落以秃帚若麻秸、竹枝辈燃火炬，缚长竿之杪以照田，烂然遍野，以祈丝、谷"。②可知"照田蚕"便是浙西平江（今江苏苏州）、松江（今江苏松江）一带农民在腊月二十五日晚上举行的祈祷蚕、谷丰收的活动，具体办法是点燃用麻秸、竹枝捆扎而成的火炬，绑在长竿之上，根据火势明暗和方向来预卜丰歉。这种习俗何时起源不可知，自宋、元到明、清两代一直在浙西地区广泛流行，它很可能是江南地区古老的"火耕水耨"生产方式的反映。③

"打春"又叫"鞭春"，是立春日举行的一项活动，主要内容是打（鞭）土牛。这项习俗起源很早，原来应是民间的，后来成为政府主持但有广大群众参加的一项农事仪式。"土牛儿载将春到也。"④"我盼的是泥牛儿四九里打。"⑤从这些诗句可以看出，在元

踏碓图

---

① 《至正昆山郡志》卷一《风俗》。
② 《石湖居士诗集》卷三〇，《四部丛刊》本。
③ 王利华《"照田蚕"试探》，《中国农史》第16卷第3期。
④ 贯云石《立春》，《全元散曲》第371页。
⑤ 苏彦文《冬景》，《全元散曲》第649页。

代,"打春"仍是深受社会各界重视的习俗。

高丽的汉语教科书中关于"打春"有如下描述:

"那牛厂里,塑一个象一般大的春牛,桩点颜色。一托来长的两个机角,当间里按一个木头做的明珠,簸箕来大的一对耳朵,十尺来长尾子,橡子粗的四条绳在牛车上,众人拖牵。前面彩亭里头,一个塑的小童子,叫做芒儿,牌上写着'勾芒神',手拿结线鞭,头戴耳掩或提在手里,立地赶牛。顺天府官、司天台官、众官人们,街上两行摆着行,前面动细乐、大乐、吹角。第二,一个十分可喜的俏俏,桩二郎爷爷,身穿黄袍,腰系白玉带,头戴幞头,脚穿朝云靴,手拿结线鞭,骑坐白马珠鞍,一个小鬼拿着大红罗伞,马前马后跟着的大小鬼卒不知其数。前面一个鬼拿着三丈来高的大旗号,上写着'明现真君'。后头又是个茶博士们,提汤灌的,拿茶碗把盏的跟着。这般摆队行到鼓楼前面,朝东放着土牛,芒儿立在牛背后。'甚时几刻立春'。司天台家这般拣定时辰。相着地脉,放一堆灰。具服的官人们烧香等候的其间,地气正旺上的时节,那灰忽然飞将起来。后头,绝只那个太师家的、太保家的、丞相家的、公侯家的、各自一火家,睁着眼,舍着性命,各拿棍棒,又是担杖,厮打着争那明珠。其中一伙儿强的,把别的打的四分五落里,东走西散。这般赶退了,忽跳上牛去,撮下那明珠,各饭店、酒肆里绕着走。……常言道,好儿不看春,好女不看灯。"①

这段文字描写的是都城"打春"的情况。② 其他地方亦大体类似。但其中脱漏了一

翻车图

---

① 《朴通事谚解》卷下,第350—357页。
② 文中所说"顺天府官",应是后代修改的,元代应是"大兴府官"或"大都路官"。

个情节,那便是先要由地方官用杖打土牛数下,然后才开始抢夺的。①抢夺春牛碎块,是因为传说用"春牛土书门","令人宜田"。"得牛角者,其家宜蚕,亦治病"。②句芒神是孟春时节的神。举行"打春"仪式,实际上含有祈祷粮、蚕丰收的意义。

（4）农业娱乐风俗。在农业生产过程中,很自然地形成了某些娱神、娱人的娱乐活动。农村历来有春、秋两社,春社是每年立春后的第五个戊日,秋社是每年立秋以后的第五个戊日。两社都是聚会、敬神、娱乐的日子。"田翁通社喧鼓鼙,携糕送酒遍东西。土公志喜催行雨,邻叟相扶尽醉泥。"③有一首散曲写道:"庆新春齐敲社鼓,赛牛王共击铜锣。"④"牛王"指王庙中供奉的神,牛与农业生产关系十分密切,"赛牛王"就是农民集会祭祀牛王庙的神。杂剧《说专诸伍员吹箫》中说:"我这丹阳县中有个牛王庙儿,秋收之后,这一村疃人家轮流着祭赛这牛王社。""祭赛"时有"迎神送神"的仪式。⑤散曲说的是"新春"时"赛牛王",杂剧说的是"秋收"后"祭赛",可见春、秋都有祭祀牛王的活动,而这些活动又是和"社日"有关的,应该就是"社日"的活动内容。祭赛牛王时敲鼓击锣,既用娱神,又是"村疃人家"的自娱活动。

诗人洪希文描写自己在"仙邑"(今福建仙游)农村的见闻时说:"自是升平生聚久,女郎共唱后庭花。"⑥农村小女在劳动之余唱情歌,思想保守的作者认为内容冶艳,故以《后庭花》相比。诗人戴良作《插秧妇》:"青袱蒙头作野装,轻移莲步水云乡。裙翻蛱蝶随风舞,手学蜻蜓点水忙。紧束暖烟青满地,细分春雨绿成行。村歌欲和声难调,羞杀扬鞭马上郎。"⑦农村妇女在田中一面插秧,一面唱山歌,骑在马上的公子哥儿无法

仓图

---

① 《析津志辑佚·风俗》。
② 《至顺镇江志》卷三《岁时·立春日》引《本草》、《岁时杂记》。
③ 洪希文《鸡豚社》,《续轩渠集》卷六,《四库全书》本。
④ 薛昂夫《[正宫]端正好》,《全元散曲》第720页。
⑤ 李寿卿作,《元曲选》第656页。
⑥ 《仙邑馆所归溪行书触目》,《续轩渠集》卷四。
⑦ 《九灵山房集》卷三。

唱歌，感到惭愧。从这些描写，可知当时农村中有许多农民即兴创作的民歌，可惜的是没有能流传下来。

元代农学家王祯说："浙东诸乡农家儿童，以春月捲梧桐为角吹之，声遍田野。前人有'村南村北梧桐角，山后山前白菜花'之句，状时景也，则知此制已久，但故俗相传，不知所自。"他还引南宋诗人戴复古的诗说："……何如村落卷桐吹，能使时人知稼穑。村南村北声相续，青郊雨后耕黄犊，一声催得大麦黄，一声唤得新秧绿。……吹此角，起东作；吹此角，田家乐。"[①]将梧桐叶卷成角状，用口吹奏成调。梧桐角一吹，象征春天来临，春耕开始，这是浙东特有的民俗，独具特色的民间音乐。

---

① 《农书》《农器图谱卷之三·䉆曲门》。

第二节 禳灾风俗

有元一代，各种灾害频繁，对农业生产和群众的生命财产造成很大的破坏。对于不断发生的各种自然灾害，政府有一些救灾的措施，民间亦有相应的活动，但是由于科学技术水平的低下，在自然灾害的巨大压力面前这些措施和活动的作用是有限的。于是，人们往往求助于上天和各种神祇，希望能够从那里得到解救，多种多样的禳灾活动，由此产生。

元代发生旱灾的地区最广，次数最多。每当旱灾发生，人们便向神灵祈祷，请求降雨。祈祷的对象是广泛的，有龙神、山神、城隍以及其他各种神祇。祈祷活动大多由政府官员出面主持，有时则由道士主持。

传说中的龙神是水中之神，因而在祈雨时是首选的对象。李注为淇州（今河南淇县）知州，"河朔大旱，侯祷于灵山龙祠者七，每祷辄雨，岁用丰稔"。[①] 至正二年（1342年）夏四月，杭州不雨大旱，"江浙行中书省宰执都司亲祷于杭之宗阳宫，俾真人唐永年为作符檄朱书铁简，命道士持诣天目山，祈灵于两龙祠"，符檄铁简投入龙池、龙井

祈雨

---

① 苏天爵《李府君神道碑》，《滋溪文稿》卷一六。

洪洞广胜寺明应王殿元代壁画《祈雨图》

以后，立即阴云四起，雷雨大作。①吴江（今江苏吴江）"州之东行涉江湖而为桥者相望，独第四桥之下水最深，味最甘，色湛寒碧。……世传有龙居之，州人即其桥之北，水之中沚，建祠以享龙，谓之甘泉龙王祠，其来盖甚久矣"。至正二年（1342年）"夏大旱，田禾焦然就槁，民心皇皇无赖"。州达鲁花赤雅实理"率僚幕胥吏之属悉徒跣谒龙于祠下，再拜稽首，为民请命"。同时又命道士行法，"役神召龙"。两相配合，果然"雨即随至"。②

五岳神（东岳泰山，西岳华山，南岳衡山，北岳恒山，中岳嵩山）和其他山神也是祈雨的对象，其中以西岳华山最为突出。关陕有旱，必祷华山，成为惯例。元成宗时，许滋为陕西行省参知政事，"时陕西不雨三年，道过西岳，因祷曰：'滋奉命来参省事，

---

① 黄溍《天目山祷雨记》，《金华黄先生文集》卷一〇。
② 郑元祐《吴江甘泉祠祷雨记》，《侨吴集》卷九。

而安西不雨者三年，民饥而死，滋将何归！愿神降甘泽，以福黎庶。'到官，果大雨"。① 元文宗天历二年（1329年），"关中大旱，饥民相食"。元朝任命张养浩为陕西行台中丞，筹措救灾事宜。"道经华山，祷雨于岳祠，泣拜不能起，天忽阴翳，一雨二日。"② 元代前期名臣王恽有《岱岳祠祷雨文》，③ "岱岳"即东岳泰山，王恽请求"岳神""忧民之忧"，降雨弭灾。其他地区亦有祈祷山神降雨之事。至正二年（1342年）江西抚州路（治临川，今江西抚州）"春、夏之雨不阙，六月蕴旱。监郡倅贰参佐皆以为已忧。华山、相山皆二百四五十里，自昔吏民之所同祷也"，于是分遣官员，各陟山巅，"祝告之辞方宣，精神之敷已感，云瀚兴于川谷，雨遥注于郡城。……合郡内外，无不告足"。④

釉里红开光祈雨图纹罐

此外，还有不少神祠亦可祈祷。以庆元路为例，鄞县（今浙江鄞县）有石䃳庙，"在县西四十里，䃳有灵鳗，能兴云雨"。显济庙，"在县西南六十里，即四明山之天井。其井有二，有多线蜥蜴，能显灵，兴云雨。郡旱祷之即应"。定海县（今浙江定海）有云雪三公庙"在县东南八十里，为旱祷辄应"。⑤ 陕西大旱，除了"祀西岳"之外，还"祷于城中之郡祀"、"太一元君庙"、"太白峡灵湫庙"，还到凤翔（今陕西凤翔）"祀于雅腊蛮神之庙。雅腊蛮者，高昌部大山有神，高昌人留关中者，移祀于此方"。⑥ "高昌"指畏兀儿人，今天维吾尔族的先民，他们居住在今新疆吐鲁番一带，元代有不少人内迁到河西走廊和关中，也带来了他们所崇拜的神。城隍是各地普遍事奉的土地神，也是干旱时祈祷的对象。⑦ 刘秉直为卫辉路（路治今河南汲县）总管，"天不雨，禾且槁，秉直诣城北太行之苍峪神祠，具词祈祝，有青蛇蜿蜒而出，观者异之。辞神而还，行及数里，雷雨大至"。⑧ 鳗、蜥蜴、蛇一类水中动物，往往被认为是神的化身，如在祈

---

① 《元史》卷一九一《良吏·田滋传》。
② 《元史》一七五《张养浩传》。
③ 《秋涧先生大全集》卷六四。
④ 虞集《抚州路经历赵师舜祈雨有感序》，《道园学古录》卷三四。
⑤ 《延祐四明志》卷一五《祠祀考》。
⑥ 虞集《诏使祷雨诗序》，《道园学古录》卷六。
⑦ 许有壬《城隍庙祷雨文》，《至正集》卷六九。
⑧ 《元史》卷一九二《良吏二·刘秉直传》。

《祈雨图》之一《大旱》 　　　　　　　　《祈雨图》之二《烈日》

《祈雨图》之三《祈雨》 　　　　　　　　《祈雨图》之四《龙王行雨》

祷时出现，便会带来云雨。

官府的祈雨，一般都是要斋戒的。上述吴江、临川等处祈雨时都是如此。斋戒是为了表示对神的敬重。但是，民间的祈雨活动，却不受此限制。"当涂土人坐杀牛祈雨，囚系者六十多人。"①元朝政府禁止私宰牛、马，而民间为了祈雨不惜触犯禁令。由此可见，民间也有自发的祈雨活动，其方式与官府不尽相同。

久雨成涝，就会发生水灾。为了禳灾，常见的办法：一是向各种神祇请示援助，"伏望收敛阴云，开露天日，俾戚嗟之众，咸道乃生"。祈晴的对象有"后土皇地祇"（土地神）和"东岳天齐仁皇帝"等。② 一是请道士作法。"大都辛丑夏，仲暑，雨大作，霖淫不辍，至五旬之久，……小民咨怨，农夫告病。""奉正一法以祈禳为业"的大都崇真万寿宫道士，"致斋洁，肃仪物，呼告穹苍，飞檄诸部，恳以七日为开霁之度"。

---

① 《元史》卷一七〇《畅师文传》。
② 刘敏中《祈晴祝文》，《中庵集》卷一六。

"及期",果然"获覩天日晴明之快,免昏垫陷溺之苦"。① 以上两种祈晴办法和祈雨是一样的。祈晴还有一种特殊的办法,那便是禜城门。"至元后戊寅"(顺帝后至元四年,1338年)"彰德方旱,祷而雨,槁皆用苏。秋,大雨仍不止,田将没,洹(水名——引者)之涨将及城。"地方官"禜于城东门,雨俄息,翼日遂霁"。"历代典制,州县郡苦雨,各禜其城门。雨而禜门,古礼也。"② 也就是说此法由来已久。其他地方祈晴时亦有类似的活动。③ 有的地方还将道士行法和禜门结合起来祈晴。平江路(今江苏苏州)在"至正甲辰"(至正十四年,1354年)自春至夏,阴雨连绵,"上下原隰,漫涌白波,而农告悴,秋将失望矣"。平江路总管便请玄妙观道士周玄初行法,"祷于天",官员们"每旦即东门以拜日晹",结果"顽云倏消,长空一碧",出现了晴天。④

民间还有一种祈晴风俗,那便是扫晴妇(娘)。每逢久雨连阴,剪纸为女形,手持一帚,悬于檐下,祈求天晴,此女像便谓之扫晴妇(娘)。"卷袖搴裳手持帚,挂向阴空便摇手"。⑤ "澹妆乌髻绿衣衫,一线高悬舞画檐。笑着苕枝挥素手,尽驱云影入苍岩"。⑥ 都是关于扫晴妇的描写。后一首诗的作者王恽说,久雨后"儿子辈戏作扫晴妇,悬之前檐,明日开霁,因作是诗"。一悬扫晴妇,立即带来好天气,这当然是巧合,但亦可见此种风俗在民间广泛流传。

祸害农作物的各种虫灾中,以蝗灾最厉害。江、淮以北广大平原历来是蝗灾的高发区。蝗虫一旦发生,农作物一扫而光,便会出现赤地千里的悲惨景象。在蝗灾面前,人们无力抗御,只好寄希望于神灵。在元代,蝗灾发生时经常祈祷的地

永乐宫壁画中的四海龙王众图

---

① 王恽《崇真万寿宫都监冯君祈晴诗序》,《秋涧先生大全集》卷四三。
② 许有壬《禜门记》,《至正集》卷四一。
③ 蒲道源《祈晴禜城东门神祝文》,《闲居丛稿》卷二二。
④ 郑元祐《祈晴有应序》,《侨吴集》卷八。
⑤ 李俊民《扫晴妇》,《庄靖先生集》卷二,《四库全书》本。
⑥ 《扫晴妇》,《秋涧先生大全集》卷二〇。

方是八蜡祠。刘秉直为卫辉路总管时,"秋七月,虫螟生,秉直祷于八蜡祠,虫皆自死"。①李註为淇州知州,"明年夏,大蝗,淇之西北乡有蝗生焉。侯(李註——引者)斋沐祷于浮山八蜡祠,至暮有群鸦飞集,食蝗皆尽,郡人神之"。②咬住为怀庆路(治今河南沁阳)达鲁花赤,"郡尝有蝗大至,守臣咬住出郡百余里,祷于蜡神之祠,一夕大雨,蝗尽出"。③八蜡本是古代祭祀的名称,每年农事结束后举行八种祭祀,第八种祭昆虫,以免虫害。但到后来八蜡变成虫的代名词,民间的八蜡庙俗称虫王庙,祀奉虫王。上面所说几个例子,都是地方官员到八蜡庙祈祷,目的是请八蜡神(虫王)出面,消灭蝗虫。此外,还有一种奇特的习俗。"亳州有蝗食田禾,观音奴以事至亳,民以蝗诉,立取蝗向天祝之,以水研碎而饮,是岁蝗不为灾。"④历史上唐太宗也曾有过类似的举动。

以上分别叙述水、旱、蝗灾发生时的禳灾习俗。可以看出,禳灾与道教有密切的关系,这是因为道教中有些宗派自称有呼风唤雨,指挥神灵之术。佛教亦有祈晴、祈雨、祈雪、遣蝗等祈祷之术,"如祈晴、祈雨,则轮僧十员二十员,或三五十员,分作

龙王行雨图

① 《元史》卷一九二《良吏二·刘秉直传》。
② 苏天爵《李府君神道碑》。
③ 虞集《跋咬住学士孝友卷》,《道园学古录》卷三二。
④ 《元史》卷一九二《良吏二·观音奴》。

几引，接续讽诵。每引讽大悲咒、消灾咒、大云咒各三七遍，谓之不断轮，终日讽诵，必期感应，方可满散忏谢"。①当然，天上神祇本是虚无缥缈之物，上面所举种种事例，似乎祈求神祇禳灾能够取得效果，其实不是偶然的巧合，便是有意制造的谎言，下面二个例子便很好地说明了祈神禳灾的虚伪和可笑。

"丙子岁，松江亢旱，闻方士沈雷伯道术高妙，府官遣吏赍香币过嘉兴，迎请以来。骄傲之甚，以为雨可立致。结坛仙鹤观，行月字法，下铁简于湖泖潭井，日取蛇、燕焚之，了无应验，羞报，宵遁。僧柏子庭有诗，其一联云：谁呼蓬岛青头鸭，来杀松江赤练蛇。闻者绝倒。"②

"[吕思诚]改景州县尹。……天旱，道士持青蛇，曰卢师谷小青，谓龙也，祷之即雨。思诚以其惑人，杀蛇，逐道士，雨亦随至，遂有年。"③

前一例说明官府出面请道士祈雨完全无效，只好逃走了事。后一例说明以蛇为龙是骗人的伎俩。由此可以推知其他禳灾活动的实际情况。

以上所说是汉族聚居的农业区的禳灾习俗。在蒙古人中另有一种奇特的祷雨习俗。元末人记载："往往见蒙古人之祷雨者，非若方士然，至于印令、旗剑、符图、气诀之类，一无所用。惟取净水一盆，浸石子数枚而已。其大者鸡卵，小者不等。然后默持密咒，将石子淘漉玩弄，如此良久，辄有雨。岂其静定之功已成，特假此以愚人耶，抑果异物耶？石子名曰鲊答，乃走兽腹中所产，独牛马者最妙，恐亦是牛黄狗宝之属耳。"④"鲊答"又作"扎答"，是蒙语的音译，原意为"风雨"、"致风雨之事"。成吉思汗兴起时，与札木合交战，"札木合军内不亦鲁里、忽都合两人有术能致风雨"，即会札答之术。⑤可见此法在蒙古族中由来已久，应是萨满教的巫术。南宋使臣说蒙古人"其所战宜极寒，无雪则磨石而祷天。"⑥即指"札答"而言。但在元代农业地区祷雨时，没有看到利用"札答"的记载。

---

① 《百丈清规》卷一《报恩章第二》。《大正大藏经》本。
② 《辍耕录》卷二七《讥方士》。
③ 《元史》卷一八五《吕思诚传》。
④ 《辍耕录》卷四《祷雨》。按，《辍耕录》此条应源自杨瑀《山居新话》。
⑤ 《元朝秘史》校勘本卷四，第134页。
⑥ 彭大雅、徐霆《黑鞑事略》。

【第三节　游牧和狩猎习俗】

生活在草原上的蒙古人,过着游牧的生活。他们以牧放牲畜为生,"迁就水草无常"。[①] 在放牧之余,便从事狩猎,"自春徂冬,旦旦逐猎,乃其生涯"。[②] 可以说农业是汉族的主要经济活动,而游牧和狩猎,便是蒙古人的主要经济活动,这种差异是由于自然条件的不同而造成的。

游牧生活和一年的时序有密切关系。在草原上,"每一个首领,根据他管辖下人数的多少,知道他的牧场和界线,并知道在冬、夏、春、秋四季到那里去放牧他的牛、羊。因为在冬季,他们来到南方较温暖的地区,在夏季,他们到北方较寒冷的地方去。冬季,他们把牛、羊赶到没有水的地方去放牧,这时那里有雪,雪就可以供给他们水了"。[③] 随着季节、气候的变化,他们不断迁徙,主要还是为了牧放牲畜的需要。一部分蒙古人,内迁到农业区以后,仍然保持着这种习俗,"夏则避炎潞顶,冬则迎燠山阳"。[④] 只有当他们改以农业为生时,这种习俗才会发生变化。

蒙古人牧放的牲畜,有羊、马、牛和骆驼。羊的肉、奶可供食用,羊皮可制衣服,羊毛可纺线。牛主要用来拉车,"草地之牛,纯是黄牛,其大与江南水牛等,最能走。既不耕犁,只是拽车,多不穿鼻"。[⑤] 马主要用作交通工具,特别是在作战时作为战士的乘骑。骆驼主要用来拉车或驮载物品。在这些牧畜中,蒙古人最喜爱的是马。蒙古人以肉食为主,"牧而庖者以羊为常,牛次之,非大燕会不刑马"。[⑥] 蒙古人死后,要以帐幕和数匹马殉葬,"因此,在另一个世界里,他可以有一顶帐幕以供居住,有一匹母

---

① 赵珙《蒙鞑备录》。
② 赵珙《蒙鞑备录》。
③ 《鲁不鲁乞东游记》,《出使蒙古记》第112页。
④ 王恽《塔必公神道碑》,《秋涧先生大全集》卷五一。
⑤ 《黑鞑事略》。
⑥ 《黑鞑事略》。

马供他以马奶，他有可能繁殖他的马匹，并且有马匹可供乘骑"。①这些习俗都反映了蒙古人对马的特殊感情。

　　蒙古人长期从事游牧活动，积累丰富的经验，形成了独特的牧业生产习俗。这在马的驯养方面表现得最为突出。（一）"野牧"，亦即在草原上放牧，由马自行觅食。"其马野牧无刍粟"。②"日间未尝刍秣，惟至夜方始牧放之，随其草之青枯野牧之，至晓搭鞍乘骑，并未始与豆粟之类"。③当然，这是在草原有草季节，到了严冬，还是要喂养的。（二）骑乘时严格控制马的饮食。"凡驰骤勿饱，凡解鞍必索之而仰其首，待其气调息平，四蹄冰冷，然后纵其水草。"④"寻常正行路时，并不许其吃水草，盖辛苦中吃水草不成膘而生病，此养马之良法。南人反是，所以多病也。"⑤（三）作战用马主要在秋季。"鞑人养马之法，自春初罢兵后，凡出战好马并恣其水草，不令骑动。直至西风将至，则取而控之，繫于帐房左右，唦以些少水草，经月后膘落而实，骑之数百里自然无汗，故可以耐远而出战。"⑥历史上北方游牧民族大都采用此法，在秋高马壮时用兵，而农业地区的政权常有"防秋"之举。（四）自幼便注意训练。"其马初生一二年，即于草地苦骑而教之，却养三年而后再乘骑，故教其初，是以不蹄齧也。千百成群，寂无嘶鸣，下马不用控繫，亦不走逸，性甚良善。"⑦蒙古军队的严格纪律天下闻名，这与马的严格训练有着密切关系。（五）骟马。蒙古马之所以"性甚良善，"遵守纪律，除严格训练之外，还因为采取骟马的措施。"壮者四齿则扇（骟），故阔壮而有力，柔顺而无

元世祖出猎图

---

① 加宾尼《蒙古史》，《出使蒙古记》第13页。
② 《黑鞑事略》。
③ 《黑鞑事略》。
④ 《黑鞑事略》。
⑤ 《黑鞑事略》。
⑥ 《蒙鞑备录》。
⑦ 《蒙鞑备录》。

金马鞍

性,能风寒而久岁月。不扇则反是,且易嘶骇,不可设伏。""其牡马留十分壮好者作移剌马种外,余者多扇了,所以无不强壮也。移剌者,公马也,不曾扇,专管骒马群,不入扇马队,扇马、骒马,各自为群队也。凡马多是四五百匹为群。……其骒马群每移剌马一匹管骒马五六十匹,骒马出群,移剌马必咬踢之使归。或他群移剌马越而来,此群移剌马必咬踢之使去。"①在蒙语里,骟马称为阿忽答(aqta),移剌马称为阿只儿海(ajirqa)②"移剌"又作"曳剌",③其意义、来源待考。蒙古人一般以骟马为坐骑,骟马、曳剌马的价格在其他马匹之上。④

蒙古人是在马背上长大的。南宋的使臣说,"其骑射则孩时绳束以板,络之马上,随母出入。三岁以索维之鞍,俾手有所执,从众驰骋。四五岁挟小弓短矢。及其长也,四时业田猎"。⑤出使蒙古的西方教士说,"他们的小孩刚刚两三岁的时候,就开始骑马和驾驭马,并骑在马上飞跑,同时大人就把适合于他们身材的弓给他们,教他们射箭"。儿童如此,妇女也都习惯于马上生活,"年轻姑娘们和妇女们骑马并在马背上飞跑,同男人一样敏捷。……男人们和妇女们都能忍受长途骑马"。⑥不但成年男子,而且妇女和儿童,都以弓马为生,这种习俗使来自南宋和欧洲的使臣、教士者感到惊异。

蒙古人爱好狩猎。对于他们来说,狩猎既是一种生产活动,又是很好的军事训练,还是愉快的娱乐。成吉思汗便"极其重视狩猎",他经常举行围猎,他的部下将领认为

---

① 《黑鞑事略》。
② 《蒙古译语》,见《事林广记》(至顺本)续集卷八《文艺类》。
③ 《大元马政记》。
④ 《大元马政记》。
⑤ 《黑鞑事略》。
⑥ 卡宾尼《蒙古史》,见《出使蒙古记》第18页。

人生最大快乐就是打猎。①窝阔台汗对于围猎十分热衷，在病重时，还要出猎，因而导致死亡。②忽必烈和他以后的元朝诸帝，也不例外。元朝皇帝每年去上都避暑，都要举行几次大规模的围猎活动，为此还建立了三处称为"凉亭"的狩猎区，"其地皆饶水草，有禽鱼山兽，置离宫，巡守（狩）至此，岁必猎校焉"。③元朝有人把狩猎和军事、宴饮并列为国家的三件大事，充分反映了蒙古民族的特色。④

蒙古草原上生长多种多样的野生动物，为狩猎提供了良好的条件。狩猎所得的动物，肉可食用，毛皮可作衣服，对于牧业生产来说是很好的补充。南宋使臣说，蒙古人"凡打猎时，常食所猎之物，则少杀羊"。⑤访问蒙古的欧洲传教士也说："他们通过打猎获得他们食物的一大部分。"⑥

蒙古人狩猎，是有季节性的。南宋的使臣说："自春徂冬，旦旦逐猎，乃其生涯。"⑦"四时并田猎"。⑧不管那个季节，只要有野生动物，便可进行狩猎活动，这是不错的。但是，蒙古人积累了丰富的经验，知道必须保护动物的生育和成长，才能通过狩猎得到更好的经济效益。因此，他们的狩猎活动，主要是在秋、冬时节举行。这从元成宗大德元年（1297年）颁布的禁令中可以看得很清楚。"在前春里、夏里不拣是谁休打捕者，么道，薛禅皇帝行了圣旨来，如今外面的百姓每哏打捕野物有，么道，奏来。在前正月为怀羔儿时分，至七月二十日休捕呵，肉瘦皮子不成用，可惜了性命。……依在先行了的圣旨体例，如今正月初一日为头，至七月二十日，不是谁休打捕者，打捕的人每有罪过者。"⑨"薛禅皇帝"是忽必烈的尊称，"薛禅"是智者的意思。也就是说，在忽必烈时代便有禁止在春、夏捕猎以保护野生动物成长的命

弓马图

---

① 志费尼《世界征服者史》第29页。拉施特《史集》第1卷第2分册，第362页。
② 《元史》卷一四六《耶律楚材传》。
③ 周伯琦《立秋日书事五首》，《近光集》卷一。
④ 王恽《吕公神道碑》，《秋涧先生大全集》卷五七。
⑤ 《黑鞑事略》。
⑥ 鲁不鲁乞《东游记》，《出使蒙古记》第118页。
⑦ 《蒙鞑备录》。
⑧ 《黑鞑事略》。
⑨ 《元典章》卷三八《兵部五·违例·禁治打捕月日》。

令。这一禁令主要表现了蒙古人的观念,说明蒙古人的狩猎活动与季节的变化有密切的关系。伊朗史家说,蒙古大汗举行的大规模围猎,"一般在冬季初进行"。① 南宋使臣也说,"围场自九月起至二月止"。② 都是符合实际情况的。春季也有捕猎,一般是在水边捉拿鹅鸭,规模较小。

蒙古人的狩猎,有的是个人或数人进行,也有以集体形式举行。成吉思汗的祖先朵奔篾儿干,就曾一人"往脱豁察温都儿名字的山上捕兽去"。他在树林中见到兀良哈部落的在那里杀鹿,"朵奔篾儿干向他索肉,兀良哈的人将这鹿取下头、皮带肺子自要了,其余的肉都与了朵奔篾儿干"。朵奔篾儿干将得到的鹿肉拿回家,在路上用它换了个穷苦的孩子,供自己使唤。③ 这是个人打猎的例子,同时也说明蒙古人中有分享猎物的习俗。以集体形式进行狩猎也是常见的,"当他们要猎取野生动物时,就聚集许多人,把了解到有动物的地区包围起来,并逐渐缩小包围圈,直至把这些动物围在他们中的圆圈里面,然后用箭射它们"。④ 这种集体狩猎的形式,汉语称为"打围"。规模大的"打围",是由蒙古各部的首领组织,后来便由大汗主持。成吉思汗统一各部以前,曾与另一部首领王罕作战,失败后率残部转移,途中便"就打围着做行粮",⑤ 也就是以集体打猎所获猎物作为食物。成吉思汗登上宝座后,不时举行狩猎活动,他的后嗣也是如此。由大汗主持的"打围",中外史籍中有不少记载:

青花《昭君出塞图》瓷罐

"北方大打围,凡用数万骑,各分东西而往,凡行月余而围始合,盖不啻千余里矣。既合,则渐束而小之,围中之兽皆悲鸣相吊。获兽凡数十万,虎、狼、熊、罴、麋鹿、野马、豪豕、狐狸之类皆有之,特无兔耳。猎将竟,则开一门,广半里许,俾余兽得以逸去,不然,则一网打尽,来岁无遗种矣。"⑥

---

① 《世界征服者史》第30页。
② 《黑鞑事略》。
③ 《元朝秘史》(校勘本)卷一,第5页。
④ 鲁不鲁乞《东游记》,《出使蒙古记》第118页。
⑤ 《元朝秘史》(校勘本)卷六,第194页。
⑥ 周密《癸辛杂识》续集上《大打围》。

"其俗射猎，凡其主打围，必大会众，挑土以为坑，插木以为表，维以毳索，系以毡羽，犹汉兔罝之智。绵亘一二百里间，风飚羽飞，则兽皆惊骇，而不敢奔逸，然后蹙围攫击焉。"①

"每逢汗要举行大猎，他就传下诏旨，命驻扎在他大本营四周和斡耳朵附近的军队作好行猎准备，……他们花一两个月或三个月的时间，形成一个猎圈，缓慢地、逐步地驱赶着前面的野兽，小心翼翼，唯恐有一头野兽逃出圈子。……在这两三个月中，他们日夜如此驱赶着野兽，好像赶着一群羊，然后捎信给汗，向他报告猎物的情况，其数之多寡，已赶至何处，从何地将野兽惊起，等等。最后，猎圈收缩到直径仅两三帕列散（pasrasang）时，他们把绳索连续起来，在上面复以毛毡；军队围着圈子停下来，肩并肩而立。……猎圈再收缩到野兽已不能跑动，汗便带领几骑首先驰入；当他猎厌后，他们在捏儿格中央的高地下马，观看诸王同样进入猎圈，继他们之后，按顺序进入的那颜、将官和士兵。几天时间如此过去；最后，除了几头伤残的游荡的野兽外，没有别的猎物了，这时，老头和白髯翁卑恭地走近汗，为他的幸福祈祷，替余下的野兽乞命，请求让它们到有水草的地方去。"②

从以上中外史家的叙述，可以看出，蒙古族的大规模狩猎（"打围"、"大打围"）是非常壮观的场面，面积广袤，参与的人数众多，时间持续很久，猎获物为数惊人。在蒙古人心目中"打围"，既训练了士兵，又收获了猎物，真是一举两得。大规模的"打围"是北方游牧民族特有的习俗，蒙古族尤具特色。这在以经营农业为主的民族中是很难看到的。

成吉思汗的幼子拖雷有几个儿子。其中一个是忽必烈，他后来成为蒙古国的第五代大汗，元朝的建立者。一个是旭烈兀，他奉命西征，创建了伊利汗国。成吉思汗西征回

海东青攫天鹅玉绦环

---

① 《黑鞑事略》。
② 志费尼《世界征服者史》第30—31页。"捏儿格"（nerge）指围猎的路线，"那颜"（noyan），官人。

归时，"十一岁的忽必烈合罕与九岁的旭烈兀汗出来迎接他"。在一次围猎中，忽必烈射杀了一只兔子，旭烈兀汗射杀了一只山羊。"蒙古人有如下风俗：小孩子第一次出去打猎时，要在大拇指上拭油，即以肉和油脂拭指。成吉思汗亲自替他们拭指。"[①] 从这件事可以看出，蒙古的孩子很早就开始狩猎活动；而在他们首次参与狩猎时，还有一定的仪式，目的显然祝愿他们成为好猎手和狩猎的成功。

　　蒙古人狩猎，主要依靠弓马，同时也使用其他辅助工具。鹰在蒙古人狩猎中起重要的作用。"他们有大量的鹰、白隼和隼，他们把这些鸟放在右手上。他们经常在鹰的颈子周围系一根小皮带，这根小皮带挂到鹰的胸前；当他们把鹰掷向它捕捉的动物时，就用左手拉皮带，把鹰的头和胸向下拉，这样它就不会被风吹回来或者向上飏去"。[②] 在传说中，成吉思汗的祖先孛端察儿，一人在斡难河边生活，就是依靠自家的一个黄鹰，"飞放拿得鹅鸭多了，吃不尽，挂在各枯树上都臭了"。[③] 喜好狩猎的蒙古人，一般都热衷于养鹰，最珍贵的一种称为海东青，生长于东北，只有贵族才能豢养。忽必烈建都大都（今北京）后，每年初春，都要去大都东南的柳林"飞放"，当地多有湖泊，春天是鹅、鸭栖息之所，"飞放"就是纵鹰搏击鹅、鸭。这是蒙古人春猎的继续。在秋、冬的"打围"中，鹰（特别是海东青）也起重要的作用。除了鹰以外，蒙古人还养豹作为狩猎的工具。著名西方旅行家马可波罗说过："大汗（指忽必烈——引者）豢有豹子，以供行猎捕取野兽之用。"[④] 这种猎豹，非寻常之豹，是一种小豹。现存元代画家刘贯道所作《忽必烈出猎图》，图中随同忽必烈出猎的侍从，有人臂上擎鹰，有人与猎豹同骑马上。诗人王恽描写忽必烈"打围"时"飞豹取兽"，"飞鹰走犬汉人事，以豹取兽何其雄"。[⑤] 打猎用豹，这是蒙古狩猎的特色。此外他们还用犬。

　　有的汉人也从事畜牧和狩猎，但一般规模很小。元朝政府的种种禁令，严重地限制了汉人中畜牧业和狩猎活动的开展。例如，元朝政府为了军事及其他需要，不断在农业区"刷马"，也就是无偿或以很低代价征收马匹，使得汉人和其他农民不敢养马。又如，元朝政府在不少地方划定禁猎区，只许蒙古贵族打猎，不许汉人进入狩猎。元朝政府禁止汉人使用武器，汉人的狩猎工具，也受到种种限制。如此等等。

---

① 拉施特《史集》第1卷第2分册，第315—316页。
② 鲁不鲁乞《东游记》，《出使蒙古记》第118页。
③ 《蒙古秘史》（校勘本）总译卷一，第920页。
④ 《马可波罗行纪》第229页。蒙古人狩猎用的是一种形状较小的猎豹，与一般的豹不同。
⑤ 《飞豹行》，《秋涧先生大全集》卷六。

第四节 手工业、商业风俗

　　元代有比较发达的手工业、商业和服务业。手工业的主要门类有纺织、冶炼、制盐、陶瓷、造船、兵器制造、食品加工等。商业的主要门类有绸缎、棉麻织品、金银器、粮食、药材、书籍文具、农具等。服务业有茶楼酒馆、净发、澡堂等。元代民间有"一百二十行，行行都好着衣吃饭"的说法，[①] 主要便是指众多的手工业、商业、服务业门类而言的。

　　手工业、商业、服务业的各门类，在当时称为"行"。湖州路长兴州（今浙江长兴）便有五熟行、香烛行、银行、玉尘行、度生行、浇烛打纸印马行、篙师行、净发行、裁缝行、锦鳞行、碧缘行、漕行、五色行、正冠行、双线行、糖饼行、果行、彩帛行、厨行、饮食行、酒行等。[②] 其中有些属于手工业，更多的则是商业和服务业。由此类推，其他城市中亦有类似的组织。"行"实际上是同业公会，其宗旨是维护本行成员的利益，代表本行成员与社会各界联系。

　　每个行业（至少是大多数）都有自己的祖师和行业神，两者有区别但常是同一的。祖师应是该行业的开创者或是起过特殊作用的人物，有的是历史上真正存在的，有的则是传说中的人物。元代酿酒业和酒店都供奉杜康，这是传说中最早造酒的人。大都城内便

集宁路古城市肆遗址

[①] 关汉卿《杜蕊娘智赏金线池》，《元曲选》第1253页。
[②] 《长兴州修建东岳行宫碑》，《两浙金石志》卷一五。

有杜康庙三所。一在光禄寺内。光禄寺是管理宫廷和诸王百官用酒的机构,这座杜康庙是将杜康作为酒神来供奉。另一处在大都南城,是"故燕城诸酒匠立祠塑像,春秋祭祀无缺焉"。这显然是"酒匠"即酿酒工匠为祭祀本行祖师而立。又一处在北城,情况不详。① 河南嵩州(今河南嵩县)有杜康庙,"俗传制酒于此"。② 在杂剧《吕洞宾三醉岳阳楼》中,吕洞宾问:"小二哥,你供奉的是一尊什么神道?"小二道:"这是造酒的杜康,我供养着他,这酒客日日常满。"③ 卖酒的店供奉杜康,显然是把他看成行业神。净发是一种服务性行业。元代净发业供奉的是罗真人和陈七子。在元代有关记载中,对两人的传说不一。一说,"罗真在江东,七岁学艺通,丙戌年中起,刀镊动玄宗"。④"玄宗"似指唐玄宗。又一说,"夫刀镊者,乃神仙之术,号曰罗真先生,居在人世,善能梳剃,曾蒙献宗宣诏,整顿龙颜。龙颜大悦,赐与金玉真珠,不敢拜受,退辞阶下。再往天宫,献宗求教,乞度一人为弟子。罗真答曰:观文武两班,看无人可度,只有我王殿下有一人,呼为陈七子,乃是神仙之骨"。⑤ 献宗不知何所指。但很明显的是,这些传说将净发业与神仙帝王联系了起来。净发业的祖师崇拜以前未见记载,始于何时是不清楚的,但在元代显然已经定型。在杂剧《玎玎珰珰盆儿鬼》中,烧制盆罐的瓦窑,供奉瓦窑神,"一年二祭"。⑥

棉织业是元代新兴的一个手工业部门。原来松江(今江苏松江)一带棉花加工和棉织工艺都很落后,黄道婆在改进技术方面有很大的贡献。"黄道婆,松之乌泾人。少沦落崖州,元贞间(1295—1296年),始遇海舶以归,躬纺木棉花,织崖州被自给,教他姓妇不少倦。未几,被更乌泾名天下,仰食者千余家。"⑦"未几,妪卒,莫不感恩洒泪而共葬之,又为立祠,岁时享之。"⑧ 显然,黄道婆已成为棉纺业匠人崇

木匠图

---

① 《析津志辑佚·祠庙》。
② 《元一统志》卷三《河南行省·南阳府》。
③ 《净发须知》卷上,《永乐大典》卷一四一二五。
④ 《净发须知》卷上,《永乐大典》卷一四一二五。
⑤ 《净发须知》卷中,《永乐大典》卷一四一二五。
⑥ 无名氏作,《元曲选》第1397页。
⑦ 王逢《黄道婆祠》,《梧溪集》卷六。
⑧ 《辍耕录》卷二四《黄道婆》。

拜的祖师。

中国封建社会的各种行业，大多有自己的门规、行话，目的在于加强内部的团结，获取更多的利益。这些行业门规、行话，通常是保密的，只在行业内部流传，不为外人所知。现存一种《净发须知》，收录在明初编纂的《永乐大典》内，其中有"大元新话"一节，内有"按大元体例"字样，可以确定是元代的作品，此书文字鄙俗，显然是在下层社会中流传的，从内容来看，应是供净发业成员阅读的。书中有大量关于净发工具和净发过程的通俗诗词，以及成员之间不同场合的问答用词，如"走途中"、"出途茶碗"、"案前茶碗"、"寻常茶碗对主人家"、"答还茶话"、"久闻未相见茶话"、"下程茶碗"、"买茶提话"、"行院到我家相见提话"、"到不相识行院家相见提话"、"初识久不相见提话"、"买茶提话"、"回茶碗"等。举例如下。

木棉纴床图

"下程茶碗。启覆师长在上，小弟在末之间。幼年家门有幸，浪玷三寸宝铁在旅，况旋撰二时衣饭。居常闻先生大誉，无缘瞻仰，比者云开见日，得见台颜，欢喜无限。一时贱步到于贵境，不取旨挥，甚得其罪。可望师长看锻青二字，小弟在于部封之下，住得三朝二日，十朝半月，自当谨切伏事。且今浅短，切望恕罪。"

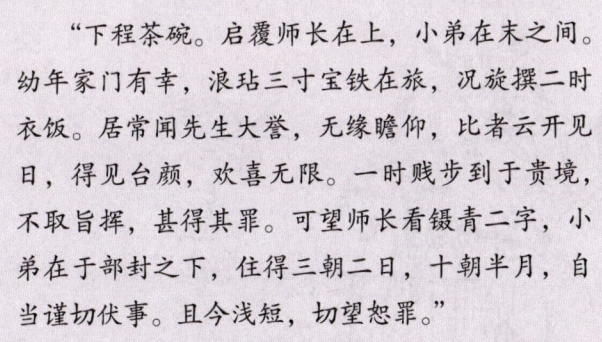

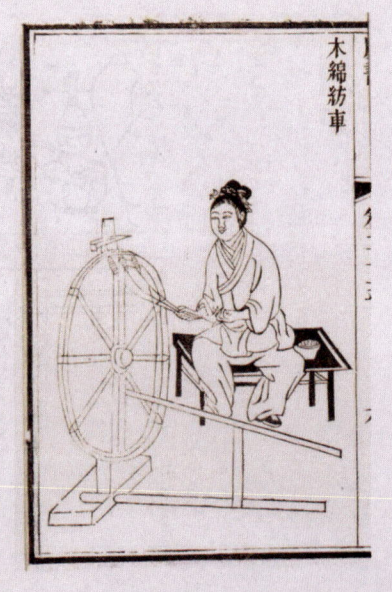

"买茶提话。上覆尊师老人在上，常闻尊师大名，无缘请见。今荷蒙尊师云临光访，幸乞台恕。小人在末，难以受此。晚生别无效芹，略有三杯淡酒，非为待贤之礼，聊以准茶。盘前冷落空疏，无物可献，亦望尊师莫为见责。小人适来非是买茶提话，乱谈数句，还我尊师礼数，或有言到语不到，说中话不中，先生休为检点。先生在于小人寒舍三朝两日，别有明茶伏事。幸望尊

木棉纺车图

师，一见如故。只此是话，亦望笑留。"①

前一段是净发业匠人到一个新的地方，拜见当地的同行时说的一番话，旨在得到当地同行的照顾。后一段则是净发匠人招待外来同行时说的话。可以看出，净发业成员互相交往时，都有一套行话。会说行话的，就是同行。净发业之外，其他行业亦应有类似的情况。这是行业的特殊习俗。

元代的各种行业，大都有自己固定的标志，使人一看便知。大都的"酒槽坊，门首多画四公子：春申君、孟尝君、平原君、信陵君。以红漆阑干护之，上仍盖巧细升斗，若宫室之状。两旁大壁，并画车马、驺从、伞仗俱全。又间画汉钟离、唐吕洞宾为门额。正门前起立金字牌，如山子样，三层，云黄公炉"。"剃头者以彩色画牙齿为标记"。"解库（当铺——引者）门首多以生铁铸师子，左右门外连座，或以白石凿成，亦如上放顿。""市中医小儿者，门首以木刻板作小儿，儿在锦襁中若方相模样为标榜。又有稳婆收生之家，门首以大红纸糊篾筐大鞋一双为记。""医兽之家，门首地位上以

元代壁画中的卖鱼场面

---

① 《净发须知》卷下。

大木刻作壶瓶状，长可一丈，以代赭石红之。"①卖药的"那家门前兀子上，放着一个三只脚铁虾蟆儿便是"。②各地的饭铺、酒店，都有招子（或称望子，即幌子），以吸引过往的行人。这在元代杂剧中有不少描写。如《吕洞宾三醉岳阳楼》中，酒保说："今日早晨间，我将这镟锅儿烧的热了，将酒望子挑起来，招过客，招过客。"③《梁山泊李逵负荆》中，李逵下山，来到一处渡口，"又被这酒旗儿将我来相迤逗，他他他舞东风在曲律杆头"。④"酒旗儿"就是酒店的望子（幌子）。杂剧《玎玎珰珰盆儿鬼》中，店小二说自己在"上蔡县北关外十里店开着个小酒务儿"，"今日好晴明天气，早些起来，收拾铺面，……挑出草稕儿去，看有甚的人来"。⑤在另一出杂剧中，梁山英雄黑旋风李逵下山，见到"墙角畔滴溜溜草稕儿挑"。⑥"草稕儿"即笤帚，农村酒家常用来作为标志。备行业各用固定的标志，是商业、服务业习俗的表现。

卖鱼图

在商业活动中，来往于城、乡之间的个体小商贩占有很大比重，他们携带各种货物，走街串户，送货上门，对活跃经济有重要的作用。个体小商贩在元代一般称为"货郎"，他们以叫卖声和敲击声引起人们注意，招徕顾客。货郎一般使用皮鼓。一首《题货郎担儿》的散曲写道："杏花天气日融融，香雾蔼帘栊。数声何处蛇皮鼓，琅琅过金水桥东。闺阁唤回幽梦，街衢忙杀儿童。矍然一叟半龙钟，知是甚家风。担头无限□□（原缺——引者）物，希奇样簇簇丛丛。不见木公久矣，可怜多少形容。"⑦描写的是一个老人，挑着货郎担，打着蛇皮鼓，引得妇女、儿童都来购买。杂剧《张孔目智勘魔合罗》中，挑担卖魔合罗（人形玩具）的货郎，中途遇雨，躲进庙中，说道："这个

---

① 《析津志辑佚·风俗》。
② 《朴通事谚解》卷下，第273—274页。
③ 马致远撰，《元曲选》第614页。
④ 康进之撰，《元曲选》第1520页。
⑤ 无名氏作，《元曲选》第1390页。
⑥ 高文秀《黑旋风双献功》，《元曲选》第694页。
⑦ 作者汤武，《全元散曲》第1599页。

鼓儿是我衣食盌儿,着了雨皮松了也,我摇一摇还响哩。"①可见手中也有皮鼓。另一出杂剧《风雨像生货郎旦》中,有专门"唱货郎儿为生"的人,"摇几下桑琅琅蛇皮鼓儿,唱几句韵悠悠信口腔儿"。②应是货郎手持皮鼓,口中叫卖货物名称,后来叫卖调子定型化,成为一种专门的乐曲形式,可以演出。

无论是商店、酒镇的帽子、招牌,或是货郎的鼓声、歌声,都是为了传递信息、推销产品。这些都是商业民俗的重要组成部分。

净发业中有一部分亦是串街走巷,上门为顾客服务。他们传递信息的工具是镊子。镊子用金属制成,既是理发工具,又可弹出声音,招徕顾客。"镊子潇洒,身材玲珑。格范金花镂错别,翻腾时样巧工夫。……双股样银清且洁,一张口是合还开。制自妙工,用由巧匠。手中绕撚,悠扬声绕碧霄空。指上漫弹,滴钉韵和清叮耳。街方过处,把来做响底招牌。""弹镊"被视为理发过程的一个组成部分。③也是一种民俗的表现。

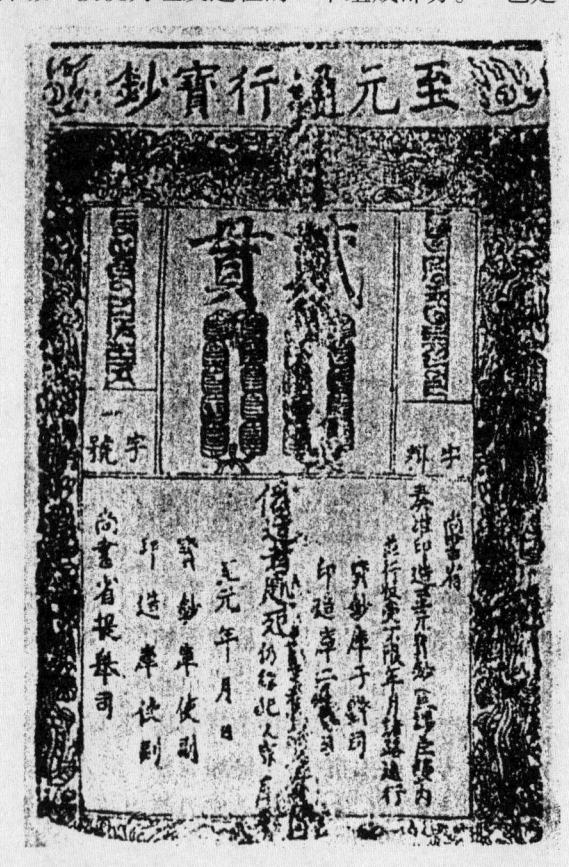

元代货币至元钞

---

① 孟汉卿作,《元曲选》第1371页。
② 作者佚名,《元曲选》第1649—1650页。
③ 《净发须知》卷上。

无论手工业或是商业，都需要度量衡器，作为计算的工具。度量衡器的标准，都是由政府统一制定并颁布实施的。但是，元代通行一种简易的长度计算，那就是"托"。一托就是一个成年人伸开两臂的长度。高丽的两种汉语教科书中多次提到"托"。玩杂技的所蹬棒子"一托来长短"，"扬州绫子满七托长"，[①] 还有如下一段对话：

"'咱们更商量，这个紫纻丝段子到多少尺头，勾做一个袄子么？''你说什么话？满七托有，官尺里二丈八，裁衣尺里二丈五，你一般身材做袄子呵，细褶儿尽够也。若做直身袄子有剩。''你打开，我试托，那里满七托，刚刚的七托有。''你身材大的人，一托比别人争多。'"[②]

"托"这种长度计算方法，原来通行于民间，由于计算简便，所以实际上为官方所承认。元成宗即位（1294年）不久的一件官方文书中说，"诸王的常课段，七八托家更宽好有来"，"江南在先七万定六托的常课段子织造有来"。[③] 有时既用官方的尺，又用民间的"托"："诸局院造纳段定内，诸王百官长八托、六托段定，各幅宽一尺四寸；常课长六托段定，幅尺阔一尺四寸。"[④] 以"托"计量，应视为元代手工业、商业中的一种民俗特色。

以上所述主要是以汉族为主的农业地区的手工业、商业习俗。在汉族为主的农业区，总的来说，手工业、商业已和农业分离，成为独立的生产部门。蒙古族则不然。蒙古族兴起时，手工业和商业活动还没有成为独立的生产部门分离出来。南宋使臣徐霆说："鞑人始初草昧，百工之事无一而有。其国除孳畜外，更何所产，其人椎朴，安有所能，止用白木为鞍桥，鞔以羊皮，鞯亦剜木为之。箭镞则以骨，无以得铁。后来灭回回，始有物产，始有工匠，始有器械，盖回回百工技艺极精，攻城之具尤精。后灭金，百工之事于是大备。""霆见鞑人只是撒花，无一人理会得贾贩。自鞑主以下，只以银与回回，令其自去贾贩以纳息。……大率鞑人止欲纻丝、铁鼎、色木动使，不过衣食之需，汉儿及回回等人贩入草地，鞑人以羊马博易之。"[⑤] 也就是说，草原上的蒙古人，商业活动依赖回回和汉族商人，手工业制造，主要依靠俘虏来的回回和其他民族工匠。元朝统一以后，这种情况并无多大改变，蒙古人做官，当兵，或从事牧业和农业，从事商业及手工业极少。与之相反，元代大量进入中原定居的回回人（来自中

---

① 《朴通事谚解》卷中，第139、144页。
② 《老乞大》，《元代汉语本〈老乞大〉》影印本，第53—54页。
③ 《元典章》卷五八《工部一·段定·讲究织造段定》。
④ 《元典章》卷五八《工部一·段定·禁军民段定服色等第》。
⑤ 《黑鞑事略》。

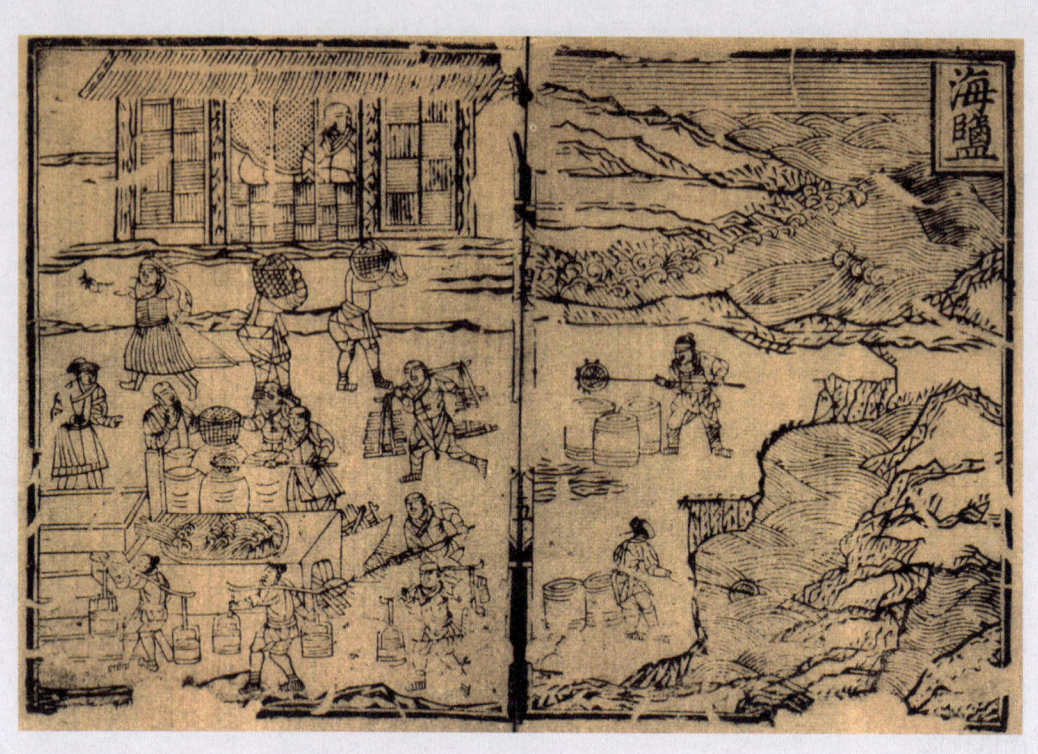

海盐图

亚和西南亚的信奉伊斯兰教诸民族），则主要从事商业、手工业。回回商人在元代商业贸易中占有特殊的地位，主要从事国际贸易。回回工匠主要从事由境外传入的某些特种工艺。云南的僰人（又称白人、白蛮，今白族的先民）和金齿百夷（今傣族的先民），都有一定的手工业，僰人中"市井谓之街子，午前聚集，抵暮而罢"。金齿百夷"五日一集，旦则妇人为市，日中男子为市，以毡、布、茶、盐互相贸易"。[①] 显然都是定期集市，说明他们的商业活动还处于比较早期的发展阶段。云南地区各民族商业活动一大特色是使用贝子即海贝。以贝为货币，在中国起源很早，但其他地区都相继已使用金属货币。元朝则在全国推行钞（纸币），只有云南地区，一直使用贝作为货币。即使元朝以钞为全国通行货币情况下，云南仍然钞、贝子兼行。这是云南各民族特有的交换习俗。总之，元朝统治下各民族的商业习俗各有特色，是很不相同的。

---

① 李京《云南志略》。

第九章

信 仰

　　古代的信仰主要指对超自然力量的崇拜而言。元代社会中的信仰可以分为宗教信仰、诸神崇拜和巫觋崇拜几大类，这几种信仰互相渗透，互相影响，颇具特色。

【第一节　宗教信仰】

元代有多种宗教。佛教、道教在各种宗教中地位最为重要，此外还有基督教、伊斯兰教、摩尼教、印度教等。

佛教产生于印度，在汉代传入中国，逐渐中国化，成为中国影响最大的宗教。佛教中有很多宗派。汉族聚居区有禅宗、华严宗、天台宗、律宗、净土宗等，以禅宗的势力最盛，但禅宗中又分临济、曹洞等支派。藏族聚居地区当时称为吐蕃地区，流行藏传佛教，内部教派林立，势力较大的有萨迦派、宁玛派、噶举派等。忽必烈尊奉萨迦派，这一派的领袖八思巴被封为帝师，成为全国佛教界的首脑。帝师世代相传，都由萨迦派领袖充当。畏兀儿人（今天维吾尔族的先民）居住的高昌（今新疆吐鲁番）和

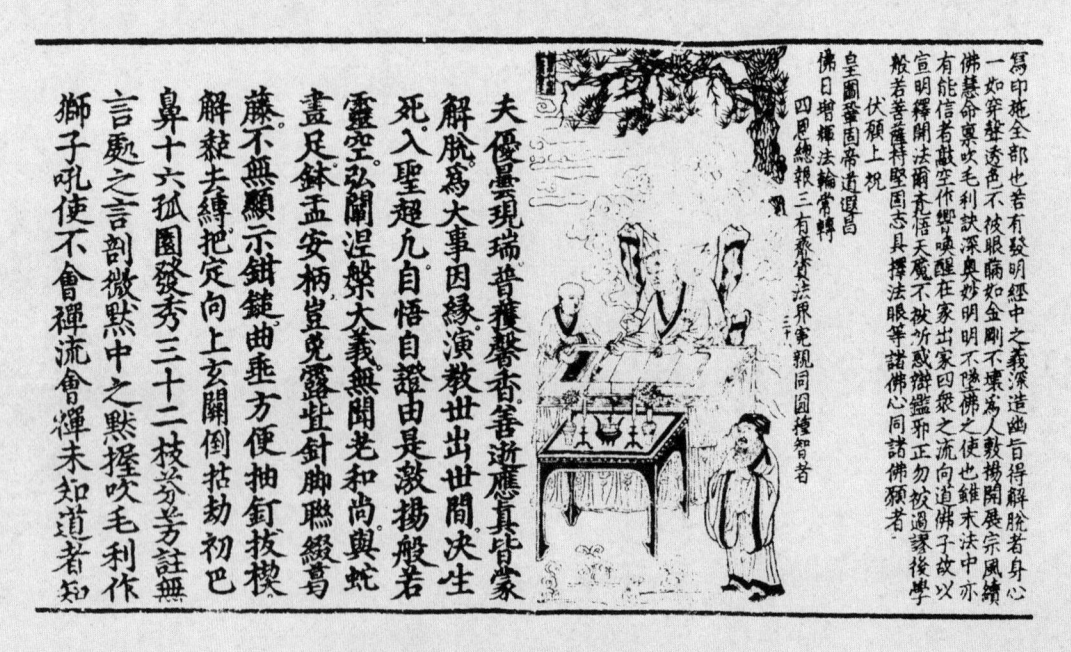

元后至元六年中兴路资福寺刻套印无闻和尚注释《金刚经》

别失八里（今新疆吉木萨尔），以及多民族杂居的云南，也都流行佛教。

道教是中国土生土长的宗教。在元代，道教的教派有全真、太一、大道、正一等。前三派都兴起于金朝统治下的北方，入元以后，以全真道的影响最大。正一道历史悠久，以江西龙虎山为中心，主要活动在南方。元朝统一全国以后，全真道向南方发展，正一道则来到了北方。僧寺在全国到处可见，道观分布亦很广，当时人说："吴越旧俗，敬事鬼神，后千余年，争崇尚浮屠、老子学，栋甍遍郡县。"① "吴越"（元代的江浙行省，今天的江苏、浙江）如此，全国多数地区也是如此。

元朝政府重视对宗教的管理。在中央，设立了宣政院管理佛教事务，集贤院管理道教事务。在地方上，亦有相应的管理僧道机构。元朝历代皇帝对各种宗教均采取保护的政策，但对佛教最为优遇，其中尤以藏传佛教为甚。"元兴，崇尚释氏，而帝师之盛，尤不可与古昔同语。"②藏传佛教进入中原而且获得特殊的待遇，是元代宗教生活的一大特色。根据至元二十八年（1291年）的统计，全国寺宇共四万二千三百余所，僧、尼共二十一万余人，约为全国总人口（五千八百八十余万）的0.35%左右。③随着佛教

山西稷山县青龙寺元代壁画中的道教神仙——元君圣母

---

① 袁桷《陈氏舍田记》，《清容居士集》卷一九，《四部丛刊》本。
② 《元史》卷二〇二《释老传》。
③ 《元史》卷一六《世祖纪十三》。

势力的不断扩大，僧、尼数目日益增多。以浙西的松江为例，元朝末年"招提兰若附郭者二十余区，作始于数十年者实居其半"。① 松江的僧尼寺庵半数是入元以后所建，可以想见，僧、尼的数目也会成倍地增长。道教的势力不如佛教，道士人数也比不上僧尼，但为数亦应不少。至于佛、道二教的信徒，虽然无法统计，但占全国人口的大多数，是没有疑问的。

元代佛教的信徒，主要是汉族。在其他民族中，畏兀儿人、党项人、女真人、契丹人，以及云南的白人（今白族先民）、金齿百夷（今傣族先民）、吐蕃地区的居民（今藏族的先民）等，都以信奉佛教为主，当然所奉佛教的派别各有不同。蒙古族进入中原以后，很多人也信奉佛教，特别是藏传佛教。道教的信徒以汉族为主，也有少数其他民族的成员。元代三教（儒、道、释）合一之说颇为盛行，兼信三者亦有之。

基督教中的景教（聂斯脱里派）在唐代传入中国，武宗"灭佛"时，景教亦遭打击，不再存在于中原，但在北方游牧民中仍有很大的影响。草原上不少部落均信奉景教，著名的是后来组成蒙古族的克烈部、乃蛮部，以及居住于邻近农业区的草原上的汪古部等。蒙哥汗和忽必烈的母亲唆鲁禾帖尼，出身于克烈部，便是景教徒。汪古部首领世代和元朝皇室联姻，其家族一直信奉景教。13世纪末，罗马教皇选派教士，来中国传教，更扩大了基督教的影响。据教皇任命的"汗八里"（大都）总主教孟帖·科儿维诺说，大都便建立有两座教堂，他为"几千人施行了洗礼"。② 扬州、广州、泉州、镇江等城市，以及汪古部居住的阴山（今内蒙大青山）地区，都有基督教教堂的存在。元代把基督教教士和信奉基督教的外来民族成员，统称为也里可温（ärkägün的音译，意为有福之人，此词可能来源于希

《金刚经注》卷首图

《普宁藏》书影

---

① 邵亨贞《本一善应院记》，《野处集》卷二〇，《四库全书》本。
② 《约翰·孟帖·科儿维诺的第三封信》，《出使蒙古记》第267页。

腊语），有时也称为迭屑（波斯语 tarsa 的音译，指基督教徒）。元朝的政府设置崇福司，"掌领马儿哈昔、列班、也里可温、十字寺祭享等事"。①"马儿哈昔"是 Marhasia 的音译，指主教，"列班"是 rabban 的音译，指长老，"十字寺"就是基督教的教堂。元朝中期，政府中有人说："如今四海之大，也里可温犯的勾当多有，便有一百个官人也管不得。"②不难想见其数量之多。伊斯兰教也是唐代开始传入中国的。在宋代，由于海外交通的发展，不少信奉伊斯兰教民族的商人、水手由海道来中国，其中有些人定居下来，在他们的聚居地兴建伊斯兰教寺院。到了元代，回回（信奉伊斯兰教各族的统称）人大批东来，伊斯兰教的影响随之扩大。有的记载说，"今近而京城，远而诸路，其寺万余"。③这个说法也许夸大，但伊斯兰寺院分布甚广应是事实。伊斯兰的教职人

八思巴玉像

清末的白云观

---

① 《元史》卷八九《百官志五》。
② 《通制条格》卷二九《僧道》。
③ 《重建礼拜寺碑》，见孙贯文:《重建礼拜寺碑跋》,《文物》1961 年第 8 期。

山西晋城玉皇庙元代二十八宿塑像——虚白鼠

员有"答失蛮"、"迭里威失"、"哈的大师"等称呼。"答失蛮"是波斯语 danishimand 的音译，义为伊斯兰教士。"迭里威失"是波斯语 darwish 的音译，伊斯兰苏菲派修道者的名称，苏菲派是伊斯兰教中一种神秘主义和禁欲主义的派别。"哈的"则是阿拉伯语 qadi 的音译，伊斯兰教法官的称呼。元朝政府曾设立回回哈的司来管理伊斯兰教事务。伊斯兰教寺院有礼拜寺、清净寺、回回寺等称呼。摩尼教起源于波斯，唐代或稍早传入中国，先在今新疆地区和北方回纥族中传播，后进入内地。武宗"灭佛"时亦遭到打击，但仍在民间流传。元代泉州（今福建泉州）和温州（今浙江温州）一带便有摩尼教（明教）的踪迹。印度教产生于印度，何时传入中国不详，元代泉州有印度教的寺院。在以上几种宗教中，基督教信徒中除了外来民族成员外，亦有不少蒙古人、汪古部人，可能也有一部分汉人。伊斯兰教的信徒主要是回回人，以及西北一些民族（如哈剌鲁人、于阗人等）的成员，可能也有一些蒙古人。元代信奉摩尼教（明教）的都是汉族。信仰印度教的则应是来自印度或东南亚的一些侨民。

元朝历代皇帝对于各种宗教原则上都采取保护的政策，当然厚薄有所不同。元朝各种宗教都得到发展。多种宗教信仰并存，可以说是元代宗教生活的一大特色。元朝境内的居民绝大多数都是各种宗教的信徒，当然信仰的教派有异，程度亦有深有浅。还有一部分信奉巫觋和萨满，这在后面将会说到。

各种宗教都有自己的庙宇，自己尊奉的神祇，信奉的经典和教规，遵行的仪式。

宗教职业者一般都要居住在庙宇中，遵守严格的教规，定时奉行各种仪式。各种宗教信徒亦需遵守一定的行为规范，例如，佛、道信徒要吃素念经，参加寺庙的宗教活动；基督教徒要做礼拜；伊斯兰教徒要封斋："花门齐候月生眉，白日不食夜饱之。"[1] 还要"一日"做五遍"纳麻思（礼拜）"。[2] 摩尼教（明教）徒"斋戒持律颇严谨，日一食，昼夜七持诵膜拜"，[3] 等等。各种宗教都要求教徒行善，救济穷人。但是各种宗教信徒因信仰而产生的行为规范，与寺院的严格教规不同，更多是道德和舆论的约束。这些行为规范，影响很大，比较稳定，实际上已成为广大信徒的宗教信仰习俗。

各种宗教的寺院庙宇都定期举行规模大小不等的宗教活动，宣传教义，祈福禳灾，超度亡灵。佛教的活动有水陆法会、盂兰盆会和讲经等，道教有斋醮等，基督教有礼

永乐宫纯阳殿元代壁画《千道会》

---

[1] 张昱《辇下曲》，《张光弼诗集》卷二。
[2] 《元典章》卷五七《刑部十九·禁回回抹杀羊做速纳》。
[3] 陈高《竹西楼记》，《不系舟渔集》卷一二，《敬乡楼丛书》本。

山西永济永乐宫纯阳殿元代壁画《钟离权度吕洞宾图》

拜仪式等。佛教、道教的活动规模很大，聚集群众很多。例如，大都的庆寿寺每年七月十五日"为诸亡灵做盂兰盆斋"，来参加的"僧尼道俗，善男信女，不知其数"。① 陕西安西路（路治今陕西西安）开元寺举办水陆资戒大会七昼夜，"聚集山东、河南、冀宁、晋宁、河中并凤翔迤西等处僧众万人，及扇惑远近俗人男子妇人前来受戒，观者车马充塞街衢，数亦非少"。② 寺院中高僧说经，亦能吸引信徒。元朝末年，高丽僧人步虚（普愚）到江南求法，回国途中经过大都，元顺帝命他在永宁寺"开场说法"，"说三日三宿"，"诸国人民，一切善男善女，不知其数，发大慈心，都往那里听佛法去"。③ 道教寺观亦有大规模的活动，如均州（今湖北均县）武当山万寿宫，"岁三月三日，相传神始降之辰，士女会者数万，金帛之施，

摩尼光佛像

---

① 《朴通事谚解》卷下，第275—277页。
② 《元典章》卷五七《刑部十九·禁娶众·禁治聚众作会》。
③ 《朴通事谚解》卷上，第133—135页。关于普愚，见郑麟趾《高丽史》卷三八《恭愍王世家一》。

云委川赴"。^①这种宗教集会实际上成为群众性的文化和贸易活动。其他宗教的集会一般规模较小，不能和佛教、道教相比。

元代社会复杂尖锐，很多人相信宗教，是想从宗教中寻求解脱，逃避现实。元代杂剧中有不少"神仙道化"剧，^②主要题材便是宣扬出世，度人出家，如《吕洞宾度铁拐李岳》（岳伯川作）、《吕洞宾三醉岳阳楼》（马致远作）、《马丹阳三度任风子》（马致远作）、《月明和尚度柳翠》（佚名作）等。只要修行，便能"得道成仙"，"生死乡中得自由"，可以"无是无非快活到老"。^③社会各阶层信奉宗教成为风气，和这种普遍心态有密切关系。

人们信奉宗教还有一个重要原因，便是认为宗教有禳灾去邪的神异功能。很多宗教活动的举行，全是为了禳灾去邪，普度众生。元代文献中有不少有关高僧、道长镇魔伏妖、禳灾救人的记述，其中以藏传佛教的剌麻和正一派的道士最为突出。道教全真派原来讲除情去欲，自我修持，后来也从事祭醮禳灾、驱鬼镇邪之类活动，显然受社会风气影响所致。这在元代杂剧中也有描写。《张天师断风花雪月》便写正一派三十七代天师张道玄剿除妖怪的故事。^④《马丹阳三度任风子》中，全真派创始人王重阳的徒弟马从义成了神通广大的神仙。^⑤宗教领袖与神已在传说中合而为一。宗教活动之所以吸引各阶层的群众，这种普遍心态也是重要的原因。

宗教还可以为信徒解决疑难，预示休咎。在

十字架瓷墓碑

牛街礼拜寺

---

① 程钜夫《均州武当山万寿宫碑》，《雪楼集》卷五，陶氏涉园刊本。
② 《元曲选》第1351、1682页。
③ 《元曲选》第1351、1682页。
④ 《元曲选》第175—192页。按三十七天师原名张与棣，至元二十九年（1292年）袭，三十一年死。
⑤ 《元曲选》第1670页。马从义即马钰（王重阳为他取的名字），全真派"七真"之一。

佛教、道教寺庙中，这项功能常常是由抽签和掷珓来体现的。抽签即是在向神佛祷告以后，随意抽出签条，根据上面的诗句和等级（上上、上中……）来推断吉凶祸福。珓是用竹木或蚌壳制成的两个相似之物，可以分合，珓的一面为阳，另一面为阴。在神佛前默念自己需要解决的疑难，求神佛予以指示以后，将珓掷在地上，根据两者的俯仰情况，以定吉凶。杂剧《钟离春智勇定齐》（郑德辉作）中，齐国中大夫合眼虎说："我在前也曾抽签掷珓，也曾与人圆梦来。"又说："抽签掷珓，一贯好钞，全无正经，则是胡道。"①虽是"胡道"，但简单易行，信奉者很多，朱元璋便是个例子。元朝末年，天下大乱，朱元璋当时"托身缁流"，对前途犹豫不决：

毗湿奴像

"于是祷于伽蓝，祝曰：'岁在壬辰，纪年至正十二，民人尽乱，……良善者生不保朝暮，予尤恐之。特祝神避凶趋吉，惟神决之。若许出境以全生，以珓投于地，神当以阳报。若许以守旧，则以一阴一阳报我。'我祝毕，以珓投之于地，其珓双阴之，前所祷者两不许。予乃深思而再祝曰：'神乃聪明不佞，余笃然而祈之，神不为我决。既不出而不守旧，果何报耶？请报我阳珓，予备粮以往。'以珓掷于地，其珓仍阴之。就而祝曰：'莫不容予倡义否？若是，则复阴之。'以珓掷地，果阴之，方知神报如是。再祝曰：'倡义必凶，予心甚恐，愿求阳珓以逃之。'珓落，仍阴之。更祝神必逃，神当决我以阳。以珓投于地，神既不许，以珓不阴不阳，一珓卓然而立。予乃信之，白神曰：'果倡义而后倡乎？神不误我，肯复以珓阴之！'以珓投于地，果阴之。予遂决入濠城。"②

朱元璋经过多次掷珓，终于下定决心，投奔红巾军，成为明朝的开国皇帝。他详细写下了掷珓的过程，是为了说明他之成为皇帝决非偶然，是神的意旨。但我们从这番叙述中，可以了解到掷珓占卜的具体做法。朱元璋是个和尚，他是在佛寺中掷珓的。佛寺之外，掷珓在道观和各种神庙中亦很流行。

---

① 《元曲选外编》第497—498页。
② 《纪梦》，《明太祖集》卷一四，黄山书社1991年版。

第二节 东岳崇拜

除了宗教信仰之外，元代还存在多种神祇崇拜，主要有自然神、英雄人物神、行业神等。自然神包括天体、自然现象、无生物（土地、山、水、海、石等）、生物（动物、植物）诸多方面的神祇，大多已人格化。英雄人物神包括历史上有名的帝王将相，以及为地方作出贡献的人物，是人的神化。行业神则是各种行业尊奉的神，如酿酒业供奉杜康、理发业供奉罗真人等（见本书第八章第四节）。

以镇江路（路治今江苏镇江）为例。"京口古称名郡，大江水府为四渎长，圣贤忠义流芳遗躅，在乎封内者，班班可考。"[①] "大江水府"指的是自然神，属于这一类的有瓜步江神祠、白龙庙、下元水府庙、灵济庙、东岳庙、白兔山神庙、天妃庙、城隍庙、慈利庙（龙祠）等，供奉的分别是江神、龙王、东岳神、天妃、城隍等。"圣贤忠义"指的是英雄人物神，属于这一类的有康王祠（宋康保裔）、林仁肇祠（南唐人）、徐偃王庙（西周徐国国君）、汉留侯庙（汉张良）、关王庙（关羽）、夏禹庙等。

在元代的多种崇拜中，有几种在当

东岳、中岳、南岳像

[①] 《至顺镇江志》卷八《神庙》。

时是影响很大，比较突出的。首先是东岳崇拜。

"五岳"之说，由于已久。历代皇帝都祭祀"五岳"即五座名山。元朝沿袭前代的制度，祭祀岳镇海渎，并为五岳神加上"圣帝"的封号。在"五岳"中，东岳名声最大，影响最广。"夫山川之神，五岳最大，而岱为之宗。"[①] "岱"是泰山的别名，东岳庙就在泰山脚下。传说中东岳神管理"人间生死贵贱"，[②] 因此得到民间的普遍尊奉。"以神司命万类，死生祸福，幽明会归，故所在骏奔奉祀，惟恐居后。"[③] 除了在泰山脚下的祖庙外，很多地方都有"东岳别庙"。元代有人说："今天下郡县有庙以祠东岳之神者十六七。"[④] 从现存的文献来看，北方的平阳（今山西临汾）、隰州（今山西隰县）、滕州（今山东滕县），南方的镇江（路治今江苏镇江）、抚州（路治今江西抚州）、集庆（路治今江苏南京）、松江（府治今江苏松江）、庆元（路治今浙江宁波）等处，都有东岳行祠存在。[⑤] 庆元路辖一司（录事司，管理城市事务）、四县（象山、慈溪、定海、鄞县）、二州（昌国、奉化），七处都有东岳行宫。[⑥] 分布之广，是其他神祠所无法比拟的。

东岳崇拜在泰山东岳庙的祭祀中得到了充分的表现。在人们心目中，泰山是东岳

清末的北京东岳庙

---

① 苏天爵《新城镇东岳祠记》，《滋溪文稿》卷三。
② 佚名《看钱奴买冤家债主》，《元曲选》第 1585 页。
③ 王恽《平阳路景行里新修岱岳行祠记》，《秋涧先生大全集》卷三七。
④ 虞集《滕州新修东岳庙记》，《道园学古录》卷四六。
⑤ 平阳路、滕州已见前引，隰州见王恽《隰州蒲县重修岳庙台门疏》（《秋涧先生大全集》卷六九），镇江见《至顺镇江志》卷八《神庙》，抚州见虞集《抚州路重修东岳庙记》（《道园学古录》卷三八）。
⑥ 《延祐四明志》卷一五《祠祀志》。《大德昌国州志》卷七《宫观》。

民国时期的东岳庙

大帝所在地，泰山东岳庙最为灵验，前往礼拜和还愿的信徒很多。特别是每年三月二十八日，传说中东岳大帝的生日，信徒从四方前来，烧香礼拜，举行各种娱神活动，同时开展各种物品贸易。元世祖末年，有人上书说："夫东岳者，太平天子告成之地，东方藩侯当祀之山。今乃有倡优戏谑之流，货殖屠沽之子，每年春季，四方云聚，有不远千里而来者，有提挈全家而至者。干越邦典，渫渎神明，停废产业，糜损食货，亦已甚矣。"[①] 到了仁宗皇庆二年（1313年），元朝山东东西道廉访司的一件文书中说：

"本道封内，有泰山东岳，已有皇朝颁降祀典，岁时致祭，殊非细民谄渎之事。今士农工商，至于走卒、相扑、俳优、娼妓之徒，不谙礼体，每至三月，多以祈福赛还口愿，废弃生理，聚敛钱物、金银、器皿、鞍马、衣服、足段，不以远近，四方辐辏，百万余人，连日纷闹。……岳镇海渎，圣帝明王，如蒙官破钱物，令有司岁时致祭，民间一切赛祈，并宜禁绝。"

元朝政府经过研究，认为：

"岳镇名山，国家致祭。况泰山乃五岳之尊。今此下民，不知典礼，每岁孟春，延及四月，或因父母，或为己身，或称祈福以烧香，或托赛神而酬愿，拜集奔趋，道路旁午，工商妓艺，远近咸集，投醮舍身，无所不至。愚惑之人既众，奸恶之徒岂无，不惟亵渎神灵，诚恐别生事端。以此参详，合准本道廉访司所言，行移

---

① 赵天麟《太平金镜策》卷四《停淫祀》。

合属，钦依禁治相应。"①

从这两件文书可以看出，泰山东岳庙有两种祭祀活动，一种是官方的，一种是民间的。官方的是由朝廷降下礼物，派官致祭。民间的祭祀是自发的，各行各业人员，数以"百万"计（这应是夸大了的数字），在三月至四月间，聚集在泰山东岳庙。一面祈福还愿，一面举行各种娱乐活动，包括戏剧演出（俳优）和相扑比赛等。三月二十八日前后的泰山东岳庙，充满了节日的气氛。东岳庙会，是极具特色的民间习俗。元朝政府认为这种群众性的活动"亵渎神灵"，而且容易"别生事端"，也就是担心聚众闹事，加以取缔。其实际效果如何，是值得怀疑的。

元代杂剧中有不少关于东岳神的东岳庙会的描写。佚名《看钱奴买冤家债主》中，东岳神主管人间祸福是贯穿全剧的重要线索。该剧第三折中东岳庙的庙祝出场说："小道是东岳泰安州庙祝，明日三月二十八日，是东岳圣帝诞辰，多有远方人来烧香。"剧中人物周荣祖自汴梁（今河南开封）到泰安州东岳庙烧香还愿，他看到："这的是人间天上，烧的是御赐名香，盖的是那敕修的这庙堂。我则见不断头客旅经商，还口愿百二十行。听的道是儿愿爹爹寿命长，又见那校椅上顶戴着亲娘。"许多人前一日便住在庙里，为的是在三月二十八日"烧炷儿头香"。②高文秀《黑旋风双献功》中，宋江的"八拜交的兄弟"孙孔目，"许了泰安神州三年香愿，今年第三年也"，他上梁山向宋江"告一个护臂来"，黑旋风李逵自愿保护孙孔目一家前去，于是引出了一段故事。③佚名《小张屠焚儿救母》，说的是张屠因母亲病重，向"东岳爷"许愿，只要母亲病愈，愿以孩儿作祭品。母亲果然病好，张屠便在三月二十八到东岳庙还愿，将孩儿"火焚在焦盆"。幸有东岳神灵搭救，全家重新团圆。④据文献记载，在元代确实发生过在东岳庙焚儿酬愿之事："近为刘信酬愿，将伊三岁痴男抛投醮纸火池，以至伤残骨肉，灭绝天理。"⑤这是极端愚昧造成的悲剧。丑陋的风俗，在杂剧作者笔下却改成了大团圆的喜剧。佚名《刘千病打独角牛》，则以三月二十八日东岳庙会上打擂台（相扑）为题材。其中还讲到，在三月二十八日"东岳庙人稠物穰，社火喧哗"。⑥"社火"即是民间自行组织的各种娱乐表演。从以上杂剧中的描写，可以看出当时泰山东岳庙的祭礼和庙会是何等的兴盛。

---

① 《元典章》卷五七《刑部十九·诸禁·禁投醮舍身烧死赛愿》。
② 《元曲选》第1600页。
③ 《元曲选》第687—704页。
④ 《元曲选外编》第716—724页。
⑤ 《元典章》卷五七《刑部十九·诸禁·禁投醮舍身烧死赛愿》。
⑥ 《元曲选外编》第795—807页。

与泰山东岳庙可以相提并论的，是大都的东岳庙。大都东岳庙共有四处，其中规模最大的城东齐化门（今朝阳门）外的东岳庙。其次是南城长春宫（今白云观）东的东岳庙，在当时都很有名。齐化门东岳庙，"每岁自三（二？）月起，烧香者不绝。至三月，烧香酬福者，日盛一日，比及廿日以后，道途男人□□（原文缺）赛愿者填塞"。到三月二十八日东岳大帝生日，朝廷降香，"齐化门内外居民，咸以水流道以迎御香。香自东华门降，遣官函香迎入庙庭，道众乡老甚盛"。这一天，"诸般小买卖花朵小儿戏剧之物，比次填道。妇人女子牵挽孩童，以为赛愿之荣"。"沿街又有摊地凳槃卖香纸者，不以数计。显官与怯薛官人，行香甚众，车马填街，最为盛都"。① 和泰山东岳庙一样，大都齐化门东岳庙的庙会规模也是很宏大的。长春宫东的东岳庙的神像是由当时塑像高手刘元制作的，享有盛誉，成为游人观赏之地。②

其他地方还有一些东岳庙亦被认为特别灵验。例如，常熟（今江苏常熟）福山的东岳庙，"为泰岱行祠之甲"。"由始建至于今兹三百余年矣，顾未若今日之极盛而甚完也"。③ 昆山（今江苏昆山）居民习俗，"其朝岳祠者，比屋举家，岁往常熟之福山"。④ 徐州（今江苏徐州）有东岳庙。杂剧《相国寺公孙合汗衫》（张国宾作）中有人说："我

清末北京东岳庙七十二司

---

① 《析津志辑佚·祠庙》。
② 虞集《刘正奉塑记》，《道园学古录》卷七。
③ 郑元祐《福山东岳庙兴造记》，《侨吴集》卷九。
④ 《至正昆山郡志》卷一《风俗》。

那徐州东岳庙至灵至圣，有个玉杯珓儿。掷个上上大吉，便是小厮儿。掷个中平，便是个女儿。掷个不合神道，便是个鬼胎。"①关于掷珓，在上一节中已经说过。由此亦可看出东岳崇拜的影响。

东岳崇拜是在国家祀典之内的，又得到百姓的普遍崇奉，因此不少地方的东岳庙是由地方官府出面修建或重建的，如抚州路（治今江西抚州）东岳庙的重修是地方官"各出月俸以为之先，城居之有力者争相施与，属邑之人闻之，率其赋以助"。②安福州（今江西安福）东岳庙是由地方官员发起，"佐吏及州民之乐善者相其财"建造成的。③也有一些地方的东岳祠庙，则是民间协力完成的。如平阳路（治今山西临汾）景行里的岱岳行祠。④值得注意的是，道教对东岳崇拜的重视。大都齐化门东东岳庙是由道教正一派头面人物张留孙、吴全节出面修建的，得到了皇室和蒙古贵族的支持。⑤大都长春宫东的东岳庙则是由长春宫住持出面修建的，长春宫是道教全真派的中心。⑥由道教出面修建的东岳庙，自然由道教管理，齐化门外东岳庙便成为北方正一派的中心。显然，道教已将东岳大帝看成是本教的保护神。

---

① 《元曲选》第 124 页。
② 虞集《抚州路重修东岳庙记》，《道园学古录》卷三八。
③ 揭傒斯《安福州东岳庙记》，《揭傒斯全集》文集卷五，上海古籍出版社 1985 年版。
④ 王恽《平阳路景行里新修岱岳行祠记》，《秋涧先生大全集》卷三七。
⑤ 虞集《东岳仁圣宫碑》，《道园学古录》卷二三。
⑥ 虞集《刘正奉塑记》，《道园学古录》卷八。

第三节　天妃、关羽和城隍崇拜

东岳崇拜之外，天妃、关羽和城隍崇拜，在元代也是很流行的，而且各具特色。

天妃崇拜　天妃的传说，始于北宋，原来限于福建沿海地区，逐渐向沿海其他地区发展。到了元代，天妃成为全国性的崇拜对象，受到了民间和官府的普遍尊奉。

有元一代，天妃庙宇分布很广，现在可考的有直沽（今天津）、平江（今江苏苏州）、昆山（今江苏昆山）、庆元（今浙江宁波）、丹徒（今江苏丹徒）、台州（今浙江临海）、兴化（今福建兴化）、上海、成山（今属山东荣成）、广州、杭州、泉州（今福建泉州）、漳州（今福建漳州）、延平（今福建延平）、淮安（今江苏淮安）、温州（今浙江温州），以及位于今天海南境内的琼山（今海口）、崖州（今三亚）、感恩（今昌感）、万州（今万宁）等。① 绝大多数是沿海城市，有的位于海运线上，有的则是对外贸易的港口，有的则兼有以上两个方面的职能。传说天妃是兴化湄州岛上的林姓女子，死后成神，保护海上来往船只的平

民国时期的天津天后宫

---

① 宋褧《天妃庙代祀祝文六道》(《燕石集》卷一一) 提到直沽、平江、昆山（周泾、路漕）、庆元、温州、台州、延平、福州、泉州、漳州、兴化等处天妃庙。其他各处天妃庙的考证见陈高华《元代的天妃崇拜》(《元史论丛》第七辑，江西教育出版社，1999年)。《燕石集》，《北京图书馆古籍珍本丛刊》本。

民国时期的天津天后宫

安。因此，来往于海上的水手、商人、渔民，无不视天妃为海上保护神，每遇狂风恶浪，便祈求天妃救援。这就是海运线上的城镇和对外贸易的港口普遍建立天妃庙的原因。影响所及，从事内河航运的也以天妃为保护神，位于长江南岸的丹徒建立天妃庙，便是这种情况的反映。

元朝政府出于发展南北海运和海外贸易的需要，尊崇天妃，列入国家祀典。原来在宋代，先封林氏女神为夫人，后晋封为妃。到了元代，加封为天妃，从此林氏女神与"天"结下了不解之缘。[①]天妃崇拜，与岳、镇、海、渎神一样，都是自然神崇拜。历代封建王朝对自然神的崇拜亦分等级，元代制度五岳神为帝，称号中都有"天"字，四海、四渎、五镇神则为王，称号中均无"天"字。[②]林氏女神被封为"辅国护圣庇民广济福惠明著天妃"，应与"王"同一等级，但封号有"天"字，说明地位又在海、渎、镇诸王之上。元朝官方举行的天妃祭典，可以分为两种。一种是海道漕运开始前由地方官员举行的祭祀仪式，祈求天妃保佑海运平安。海运一般在三月或五月开始，"当转漕之际，宰臣必躬率漕臣、守臣，咸集祠下，卜吉于妃。既得吉卜，然后敢于港次发舟，仍即妃之宫刑马椎牛，致大享礼。……丝声在弦，金石间奏，咽轧箫管，繁吹入云。舞既歌阕，冷风肃然"。[③]先由主事的官员在天妃庙中占卜，选定出航的吉日，然后在庙中举行大规模的宴会，并有歌舞表演。另一种是皇帝派遣使者，到沿海一带的各处天妃庙去举行祭祀仪式。有的自直沽"遍历闽、浙"，[④]有的"循江淮，道闽越，抵

---

① 到清代进封为天后。
② 《元史》卷七六《祭祀志五·岳镇海渎》。
③ 苏天爵《宋公墓志》，《滋溪文稿》卷一三。
④ 宋褧《天妃庙代祀祝女六道》《燕石集》卷一一。

南海"。① 天妃的祭典按规定与岳、渎、海、镇诸神并列，但事实上官方祭祀的规模、次数都远在岳、渎、海、镇之上，确实是"视岳、渎有加焉"。②

"运舟冒险以出，常赖祷祠以安人心。"③ "舟入汪洋大海之中，上天下海，四无畔涯，彼以眇然之身，无少怖畏疑虑之心，以神赖也。"④ 官府举行祭祀天妃的仪式，实际上有增强航海者信心的作用。而航海者也把生的希望寄托在天妃身上："然风涛有所不测，虽河渠之细犹不免，况于海乎！设使飓风鼓涛，鲸呿鳌抃，天跳地摇，万斛之舟，轻于一掷，当此之时，虽有绝伦智力，亦必拱手待毙，哀号吁天，叫呼神明，救死瞬息。"⑤ 民间流传着许多天妃救人的故事，有些天妃庙便是由航海的商人、水手为了酬谢神的保佑而建立的。⑥ 每当航海安全归来，官府要举行答谢仪式，航海的商人、水手也要齐集在庙中还愿。随着天妃崇拜的不断扩大，除了"舟航危急"之外，每遇"水旱厉疫"也向天妃祈祷，据说同样灵验。甚至还能殄灭"寇盗"。⑦

关羽像

在元代英雄人物神崇拜中，关羽是最突出的一个。"三国"故事自宋代起流传日广，作为"忠义"象征的关羽，也愈来愈受到官府和民间的尊奉。"其英灵义烈遍天下，故所在庙祀，福善祸恶，神威赫然。人咸畏而敬之，而燕赵、荆楚为尤笃，郡国州县乡邑间皆有庙。"⑧ "蜀人往往立庙以祀之。"⑨ "燕赵"、"荆楚"、四川都是当年关羽活动过的地方。其他地区亦有关侯（王）庙，见于记载的如巩昌（今甘肃陇西）、⑩ 镇江

---

① 周伯琦《代祀记》，《海道经》附录，《金声玉振集》本。
② 周伯琦《代祀记》，《海道经》附录，《金声玉振集》本。
③ 郑东《重修灵慈宫碑》，《名迹录》卷二，《四库全书》本。
④ 郑东《重修灵慈宫碑》，《名迹录》卷二。
⑤ 郑元祐《重修路漕天妃宫碑》，《侨吴集》卷一一。
⑥ 程端学《灵济庙事迹记》，《积斋集》卷四，《四明丛书》本。
⑦ 同上。
⑧ 郝经《汉义勇武安王庙碑》，《陵川文集》卷三三，《北京图书馆古籍珍本丛刊》本。
⑨ 鲁贞《武安王庙记》，《桐山老农集》卷一，《四库全书》本。
⑩ 同恕《关侯庙记》，《榘庵集》卷三，《四库全书》本。

丹徒（今江苏丹徒）①、开化（今浙江开化）②和汲县（今山西汲县）③等，可以想见，其分布是很广的。

元朝政府尊奉关羽。忽必烈接受藏传佛教撒思迦派领袖八思巴的建议，每年二月十五日举行盛大的游皇城仪式，"云与众生祓除不祥，导迎福祉"。"宣政院所辖官寺三百六十所，掌供应佛像、坛面、幢幡、宝盖、车鼓、头旗三百六十坛"，这是游皇城仪式的主体部分。同时由军人"抬舁监坛汉关羽神轿车"，参加游行。④关羽成为游皇城时的监坛神，实际上也就是由皇家认可的佛教保护神。宋朝宣和五年（1123年），封关羽为义勇武安王，入元以后，这个封号一直沿用。到元文宗天历元年（1328年），"加封汉将军关羽为显灵义勇武安英济王"。⑤封号增加了四个字，变成八个字，与天妃接近。

在元代遍布全国的关王庙中，有两处是应该特别提及的。一是大都（今北京）的关王庙。"武安王庙，[大都]南北二城约有二十余处"。一地即有关王庙如此之多，应是全国之冠。其中之一"在故城（即南城——引者）彰义门内里楼子街"。"自我元奉世祖皇帝诏，每月支与马匹草料，月计若干。"为什么忽必烈会专门下诏"支与"关帝庙"马匹草料"？很可能是这座庙中养有赤马（传说中关羽乘骑赤兔马），供人参观及集会时展览，故由官府支与"草料"。这座庙中的关羽像，在二月十五日游皇城时，便被安置在轿车中"监坛"。⑥另一是当阳（今湖北当阳）玉泉的关庙。玉泉有一座景德禅寺，"智者大师道场也。智者荆州人，自天台还止此山，相传有神自称汉前将军关羽，殁而藏神于此，愿佐师，遂建伽蓝焉"。寺旁有关将军庙，"尤极宏丽"。⑦庙中保存

《关大王单刀会》书影

---

① 《至顺镇江志》卷八《神庙》。
② 鲁贞《武安王庙记》，《桐山老农集》卷一。
③ 王恽《义勇武安王祠记》，《秋涧先生大全集》卷三九。
④ 《元史》卷七七《祭祀志六》。
⑤ 《元史》卷三二《文宗纪一》。
⑥ 《析津志辑佚·祠庙仪祭》。
⑦ 虞集《广铸禅师塔铭》，《道园学古录》卷四九。按《三国演义》第七七回"玉泉山关公显圣"，即由此敷衍而成。

有据说是当年关羽佩带的寿亭侯印。"四方祈福，灵应如响"。①

各地关庙在"夏五月十有三日，秋九月十有三日，则大为祈赛，整仗盛仪，旌甲旗鼓，长刀赤骥，俨如王生"。②这种祈赛活动显然是民间自行组织的，大概是有人装扮成关羽的模样，手执长刀，乘坐赤马，结队游行。在民间，关羽是无所不在有求必应的神灵。开化关庙，"每遇盗贼临境，水旱疾疫，祷即应"。③巩昌的关侯庙，"凡今巩民水旱疾疫，盗贼凶害，无所于诉者，必侯焉"。④丹徒县"大德三年秋，旱，县尉孙琳祷雨有应。飞蝗渡江，又祷于神，禾稼无伤。乃率众建[关王]庙焉"。⑤

城隍崇拜起源说法不一，唐代起逐渐普遍。⑥到了元代，"城隍神天下通祀"；⑦"今自天子都邑，下逮郡县，至于山夷海峤荒墟左里之内，无不有祠"。⑧大都城是忽必烈时代建造的，大都城基本建成后，便"于城西南隅建城隍之庙，设象而祠之，封曰祐圣王"。⑨江南如嘉兴路，所属录事司、松江府、嘉兴县、崇德县都有城隍庙，惟一例外是海盐州。⑩镇江路所属录事司及丹阳、金坛有城隍庙，丹徒无。庆元路所属各州、县都有城隍庙，远在海外的昌国州（今浙江定海）亦不例外。⑪北方如易州定兴（今河北定兴）、⑫汴梁（今河南开封）都有城隍庙。

城隍神属于自然神系列，但往往与英雄人物神混同起来。一些对地方有过贡献的官员，或历史上有名人物，在传说中往往被神化，成为当地的城隍神。例如，镇江录事司的城隍祠，"润（镇江简称——引者）人相传，实汉高帝将军纪信庙食此方"。⑬昌国州的城隍庙，"世传茹侯维庙之神，今州有茹侯村，则侯乡人也。侯英烈忠毅，至今父老能言之"。⑭杂剧《施仁义刘弘嫁婢》中，"生前正直无私曲"的裴使君，"死后复承

---

① 胡琦《新编关王事迹序》，见《重编义勇武安王集》，钱谦益辑，《北京图书馆古籍善本丛刊》本。
② 郝经《义勇武安王庙碑》。
③ 鲁贞《武安王庙记》。
④ 同恕《关侯庙记》。
⑤ 《至顺镇江志》卷八《神庙》。
⑥ 关于城隍起源，可参看赵翼《陔余丛考》卷三五《城隍神》。
⑦ 揭傒斯《易州定兴县城隍庙记》，《揭傒斯全集》文集卷五。
⑧ 余阙《安庆城隍显忠灵祐王碑》，《青阳集》卷二，《四部丛刊》本。
⑨ 虞集《大都城隍庙碑》，《道园学古录》卷二三。
⑩ 《至元嘉禾志》卷一〇《祠庙》。
⑪ 《延祐四明志》卷一五《祠祀志》。
⑫ 《延祐四明志》卷一五《祠祀志》。
⑬ 《至顺镇江志》卷八《神庙》。
⑭ 《大德昌国州志》卷一《叙州·城隍》。

上帝宣，典祀城隍西蜀郡"。① 正是上述现象在文艺作品中的反映。

各地的城隍神，"或有天子封，或无封"。② 有封如前述大都城隍封祐圣王，又如安庆城隍封显忠灵祐王。③ 更多的城隍则是"无封"的。在当时人们心目中，有阳间，也有阴世。官员是阳间的主宰，城隍便是阴世的主宰："郡邑城隍之神，盖与官府分职幽明，共理民物，非他神祠比也。"④ 有些地方官在审理案件时遇到困难，便会向城隍讨教。下面便是两个有趣的例子：

"观音奴，字志能，唐兀人氏。居新州。登泰定四年进士第，由户部主事，再转而知归德府。廉明刚断，发鬠如神。……

彰德富商任甲，抵睢阳，驴毙，令郄乙剖之。任以怒殴郄，经宿而死。郄有妻王氏、妾孙氏。孙诉于官，官吏纳任贿，谓郄非伤死，反抵孙罪，置之狱。王来诉冤，观音奴立破械出孙于狱，呼府胥语之曰：'吾为文具香币，若为吾以郄事祷诸城隍神，令神显于吾'。有睢阳小吏，亦预郄事，畏观音奴严明，且惧神显其事，乃以任所赂钞陈首曰：'郄实伤死，任赂上下匿其实，吾亦得赂，敢以首'。于是罪任商而释孙妾。"⑤

"田滋，……大德二年迁浙西廉访使。有县尹张彧者，被诬以赃，狱成。滋审之，但俛首泣而不语。滋以为疑，明日斋沐，诣城隍祠祷曰：'张彧坐事有冤状，愿神相滋，明其诬'。守庙道士进曰：'曩有王成等五人，同持誓状到祠焚祷，火未尽而去之，烬中得其遗稿，今藏于壁间，岂其人耶！'视之，果然。明日，诣宪司诘成等，不服。因出所得火中誓状示之，皆惊愕伏辜。张彧得释。"⑥

类似的例子还有不少。⑦ 可以认为，致祷城隍以求显灵协助破案，是当时普遍认可的一种破案方法。然而，前一例是小吏畏惧而自行检举，后一例是巧合导致破案，城隍显灵与否实际上仍是问题。但由此不难看出当时人们对城隍的信仰是十分虔诚的。

城隍崇拜最突出的大概是安庆（今安徽安庆）。"舒（即安庆——引者）故楚垠也，其俗巫鬼，今乃它无所祠祀，独于城隍出必祈，反必报，水旱疾疫必祷，一岁之中奉

---

① 《元曲选外编》第829页。
② 揭傒斯《易州定兴县城隍记》。
③ 余阙《安庆城隍显忠灵祐王碑》。
④ 刘壎《郡城隍庙修造疏》，《水云村泯稿》卷一七。清道光爱余堂刻本。
⑤ 《元史》卷一九二《良吏二·观音奴传》。
⑥ 《元史》卷一九一《良吏一·田滋传》。
⑦ 例如，《元史》卷一九二《良吏二·刘秉直传》记载刘秉直致祷城隍破杀人案事。

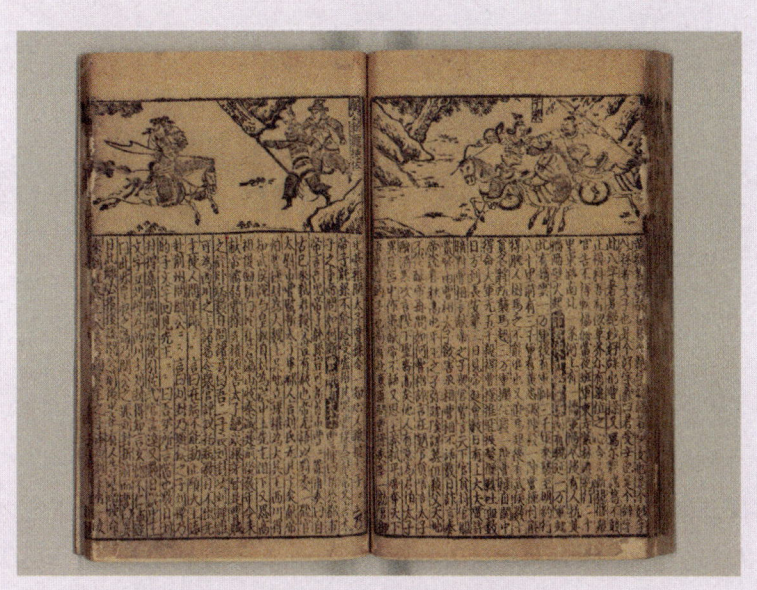

元代话本插图"关公斩庞德佐"

臀萧膏镫旛幢于廷者无虚日。"城隍成为安庆城居民的保护神。"五月之望,里俗相传以神生之日也,民无贫富男女,旄倪空巷间出乐神,吹箫代鼓,张百戏,游像舆于国中,如是者尽三日而后止,其祠眠郡为特盛。"①这就是说,当地民间传说,五月十五日是城隍神的生日,全城百姓不分男女贫富,都出来参加游行,为神庆祝。游行队伍中有乐队,有百戏,还抬着城隍神像。一直继续三天。这样大规模的娱神(实际上也是百姓自娱)活动在元代多神崇拜中是很罕见的。其他地区的城隍神是否有类似的待遇,则是不清楚的。

大都城隍庙建成后,"以道士段志祥筑宫其旁,世守护之"。②汴梁城隍庙重建后,由"女冠"(女道士)主持。由此可见,城隍神的崇拜与道教有密切关系。或者可以说,在发展过程中,城隍神逐渐成为道教神祇的一种。

---

① 余阙《安庆城隍显忠灵祐王碑》。
② 虞集《大都城隍庙碑》。

【 第四节　巫觋与巫术[①] 】

巫觋信仰起源很早，可以追溯到原始社会。巫觋被认为是人与神鬼之间的媒介，神鬼的代言人。充当这类媒介和代言人的女性称为巫，男性称为觋。进入阶级社会以后，各种宗教信仰兴起，但是巫觋信仰一直存在，有广泛的影响。

元代的许多记载表明，这一时期，民间到处存在巫觋信仰。在北方，大都"街上多有……跳神师婆"。[②]"师婆"就是女巫。宁陵（今河南宁陵）发生土地纠纷，地方官观音奴令双方"同就崔府君神祠质之"。无理的一方"惧神之灵，先期以羊酒浼巫嘱神勿泄其事"。至期，双方前往神祠，"果无所显明，观音奴疑之，召巫诘问"，巫说出了实话。观者奴"责神而撤其祠"。[③]原来神都会接受巫的贿赂。可见巫在当地扮演着一种特殊的角色。

在南方，"娄俗尚淫祀，祠庙遍村墟。疾病罔医药，奔走讯群巫"。[④]"娄"是松江（今江苏松江）的古称。镇江路（治今江苏镇江）"第以世降俗薄，祝史巫觋，惑世诬民，增益土偶，妖形怪状，违越典礼，非一而足"。[⑤]松江府、镇江路在元代均属浙西，浙西是当时经济、文化最发达地区之一，尚且多有巫觋，其他地区可以想见。溧水州（今江苏溧水）"民信巫鬼，重淫祀"。[⑥]湘乡州（今湖南湘乡），"有巫至其州，称神降"，当地官民深信不疑。[⑦]在南方一些少数民族聚居地区，巫觋更盛。郁林州（今广西郁林）

---

① 关于蒙古的巫觋，见本章第六节，本节不涉及。
② 《元典章》卷五七《刑部十九·诸禁·禁跳神师婆》。
③ 《元史》卷一九二《良吏二·观者奴传》。
④ 袁华《娄侯庙》，《耕学斋诗集》。
⑤ 《至顺镇江志》卷八《神庙》。
⑥ 《至正金陵新志》卷八《风俗》。
⑦ 《元史》卷一八一《虞集附虞般木传》。

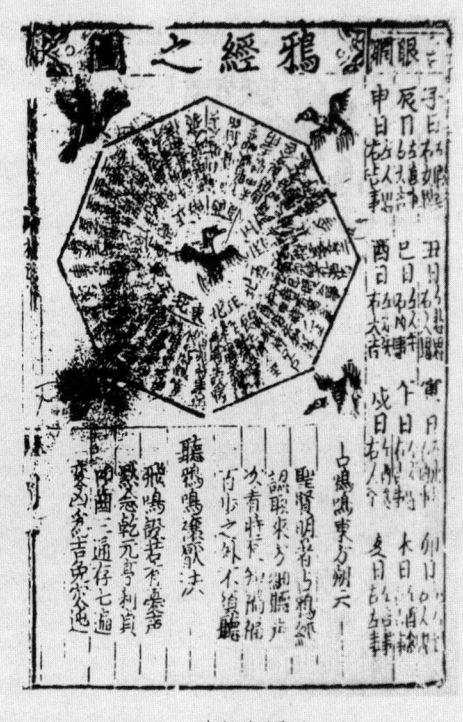

鸦经之图

"男勤耕，女勤织，惟信巫祝。重淫祀"。① 播州（今贵州遵义）"信巫鬼，重淫祀"。② 云南的罗罗人（今彝族的祖先）"有疾不识医药，惟用男巫，号曰大奚婆，以鸡骨占吉凶"。③ 马可波罗说，白人（今白族先民）居住的大理等处，没有医生，只有巫师。④

上引文献中，不少处提到"淫祀"。与"淫祀"有关的庙宇，称为"淫祠"。元代"淫祠"数量很多。吕思诚为景州蓚县（今河北景县）尹，"县多淫祠，动以百余计，刑牲以祭者无虚日，思诚悉命毁之，唯存江都相董仲舒祠"。⑤ 范忠为湖州路（治今浙江吴兴）推官，"湖多淫祠，毁三百六十，以治官舍"。⑥ 以上二地，一南一北，"淫祠"都以百计，其他地方亦应类似。"淫祀"或"淫祠"，其涵义是比较广泛的，凡是不列入国家祀典的滥设的祠庙，都可以归于这一类。但其主要部分，则应是指与巫觋信仰有关的祭祀或庙宇而言的。元文宗至治元年（1321年）的一件官方文书中说："江淮迤南风俗，酷事淫祠，其庙祝师巫之徒，或呼太保，或呼总管，妄为尊大，称为生神，惶惑

---

① 《元一统志》卷一〇《湖广行省》。
② 《元一统志》卷一〇《湖广行省》。
③ 李京《云南志略》。
④ 《马可波罗行记》第295页。
⑤ 《元史》卷一八五《吕思诚传》。
⑥ 袁桷《佥事范君墓志铭》，《清容居士集》卷三〇。

民众。"①便清楚地说明了巫觋与"淫祠"的关系。此外又有"妖祠"之称,"饶之为俗尚鬼,有觉山庙者,自昔为妖以祸福人,为盗贼者事之尤至,将为盗,必卜之"。②"饶"指饶州路(路治今江西波阳)。"赣之俗鬼,宁都城外有妖祠,象设极魔怪,人莫敢侧目。土人类缚生口以祭,甚神之。"③宁都即今江西宁都县。"妖祠"崇奉的是令人"侧目"的妖神,是与这些地方"尚鬼"的习俗密切相关的,当然少不了沟通人、鬼之间关系的巫觋。清湘(今湖南全州)是"峒獠错居"的地方,清湘县丞陈远大曾"撤淫祠魔庵又数十区,取其材瓦葺新学宫"。④亦应是当地巫觋活动的场所。"淫祠"、"淫祀"、"妖祠"在多数场合都是与巫觋的活动联系在一起的。

在元代,无论在汉族或是少数民族地区,人们得病以后,不是去看医生(很多地方缺乏医生),而是找巫觋,这是很普遍的现象。前引松江地区"疾病罔医药,奔走讯群巫",便是一例。又如镇江,"土俗尚禨,病者多不服药,唯事巫祝"。⑤昆山(今江苏昆山),"其信鬼则又加昔,病或不事医药,惟听命于神,祈赛施舍,竭产不悔"。⑥在人们心目中,有病是鬼神作祟,只有通过巫觋与鬼神沟通,奉献祭品取得鬼神的谅解才能解脱。以上数例是汉族聚居区的情况。少数民族地区,缺医少药的情况更加严重,生病求助于巫觋的现象也就更加普遍。容州(今广西容县)居民"病不事医药,尚巫谄鬼"。藤州(今广西藤县)"病者求巫祀"。思州(今贵州凤冈)"疾病则信巫屏医,专事祭鬼"。⑦东北的女真人"患病宰杀牛羊祷祝,贫者至卖男女以买牛羊"。⑧显然也是通过巫觋沟通鬼神来达到治病的目的。马可波罗曾详细描述了大理等处巫师用降神方式治病的情况。⑨巫觋既是神鬼的代表人,因而也便有了预知的功能。湘乡州发生的一件事,很有代表性。虞槃为湘乡州判官,"有巫至其州,称神降,告其人曰:'某方火。'即火。又曰:'明日某方火。'民以火告者,槃皆赴救,至达昼夜,告者数十,寝食尽废。……又曰:'将有大水,且兵至。'州大家皆尽室逃。槃得劫火卒一人,讯之,尽得巫党所为,坐捕盗司,召巫至,鞠之,无敢施鞭箠者,槃谓卒曰:'此将为大乱,安有神乎!'急治之,尽得党与数十人,罗络内外,果将为变者。同僚皆不敢出视,曰:'君自为之。'槃乃断巫并

---

① 《元典章新集》《刑部·刑禁·禁庙祝称总管太保》。
② 《元史》卷一八五《韩镛传》。
③ 陈谟《王氏近代族谱序》,《海桑集》卷五。《四库全书》本。
④ 柳贯《陈君墓志铭》,《柳待制文集》卷一一。《四部丛刊》本。
⑤ 《至顺镇江志》卷三《风俗》。"禨",事神以求福消灾。
⑥ 《至正昆山郡志》卷一《风俗》。
⑦ 《元一统志》卷一〇《湖广行省》。
⑧ 《通制条格》卷二八《杂令·祈赛等事》。
⑨ 《马可波罗行记》第295—296页。

其党如法，一时吏民始服儒者为政若此"。① 这个巫便是以预言者的面目出现，欺骗当地官民，目的显然想制造恐慌，抢劫财物。当地官民对之深信不疑，甚至在事情真相揭露后，官员们仍不敢过问。可见巫觋的预言具有何等的控制力。

在举行祭祀鬼神的活动中，巫觋作歌舞表演，是由来已久普遍流行于各民族的现象。这种表演，目的在于使鬼神快乐，博取鬼神们好感，消灾免祸。元代陈州（今河南淮阳）"俗尚鬼，当岁时之隙，往往斩羊豕为牲，使巫觋歌舞以乐鬼，比屋相仿，以为不若是则厉气将作"。② 便是比较典型的例子。陈州如此，其他地区亦应在不同程度上存在同样的现象。可以认为，带有神秘色彩、旨在娱神乐神的歌舞表演，在元代仍是巫觋的一项重要功能。

巫觋活动还有另一方面，便是施行以害人为目的的巫术，常见的有以下几种。

厌镇。又称厌魅。这是一种模仿或相似巫术，即以相似的事物代替当事人或事，作为施行巫术的对象。常见的是以木偶或纸人代替当事人，对之施加巫术，使当事人生病或死亡。至元七年（1270年），河东（今山西）"民有魏氏"，发得木偶，持告其妻挟左道厌胜谋杀己。经数狱，服词皆具"。后来查明，是其妾所为，旨在陷害其妻。③ 又如"王鹏举因与马阁阁通奸，有刘显引导前去冯珪处，厌魅马阁阁夫耿天祐，欲令身死。王鹏举一百七十下，刘显四十七下，冯珪系脱赚钱物厌魅，决七十七下"。④ 以上例子说明，厌镇之术在民间颇为流行，而后一例中的冯珪专门从事"厌魅"，显然本人是巫觋。杂剧《桃花女破法嫁周公》描写桃花女与周公斗法，周公屡败，便派人去砍一棵小桃树。这棵桃树是"桃花女的本命"，只要砍倒，桃花便会"板僵身死"。用剧中人的话来说，这是一种"厌镇事"，以桃树作为桃花女的替身，行使巫术。元朝统治集团中亦有厌镇之事。忽必烈统治时期，有人对权臣阿合马施"厌镇之术"。⑤ 而在阿合马死后，忽必烈追查他的问题，"籍其藏，得二熟人皮于柜中，两耳具存，一阉竖专掌其肩镰，讯问莫知为何人，但云'诅咒时，置神座其上，应验甚速'"。⑥ 可知社会各个阶层，都有人相信厌镇之法，元朝政府的法令中对此有专门的规定："诸厌魅大臣者，处死。诸妻厌魅其夫，子厌魅其父，会大赦者，子流远，妻从其夫嫁卖。"⑦ 说明这种现象并不是个别的。

---

① 《元史》卷一八一《虞集附虞槃传》。
② 宋濂《李府君墓铭》，《宋文宪公全集》卷五，《四部备要》本。
③ 陶宗仪《辍耕录》卷五《平反》。
④ 《元典章》卷四一《刑部三·不道·厌镇》。按，此案例无时间、地点。
⑤ 《元曲选》第1036页。
⑥ 《元史》卷二〇五《奸臣·阿合马传》。
⑦ 《元史》卷一〇四《刑法志三·大恶》。

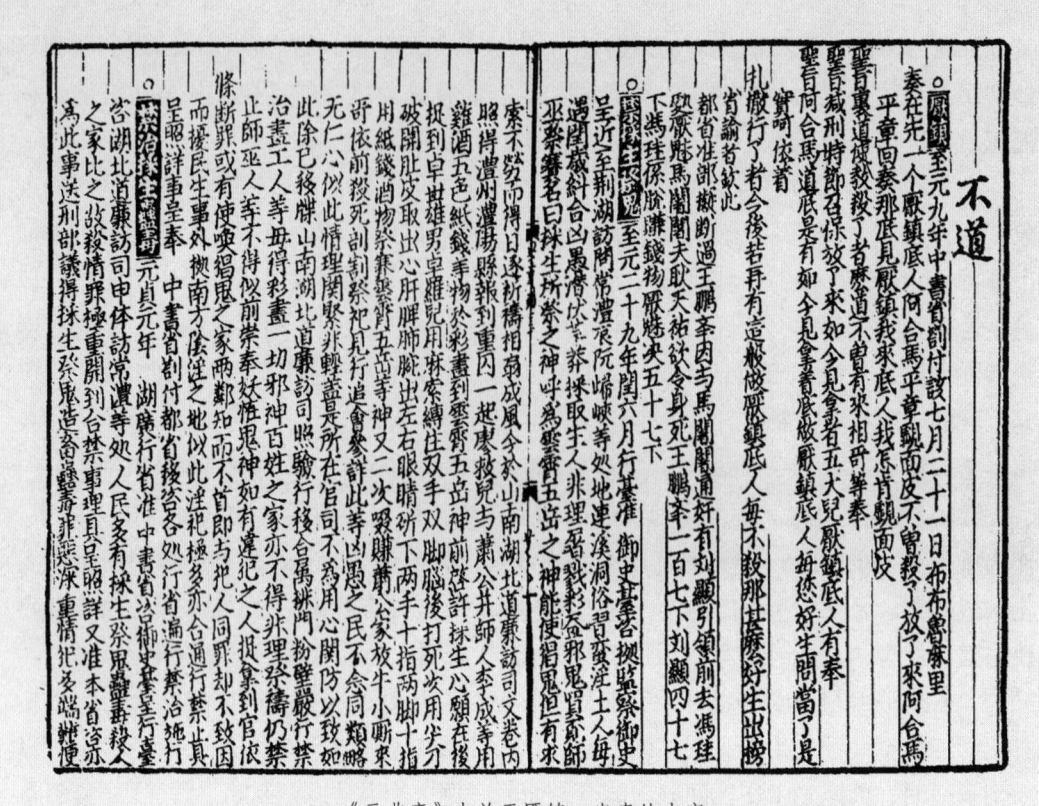

《元典章》中关于厌镇、蛊毒的内容

造蛊毒。这是以某种毒物害人的巫术。蛊指人工培育的毒虫，置于饮食中，可致人死地。清湘（今广西全州）"介湖北穷徼谿口，峒僚错居其埌，山有毒蛇，储之为蛊以中人，立死"。[1] 明朝初年，张理为漳州漳浦（今福建漳浦）知县，当地"俗尚妖术，咒物食人，久则成形于腹中，物动人辄死，云役其魂为奴。府君（张理——引者）廉知之，毁其淫祠数十区，其害遂息"。[2] 明初"其害遂息"，可知元代必然盛行。这种"咒物食人"致人于死的"妖术"，正是蛊毒的典型。而"妖术"又是与"淫祠"联系在一起的，其中间环节，不言而喻是巫觋。元朝湖北道廉访司的一件文书中说，"常、澧等处人民，多有採生祭鬼，蛊毒杀人之家"。常指常德路（路治今湖南常德），澧指澧州路（路治今湖南澧县）。[3] 峡州路（路治湖北宜昌）也有"採生蛊毒"之事。[4] 元朝法令中规定："诸造蛊毒中人者，处死。"[5]

---

[1] 柳贯《陈君墓志铭》，《柳待制文集》卷一一，《四部丛刊》本。
[2] 宋濂《张府君新墓碣铭》，《宋文宪法公全集》卷一〇。
[3] 《元典章》卷四一《刑部三·不道·禁治採生蛊毒》。
[4] 《元典章》卷四一《刑部三·不道·禁治採生蛊毒》。
[5] 《元史》卷一〇四《刑法志三·大恶》。

採生。採生就残害他人生命以祭祀神鬼。从上引资料可以看出，常德澧州、峡州等路均有"採生"之事。至元二十九年（1292年）的一件官方文书中说：

"行台准御史台咨，据监察御史呈，近至荆湖，访问常、澧、辰、阮（沅）、归、峡等处，地连溪洞，俗习蛮淫。土人每遇闰岁，纠合凶愚，潜伏草莽，採取生人，非理屠戮，彩画邪鬼，买觅师巫祭赛，名曰採生。所祭之神，呼为云霄五岳之神，能使猖鬼，但有求索，不劳而得。日逐祈祷，相扇成风。今于山南湖北道廉访司文卷内，照得澧州澧阳县报到重囚一起。廖救儿与萧公并师人李成等，用鸡、酒、五色纸钱等物于彩画到云霄五岳神前，启许採生心愿。在后捉到卓世雄男卓罗儿，用麻索缚住双手双脚，脑后打死，次用尖刀破开肚皮，取出心肝脾肺，腕（挖）出左右眼睛，砍下两手十指、两脚十指，用纸钱酒物祭赛云霄五岳等神。又二次啜赚萧公家放牛小厮来哥，依前杀死，剖害祭祀……除已移牒山南湖北道廉访司照验，行移合属，排门粉壁，严行禁治，画工人等毋得彩画一切邪神，百姓之家亦不得非理祭祷。仍禁止师巫人等不得似前崇奉妖怪鬼神。如有违犯之人，捉拿到官，依条断罪。或有使唤猖鬼之家，两邻知而不首，即与犯人同罪，却不致因而扰民生事。外据南方阴淫之地，似此淫祀极多，亦合通行禁止。具呈照详事。呈奉中书省札付，都省移咨各处行省，遍行禁治施行。"①

这是一件有关元代巫术的重要文献，把採生的用途、方式讲得很具体。这种巫术是极其野蛮、残忍的，所以元朝政府明令禁止。从这件文书可以看出，採生与巫觋"淫祠"是有密切关系的。"师人"、"师巫"都是巫觋的别称。文书中称，"南方""似此淫祀极多"，也就是说，採生的现象不是个别的。在此以后，元朝政府在元贞元年（1295年）、延祐三年（1316年）继续下令"严行禁治""採生蛊毒"，并加重了对採生的刑罚，反映出此类巫术仍顽固地存在。

上面讲的是元代湖广行省北部（常、澧、沅、辰）和河南行省西南部（归、峡）的情况，这些地区"地连溪洞"，是少数民族聚居的地方。此外，汉族聚居地区亦有採生之术存在。至正二年（1342年）"吉安路（路治今江西吉安——引者）巫王万里与从子尚贤卖卜龙沙（察罕脑儿，今河北张北境内——引者）市"，与医人王弼发生冲突。"万里恚甚，驱鬼物惧弼。"但"鬼物"向王弼透露真情：自己原是十六岁小女，小字月西，为王万里禁咒杀害，"复束纸作人形，以咒劫制使为奴"，驱使害人。王弼告发，官府审理，王万里供认自己"庐陵（即吉安——引者）人，售术至兴元（今陕西兴元——引

---

① 《元典章》卷四一《刑部三·不道·禁採生祭鬼》。

者），逢刘铢师，授以採生法。刘于囊间解五色帛，中贮发如弹丸，指曰：此咸宁李延奴，天历二年春二月为吾所录，尔能归钱七十五缗，当令给侍左右。万里欣然诺，……并尽受其术。复经房州（今湖北房县——引者）遇邓生者，与语意合，又获奉元耿顽童奴之，其归钱数如刘。今与月西为三人矣。刘戒万里终身勿近牛犬肉，近忘之，因啖牛心炙，事遂败"。这起案子在当时颇为轰动，不少人加以记载。[①]撇开一些荒诞不经的内容，可以看出，汉族聚居区也有从事"採生"的巫觋，而且不是个别的。同时还可看出，採生的目的，除了作为鬼神的祭品外，还想控制死者的灵魂用以役使。

人由肉体和灵魂组成，灵魂附在肉体上，但也可与肉体分离而存在，这可以说是各个民族巫觋的共同观念。上述以採生来奴役灵魂便是由灵魂不灭的观念推衍而来的。前引至元二十九年文书中所说"使唤猖鬼之家"、"能使猖鬼，但有求索，不劳而得"，和王万里奴役灵魂进行敲诈，显然是一回事。採生是一种最野蛮的巫术，是愚昧、落后的集中表现。

[①] 宋濂《王弼传》，《宋文宪公集》卷九。据宋濂说："翰林学士承旨李好文节官中狱案造记，而燕南梁载又为序其事。二文互有得失，予乃合为一传，而其词不雅驯者痛删去之。"按，《辍耕录》卷一三《中书鬼案》即记录此案卷原文。

第五节　算命、相面和占卜

汉族地区盛行的算命、相面、占卜等，都是从巫觋的预言功能发展演变而成的。

算命一般是根据生辰八字（年月日时）推断一个人的命运。由于算命主要依据《周易》八卦之说，故又有算卦之称。算命的术士一般称算命（卦）先生或打（卖）卦先生。元代文献中有不少关于算命的记载。如，"有一少年子，放纵不羁，尝以所生年月日时就日者问平生富贵寿夭，有告曰：汝之寿莫能逾三旬。及偏叩它日者，言亦多同。于是意谓非久于人世，乃不娶妻，不事生产作业，每以轻财仗义为志"。后来活人性命，竟"以寿终"。① 凡从事算命、相面、占卜之人均可称为"日者"。前引採生案件中的王万里，称为"算卦王先生"，他"于襄阳周先生处习会阴阳课命"，他的"课命"方法便是将"八字看算"。② 大都"枢密院东有术者，设肆算命，谈人休咎多奇中"。有一军官因无子要求推算"有子与否"。"术者怒曰：君年四十当有子，今年五十六矣，非绐我而何。"③ "术者"知道对方的年龄，显然是推算生辰八字的缘故。

元代杂剧中有不少关于算命的描写，比较具体的是《桃花女破法嫁周公》。主人公之一周公"自幼攻习《周易》之书，颇通八卦之理"。"在城中开个卦铺"，"真个阴阳有准，祸福无差"。前来算卦的只要一报生年八字，他便可以算出祸福寿夭。④ 杂剧《包待制智赚生金阁》（武汉臣作）、《玎玎珰珰盆儿鬼》（作者佚名）、《硃砂担滴水浮沤记》（作者佚名），都是因打卦说百日之内有血光之灾引起的故事。⑤ 故事情节有雷同之处，但多少反映出当时人们每遇疑难求助于算命（打卦）的普遍心态。

高丽刊行的汉语教科书《老乞大》，以高丽商人来中国贸易为线索，介绍中国各方

---

① 《辍耕录》卷八《飞云渡》。
② 《辍耕录》卷一三《中书鬼案》。
③ 《辍耕录》卷二二《算命得子》。
④ 《元曲选》第 1015—1040 页。
⑤ 《元曲选》第 1716、1389、386 页。

面的风土人情。此书的末尾记高丽商人的买卖告一段落,准备回国:

"这些货物都买了也,俺拣个好日头回去。我一就待算一卦去。这里有五虎先生,最算的好有,咱每那里算去来。到那卦铺里坐定,问先生道:'与俺看命。''你说将年月日生时来。''我是属牛儿的,今年四十也,七月十七日寅时生。''你这八字哏好,一世不小衣禄不受贫,官分呵没,宜做买卖。出入通达,今年交大运,丙戌已后,财帛大聚,强如已前数倍。'

'这般呵,我待近日回程,几日好?''且住。我与你选个好日头。甲乙丙丁戊己庚辛壬癸是天干,子丑寅卯辰巳午未申酉戌亥是地支,建除满平,定轨破危,成收开闭,你则这二十五日起去,寅时往东迎喜神去,大吉利。'

二两半卦钱留下者,各自散了。"①

这则记载具体、生动地记载了算命的情景,使我们对之有更多的了解。

相面是根据人的相貌推断其祸福寿夭。从事这种职业的术士称为相士。杭州"有挟姑布子之术曰鬼眼者,设肆省前,言皆奇中,故门常如市"。有一商人"方坐下方,忽指之曰:'公大富人也,惜乎中秋前后三日内数不可逃。'"但商人行善救人性命,因而得免。②"姑布子"姓姑布,字子卿,是春秋时赵国相士,曾给孔子、赵襄子看过相。此人号称"鬼眼",可知以眼力相人。故商人未曾与他交谈,便能判断其死生。又如,"国初有李国用者,自北来杭,能望气占休咎,能相人。其人厓岸倨傲,而时贵咸敬之。

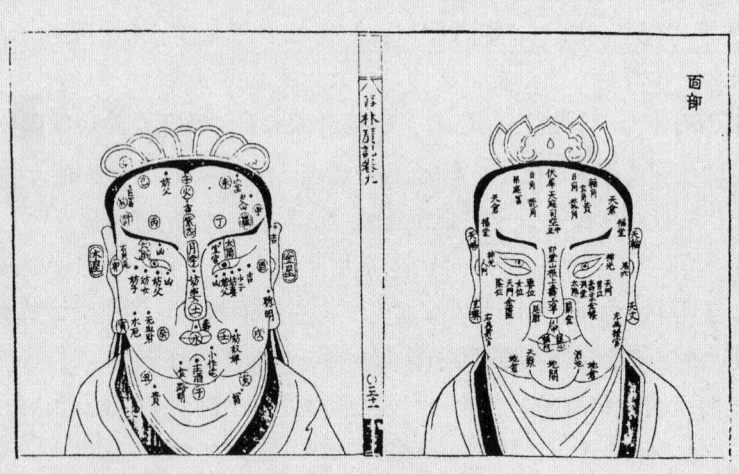

《事林广记》中的面相图

---

① 《老乞大》,《元代汉语本〈老乞大〉》影印本,第77—78页。
② 《辍耕录》卷一二《阴德延寿》。

谢后诸孙字退乐者，设早馔延致。至即据中位，省幕官皆坐下坐，不得其一言以及祸福。时赵文敏公谓之七司户，与谢姻戚，屈来同饭。文敏公风疮满面，李遥见，即起迎，谓坐客曰：'我过江仅见此人耳。疮愈即面君，公辈记取，异日官至一品，名闻四海'"。①"谢后"指南宋亡国时的太皇太后谢道清，"文敏公"即大艺术家赵孟頫。李国用能"相人"，知人祸福，是当时享有盛誉的相士。杂剧《施仁义刘弘嫁婢》（作者佚名）中，太白金星"化做一云游货卜的先生"，自称"善能风鉴"，一看财主刘弘的容貌，便断他"夭寿"、"乏嗣"。②杂剧《山神庙裴度还带》中，"货卜为生"的赵野鹤，"觑物观容知祸福，相形风鉴辨低高"。他观察人的容貌，便可知贵贱死生。③两出杂剧中的相面先生都说自己"货卜为生"。"货"是卖，"卜"原来专指以龟甲或其他物品判断吉凶而言，后来一切预测未来之术均可称为"卜"。这里的"货卜"即是后一义。

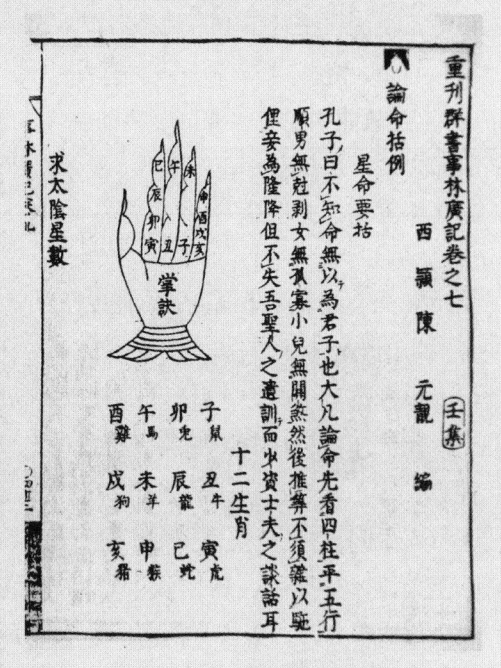

论命括例图

占卜。古代用火灼龟甲，根据裂纹（兆）判断吉凶，称为"占卜"。后来用其他物品判断吉凶，亦称占卜。就元代而言，比较常见的是蓍草和金钱，蓍草是一种多年生草本植物，很早就用来作为占卜的工具，元代依然如此。最有名的例子是仁宗爱育黎拔力八达夺取帝位的事件。元成宗去世，无子，统治集团内部围绕帝位展开你死我活的斗争。爱育黎拔力八达是竞争的一方，李孟是他的谋士。斗争日趋激烈，李孟主张立即行动，爱育黎拔力八达心存犹豫。李孟一再劝说，"仁宗曰：'当以卜决之。'命召卜人。有儒服持囊游于市者，召之至。孟出迎，语之曰：'大事待汝而决，但言其吉。'乃入筮，遇乾三五皆九。……孟曰：'筮不违人，是谓大同，时不可以失。'仁宗喜，振袖而起。"果然夺得了帝位。④"筮"便是以蓍草占休咎，具体来说，便是以蓍草的奇耦而定爻卦，作为占卜的依据。⑤皇位的争夺决定于"筮"的结果，可见这种占卜在当时是

---

① 《辍耕录》卷四《相术》。
② 《元曲选外编》第809页。
③ 《元曲选外编》第23—24页。
④ 《元史》卷一五七《李孟传》。
⑤ "筮"法可见《事林广记》（泰定本）壬集卷九《卜筮门》。

很受重视的。金钱卜卦与"筮"有密切关系,"今人卜卦以铜钱代蓍,便于用也"。①特别在妇女中流行。"暗掷金钱卜远人",②"谩教人暗卜金钱",③等等,都是写闺房中妇女的行为。散曲中还有"蓍草金钱徒自检"之句,④将这两种占卜方法并提。此外还有龟卦。散曲中"寻方裹药占龟卦",⑤"谩将龟卦揭",⑥"无准信龟卦神签"⑦等句。但是"龟卦"的具体方法缺乏记载。

"吴楚之地,村巫、野叟及妇人女子辈,多能卜九姑课。"这种卜课方法也是以草作工具的,根据一把草的情状判断吉凶。⑧有人称之为"莛尊卜法","楚、越间小术也"。用以占卜,"然后一时之吉凶从违休咎福祸可见者"。这种占卜是"民俗间小事",但在南方流行很广。⑨显然与"筮"有一定的联系。

元代还流行扶箕（乩）,又称扶鸾。即以箕插笔,二人扶之,作法以后,便会召来神鬼,写出文字,可卜吉凶。一般认为,扶箕始于唐代,宋元二代相当流行,特别是在文人中间。"悬箕扶鸾招仙,往往皆古名人来格,所作诗文,间有绝佳者。"⑩扶箕实际上是巫术的变种,使用障人耳目的手法,以鬼神作号召,很有迷惑作用。著名文学家虞集"布衣时,落落不偶",请求一练师（道士）"召鬼仙,以卜行藏。练师即置箕悬笔,书符作法。有顷,箕动笔运,而附降云:某非仙,乃当境神也。练师叱曰:'吾不汝召,汝神何来?'神附言:'某欲乞虞公撰一保文,申达上帝,用求迁升耳'"。虞集撰文"火于湖滨。逾旬,再诣练师祷卜,神复降云:'某已获授城隍,谨候谒谢。公必贵显,幸毋自忽'"。⑪在神的世界只要一篇保文便可升职,这个故事完全是按人间模式编造的。被认为是扶箕有验的著名例子。元朝末年有首诗流传很广:"天遣魔军杀不平,不平人杀不平人,不平人杀不平者,杀尽不平方太平。"便是一首扶箕的作品,很可能是从张士诚部义军中传出来的。⑫也是假托神鬼,但曲折地反映了当时的现实。

至元十一年（1274年）,元朝政府下令对包括祈赛神社、"扶鸾祷圣"在内的民间

---

① 《辍耕录》卷二八《铜钱代蓍》。
② 杨果《[仙吕]赏花时》,《全元散曲》第9页。
③ 阙志学《[仙吕]赏花时》,《全元散曲》第58页。
④ 无名氏《[商调]忆佳人》,《全元散曲》第1833页。
⑤ 乔吉《[南吕]一枝花·杂情》,《全元散曲》第639页。
⑥ 无名氏《[仙吕]八声甘州》,《全元散曲》第1803页。
⑦ 无名氏《[商调]忆佳人》,《全元散曲》第1831页。
⑧ 《辍耕录》卷二〇《九姑玄女课》。
⑨ 吴莱《范氏莛尊卜法序》,《渊颖集》卷一一,《四部丛刊》本。
⑩ 《辍耕录》卷二〇《箕仙咏史》。
⑪ 《辍耕录》卷二六《箕仙有验》。
⑫ 《辍耕录》卷二七《扶箕诗》。杨仪《金姬传》,《借月山房汇钞》本。

活动加以"禁治",以后又曾重申。①但其注意的重点在于是否"夜聚晓散",对于"扶鸾"活动实际上是听之任之的。

南方少数民族中也盛行占卜之术。博白（今广西博白）"俗重卜,吉凶取决于鸡髀"。②邕州路（治今广西南宁）"俗……尚鸡卜及卵卜"。③云南罗罗人以鸡骨占吉凶,已见前引。鸡卜与鸡髀卜是一回事,以雄鸡的腿骨卜吉凶。卵卜又称鸡卵卜,"取鸡卵墨画,祝而煮之,剖为二片,以验其黄,然后决嫌疑,定祸福"。④这两种占卜方法在南方民族中由来已久。

算命、相面、占卜之类,在社会各阶层中都有影响,信从者甚多。但是也有人对此是有保留的。元末宋濂便说:"同时而生者不少,何其吉凶之不相同哉!""命则付之于天,道则责成于己,吾之所知者如斯而已矣。不然,委命而废人,白昼攫人之金而陷于桎梏,则曰我之命当尔也;怠窳偷生而不嗜学,至老死而无闻,则曰我之命当尔也;刚愎自任操刃而杀人,柔暗无识投缳而绝命,则又曰我之命当尔也。其可乎哉!其可乎哉!"⑤他认为出生时辰相同,但遭遇可能很不相同。"委命而废人"是不对的,算命当然也是不可靠的。民间谚语说:"阴阳不可信,信了一肚闷。"⑥"打卦打卦,只会说话。"⑦用通俗语言,道出了对算命打卦的怀疑。

---

① 《元典章》卷五七《刑部十九·诸禁·祈赛神社、禁罢集场》。
② 《元一统志》卷一〇《湖广行省》。
③ 《元一统志》卷一〇《湖广行省》。
④ ［唐］段公路《北户录》卷二。［宋］周去非:《岭外代答》卷一〇《鸡卜》。
⑤ 《禄命辨》,《宋文宪公全集》卷八。
⑥ 《玎玎珰珰盆儿鬼》,《元曲选》第1389页。
⑦ 《朱砂担滴水浮沤记》,《元曲选》第386页。

第六节 蒙古族的萨满崇拜

萨满崇拜是一种原始宗教信仰，在中国古代北方各少数民族中普遍存在。萨满崇拜兼有祖先崇拜、图腾崇拜和自然崇拜等多方面的内容。"萨满"一词，源自东北通古斯语族各族（女真等），[①]是巫师的名称。萨满崇拜实际上是以萨满（巫师）为中心展开的，和其他民族的巫觋信仰有许多相通之处。

古代蒙古人对巫师有专门的称呼，男巫师（师公）称为"孛额"（böhe），女巫师（师婆、巫媪）称为"亦都罕"（iduqan）。[②]成吉思汗兴起以前，草原上分散着许多部落，"没有领袖，没有法律，而只有巫术和占卜，这些地区的人，对于巫术和占卜是极为重视的"。[③]能够施展巫术和占卜的，正是巫师（萨满）。成吉思汗兴起时，便得到巫师的帮助。13世纪中期到过蒙古本土并与蒙古人有广泛接触的伊朗史家志费尼写道："我从可靠的蒙古人那里听说，这时出现了一个人，他在那一带地区流行的严寒中，常赤身裸体走进荒野和深山，回来称，'天神跟我谈过话。他说，我已把整个地面赐给铁木真及其子孙，名他为成吉思汗，教他如此这般实施仁政。'他们叫此人为帖卜腾格理。他说什么，成吉思汗就办什么。这样，他也强大起来，因为他身边有大群信徒，他产生当权的欲望。"成吉思汗发现他有这种欲望，便设法将他处死。[④]这个以预言形式为成吉思汗制造舆论的巫师名叫阔阔出，帖卜腾格理意思是"极神圣的"，实际上是他作为

[①] 从语言学划分，我国北方各族的语言属阿尔泰语系，下分通古斯语族、蒙古语族和突厥语族。

[②] "孛额"一词，见明代《华夷译语·人物门》。元代《蒙古秘史》中有"孛额思"一词，是"孛额"的复数，见《蒙古秘史》校勘本，第806—811页。"师婆"即亦都罕，见《华夷译语·人物门》。"师婆"又见《通制条格》卷二八《杂令·祈赛等事》，"蒙古巫媪"见《元史》卷七七《祭祀志六·国俗旧礼》。

[③] 《鲁不鲁乞东游记》，《出使蒙古记》第140页。

[④] 《世界征服者史》上册，第40、43页注（16），何高济译，内蒙古人民出版社1981年版。

萨满服饰

巫师的一种称号。尽管发生了帖卜腾格理事件,巫师在蒙古社会生活的各个方面仍有巨大的影响,在宫廷政治中扮演着重要的角色。志费尼说:"蒙古人尚无知识文化的时候,他们自古以来就相信这些珊蛮的话;即使如今,蒙古宗王依然听从他们的嘱咐和祝祷,倘若他们要干某件事,非得这些法师表示同意,否则他们不作出决定。"[1]在13世纪中叶访问蒙古的欧洲传教士抱有同样的看法。"正如蒙哥汗所承认的,他们的占卜者是他们的教士。占卜者命令做的任何事情,统统立即执行,毫不迟疑。……占卜者们

---

[1] 《世界征服者史》上册,第65页。

宣布有利于或不利于进行各种事情的日子。因此，除非他们同意，蒙古人从来不进行军事演习或出发作战。"①

成吉思汗第四子拖雷之死便是巫师起的作用。此事发生在攻下金朝都城汴京（今河南开封）以后：

> "斡歌歹忽得疾，昏愦失音。命师巫卜之。言：'乃金国山川之神为军马虐掠人民，毁坏城郭，以此为祟。'许以人民、财宝等物禳之，卜之，不从，其病愈重，惟以亲人代之则可。……斡歌歹说如今我根前有谁，当有大王拖雷说：'……如今我代哥哥，有的罪业，都是我造来。我又生得好，可以事神。师巫你咒说着。'其师巫取水咒说了，拖雷饮毕，略坐间觉醉，说：'比及我醒时，将我孤儿寡妇抬举教成立着，皇帝哥哥知也者。'说罢出去，遂死了。"②

斡歌歹是窝阔台的异译。窝阔台是成吉思汗的第二子，是蒙古国的第二代大汗。拖雷是成吉思汗的幼子（第四子），经常随成吉思汗征战，深受宠爱。蒙古习俗，幼子守灶，即前面的儿子都分家另过，由幼子继承家业，因而拖雷分得军队、人口最多，势力强大。在灭金战争中，拖雷的功劳最大。窝阔台感到威胁，便通过巫师的活动将拖雷毒死。从此，两个家族结下了无法化解的仇怨。窝阔台病死（1241年），他的妻子脱列哥那摄政，信任一个名叫法迪玛的女人，有的蒙古贵族攻击法迪玛，说她会用巫术害人，显然是个女巫或与巫师有密切关系的人。③1246年，窝阔台之子贵由嗣位，但到1248年即病死，他的妻子斡兀立海迷失摄政。"斡兀立海迷失整天和珊蛮策划于密室，以实现他们的妄念和狂想。"④随后嗣位的蒙哥汗对西方传教士说："海迷失是最坏的女巫，由于她的巫术，她毁了她的整个家庭。"⑤海迷失是女巫之说不一定可信，但她笃信萨满则是可以肯定的。蒙哥是拖雷的长子，他利用贵由死后窝阔台家族内部的矛盾和混乱夺取了汗位。蒙哥汗同样"酷信巫觋卜筮之术，凡行事必谨叩之，殆无虚日，终不自厌也"。⑥西方的传教士在蒙哥汗的宫廷中看到"人数很多"的"占卜者"，即巫师。而且注意到蒙哥汗"欲做任何事情"，都要用羊骨占卜。⑦统治者如此，其他蒙古族成员

---

① 《鲁不鲁乞东游记》，《出使蒙古记》第 216—271 页。
② 《元朝秘史》续集卷二，第 385 页。
③ 拉施特《史集》第 2 卷，第 213 页。
④ 《世界征服者史》第 310 页。
⑤ 《鲁不鲁乞东游记》，《出使蒙古记》第 222 页。
⑥ 《元史》卷三《宪宗纪》。
⑦ 《鲁不鲁乞东游记》，《出使蒙古记》第 219、182 页。

可想而知。蒙哥汗战死（1259年），其弟忽必烈嗣位，推行"汉法"，同时尊崇藏传佛教，巫师（萨满）对宫廷的影响明显削弱，但作为一种信仰，仍在蒙古族中广泛存在。

萨满教普遍崇拜天和各种自然现象。蒙古人"其俗最敬天地，每事必称天，闻雷声则恐惧，不敢行师，曰天叫也"。① 其常谈必曰："托着长生天底气力，皇帝底福荫。彼所为之事则曰天教恁地，人所已为之事则曰天识著，无一事不归之天。自鞑主至其民无不然。"② 此外，"他们尊敬和崇拜太阳、月亮、火、水和土地，把食物和饮料首先奉献给它们，特别是早晨在他们进饮食以前"。③ 其中对火的崇拜最为突出，"他们相信万事万物是被火所净化的。因此，当使者们或王公们或任何人来到他们那里时，不论是谁，都被强迫携带着他们带来的礼物在两堆火之间通过，以便加以净化，以免他们可能施行了巫术，或者带来了毒物或任何别的有害的东西"。④

萨满教认为万物都有神，又有鬼，萨满（蒙古人的"孛额"）可以与鬼神对话，沟通人与鬼神的关系。上面所说帖卜腾格理便是传达"天神"言语的，窝阔台患病时便由巫师传达的"金国山川之神"的意见。巫师（"孛额"）怎样与鬼神沟通呢？伊朗史家说："我们曾向一些人打听珊蛮的情况。他们说：'我们听说，鬼神从烟孔进入他们的营幕，跟他们交谈。可能妖精和他们某些人亲近，并且和他们有来往。就在他们用一种妖术满足他们的天生欲念时，他们的魔力达到其最强程度。'"⑤ 显然，蒙古人认为"珊蛮"（萨满）能够和鬼神交往。西方传教士的观察更为细致："有一些占卜者也召唤魔鬼。他们在夜里把想向魔鬼求教的人集合在他们的帐幕里，并把煮熟了的肉放在帐幕中央。执行召唤任务的那个哈木开始念他的咒语，并且用手里拿着的鼓沉重地敲打着地面。最后，他开始狂怒，并把他自己绑起来。然后魔鬼在黑暗里来到了，于是给他肉吃，而他就给予各种回答。"⑥ 念咒，敲鼓，引来鬼神附体，发布种种预言，一直到近代的萨满，仍是采用这样的方式。元代诗人吴莱在《北方巫者降神歌》中写道："天深洞房月漆黑，巫女击鼓歌声发。高梁铁镫悬半空，塞向墐户迹不通。酒肉滂沱静几席，筝琶明捎凄霜风。暗中鉴然那敢触，塞外祅神唤来速。"漆黑之夜，巫女击鼓，酒肉祭祀，祅神降临。于是，"举家侧耳听语言"，也就是巫者传达鬼神的预言。⑦ 这些描写，可以和传教士的记载相互印证。

---

① 赵珙《蒙鞑备录》。
② 彭大雅、徐霆《黑鞑事略》。
③ 加宾尼《蒙古史》，《出使蒙古记》第11页。
④ 加宾尼《蒙古史》，《出使蒙古记》第12—13页。
⑤ 《世界征服者史》上册，第65页。
⑥ 《鲁不鲁乞东游记》，《出使蒙古记》第320页。"哈木"，巫师的一种称呼。
⑦ 《渊颖集》卷二。

萨满面具

除了鬼神附体发布预言外，还有一种占卜的方式，亦被认为是鬼神意志的体现，那便是烧羊骨占卜。"凡占卜吉凶、进退、杀伐，每用羊骨扇，以铁椎火椎之，看其兆坼以决大事，类龟卜也。"①"其占筮则灼羊之枚子骨，验其文理之逆顺，而辨其吉凶。天弃天予，一决于此，信之甚笃，谓之烧琵琶，事无纤粟不占，占不再四不已。"②成吉思汗"每将出征，必令公（耶律楚材——引者）预卜吉凶，上亦烧羊髀骨以符之"。③耶律楚材是儒生兼通各种杂学，他"预卜吉凶"用的应是汉族中间流行的方法（见上节），成吉思汗则以本民族流行的烧羊骨之法与之相印证。南宋使臣邹伸之一行在丙申年（1236年）到蒙古草原时，"鞑主数次烧琵琶（即羊骨——引者）以卜使命去留，想是琵琶中当归，故得遣归"。④"鞑主"指窝阔台汗，可见窝阔台汗亦热衷于此。蒙哥汗酷信"卜筮之术"，已见前述。西方传教士在他的营帐中看到"几块烧得像煤炭一样黑的羊肩胛骨"，大惑不解，后来"才知道蒙哥汗欲做任何事情，必先向这些骨头请教"。"这种占卜是按照下列方式进行的：当蒙哥汗想要做任何事情时，他就吩咐拿给他三块未曾烧过的羊肩胛骨。他拿着这些骨头，心里想着他想要知道做还是不做的那件事。然后他把这些骨头交给一个奴隶去烧。在蒙哥汗的帐幕附近，总是有两个小帐幕，骨头就是在这里面烧的。……这些骨头被烧黑时，它们就被拿回给蒙哥汗。于是他察看这些骨头受热后的裂纹是否呈纵的直线。如果是这样，他就可以做这件事。不过，如果骨头是横的裂开，或是裂成碎片，那么他就不可以做这件事。这些骨头本身，或是覆盖在骨头上面的薄膜，经过火的烧烤，总是会裂开的。如果，在三块骨头中，有一块裂为直纹，那么他就做这件事。"⑤这位传教士的观察是很细致的。用羊骨占卜之法，和其他民族中的龟卜、鸡卜一样，都是萨满的一种祭祷形式。但在13世纪上半期，这种占卜方式已不由萨满主持，而是君主自行操作了。

萨满预言吉凶，蒙古人从上到下，都深信不疑，但是这些预言常常被证明是错误

---

① 赵珙《蒙鞑备录》。
② 彭大雅、徐霆《黑鞑事略》。
③ 宋子贞《中书令耶律公神道碑》，《国朝文类》卷五七。
④ 彭大雅、徐霆《黑鞑事略》。
⑤ 鲁不鲁乞《东游记》，《出使蒙古记》第182—183页。

的。出现这样的情况，萨满就会找出替罪羊，将责任推到其他人头上。蒙哥汗的妻子生了一个儿子，"占卜者们被叫来，预言这个小孩的命运。他们都预言小孩有好命运，说，他将享有长寿，并将成为一个强大的君主。结果，几天以后，小孩死了"。占卜者便解释说，这是女巫作祟的结果。"占卜者们也用他们的咒语来扰乱气候，当由于自然界的原因，天气是如此严寒，以致他们不能使用任何补救办法时，他们就在营地里找出一些人来，指控这些人应为如此的严寒负责。这些人立刻就被处死。"[1] 由于萨满信仰的流行，蒙古人每遇生病，必求助于萨满，乞求鬼神的怜悯。而每当病情未能好转甚至恶化时，萨满便归咎于其他巫师的作怪，这种事情是屡见不鲜的。除上述蒙哥汗儿子之例外，贵由汗的兄弟阔端得病，有人说是脱列哥那皇后的亲信法迪玛使用"妖术"的结果。阔端便派人去对贵由说，如果自己有个三长两短，应为他报仇。阔端死后，贵由便以此为理由，将法迪玛杀死。[2] 类似的情况在蒙古国曾不断发生。至于"扰乱气候"，被认为是萨满的一种法术，称为"札答"（见本书第八章）。蒙古人作战时常使用这种法术。其实这种法术的功效和治病一样，都是可想而知的。

忽必烈建立元朝以后，巫师在政治上的影响明显减弱。但是一些与萨满崇拜有关的蒙古传统风俗仍然保存了下来。在大都太庙祭历朝帝后时，要由蒙古巫觋"以国语（蒙古语——引者）呼累朝帝后名讳而告之"。每年六月二十四日在上都举行祭祀仪式，"谓之洒马奶子"，"命蒙古巫觋及蒙古、汉人秀才达官四员领其事，再拜告天。又呼太祖成吉思御名而视之"。每年九月内及十二月十六日以后，举行"烧饭"仪式，"命蒙古达官一员，偕蒙古巫觋，掘地为坎以燎肉，仍以酒醴、马湩杂烧之。巫觋以国语呼累朝御名而祭焉"。总之，凡有祭祖活动，必须有蒙古巫师参加。皇帝的棺木送葬时，要"用蒙古巫媪一人，衣新衣，骑马，牵马一匹"，为前导。此外，十二月下旬举行"射草狗"仪式。"束秆草为人形一，为狗一，剪杂色采段为之肠胃，选达官世家之贵重者交射之。……射至糜烂，以羊酒祭之。祭毕，帝、后及太子、嫔妃并射者各解所服衣，俾蒙古巫觋祝赞之。祝赞毕，遂以与之，名曰脱灾。国俗谓之射草狗。"又，"每岁十二月十六日以后，选日，用白黑羊毛为线，帝后及太子，自顶至手足，皆用羊毛线缠系之，坐于寝殿。蒙古巫觋念咒语，奉银槽贮火，置米糠于其中，沃以酥油，以其烟薰帝之身，断所系毛线，纳诸槽内。又以红帛长数寸，帝手裂碎之，唾之者三，并投火中。即解所服衣帽付巫觋，谓之脱旧灾，迎新福云"。[3] 这些由蒙古巫觋主持的脱灾仪式，显然是萨满的驱疫（鬼）巫术。

---

[1] 鲁不鲁乞《东游记》，《出使蒙古记》第220页。
[2] 志费尼《世界征服者史》上册，第288—289页。
[3] 《元史》卷七七《祭祀志六》。

天历二年（1329年）三月，元文宗"命明里董阿与蒙古巫觋立祠"。[①]至顺二年（1331年）正月，"封蒙古巫者所奉神为灵感昭应护国忠顺王，号其庙曰灵祐"。[②]萨满教是没有庙宇的。立庙，授予封爵，赐予庙额，是朝廷按照中原传统礼仪对"汉地"诸神的褒奖，现在都加在"蒙古巫觋"亦即萨满（字额）身上，这一方面反映了元朝皇帝对"蒙古巫觋"的重视，另一方面也可看出，蒙古的萨满崇拜与"汉地"的诸神崇拜已日趋融合了。

以上所说都是忽必烈及其以后元朝宫廷中的萨满崇拜的一些表现。至于蒙古族其他成员的萨满崇拜，缺乏记载，难以说明。但由宫廷的情况，不难想见，萨满崇拜在蒙古族其他成员中一定也是普遍存在的。

---

① 《元史》卷三三《文宗纪二》。
② 《元史》卷三五《文宗纪四》。

第十章
节　日

元代宫廷和民间每年四季的节日，既有按照汉族传统习俗安排的各种庆祝与娱乐活动，也有按北方游牧民族的传统习俗安排的各类活动，还有各种宗教仪式和活动。

第一节　节假日与天寿节

元世祖至元元年（1264年）对官员的休假日做了如下规定："若遇天寿、冬至，各给假二日；元正、寒食，各三日；七月十五日、十月一日、立春、重午、立秋、重九、每旬，各给假一日。"也就是说，除了传统节日放假外，每十天放假一次。至元十四年（1277年），对每月的假日进行调整，将每月初十、二十日、三十日放假，改为初一、初八、十五、二十三及乙亥日放假，增加了假日并规定这几天不许杀生。[①]

从假日的安排可以看出，元代的岁时节庆活动，基本遵循汉地的传统习俗。但是，每年皇帝都要带领大批随从人员前往上都避暑，一年中有近半年的时间在上都度过，所以元代宫廷的四季节庆活动，尤其是春、夏、秋三季的活动，往往受上都巡幸的左右，有一些特殊的安排。

元代每年的一个重要节日是天寿节。

天寿节，又称圣节、圣节本命日等，即皇帝诞辰。从忽必烈开始，各地都要在皇帝诞辰时举行盛大庆典。元朝诸皇帝的诞辰为：

世祖忽必烈（1260—1295年在位），八月二十三日；
成宗铁穆耳（1295—1307年在位），九月五日；
武宗海山（1307—1311年在位），七月十九日；
仁宗爱育黎拔力八达（1311—1320年在位），三月四日；
英宗硕德八剌（1320—1323年在位），二月六日；
泰定帝也孙铁木儿（1323—1328年在位），十月二十九日；
文宗图帖睦尔（1328—1332年在位），一月十一日；
顺帝妥欢帖睦尔（1333—1370年在位），四月十七日。

[①]《通制条格》卷二二《假宁·给假》。

天寿节的主要活动是为皇帝祝寿。"圣节拈香，前期一月，内外文武百官躬诣寺观，启建祝延圣寿万安道场，至期满散。"①宫内亦准备过节用的服装用品等，"官家明日庆生辰，准备龙衣熨帖新。奉御进呈先取旨，随珠错落间奇珍"。②天寿节当天，在京城的朝臣都要诣阙称贺。

外地的官员等，在天寿节时则要"望阙"举行庆祝活动。有人记道："元自世祖以来，凡遇天寿圣节，天下郡县立山棚，百戏迎引，大开宴贺。至庚申帝（元顺帝）当诞日，禁天下屠宰，不宴贺，虑其多杀以烦民也。"③在"圣节本命日"的地方庆典中，都有"班首"之设，以守土正官为之，暂时"征行戍守"的军官，品级高于守土官者，亦列序于守土官之后。举行庆典之日，各地方官府在清晨即"望阙置香案，并设官属褥位"。班首"率僚属、儒生、耆老、僧道、军公人等"叙班立定，齐跪拜一次，然后班首前跪，上香祝赞后复位，领众人再拜，"舞蹈叩头，三呼万岁"，公吏人等相应高呼，又拜二次后即礼毕，"卷班就公厅设宴而退"。典礼后的筵席，"荤素不一，所需物色，官吏虽名俸钱内自备，所费既多，因而取巧于民"。按照政府的规定，"钦遇圣主本命日，所在官吏率领僧道、纲首人等，就寺观行香祝延圣寿"，所以在庆典之前，各地官员还往往"必就寺观中将僧、道祝寿万岁牌迎引至于公厅置位，或将万岁牌出其坊郭、郊野之际以就迎接，又必拣选便于百姓观看处所安置"，然后官吏率领僧道置备鼓吹、百戏夹道抬牌而行。抬着万岁牌等游行，不免有"亵渎"之嫌；筵席费用取之于民，则"侵扰百姓"，所以这两种做法均被元廷明令禁止，但实际上是无法禁绝的。④

元文宗像

---

① 《元典章》卷二八《礼部一·朝贺》。
② 柯九思《宫词一十五首》，《草堂雅集》卷一。
③ 叶子奇《草木子》卷三下《杂制篇》。
④ 《通制条格》卷八《仪制》。《元典章》卷二八《礼部一·礼制一》。

【第二节 正旦、立春】

正月的节日比较集中，有正旦（元正）、立春和元宵等节日。

"年时节，元夜时"，是中原汉地最重要的节日。[1]蒙古人亦早有庆祝元正的活动。贵由汗在位时，来自中原的人曾目睹了汗廷的贺元正场景："比岁除日，辄迁帐易地以为贺正之所，日大晏（宴）所部于帐前，自王以下皆衣纯白裘。三日后方诣大牙帐致贺礼也。"[2]在草原上，以蒙古传统习俗举行节庆活动。忽必烈迁都大都后，融历代中原王朝节庆习俗和蒙古传统节庆习俗为一体，节庆活动更为丰富多彩。

正月初一，朝廷要举行隆重的元正受朝仪式。当日清晨，大都城内的文武百官齐聚在崇天门下"待漏"，等待皇帝升殿。大明殿内，皇帝和皇后先后在御榻上就座。司辰郎报时，宣布元正朝会的开始。殿前侍卫人员先从日精门和月华门进至殿内，向皇帝叩拜，山呼万岁，按仪制分立在两旁或殿下。在后妃、诸王、驸马依次行贺献礼后，文武官员分左、右从日精、月华门进入大殿，向皇帝叩拜、山呼万岁。中书省丞相向皇帝三进酒，宣读中央及地方官府的贺表和礼物单，僧人、道长及外国蕃客等先后入殿朝贺。

蒙古人尚白的习俗依然保留，在举行元正受朝仪式时，皇帝和所有参加庆典的人都身穿白色衣服。中央及各地官府等进贡给皇帝的礼品，也要配上白布。按照马可·波罗的说法，进贡礼品的数目应与"九"相合，如果进献马匹，应该是八十一匹；黄金和绢帛等的数量也应该是九乘九。在这一天进奉的马匹，大多数是白马。[3]

宴饮方式照样保留下来。贺礼结束之后，"大会诸王宗亲、驸马、大臣，宴飨殿上"，举行盛大的"诈马宴"，"四品以上，赐酒殿上；典引引五品以下，赐酒于日精、

---

[1] 无名氏《[商调] 梧叶儿·十二月》，《全元散曲》第 1723—1726 页。
[2] 张德辉《纪行》，载王恽《秋涧先生大全集》卷一〇〇。
[3] 《马可波罗行记》第 224—225 页。

月华二门之下"。①

　　元正受朝仪式的程序，在元人诗词中有完整的描述。如傅若金《次韵元日朝贺》诗中咏道："宫漏催朝烛影斜，千官鸣玉动晨鸦。交龙拥日明丹宸，飞凤随云绕画车。宴罢戴花经苑路，诗成传草到山家。小儒未得随冠冕，遥听钧天隔彩霞。"②正如诗中所述，这种大型的庆祝活动，未入仕的人是没有资格参加的。元日人们头上戴花，是当时流行的风俗，尤其是妇女，多喜爱"云鬟插小桃枝"。③

　　按照朝廷的规定，各地的官府在正月初一都要举行"拜表仪"，就是遥向皇帝"拜年"。举行仪式的时间，亦在清晨，"望阙置香案"奉贺表，"官属叩头中间，公吏人等相应高声三呼万岁"。④

　　元正受朝仪式或拜表仪之后，私人拜年活动开始了，大都城内尤其热闹。"京官虽已聚会公府，仍以岁时庆贺之礼，相尚往还迎送，以酒醴为先，若肴馔俱以排办于案卓矣。如是者数日，车马纷纭于街衢、茶坊、酒肆，杂沓交易至十三日。人家以黄米为糍糕，馈遗亲戚，岁如常。市利经纪之人，每于诸市角头以芦苇编夹成屋，铺挂山水、翎毛等画，发卖糖糕、黄米枣糕之类及辣汤、小米团。"⑤

　　江南地区沿承宋代以来的风俗，正月初一合家饮"屠苏"（自年纪小者饮起）、写桃符、绘门神，诸生入学会拜。镇江地区的"沙田户"，则有"秤江水"的习俗，"每岁旦，收一瓶以秤水，水重，则江水大，水轻，则江水小，岁岁不差"。⑥

　　"春城春霄无价，照星桥火树银花。妙舞清歌最是他，翡翠坡前那人家，鳌山下。"⑦点花灯和放爆仗等依然盛行，如大都城内的居民，"又于草屋外悬挂琉璃葡萄灯、奇巧纸灯、谐谑灯与烟火爆仗之属。自朝起鼓方静，如是者至十五、十六日方止"。⑧

　　元正庆典之后，是围绕立春展开的活动。受汉地风俗影响，元代宫廷中亦有了迎春牛等活动。每年立春前，太史院先要奏报立春的具体日期，并且移文宛平县或大兴县，准备春牛、勾芒神等。立春前三天，太史院、司农司请中书省宰辅等官员一同在大都齐政楼南迎接太岁神牛。立春当天清晨，"司农、守土正官率赤县属官具公服拜长官，以彩杖击牛三匝而退。土官大使送勾芒神入祀"。中书省户部向皇帝、太子、后妃、

---

① 《元史》卷六七《礼乐志一·元正受朝仪》。
② 《元诗纪事》，第346页。
③ 无名氏《[商调]梧叶儿·十二月》。
④ 《通制条格》卷八《仪制·贺谢迎送》。
⑤ 《析津志辑佚·岁纪》。
⑥ 《至顺镇江志》卷三《风俗·岁时》。
⑦ 马致远《[仙吕]青哥儿·十二月》，《全元散曲》第230—233页。
⑧ 《析津志辑佚·岁纪》。

今日白云观

诸王、宰辅及各中央官衙进春牛。春牛的制作豪华，"牛则纳音本色阑坐共一亭，案上并饰以金彩衣带坐，咸以金装之，仍销金黄袱盖于上。彩杖浑金，垂彩结二尺"。[①] 江南地区立春时除了取春牛外，还有作春鸡、钉春盘、造春茧等活动。

"春气早，斗回枃，灯焰月明三五霄。绮罗人，兰麝飘，柳嫩梅娇，斗合鹅儿闹。"[②] 正月十五日被奉为上元灯节。每年的这一天，宣徽院、资正院、中政院、詹事院等宫廷机构，"常办进上灯烛、糕面、甜食之类，自有故典"。大都丽正门外有一棵大树，被忽必烈封为独树将军，每年元正、上元时，树身上悬挂诸色花灯，高低照耀，远望似一条火龙。"树旁诸市人数，发卖诸般米甜食、饼饴庶、枣面糕之属，酒肉茶汤无不精细，游人至此忘返。"一直到元朝中期，独树将军都是大都城灯节一景。元末此树枯萎，又在其旁栽了一棵小树，以取代之。[③] 元英宗时，"欲于内庭张灯为鳌山"，即有

---

① 《析津志辑佚·风俗》。
② 无名氏《[中吕]迎仙客·十二月》，《全元散曲》第 1681—1685 页。
③ 《析津志辑佚·岁纪》。下述大都城岁时习俗所引史料未注出处者，皆出自此。

人指出:"世祖临御三十余年,每值元夕,间阎之间灯火亦禁,况阙庭之严,宫掖之邃,尤当戒慎。"① 可见大都城内对燃灯等还是有所限制的。

正月十六日称为"烧灯节",大都城内,"市人常以柳条挂焦锤于上叫卖之"。

其他城乡在灯节时同样张灯结彩,欢度节日。"两浙大抵以琉璃灯为贵,京口多剪纸为之,以斗女工之纤巧。"镇江等地流行作圆子、炒糯花、迎紫姑等习俗。②

为纪念全真道名道士邱处机,大都居民以正月十九日为燕九节。邱处机的诞辰为正月十九日,他去世后葬在白云观内,此后每年这一天观内均举行纪念活动,遂演变为燕九节。当天,大都倾城士女曳竹杖,前往南城的长春宫和白云观烧香,纵情宴玩,造就了都城独具特色的白云观庙会。

---

① 《元史》卷一七五《张养浩传》。
② 《至顺镇江志》卷三《风俗·岁时》。下述镇江及江南地区岁时习俗所引史料未注出处者,皆出自此。

第三节 寒食、重午

二月至五月的主要节日是寒食清明和重午（端午）。

"踏青去，二月时"；"春三月，花满枝，秋千惹绿杨丝"。①"前村梅花开尽，看东风桃李争春。宝马香车陌上尘，两两三三见游人。"②二、三月份的活动，主要围绕寒食清明前后的扫墓、春游等活动展开。

二月二日，俗称龙抬头。大都居民往往在二月二日五更时分，用石灰在井的周围划白道，引入各家房内，家内不许扫地，恐惊了龙眼睛。商人在这一天用细竹枝拴着装小金鱼的琉璃小泡，沿街叫卖。南北二城居民像燕九节一样到庐师山等地游赏。

大都城内盛行在二月举行"踏青斗草"的春游活动，北城的官员、士庶妇人女子等，多盛装到南城春游，海子上车马杂沓，人来人往，一片热闹景象。成宗、武宗、仁宗时，春游之风最盛。

"三月三，和气盛东南。"③大都习俗，以三月三日为脱贫穷日，居民用菽黍秸做成圆圈，套头、足等，然后扔到水中，表示脱穷。这一天，亦是出外旅游之日，散曲作家有这样的描述："修禊潭，水如蓝，车马胜游三月三。晚归来，酒半酣，笑指西南，月影娥眉淡。"④

三月份中最重要的节日，是冬至后105日的"一百五日清明节令"。⑤元代时寒食节与清明节合二为一，在这一天祭祖上坟，所以在元杂剧中，就有"时遇清明节令，寒食一百五，家家上坟祭祖"的说辞。⑥

---

① 无名氏《[商调]梧叶儿·十二月》。
② 马致远《[仙吕]青哥儿·十二月》。
③ 无名氏《[中吕]喜春来·四节》，《全元散曲》第1701—1706页。
④ 无名氏《[中吕]迎仙客·十二月》。
⑤ 无名氏《杀狗劝夫》，《元曲选》第99页。
⑥ 武汉臣《老生儿》，《元曲选》第377页。

"清明寒食，宫廷于是节最为富丽。"大都城内，"上至内苑，中至宰执，下至士庶，俱立秋千架，日以嬉游为乐"；"起立彩索秋千架，自有戏蹴球千之服。金绣衣襦，香囊结带，双双对蹴。绮筵杂进，珍馔甲于常筵。中贵之家，其乐不减于宫闱。达官贵人，豪华第宅，悉以此为除祓散怀之乐事"。①

江淮等地，盛行寒食节在家门插柳枝。立秋千、戏蹴鞠等娱乐活动，南北皆盛行，实际上从二月就开始了，在寒食前后达到高潮。如无名氏撰散曲《[中吕]迎仙客·十二月》中，二月即为"春日暄，卖饧天，谁家绿杨不禁烟。闹花边，簇队仙，送起秋千，笑语如莺燕"。江南杭州的西湖，亦立起秋千架，并迎来大批游人，"暖日宜乘轿，春风堪信马，恰寒食有二百处秋千架。向人娇杏花，扑人衣柳花，迎人笑桃花。来往画船游，招贴青旗挂"。②"清明时候，才子佳人醉玉楼"，"行歌载酒"，③民间也同样举行热闹的饮宴。

三月二十八日，相传是东岳帝生辰，城市士庶官员往往携女眷前往东岳庙拜香，"道途买卖，诸般花果、饼食、酒饭、香纸填塞街道，亦盛会也"。

二三月份，元朝的皇帝往往要动身前往上都，开始一年一度的"巡狩"活动。皇帝离开大都之后，"都中止不过商贾势力买卖而已，惟留守司官、主禁苑中贵怯薛者，职

龙舟图

---

① 《析津志辑佚·风俗》。
② 马致远《[双调]新水令·题西湖》，《全元散曲》第265—268页。
③ 无名氏《[中吕]四换头》，《全元散曲》第1706—1708页。

其故典，所谓闭门留守，开门宣徽"，宫廷重要的庆典，都将在上都举行。

"会齐唱，端五词，香艾插交枝。"①中原和江南地区沿承前代风俗，"家家艾虎悬朱户，处处菖蒲泛绿醑，浴兰汤缠彩索佩灵符"；"结艾人，赏蕤宾，菖蒲酒香开玉樽。彩丝缠，角粽新"。②端午节又称为蕤宾节，既有挂艾虎、吃角黍、饮蒲酒、系百索、戴钗头符或悬朱符、画天师像等一系列驱邪和饮食活动，也有斗百草、角力等娱乐活动。大都城内的小经纪人往往搭芦苇棚，发卖凉糕、粽子等食品。市内多有买卖艾虎、泥大师、彩线符袋牌等物。

受汉族传统习俗的影响，元朝宫廷亦举行端午节庆活动。

端午节前三天，中书省礼部和其他宫廷服侍机构进奉扇子和凉糕、角黍等食品。"宣徽院进宝扇、彩索、珠花、金罗、酒醴、凉糕、香粽。中政院三后所属衙门，各有故典仪物，以次进献。礼部亦然，盖以此为大节故耳。"③角黍即粽子，除了进献凉糕、蜜枣糕、粽子外，还有金桃、御黄子、藕、甜瓜、西瓜等。"是节上至三公宰辅、省、院、台，俱有画扇、彩索、拂子、凉糕之礼，中贵官同，故其费厚也。"

端午节时，宫廷中常举行击球和射柳等大型娱乐活动，其详情已在本书另有叙述。

大都城内在端午节时举行"赛关王会"活动。关王画像极其华丽，各衙以画像及鼓乐等相赛。貂鼠局曾用白银鼠染成五色毛，缝砌成关王画像一轴，特别引人注目。

赛龙舟是江南地区端午节的传统大型娱乐活动。散曲家笔下的"垂门艾挂狰狰虎，竞水舟飞两两凫"；"忽听得江津戏兰桡，船儿闹"等，④描述的就是赛龙舟的情景。

世祖至元三十年（1294年），福州路发生端午节划龙舡淹死人事件，有人乘机大作文章，向朝廷奏报："亡宋蕤宾节日风俗，鸠敛钱物，桦掉龙舡，饮酒食肉，男女水陆聚观，无所不为，以为娱乐一时之兴，江淮、江西、福建、两广诸路，皆有此戏。归附后，未尝禁治。若不具呈更张，切思无益之事，不惟有伤人命，亦恐因而聚众，不便于将来。拟合禁治，乞行移各路禁治及申行御史台遍行一体施行。"这个建议被朝廷采纳，并做出了禁止划龙舡的规定。这个规定显然未被认真执行。成宗大德五年（1301年），江南行御史台报告："去岁端午，纪机察等率众桦舡，淹死六七人。"朝廷不得不重申禁止"戏桦龙舡"的命令，但依然没有实效。⑤

---

① 无名氏《[商调]梧叶儿·十二月》。
② 无名氏《[中吕]喜春来·四节》。无名氏《[中吕]迎仙客·十二月》。
③ 《析津志辑佚·风俗》。
④ 无名氏《[中吕]喜春来·四节》。马致远《[仙吕]青哥儿·十二月》。
⑤ 《元典章》卷五七《刑部十九·杂禁》。

【 第四节　中元、中秋 】

六月至八月，主要的节日有乞巧节、中元节和中秋节。

"炎天热，无限时"，①六月正值盛夏，"剖甘瓜，点嫩茶"，避暑和吃新鲜瓜果成为该月生活的主要内容。②如大都城内，六月份各种瓜果陆续向宫廷内进献，"进桃、李、瓜、莲，俱用红油漆木架。蔬菜、茄、匏瓠、青瓜、西瓜、甜瓜、葡萄、核桃等，凡果菜新熟者，次第而进"。大都城内居民，还多在六月六日五更时汲水存起来，以备医用。民间称此日之水为"猎水"。当天，取"猎味"之意，还要晒干肉。

刘贯道《消夏图》

---

① 无名氏《[商调] 梧叶儿·十二月》。
② 无名氏《[中吕] 迎仙客·十二月》。

《张孔目智勘魔合罗》插图

"乞巧楼,月如钩";"天孙一夜停机暇,人世千家乞巧忙",①七月七日的乞巧节,又称七夕节,是夏季的盛大节日。"鹊桥图高挂偏宜,金盆内种五生,琼楼上设宴席";"把几个摩诃罗儿摆起,齐拜礼";"玉葱纤细,粉腮娇腻,争妍斗巧,笑声举,欢天喜地"。②乞巧节的活动,包括挂牛郎织女图、斗巧、礼拜摩诃罗等"巧神"和摆宴等内容。在这一天,宫廷及官员士庶之家,均作大棚,悬挂七夕牵牛织女图,准备瓜、果、酒、饼、蔬菜、肉脯等,邀请亲眷、小姐、女流等,举行"巧节会",所以这一天又称为"女孩儿节"。宴饮占卜,尽欢而散,第二天礼送亲眷等还家。乞巧节时,大都城内还要举行迎二郎神的活动。商人则造芦苇夹棚,卖神像泥塑,大小不等,颇受都城居民欢迎。

七月十五日是中元节,又称鬼节,

元上都穆清阁基址一侧

---

① 无名氏《[中吕]迎仙客·十二月》。无名氏《[中吕]喜春来·四节》。
② 杜仁杰《[商调]集贤宾·七夕》,《全元散曲》第34—36页。

是祭祀祖先、追念亡灵的日子。大都城中，"富人家祀，先用麻秸奠酒为诚，买纸钱冥衣烧化于坟"。皇帝于六七月在上都举行祭天和祭祖活动，并从上都派专人送御酒、干羊肉等祭品到大都，分别在各寺院的影堂举行祭祀活动。

"风露清，月华明，明月万家欢笑声"；"中秋夜，饮玉酴，满酌不须辞"。① 八月十五的中秋节，仍然是汉族地区的重要节日，各地都有饮宴等活动。

元代宫廷中，亦在立秋和中秋节时举行一系列的节庆活动。

立秋时头戴秋叶，是汉族地区的传统习俗，蒙古皇室贵族等亦受到影响。巡狩上都的皇帝一行，在立秋的时候要举行一系列庆祝活动。太史院先奏报立秋之日，并准备红叶，择吉日设宴，侍臣向皇帝进献红叶。立秋之日，皇帝与太子、后妃、诸王等聚宴，皇帝亦簪秋叶于帽，"张乐大燕"，举行"赏红叶"活动。

八月十五日中秋节前后，太史院官员择吉日在上都举行洒马奶酒的祭典，"此节宫廷胜赏，有国制"。是时上都地区紫菊、金莲花盛开，皇帝一行准备南返大都，宫廷内经常设宴，聚诸王百官等尽情宴饮。上都北城墙上的穆清阁，是上都地势最高的建筑，元顺帝时，"上位每于中秋于此阁燕赏乐，如环佩隐隐然在九霄之上，着意听之，杳不可得，是为天下第一胜景"。

上都洒马奶酒，大都同时举行"巡山"、"巡仓"活动。在大都留守的中书省、枢密院、御史台等机构官员，在这一天前往西山巡游，返回时在镇国寺等处用茶饭。在皇帝等从上都出发后，省、院、台官等出通州巡视仓库，"盖有京畿漕运司故而"。② 留守大都宫中的怯薛人员等亦为皇帝回宫做准备，"日陈铺设金绣茵褥，请诣赴锦褥纳失失、胖褥、氍毹地衣、便殿银鼠壁衣、大殿上虎皮西蕃结带璧幔之属"。宣徽院官员"起解西瓜等果时蔬北上，迎接大驾还京"。大都城内，"市中设瓜果、香水梨、银丝枣、大小枣、栗、御黄子、频婆、奈子、红果子、松子、榛子诸般时果发卖"；"北城南城外多人，咸望圣驾回日近，买卖资羡，例有喜色"。

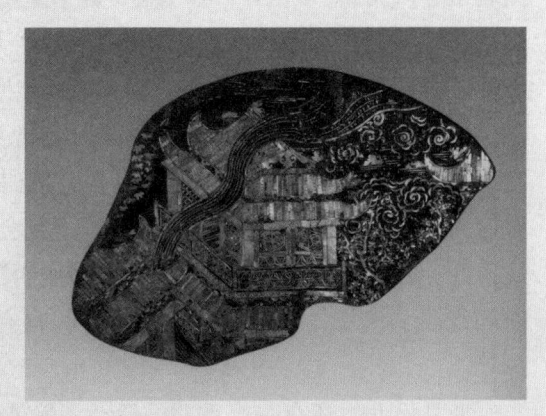

广寒宫图嵌螺钿黑漆盘残片

---

① 无名氏《[中吕]迎仙客·十二月》。无名氏《[商调]梧叶儿·十二月》。
② 《析津志辑佚·风俗》。

【第五节 重九、冬至】

九月至十二月的重要节日,有重九、送寒衣、冬至、腊八等。

"题红叶清流御沟,赏黄花人醉歌楼";[①] "紫萸荐酒人怀旧,红叶经霜蟹正秋,乐登高眺望醉风流";"采秋香,糁玉觞,好个重阳"。[②] 九月九日重阳节,又称"菊节",登高赏菊看红叶和饮菊酒、馈赠面糕等习俗,继续在汉族地区流行。大都居民,在这一天往还燕礼,以面糕相互馈赠。商人或作席棚出售食品,或以小扛车沿街叫卖面糕等。

九月九日和四月九日,原是蒙古人的祭祀性节日,要洒马奶酒祭祀。贵由汗在位时,"至重九日,王师麾下会于大牙帐,洒白马湩,修时祀也。其什器皆用禾桦,不以金银为饰,尚质也";"四月九日,率麾下复会于大牙帐,洒白马湩,什器亦如之。每岁惟重九、四月九,凡致祭者再,其余节则否"。[③] 这种祭祀仪式,在元朝保留下来,但时间改在了六月二十四日。"宫中菊节,自有常制",宫廷中也举行娱乐活动,如打马球等。

九月份北方还有一个重要的活动,就是迎接皇帝回京。皇帝从上都启程之日,留在大都的官员分别在建德门、丽正门大聚会,"设大茶饭,谓之巡城会。自此后,则刻日计程迎驾"。

十月一日是送寒衣节,出城祭坟是主要活动,包括为坟墓扫落叶、进祭品等内容。"是月,都城自一日之后,时令谓之送寒衣节,祭先上坟,为之扫黄叶。此一月行追远之礼甚厚,虽贫富咸称家丰杀而诚敬。"按照汉族地区的传统习俗,当天要置酒作暖炉会,准备过冬。

十月份,宫廷中要举行盛大的射圃活动。

---

① 卢挚《[双调]沉醉东风·重九》,《全元散曲》第112页。
② 无名氏《[中吕]喜春来·四节》。无名氏《[中吕]迎仙客·十二月》。
③ 张德辉《纪行》。

十一月称为冬月，冬至时，太史院和回回太史等向皇帝、太子、后妃、诸王及各官衙赠送来年新历，宰相率百官等朝贺，给皇帝递送手帕并进贡方物。都市中亦卖新历，士庶人家往来相贺。

"隆冬寒严时节，岁功来待将迁谢"；"春未回，雪成堆，新酿瓮头泼绿醅。恰传杯，人早催。赏罢红梅，准备藏阄会"。① 十二月的活动，基本是围绕迎新年展开。

十二月八日的腊八节，原来是一个宗教节日，"禅家谓之腊八日，煮红糟粥，以供佛饭僧"。但是在元代，已成为民间的一个欢庆节日，"都中官员、士庶作朱砂粥"；"士庶有力之家，丰杀不同，馈送相尚，亦故典也"。宫廷中亦有相同的活动。"十二月，宫苑以八日佛成道日，煮腊八粥，帝师亦进"。

腊八节之后，开始为新年的庆典做准备。"省台院各府寺路监大小衙门，并仪凤司属，整点队伍、社直、准备朝贺大礼"；"仪凤司、教坊司、云和署、哑奉御，日日点习社直、乐人、杂把戏等，以备新元部家委官一同点视"。

岁末，宫廷中有一系列脱旧灾、驱邪、迎新福活动。"每岁，十二月十六日以后，选日，用白黑羊毛为线，帝后及太子自顶至手足皆用羊毛缠线系之，坐于寝殿。蒙古巫觋念咒语，奉银槽贮火，置米糠于其中，沃以酥油，以其烟熏帝之身，断所系毛线，纳诸槽内。又以红帛长数寸，帝手裂碎之，唾之者三，并投火中。即解所服衣帽付巫觋，谓之脱旧灾、迎新福云。"② "咒师于年近除日，于宫中大明殿牌下，西蕃咒师以扇鼓持咒，供羊、马、牛、酒等物，陈设于殿庭。咒师数人，动梵乐念咒，两人牵手巾，一人以水置其中，谓之洒净。以诸般肉置于桶中，二人抬而出殿前，一人执黑旗于前，出红墙门外，于各宫绕旋，自隆福宫、兴圣宫出，驰马击鼓举铙奔走，出顺承门外二里头，将所致桶中肉抛撒以济人，谓之驱邪。"此外，还要颁赐衣料，"腊前分赐近臣袄材，谓之拜年段子"；"传宣太府颁宫锦，近侍承恩拜榻前。制得袍成天未晚，着来香殿贺新年"。③

汉族地区的传统习俗，腊月二十四日要祀灶和飨豆粥。此外，腊月里还有填"九九消寒图"等活动。从"九九梅花填未彻，严宫阙，宰臣准备朝元节"的诗句，④ 可知宫廷中亦填"消寒图"。除夕时，则有馈岁、守岁、卖痴（除夕之前，小儿相呼，谓之卖痴，莫有应者。应之，则云痴已售矣）、放爆竹、图钟馗（贴门神）等一系列活动。这些活动，在中原、江南等地，依然盛行。

---

① 马致远《[仙吕]青哥儿·十二月》。无名氏：《[中吕]迎仙客·十二月》。
② 《元史》卷七七《祭祀志六》。
③ 柯九思《宫词一十五首》，《草堂雅集》卷一。
④ 《析津志辑佚·岁纪》。

【第六节 游皇城等宗教活动】

除了上述节日活动外,在一些宗教节日尤其是佛教节日,亦有大型庆典活动。

佛教的盛大活动游皇城,每年二月十五日在大都城内举行。

至元七年(1270年),忽必烈听从帝师八思巴的建议,在大明殿御座上设置白伞盖,伞盖"顶用素段,泥金书梵字于其上,谓镇伏邪魔护安国刹"。此后每年二月十五日作大型佛事,奉伞盖周游皇城内外,"云与众生被除不祥,导引福祉"。

游皇城的仪仗队,声势浩大,"八卫拨伞鼓手一百二十人,殿后军甲马五百人,抬舁监坛汉关羽神轿军及杂用五百人。宣政院所辖官寺三百六十所,掌供应佛像、坛面、幢幡、宝盖、车鼓、头旗三百六十坛,每坛擎执抬舁二十六人,钹鼓僧一十二人。大都路掌供各色金门大社一百二十队,教坊司云和署掌大乐鼓、板杖鼓、筚篥、龙笛、琵琶、筝、笛秦七色,凡四百人。兴和署掌妓女杂扮队戏一百五十人,祥和署掌杂把戏男女一百五十人,仪凤司掌汉人、回回、河西三色细乐,每色各三队,凡三百二十四人。凡执役者,皆官给铠甲袍服器仗,俱以鲜丽整齐为尚,珠玉金绣,装束奇巧,首尾排列三十余里"。

参加游皇城的队伍由中书省礼部派官员点视,刑部官员往来巡视禁止喧闹,枢密院官员分守各城门,并由中书省一名官员总督其事。"各宰辅自办婶子车,凡宝玩珍奇希罕蕃国之物,与夫百禽异兽诸杂办,献赏贡奇互相夸耀,于以见京师极天下之壮丽,于以见圣上兆开太平与民同乐之意。下户部关拨钱粮,应付诸该衙门分办社直等用,各投下分办簸马只孙筵会,俱是小小舍人盛饰以显豪奢。凡两京权势之家,所蓄宝玩尽以角富,盖一以奉诏,二以国殷,故内帑所费,动以二三万计。"

仪仗队在西镇国寺集中后,先迎皇太子游四门,然后整队入城。西镇国寺是由忽必烈的皇后察必创建的,位于大都平则门三里处。二月十四日,帝师率500名僧人在大明殿内作佛事。十五日清晨,"恭请伞盖于御座,奉置宝舆,诸仪卫队仗列于殿前,诸色社直暨诸坛面列于崇天门外,迎引出宫"。队伍入顺承门内的庆寿寺,素食之后,

清末的庆寿寺双塔

游皇城活动正式开始。

　　游行队伍自庆寿寺出发，从西宫门外垣海子南岸进入宫城北门厚载门，"入隆福宫绕旋，皇后三宫诸王妃戚畹夫人俱集内廷，垂挂珠帘。外则中贵侍卫，纵瑶池蓬岛莫或过之。迤逦转至兴圣宫，凡社直一应行院，无不各呈戏剧，赏赐有差。由西转东，经眺桥太液池。圣上于仪天左右列立帐房，以金绣纹锦疙捉蛮缬结束珠翠软殿，望之若锦云绣谷，而御榻置焉。上位临轩，内侍中贵銮仪森列，相国大臣诸王驸马以家国礼列坐下方迎引。幢幡往来不定，仪凤教坊诸乐工戏伎，竭其巧艺呈献，奉悦天颜，次第而举，队子唱拜，不一而足"。仪仗队送伞盖于大明殿后，或在东华门解散，或出厚载门解散。大明殿内，帝师和僧人还要作佛事，至十六日方才结束。①

　　上述游皇城活动是由宫廷组织的，民间亦组织类似的活动。江南富商等于同日在大都西镇国寺集合南北二城的社直、杂戏等，"恭迎帝坐金牌与寺之大佛游于城外"。同时，在寺院两廊出售各种商品，"海内珍奇无不凑集"，"开酒食肆与江南无异"，同样热闹非凡。

　　四月四日，各地举行蒸饼行赛北岳菩萨胜会。四月八日是浴佛节，各地佛寺举行浴佛斋会，煎香药糖水，称为"浴佛水"。大都城内亦在帝师和高僧主持下举行浴佛会。"帝师剌麻堂下暨白塔、青塔、黄塔、两城僧寺俱为浴佛会，宫中佛殿亦严祀云"；"宫廷自有佛殿，是曰剌麻。送香水黑糕斋食奉上，有佛处咸诵经赞庆，国有清规，一遵西蕃教则。京城寺宇进有等差"。

　　六月中旬，帝师等在上都作佛事，同样举行盛大的游皇城活动。②"每年六月望日，帝师以百戏入内，从西华（门）入，然后登城设宴，谓之游皇城是也。"③有人曾赋诗描述上都游皇城时的景象："岁时相仍作游事，皇城集队喧憧憧。吹螺击鼓杂部伎，千优百戏群追从。宝车瑰奇耀晴日，舞马装辔摇玲珑。红衣飘裾火山耸，白伞撑空云叶丛。王官跪酒头叩地，朱轮独坐颜酡烘。蛮氓聚观汗挥雨，士女簇坐唇摇风。"④

---

① 《元史》卷七七《祭祀志六》。《析津志辑佚·岁纪》。
② 《元史》卷七七《祭祀志六》。
③ 杨允孚《滦京杂咏》卷下。
④ 袁桷《皇城曲》，《清容居士集》卷一六。

第十一章

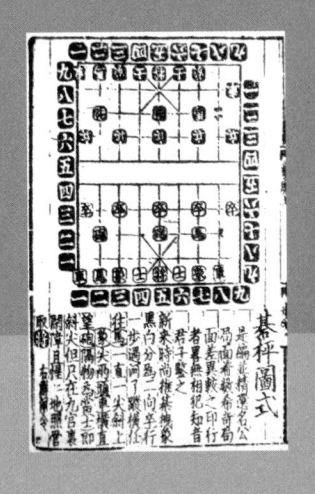

游 艺

　　游艺风俗包括竞技和娱乐两个方面。竞技是以竞赛体力、技巧、技艺为内容的活动，娱乐指以表演歌舞杂技为内容的活动。元代游艺项目众多，在社会各阶层中广泛流行。此外还有一些陋俗，如赌博、冶游等，亦在此类风俗范围之内。

【 第一节　球类竞技 】

元代盛行球类竞技，这是技巧型的竞赛活动，可以分为马球、步打球和蹴鞠。

一、马球[①]

马球兴起于唐代，历宋、辽、金而不衰，到元代仍然相当流行。打马球时，采用两队对抗的办法，参赛者骑在马上，手执木制的球杖往来奔驰，能用球杖将球（用木制成）打入球门，便取得胜利。球亦作毬。当时常把打马球称为打毬或击鞠。

金、元之际，北方依附蒙古的汉人诸侯中，喜爱打马球者不乏其人。永清（今河北永清）人史天倪降蒙古，得为万户。成吉思汗二十年（1225年），天倪"击鞠夜归，有大星陨马前，有声，心恶之"。不久即被人杀死。[②] "击鞠"就是打马球。和史氏齐名的是顺天（今河北保定）张氏。这个家族最先归附蒙古得授万户的是张柔，张柔的第九子张弘范"善马槊，颇能为歌诗"，后参加灭宋之役。[③]他有一首诗，题为《打球》，其中说：

"锦绣衣分上下朋，画门双柱笔亭亭。
半空彩杖翻残月，一点绯球迸落星。
翠柳小厅喧鼓吹，玉鞭骄马蹴雷霆。

---

① 参看陈高华《宋元和明初的马球》，《元史研究论稿》第408—415页，中华书局1991年版。
② 《元史》卷一四七《史天倪传》。
③ 《元史》卷一五六《张弘范传》。

少年得意风流事，可胜书生对流萤。"①

"分上下朋"就是分为两队。"画门双柱耸亭亭"指球门立有双柱作为标志。"绯球"指球染红色，金代"球状小如拳，以轻韧木枵其而朱之"。②入元后亦同。"半空彩杖翻残月"，指球杖杖头弯曲，呈残月形，有"月杖"之称。"喧鼓吹"指打马球过程中有音乐助兴。可以看出，元代马球活动的规则，和前代是没有什么区别的。③

除了这些汉人军阀及其子弟之外，进入中原以后的蒙古人，很快便对这种竞技运动发生兴趣。从现有的记载看来，生活在草原上的蒙古人原来并不知道马球。进入中原以后，由于他们习惯于马上生活，很自然便爱上这项运动。南宋宁宗嘉定十四年（1221年），南宋遣使臣赵珙到河北蒙古军前议事。赵珙回到南方，写了一份报告，这就是著名的《蒙鞑备录》。在这份报告中，赵珙说："如彼击鞠，止是二十来骑，不肯多用马者，亦恶其哄闹也。击罢，遣介来请我使人至彼，乃曰：'今日打球，如何不来？'答曰：'不闻钧旨相请，故不敢来'。国王乃曰：'你来我国中，便是一家人，凡有宴聚打毬，或打围出猎，你便来同戏，如何又要人来请唤'。因大笑而罚大杯。终日必大醉而罢。"④文中所说"国王"，是蒙古大将木华黎，他因战功卓著受成吉思汗之命经略黄河以北而得此头衔。蒙古人把宴饮、狩猎和战争相提并论，作为头等大事，而木华黎将打马球与宴饮、狩猎并列，可见其重视程度。

元朝统一全国以后，打马球在宫廷和贵族中仍很流行。"击球者，今（金）之故典，而我朝演武亦自不废。常于五月五日、九月九日，太子、诸王于西华门内宽广地

元墓壁画马球图

---

① 《张淮阳集》。《四库全书》本。
② 《金史》卷三五《礼志八》。
③ 《金史》卷三五《礼志八》。
④ 赵珙《蒙鞑备录》。

位上（？）召集各衙万户、千户，但（及？）怯薛能击球者，咸用上等骏马，系以雉尾、缨络，萦缀镜铃、狼尾、安答海，装饰如画。玄其障泥，以两肚带拴束其鞍。先以一马前驰，掷大皮缝软毯（毬）子于地，群马争骤，各以长藤柄毬杖争接之。而毬子忽绰在毬棒上，随马走如电，而毬子终不堕地。力捷而熟娴者，以毬子挑剔跳掷于虚空中，而终不离于毬杖。马走如飞，然后打入毬门中者为胜。当其击毬之时，盘屈旋转，倏如流电之过目，观者动心骇志，英锐之气奋然。……如镇南王之在扬州也，于是日王宫前列方盖，太子、妃子左右分坐，与诸王同列。执艺者上马如前仪，胜者受上赏，罚不胜者，若纱罗画扇之属。此王者之击毬也。"① 前面说的是宫廷中的打马球，后面说的是分封在外地的蒙古贵族打马球。端午（五月五日）和重九（九月九日）举行的是大规模的马球比赛，平时这些贵族子弟、万户、千户、怯薛一定也是经常进行马球练习和比赛的。"羽林将军年十五，盘螭玉带悬金虎。……东园击球夸意气，西街走马扬飞尘。"② "闲家日逐小公侯，蓝棒相随觅打球。向晚醉嫌归路远，金鞭横过御街头。"③ 这些诗篇都是贵胄子弟打马球的写照。"马上长身单白纻，双双缓辔打毬还。"则是记录军中打毬的诗句。④

除了宫廷、军官和贵胄子弟外，民间亦有打马球者。桐庐（今浙江桐庐）人徐舫，"故簪缨家，自幼有侠气，好驰马试剑，兼善攻球鞠之戏"。⑤ 这个"好驰马"的人，"善攻球鞠"，显然是打马球。但总的来说，打马球要有经过训练的马匹和其他装备，又要有经过平整的球场，因而主要是上层社会的竞技活动。徐舫应是南宋世家的后裔，所以还具备打马球的条件。下层社会的成员，是很难从事这项活动的。

元代杂剧《阀阅舞射柳捶丸记》以宋代为背景，叙述一场战争胜利后，两个将领争功，范仲淹受命在端午节设宴，举行射柳打毬，从武艺高下区别两人功劳真假。先举行射柳（见本章第二节），后打毬，"款款的骤龙驹，轻轻的探身躯，杓棒起月轮孤，彩毬落晓星疏"。⑥ 这篇杂剧实际上反映了元代打马球的情景。由杂剧篇名可知打马球又可称"捶丸"。"捶"是打的意思，"丸"指球而言。但是，"捶丸"似亦可用来指步打球（见下），也就是说，它是一种通称。

---

① 《析津志辑佚·风俗》，第203—204页。按，"安答海"是野骆驼，见同书第232页。此处疑有脱文。
② 廼贤《羽林行》，《金台集》卷二。
③ 张昱《辇下曲》，《张光弼诗集》卷三。
④ 周霆震《军中苦乐谣》，《石初集》卷五，《豫章丛书》本。
⑤ 宋濂《故诗人徐方舟墓铭》，《宋文宪公全集》卷二四。
⑥ 佚名作，《元曲选外编》第1024—1027页。

二、步打球

"苑内萧墙景最幽,一方池阁正新秋。内臣净扫场中地,官里时来步打球。"①

这是一首描写步打球的诗。"苑内萧墙"指宫城以内,"官里"指皇帝。皇帝喜欢步行打球,可见当时这种运动的盛行。"深宫尽日垂珠箔,别殿何人度玉筝。白面内官无一事,隔花时听打毬声。"②名诗人萨都剌的这首诗描写的也应是元朝宫廷中的步打球。宫廷以外的步行打球,可看《朴通事》中的记载:

"咱们今日打球儿如何?咱赌什么?咱赌钱儿。那个新来的崔舍,你也打的么?我怎么打不的?你是新来的庄家,那里会打,不济事,你休问他。我学打这一会。将我那提揽和皮袋来,拿出毬棒来,借与崔舍。飞棒杓儿、滚子、鹰嘴、击起毬儿都借与你。咱打那一个窝儿?咱且打毬门窝儿了。打花台窝儿,却打花房窝儿。咱打不上的,看那一个毬儿老时,着先打。一霎儿,人闹起来,新来的崔舍三回连打上了。别人道:梦着了也。又把一会,崔舍又打上,众人喝采道:我不想这新来的庄家快打,这的唤做人不可貌相,海不可斗量,怎么小看人。崔舍道:哥,你们再也敢和我打毬么,你十分休小看人,常言道:寸铁入木,九牛之力。"③

步打球图

---

① 朱有燉《元宫词》。
② 萨都剌《宫词》,《雁门集》卷四。
③ 《朴通事谚解》卷下,第327—332页。

"窝儿"是在地上挖一洞穴,步行用球杖击球,入"窝儿"者为胜。步打球在宋代盛行,元代沿袭了前代的规则。《朴通事》中称会打球的崔舍是"庄家",显然说他来自乡间,可见步行打球和马球不同,是相当普及的。元代中期顺德路(路治今河北邢台)总管王结在训诫百姓的《善俗要义》中说:"颇闻人家子弟,多有不遵所业,游荡好闲,或蹴鞠、击球,或射弹、粘雀。"① 他所说的"击球"应该也是步行打球,它是城市游荡子弟喜好的活动。

前已说过,步打球也可以称为"捶丸"。元代有一种称为《丸经》的著作,② 所说便是步行打球的各种规则和手法。元代杂剧《逗风流王焕百花亭》中,主角风流书生王焕,"折莫是捶丸气毬,围棋双陆",种种技艺,无所不通。③ 王焕精通的"捶丸",应是步行打球。

三、蹴鞠

元代还有一种球类活动,那就是上引王结文中所说的"蹴鞠"。"蹴"是踢的意思,鞠是球,"蹴鞠"就是用脚踢球。"蹴鞠"用的球又称"气毬",毬是用皮制成的,毬使用时吹气,使之膨胀便可玩耍。④ 从王结所说可知,蹴鞠是城市少年喜爱的一项活动。前引杂剧《逗风流王焕百花亭》中,王焕本人擅长"蹴鞠打诨","靴染气毬泥"。剧中描写,清明时节,郊外"香车宝马,仕女王孙,蹴鞠鞦韆,管弦鼓乐,好不富贵"。⑤ 自命为"盖世界浪子班头"的大戏剧家关汉卿,说自己"也会围棋会蹴鞠会打围会插科"。⑥ 他还说:"茶余饭后邀故友,谢馆秦楼,散闷消愁,惟蹴鞠最风流。"⑦ 元末名诗人张翥"少时,……豪放不羁,好蹴鞠,喜音乐,不以家业屑其意"。⑧ 不仅城市中的

---

① 《文忠集》卷六。
② 《丸经》不著撰人姓氏,据考证应是元代的作品,见《四库全书总目》卷一一五《子部·艺术类存目》。
③ 作者佚名,《元曲选》第1432页。
④ "郎君子弟要难当作耍呵,吹一口气,添上些水润这表。倾了那水,再吹一口气,拴了这葱管儿,便难当作耍。去了抛索儿,褪了那口气,便难当作耍不的了也。"(佚名:《月明和尚度柳翠》,《元曲选》第1346页)"难当"是戏耍之意。
⑤ 《元曲选》第1425、1427页。
⑥ 《[南吕]一枝花·不伏老》,《全元散曲》第173页。
⑦ 《[越调]斗鹌鹑·女校尉》,《全元散曲》第178页。
⑧ 《元史》卷一八六《张翥传》。

《事林广记》中蹴鞠图

少年、浪子乐此不疲，青年女子乃至青楼妓女亦喜爱蹴鞠。元代散曲中有不少女子蹴鞠的描写："素罗衫垂彩袖低笼玉笋，锦鞠袜衬乌靴款蹴金莲，占官场立站下人争羡，……打着对合扇拐全不斜偏，踢着对鸳鸯扣且是轻便，……罗帕香匀粉汗妍，拂落花钿。"① 元代杂剧《月明和尚度柳翠》中，风尘女子柳翠对母亲说："将过气毬来，我和师父踢一抛儿咱。"② 以上这些文字，说明"蹴鞠"在当时是很风行的，显然比马球或步打球更要普及。这可能与它运动量较少而更多表演技巧的成分有关。

蹴鞠在元代亦已进入上层社会。类书《事林广记》中有一幅图画，描绘几个身穿蒙古服装的人踢球，旁有乐人吹奏乐器助兴。这几个人显然身份高贵。③ 蹴鞠亦已进入宫廷，元武宗时（1307—1310年），"有近臣蹴鞠帝前，帝即命出钞十五万贯赐之。阿沙不花顿首言曰：'以蹴鞠而受上赏，则奇技淫巧之人日进，而贤者日退矣，将如国家何。臣死不敢奉诏'。乃止"。④ 蹴鞠动作多变，富有观赏性，所以被视为"奇技淫巧"。总起来说，蹴鞠是风靡全社会的一项运动。

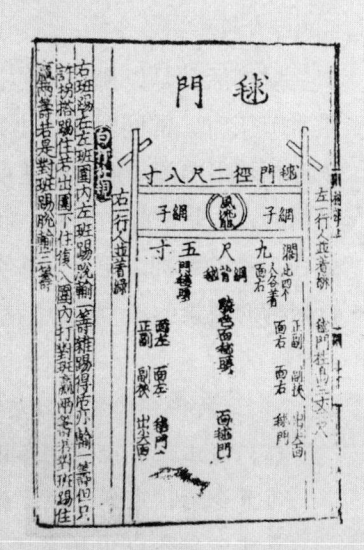

蹴鞠图

---

① 萨都剌《[南吕]一枝花·妓女蹴鞠》，《全元散曲》第699—700页。
② 《元曲选》第1346页。
③ 《事林广记》（至顺本）续集卷七《文艺类》。
④ 《元史》卷一三六《阿沙不花传》。

【 第二节　各种室外竞技 】

从竞赛的空间看，竞技有室内、室外之分。上述球类竞技是室外竞技的重要项目。除此之外，元代比较流行的室外竞技还有射柳、放走（竞走）、角抵（摔跤）、秋千、打髀石等。

一、射柳

射柳活动是以柳条为的，参赛者骑在马上用箭射之，以中者为胜。辽、金两朝在重大节庆时，常同时举行击鞠与射柳之戏。元代继承了这一风俗。"王孙公子值三春，火赤相随出内闉。射柳击毬东苑里，流星骏马蹴红尘。"[①]"火赤"又作火儿赤，意为持弓箭的人，是怯薛（皇帝、宗王的侍卫）的成员。这首诗告诉我们，春天时节，贵族子弟在火赤的簇拥之下，在东苑举行击毬和射柳的活动。元代的文献还记载了镇南王举行射柳的情景：

"斮柳，于端午日质明，镇南王于府前张方盖，与王妃偕坐焉。是时覃王妃同在，诸王妃咸坐，仍各以大红销金伞为盖，列坐于左，诸王列坐于右。诸王行觞为节令寿，前列三军，旗帜森然。武职者咸令斮柳，以柳条去青一尺，插入土中五寸，仍各以巾帕系于柳上，自记其仪（枝？）。有引马者先走，万户引弓随之，乃开弓斮柳，断其白者，则击锣鼓为胜，其赏如前，不胜者亦如前罚之。……此武将耀武之艺也。"[②]

[①] 朱有燉《元宫词》。
[②] 《析津志辑佚·风俗》第 204 页。

步射总法图

"斩"义为斩，斩柳就是斩柳，与射柳实际上是一回事。这段记载可能有脱漏，有些地方叙述比较模糊，但与金朝的射柳方式作一比较，便会清楚：

"凡重五日拜天礼毕，插柳毬场为两行，当射者以尊卑序，各以帕识其枝，去地约数寸，削其皮而白之。先以一人驰马前导，后驰马以无羽横镞箭射之。既断柳，又以手接而驰去者为上，断而不能接去者次之。或断其青处，及中而不能断，与不能中者为负。每射，必伐鼓以助其气。"①

可以看出，镇南王在端午（重五）举行射柳，具体办法，完全沿袭金代的制度。镇南王是元朝皇族，镇守扬州。也就是说外出镇戍的宗王定期举行射柳之仪，可以推知，大都的宫廷在端午一定也会有同样的仪式，只是记载有所遗漏罢了。

高丽的汉语教科书中也提到射柳：

"丑厮你来，叫将那斜眼的弓匠王五来。王舍来了。相公，王五来。我有些央及的勾当，叫的你来。相公有什么话说与小人么？你打馈我两张弓如何？你要打几个气力的弓？京都综（棕？）殿西教场里，官里前面挈柳射弓的多有。你打十个气力的一张，七八个气力的一张，你来这弓面上铺筋，将来着我看了之后，桦一桦。你用心做的好时，我多与你赏钱。"②

---

① 《金史》卷三五《礼志八·拜天》。
② 《朴通事谚解》卷上，第109页。

"马射总法"图

"挃"疑是插。"京都综（棕?）殿西教场里，官里前面挃柳射弓的多有"。说明平日也有人在教场里从事射柳的练习。

杂剧《阀阅舞射柳捶丸记》中，两位武将以射柳、击毬区分武艺高下。射柳时，"锦标就地铺，翠柳皆旁竖，则听的箫韶彩仗摆，更和那鼓吹声喧助"。① 从这一杂剧也可看出射柳确是"武将耀武之艺"。当然，也是一些热衷于武艺的青年喜爱的活动。

二、放走

放走就是长距离竞走。元代在大都和上都都举行放走活动。"皇朝贵由赤（即急足快行也），每岁试其脚力，名之曰放走。监临者封记其发，以一绳拦定，俟齐，去绳走之。大都自河西务起至内中，上都自泥河儿起至内中，越三时行一百八十里，直至御前，称万岁礼拜而止。头名者赏银一锭，第二名赏段子四表里，第三名赏二表里，余者各一表里。"② 诗人写道："放教贵赤一齐行，平地风生有翅身。未解刻期争拜下，御前成个赏金银。"③ "健步儿郎似笊云，铃衣红帕照青春。一时脚力君休惜，先到金阶定赐银。"④ 这

---

① 《元曲选外编》第 1027 页。
② 杨瑀《山居新语》。
③ 张昱《辇下曲》，《张光弼诗集》卷二。
④ 杨允孚《滦京杂咏》卷上。

两首诗的作者都曾在中央机构任职，诗中所述应是他们亲自见闻之事。"铃衣红帽"应是参与竞走者的统一服装。"红帕"包头，引人注目。铃衣则应是衣服上系铃，走动时发出响声，使周围人都能听见。这样的服装，目的是要他人让开道路，便于行走。① 高丽的汉语教科书中记载：

"年时牢子们走的，你见来么？我不曾看来，在那里走来？六十里店里走，上位在西湖景凉殿里坐的看。年时谁先走来？一个细长身子儿，小团栾面皮儿的汉儿人，小名唤许瘦儿，他先走来。是谁家的牢子？跟张总兵使的牢子。上位赏了一百锭钞，两表里段子。不同小可，万千人里头，第一个走，得偌多赏赐。休道是偌多钞锭、段子，皇帝人家的一条线也，怎能勾得，可知道里，福不至，万事难。"②

"西湖景"指大都西郊玉泉山下西湖（今颐和园内仍有西湖），元文宗时，在西湖边造大承天护圣寺，有凉殿供皇帝休息。③ 此则所记放走，应是元代后期之事。但亦可见"放走"在元代颇有影响，以至引起高丽人的注意。

三、角抵（相扑）

角抵又称相扑，就是现代的摔跤，这在中国由来已久。元代的角抵（相扑），可以分为两种，一种是蒙古角抵（相扑），一种是汉族角抵（相扑）。两者起源不同，竞赛规则应有所区别，但缺乏这方面的记载。

角抵是北方游牧民族的一项传统竞技项目，蒙古人非常喜爱这一运动。草原上出名的摔跤手，称为"孛可"（力士），享有种种荣誉。

在成吉思汗铁木真时代，曾发生一起著名的角抵故事。铁木真兴起后，吞并了同在一个祖先但反对自己的主儿勤部。主儿勤部的一位摔跤能手，叫做不里孛阔，原先曾在一次争吵中将成吉思汗兄弟别勒古台的肩甲砍破，流了不少血。此时主儿勤部归附，铁木真便"教不里孛可与别勒古台厮搏。先别勒古台与不里孛可厮搏时，不里孛

---

① 元代为政府传递文书的急递铺兵，"皆腰革带，悬铃"，"道狭则车马者、负荷者闻铃避其旁"。（《元史》卷一〇一《兵志四·急递铺兵》）放走者悬铃用意亦同。
② 《朴通事谚解》卷中，第241—243页。
③ 见陈高华《元大都》。

可用一手一足搏倒，教不能动。至此，不里孛可俙为力不及别勒古台，倒了。别勒古台一边压着，回顾太祖，太祖将下唇咬着，于是别勒古台知其意，用来将他脊背按着，两手捉住他项，用力向后折了脊骨。不里孛可说，我本不输，因怕太祖，俙为力不胜，却将我命送了"。① 不里孛可即不里孛阔。别勒古台本来不是他的对手，但此时他害怕铁木真，故意退让，却送掉了自己的性命。这件事说明成吉思汗在兴起过程中为了树立自己的权威不择手段，但也可看出当时蒙古人中间已有"厮搏"，也就是摔跤比赛。

成吉思汗死后，儿子窝阔台汗继位，他是个角抵的狂热爱好者。"合罕很喜欢看搏斗，最初仅仅是一些蒙古人、钦察人和契丹人角斗。后来有人向合罕谈到了呼罗珊和伊拉克的角斗士。"合罕（窝阔台汗）便派使者前去，要当地的角斗士前来宫廷，参加比赛。对于优胜的争斗士（摔跤手），他给予很多的赏赐。② 后来的元朝的历代皇帝，都对角抵有浓厚的兴趣。"红云霭霭护棕毛，紫风翩翩下彩条。武士承宣呈角抵，近臣侍宴赐珠袍。"③ "黄须年少羽林郎，宫锦缠腰角抵装。得隽每蒙天一笑，归来驺从亦辉光。"④ 宫廷中举行庆典或宴会，常有武士作角抵表演，表演者有专门的服装。元武宗海山刚登上帝位，便"以拱卫直指挥使马谋沙角抵屡胜，遥授平章政事"。⑤ 这个马谋沙应是回回人。平章政事是元朝最高行政机构中书省的副长官（从一品），以角抵而能得到如此高位，这在历史上大概是绝无仅有的。武宗的兄弟仁宗爱育黎拔力八达，也是角抵的爱好者，即位前⑥他曾在"西园观角抵戏"，并下令"取缯帛赐之"，但为人谏止。⑦ 他继帝位后，"置勇校署，以角抵者隶之"。⑧ 这是专门管理角抵士的机构，可见他对角抵特别热衷。仁宗死，子硕德八剌嗣位，是为英宗。英宗曾一次"赐角抵百二十人钞各千贯"。⑨ 元朝的末代皇帝顺帝时，朝廷"又欲以钞万贯与角抵者"，遭到中书参知政事盖苗的反对。⑩ 以上种种，说明有元一代历代统治者对于角抵的爱好，始终不衰。普通的蒙古人，一定也喜欢角抵，但是缺乏这方面的记载。

---

① 《元朝秘史》（校勘本）总译，第131页。
② 拉施特《史集》第2卷，第104—106页。志费尼《世界征服者史》上册，第263—264页。
③ 郑彦昭《上京行幸词》，载《永乐大典》卷七七〇二。
④ 王沂《上京诗》，《伊滨集》卷一二，《四库全书》本。
⑤ 《元史》卷二二《武宗纪一》。
⑥ 元成宗死后，无子，海山、爱育黎拔力八达兄弟夺得皇位，约定海山为帝，爱育黎拔力八达为皇太子，兄弟两人相继为帝。
⑦ 《元史》卷一七八《王约传》。
⑧ 《元史》卷二六《仁宗纪三》。
⑨ 《元史》卷二七《英宗纪一》。
⑩ 《元史》卷一八五《盖苗传》。

汉族中间一直流行角抵，有悠久的传统。在元代，角抵（相扑）仍在民间盛行。皇庆元年（1312年），元朝政府曾在江南"拘刷""相扑人"，①说明南方这类活动普遍存在，"相扑人"应是专业的角抵士。民间的角抵比赛，常在庙会上举行。请看下面一段记载：

"余幼从先大夫寓居磁州，磁有崔府君祠，岁以十月十日社，四方乐艺毕来献其能，而以角抵之戏殿。角抵中复择其勇且黠者殿，号曰首对。当时众人指在东者一人，相语曰：'此人前年获胜于泰安庙下，去年获胜于曲阳庙下，今日又将胜矣乎！'有老者曰：'不然。夫在东者恃其不资于人，孤立无傍。在西者自知不敌，遍赂于同场百执事。众方嫉在东者之能，甘在西者之赂，聚为议论矣，今日胜负未可涯也。'已而臂攘手交，东者进则众比而止之，退则众喜而待之。西者进则众和而应之，退则操而救之。离而复合者五六，竟中分其财而罢。噫，在东者虽称勇黠，其能胜在西者众人之议论、众人之救应乎！传曰：'常胜之家，难与料敌'。谚曰：'狼狞不及犬众'。予时旁观握汗，甚为孤立者凛凛也。"②

这是一篇作于"至元十七年"（1280年）的文章。文中"泰安庙"指泰山东岳庙，"曲阳庙"指河北曲阳东岳庙，以及磁州（今河北磁县）的崔府君庙，都是北方有名的大庙，每年有固定举行大型祭祀活动的日子，这时"四方乐艺"都来表演，而压轴的节目一定是角抵。角抵分对进行，以"勇且黠者"放在最后，称为"首对"。汉族的角抵方式是"臂攘手交"，而且要进行几个回合，才分出输赢，也可以打成平局。

仁宗皇庆二年（1313年）山东东西道廉访司的一件文书中说，每年三月，泰山东岳赛神，"四方辐辏，百万余人"，其中就有"相扑……之徒"。③杂剧《刘千病打独角牛》便描写三月东岳大帝生辰时相搏的情景。相搏就是角抵，是在露台（露天舞台）上进行的。独角牛二年无敌手，因此第三年相搏，"头对是独角牛"。"头对"就是上文的"首对"。这一次刘千向独角牛挑战。相搏开始时部署拿着藤棒将两人隔开。"部署扯开藤棒"，两人相交，"休要揪住补昆儿，不要拽起袴儿，手停手稳看相搏"。两人场上相搏三个回合，以刘千取胜告终，获得"银碗花红表里段匹"等奖品。④

上述杂剧中还描写刘千之叔折拆驴在农村中"教看几个徒弟""学撂"。"撂"就

---

① 《经世大典·站赤》，《永乐大典》卷一九九五〇。
② 王德渊《角抵说》，《天下同文前甲集》卷二六，《雪堂丛刻》本。
③ 《元典章》卷五七《刑部十九·杂禁·禁投醮舍身烧死赛愿》。
④ 作者佚名，见《元曲选外编》第795—807页。

是相扑比赛之意。而独角牛"祖传三辈，是这擂家出身"，可以称为相扑世家。至元二十一年（1284年）中书省的一件文书中说：

"据御史台呈，照得近年各路府州司县官司，以催办为急务，以劝课为具文，所以奸民不事本业，游手逐末，甚者习学相扑，或弄枪棒。有精于其事者，各出钱帛，拜以为师。各处社长人等，恬不知禁，有司亦不究问，长此不已，风俗恣悍，狂妄之端，或自此生。今后军民诸色人等，如有习学相扑，或弄枪棒，许诸人首告是实，教师及习学人并决七十七下，拜师钱物，给告人充赏。两邻知而不首，减犯人罪一等。社长知情故纵，减犯人罪二等。庶几恣悍之风不作，凶强之技不传，驯化民情，坐消变故，此于政治，所系非轻。本台乞遍下合属，严行禁治施行。"[1]

中书省将御史台的呈文，转发各行省，显然是同意上述意见，付诸实施的。从呈文可以看出，"习学相扑"亦即角抵，在当时是相当流行的，有专门教练相扑的教师，习学者众多，要交纳费用。御史台认为这是"凶强之技"，会使"风俗恣悍"，用严厉的措施坚决加以取缔。但是这一禁令，显然没有多大效果，如上所述，东岳赛神仪式上仍有相扑表演，以致皇庆二年又重申禁令，但其效果仍是有限的。

高丽的汉语教科书中两处提到角抵。一处是：

"郑舍你来，咱这草地里学摔跤。咳，那矬汉，你那里抵挡的我？休问他，咱两个交手时便见。谁吃萝卜打噎咈，气息臭的当不的，敢不是这矬汉吃来？摆忙里说什么闲话来，咱两个摔，大家休打脸，好好的摔。旁边看摔跤的人们道：咳，那矬金舍倒了也。我不说来，你那里迭的我，常言道：矮子呵欠，气儿不长。"[2]

另一处是：

"你那里有来？今是圣节日，我在官里前面，百官礼毕后，看摔跤来。穿的花裤皂靴的勇士，四五对家蔟蔟趫趫的，摔倒拿法。看摔跤的官人们有什么数目？官里面前，丞相为头儿，各衙门官人一品至九品，大小众官，知他是多多少少，

---

[1]《元典章》卷五七《刑部十九·杂禁·禁治习学枪棒》。
[2]《朴通事谚解》卷中，第238—239页。

便是个人城，只是垓垓滚滚的。"①

在元代各种文献中只提到角抵、相扑，而这两条记载中却明确讲"摔跤"，显然当时已有"摔跤"这个词在流行。前一条记载说的是民间的"摔跤"，后一条说的则是宫廷重大仪式上的"摔跤"活动，"圣节日"应是皇帝的生日。

四、打髀石（髊）

打髀石（髊）是蒙古族中流行的一种投掷类竞技活动。髀石（髊）是动物的踝骨，儿童以此物投掷比胜负。有的还在踝骨中浇灌铜、锡，增加重量，掷时有力。成吉思汗铁木真与札木合是势不两立的敌手，但在童年时却是要好的朋友。"帖木真十一岁，于斡难河冰上打髀石时，札木合将一个狍子髀石与帖木真，帖木真却将一个铜灌的髀石回与札木合，做了安答。"②"安答"就是结义兄弟。在元代杂剧中，有不少地方说到打髀石（髊）。《说鱄诸伍员吹箫》中，奸臣费无忌用计杀害伍奢一家，又要派人去将在外地镇守的伍奢之子伍员诱骗回来，加以杀害。费无忌选派的人是自己的儿子费得雄，"他也是个好汉，常在教场中和小的打髀殖耍子"。③在《邓夫人苦痛哭存孝》中，李存孝说康君立、李存信二人没有什么功劳，"你饿时节挝肉吃，渴时节喝酪水，闲时节打髀殖，醉时节歪唱起，醉时节歪唱起"。④《虎牢关三战吕布》中，"听得临阵肚子疼"的孙坚"在本处与小厮每打髀殖"。⑤以上种种，一是可以看出"打髀殖"已为人们熟知。二是这种活动主要是"小厮"、"小的们"的"耍子"，成年人参加是遭人奚落的。

五、划龙舟

每年端午节，江南很多地方，都有划龙舟的比赛。元朝官方文书说，"江淮、江西、福建、两广诸路，皆有此戏"。⑥赣州兴国（今江西兴国）"俗好竞渡，当五月五日，选

---

① 《朴通事谚解》卷下，第319—320页。
② 《元朝秘史》校勘本第96—97页。
③ 李寿卿作，《元曲选》第647页。
④ 关汉卿作，《元曲选外编》第46页。
⑤ 郑德辉作，《元曲选外编》第467页。
⑥ 《元典章》卷五七《刑部十九·杂禁·禁约划棹龙船》。

船为龙形，饰以五彩，鸣钲鼓噪，夺赤旗以为乐，观者为堵墙"。[1]福建的民间风俗，"自四月中为龙船戏，船凿长木为槽，首尾鳞鬣，皆作龙形，以五彩妆绘，□髹其腹，取其泽也。上坐五六十人，人一棹，柱面对翻，并进如箭，铙歌鼓吹，自明竟夕，殊喧哗也。大率争取头标以为剧戏，踰重午乃已"。[2]福建划龙舟竞赛，以四月中起到端午节止，与其他地区有所不同。从以上两则记载可以看出，各地的龙舟竞赛，都是群众的盛大节日，元朝前期曾予取缔，[3]但没有什么效果。上引兴国情况，就发生在元朝末年。

第十一章 游 艺

---

[1] 宋濂《吕府君墓铭》，《宋文宪公全集》卷一五。
[2] 王恽《竞渡诗》，《秋涧先生大全集》卷二一。
[3] 《元典章》卷五七《刑部十九·杂禁·禁约划棹龙船》。

第三节 室内竞技活动

元代室内竞技，有围棋、象棋、双陆、投壶等项目，都是以比赛技艺为主的娱乐活动。

一、围棋

围棋是汉族的传统棋种，唐、宋、辽、金各朝均很流行。原来棋局纵横十七道，唐代发展成十九道，自此以后没有变化。

围棋在元代是雅俗共赏的技艺，被认为是消磨光阴、怡养性情的最佳工具。"棋乃尧王制，相传到至今；手谈消郁闷，遣兴过光阴。"① 在宫廷中，"儒臣春值奎章阁，玉陛牙牌报未时。仙仗已回东内去，牡丹花畔得围棋"。② "残却花间一局棋，为因宣唤赐春衣。近者火者催何急，惟恐君主怪到迟。"③ 诗人胡助作有《围棋赋》，其中云："闲居适意，惟棋甚美。子圆局方，法乎天地。分白黑之两奁，妙动静而为智。斯乃神仙之用心，盖亦圣贤之游艺。""胜忻然而败亦喜，庶足以顺神而保年。"④ 反映出一般文人喜爱围棋的心态。围棋又是娱乐场中公子哥儿、艺人和烟花女子的必修技艺。大剧作家关汉卿自命是"郎君领袖"、"浪子班头"、"会围棋"便是他引以自豪的技艺之一。⑤ 杂剧《逞风流王焕百花亭》中，风流公子王焕"九流三教事皆通，八万四千门尽晓"，首

---

① 李文蔚《破苻坚蒋神灵应》，《元曲选外编》第251页。
② 柯九思《宫词一十五首》，《草堂雅集》卷一。
③ 张昱《宫中词》，《张光弼诗集》卷二。
④ 《纯白斋类稿》卷一。《金华丛书》本。
⑤ 《［南吕］一枝花·不伏老》，《全元散曲》第172—173页。

第十一章 游 艺

佚名《柳亭对弈图》

先提到的就是围棋。①另一出杂剧《月明和尚度柳翠》中，风尘女子柳翠也会下围棋。②

杂剧《破荷坚蒋神灵应》中，提到围棋有五盘小棋势（小巧势、小妙势、小角势、小机势、小屯势）和二十四盘大棋势（独飞天鹅势、大海求鱼势、蛟龙竞宝势、蝴蝶绕园势、锦鲤化龙势、双鹤朝圣势、黄河九曲势、华岳三峰势、塞灰发焰势、枯木重荣势、彩凤翻身势、游鱼脱网势、虎护山峪势、两狼斗虎势、七熊争霸势、六出歧山势、兔守三穴势、野马跳涧势、批亢捣虚势、三战吕布势、十面埋伏势）。③棋势是围棋技艺的总结，反映出当时围棋技艺已有很高水平。这一时期还出现了一些围棋名家，

---

① 佚名作，《元曲选》第1427页。
② 佚名作，《元曲选》第1345页。
③ 李文蔚作，《元曲选外编》第250—251页。

370

如"相生子先兄弟,皆精于棋,人无与敌焉"。① 元代的围棋实物,亦有保留下来的。在大都(今北京)后英房元代居址遗址,便发现有围棋子一副,有二百二十余颗,用红、白玛瑙磨成,每颗两面扁平,直径在1.5—1.8厘米之间。这应是当时中、上层人物使用的文玩用具。②

对弈图(局面)

高丽的汉语教科书中有一段关于围棋的描写:

"今日下雨,正好下棋。咱们下一局赌输赢如何?你那里赢的我?要什么合口,眼下交手便见输赢。你一般浅见薄识的人,那里抵当的我。咱赌什么?咱赌一个羊着。这的时,有一个输了的便赛杀。可知便赛。你饶四着时才好。硬道是着么,我饶四着。咱停下。罢,罢,来指子为定。这一着好利害。杀一杀,八一八,赶一赶,扭将去打劫。我输了这劫时迟了。这个马下了时好。咳,这官人好寻思,计量大。你的杀子多没眼棋。咱摆着看。我不说停下来。你说饶我四着,我却怎么赢了这三十路棋?来么兄弟,常言道,高棋输头盘。"③

从这段记载不难看出当时下围棋的普遍。而其中有些围棋的专用词汇也可供研究元代围棋时参考。

---

① 刘基《赠弈棋相子先序》,《诚意伯文集》卷五,《四部丛刊》本。
② 《北京后英房元代居住遗址》,《考古》1972年第6期。
③ 《朴通事谚解》卷上,第46—49页。

二、象棋

象棋是我国传统的棋种,关于它的起源说法不一。象棋的棋制在历史上多有变化。现代通行的象棋在南宋时基本定型,棋盘中有河界,分九路,双方各有十六子,七个兵种,兵种的名称为将、士、象、车、马、炮、卒,双方都是一样。有一首散曲写道:"两下里排开阵角,小军卒守定沟壕。他那里战马攻,俺驾起襄阳砲,有士相来往虚嚣,定策安机紧守着,生把个将军困倒。"正是对象棋对着的生动描写。① 1959年,内蒙古大宁路遗址(今昭乌达盟宁城县境内)出土铜象棋子,一面是图像,一面是文字,正好有将、士、象、车、马、炮、卒七种。这是元代象棋的物证。② 在东胜州(今内蒙古托克托县境内)遗址,亦有铜象棋子出土,分士、象、马、炮、卒等。

元代日用百科全书型类书《事林广记》中收录了象棋的起手局二、残局一。③ 起手局开列着法,残局既有着法又有图式("双龙出海式")。这是现在能见到的最早的象棋谱中的残局和起手局,反映出象棋在当时的兴盛。

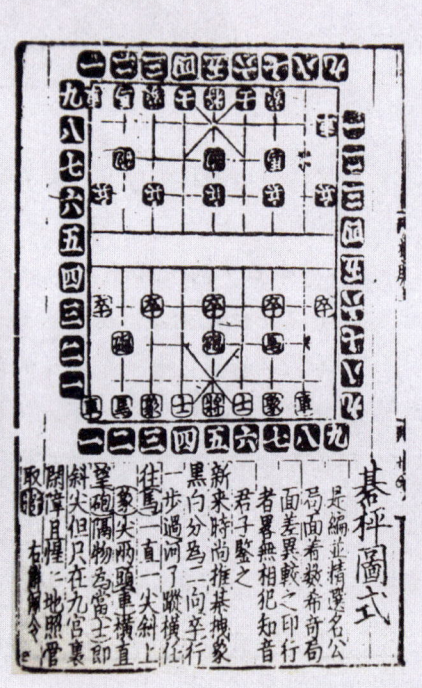

洪洞广胜寺明应王殿元代壁画《弈棋图》　　《事林广记》中的象棋棋枰图式

---

① 无名氏《[双调]沉醉东风·咏相棋》,《全元散曲》第1741页。
② 盖山林《阴山考古》第109页,内蒙古人民出版社1991年版。
③ 《事林广记》(至顺本)续集卷四《文艺类》。

高丽的汉语教科书记载，高丽商人从中国购买各种货物回去，其中有"象棋十副，大棋十副"。①"大棋"应是围棋。可知高丽人亦喜好象棋和围棋。棋类在两国文化交流中占有一定的地位。

三、双陆

双陆大概起源于印度，后传入中国。唐代风靡全国。南宋统治下的江、淮以南地区，双陆几乎绝迹。②但在辽、金相继统治下的北方，双陆仍是流行的。元朝统一以后，双陆又在全国范围内流传开来。元朝末代皇帝顺帝在内殿与宠臣哈麻"以双陆为戏"。③可知双陆已进入宫廷。官僚李孟（字道复）、揭傒斯都有咏双陆的诗篇。④民间诗人如任士林、张宪等，也有咏双陆的作品。⑤类书《事林广记》中载有打双陆的规则及其渊源，指出双陆有南、北之分。

元刻《事林广记》中的"双陆"图

同书还有北双陆的图形和两人打双陆的图画。从服饰、发型和周围环境来看，对下的两人显然是地位较高的蒙古人。⑥高丽的汉语教科书中说："那一日李指挥家里打双陆时节，王千户打背后来，扯了我一把刀儿。"⑦以上种种，都说明元代中、上层社会喜爱双陆之戏。

双陆在民间盛行，特别为青年男女所爱好。大剧作家关汉卿自夸会多种伎艺，其中便有"会双陆"。⑧散曲名家张可久有《观张氏玉卿双陆》之作。"问锦笙，罢瑶筝，

---

① 《老乞大》，《元代汉语本〈老乞大〉》影印本，第76页。
② 南宋初洪遵作《谱双》，专谈双陆，自序中说："双之不绝者无几矣。"南宋陈振孙《直斋书目解题》卷一四载："《谱双》十卷，洪遵集，此戏今人不复为。"
③ 《元史》卷二〇五《哈麻传》。
④ 李孟（字道复）诗见《诗渊》第2册，第1319页；揭傒斯诗，见《揭傒斯全集》诗集卷三。
⑤ 任士林诗见《诗渊》第2册第1468页，书目文献出版社影印本。张宪诗见《玉笥集》卷七。《粤雅堂丛书》本。
⑥ 续集卷六《文艺类》。
⑦ 《朴通事谚解》卷中，第230—231页。
⑧ 《[南吕]一枝花·不伏老》，《全元散曲》第173页。

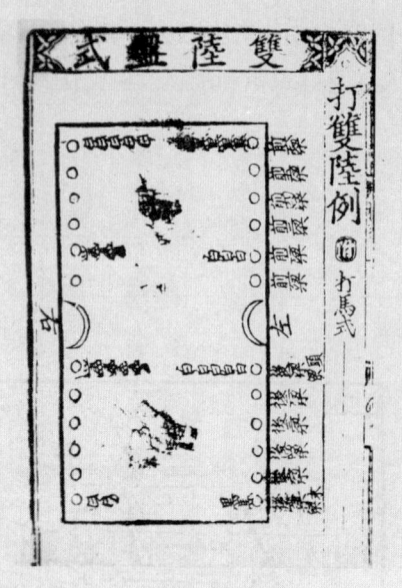

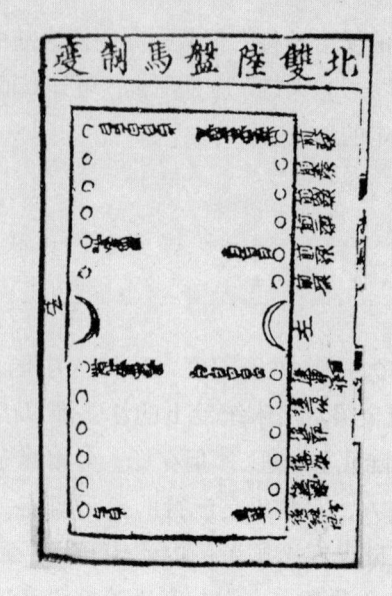

双陆图　　　　　　　双陆图

花阴半帘春昼永。斗草无情，睡又不成，佳配两相停。手初交弄玉拈冰，步轻挪望月瞻星。双敲象齿鸣，单走马蹄轻。赢，夜宴锦香亭。"描写青年女子以双陆消磨光阴的情景。他的另一篇散曲《春情》，则抒写青年女子对情人的不满："合琵琶歌白雪，打双陆赌流霞，嗏，醉了也不来家。"① 杂剧《月明和尚度柳翠》中，风尘女子柳翠先与师父下围棋，接着打双陆，后来又踢气毯，显然这几种都是妓院中常见的伎艺。②

双陆和棋类一样，有盘，长方形。玩者分为黑、白双方，每方各十二路，中有门，门的左右各六路，"双陆"之名即由此而来。每方各有十五马，作锥形，一般为木制。比赛时，先掷骰子，"各以其采行，白马自右归左，黑马自左归右。或以两骰之数共行一马，或行二马，或移或叠"。"马先出尽为胜。"③ "君马一十五，臣马一十五，共成三十骑，相距河之浒。""牙骰宛转两叫喧，喝六呼么破颜面。"④ "三五对参差，高呼得采时。犹疑双出早，每恨独归迟。"⑤ 这些诗句，便是对双陆比赛的描述。

高丽的汉语教科书记高丽商人从中国购买的货物，有"双六十副"。⑥ "双六"即"双陆"。双陆何时传入高丽不清楚，但由此可知在13世纪高丽亦已有此种伎艺。高丽的双陆应是自中国传入的。

---

① 《全元散曲》第880、876页。
② 佚名作，《元曲选》第1346页。
③ 《事林广记》续集卷六《文艺类》。
④ 张宪《咏双陆》，《玉笥集》卷七。
⑤ 揭傒斯《赋双陆》，《揭傒斯全集·诗集》卷三。
⑥ 《老乞大》，《元代汉语本〈老乞大〉》影印本，第76页。

四、投壶

投壶是中国一项传统的室内竞技项目。参与者在一定距离外将矢（箭）投进壶里，以投中多者为胜。唐、宋时文人中颇为流行。元代仍有投壶之戏。杂剧《逞风流王焕百花亭》中，"风流王焕"所精技艺中便有"投壶"一项。①

赣州兴国（今江西兴国）人吕明顺，是当地的富户，"好与宾朋游，每逢令节，必折简邀致，肆筵宴飨之，酣畅淋漓，雅歌投壶，必尽欢而后止"。②真定（今河北正定）人右卫亲军千户郑铨退职后，"逍遥杖履，日与里翁、邻友投壶觞酒以自娱，陶然忘其为贵家也"。③可见投壶之戏常在宴饮时举行。元末文人、曾任中书左丞的许有壬，有诗《独坐投壶》："绿阴清昼矢鸣壶，庆马何烦用酒娱。有主无宾聊一笑，却呼僮仆煮皋卢。"④则一人亦可为投壶之戏。从以上这些记

青铜投壶

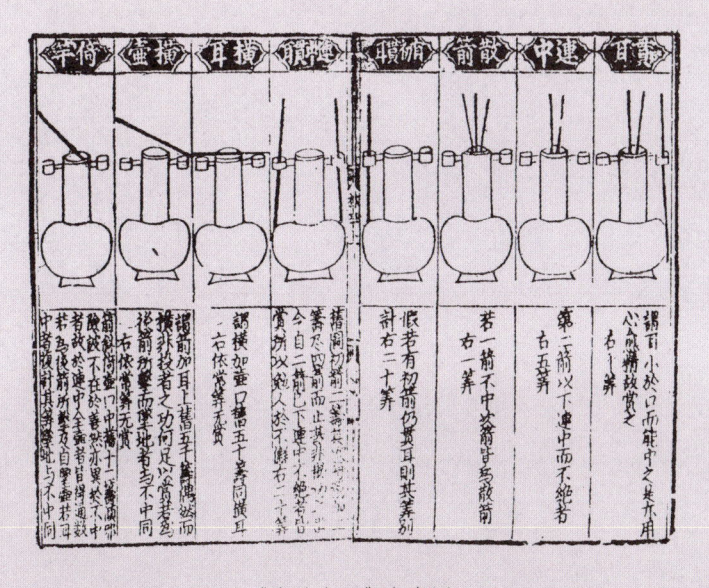

《事林广记》壶式图

---

① 《元曲选》第 1437 页。
② 宋濂《吕府君墓铭》，《宋文宪公全集》卷一五。
③ 苏天爵《右卫亲军千户郑君墓碑》，《滋溪文稿》卷一八。
④ 《至正集》卷二九。皋卢，木名，似茶，可作饮料。

载看来，投壶在南北均有，应是相当普及的。在元代应昌路遗址（在今内蒙克什克腾旗境内）发现有铜制投壶，长颈圆口，应是蒙古贵族之物，说明投壶之戏并不限于汉人，也为蒙古人所爱好。

【 第四节　民间游戏 】

民间游戏是以消遣为主的娱乐活动，目的在于从参与中获得乐趣，与竞技有所区别。游戏可以分为体能游戏和智力游戏两大类，前者有放纸鸢、荡秋千等，后者有顶真续麻、拆白道字、猜谜语等。

一、放纸鸢

放纸鸢是民间流传已久的一种游戏。元代依旧流行。有一首散曲写道："丝纶长线寄天涯，纵放由咱手内把。纸糊披就里没牵挂。被狂风一任刮，线断在海角天涯。收又收不下，见又不见他，知他流落在谁家。"[①]纸糊的风筝由长线操纵，飞上天空，被狂风刮走，不知流落何处。高丽的汉语教科书中也有关于放纸鸢的记载："街上放空中的小厮们好生广。如今这七月立了秋，祭了社神，正是放空中的时节。八月里却放鹤儿。有几等鹤儿，鹅老翅鹤儿，鲇鱼鹤儿，八角鹤儿，月样鹤儿，人样鹤儿，四方鹤儿，有六七等鹤儿。八月秋风急，五六十托粗麻线也放不匀。"[②]杂剧《钱大尹智勘绯衣梦》（关汉卿作）中，李庆安用二百文钱"买个风筝耍子"，"放起去落在这人家梧桐树上"，于是引出

《赵聘儿风月救风尘》插图

---

① 无名氏《[双调]水仙子·喻纸鸢》，《全元散曲》第1758页。
② 《朴通事谚解》卷上，第36—37页。

了一段故事。①

二、荡秋千

荡秋千也是长期流传的一项游戏。每年春天，特别是寒食、清明前后，社会上下，无不以秋千为戏，参加者以女性居多。

大都在寒食、清明前后，"上至内苑，中至宰执，下至士庶，俱立秋千架，日以嬉戏为乐"。②杭州"恰寒食有二百处秋千架"。③杂剧《逞风流王焕百花亭》（作者佚名）中说，清明时节，"郊外踏春"，"管弦拖曳，王孙仕女斗豪奢，梨花院秋千蹴鞠，牡丹亭宝马香车"。④写的都是城市风光。"桑柘外秋千女儿，髻双鸦斜插花枝"，则是农村的风情画。⑤

荡秋千有单人，也有双人。"四时惟有春无价，尊日月富年华。垂杨影里人如画。锦一攒，绣一堆，在秋千下。语笑忻怡，炒闹喧哗。软红乡，簇定个小宫娃。彩绳款拈，画板轻踏，微着力，身慢举，曳轻纱。众矜夸，是交加，彩云飞上日边霞，体态轻盈那闲雅，精神羞落树头花。"⑥这是描写女性聚会时一名少女荡秋千的情景。"静悄悄幽庭小院，近花圃相连着翠轩，仕女王孙戏秋千。……见金莲紧间金莲，胸前紧贴胸前，香肩齐并玉肩，宝钏压着金钏。那两个云游在半天，恰便似平地上登仙。"⑦则是两名少女同荡秋千。宫廷中亦流行"双双对蹴"，而且"自有戏蹴秋千之服"。⑧

三、斗草

斗草又称斗百草，即用各种草相比赛，起源很早，可以追溯到南北朝时期。这种游戏常常是和荡秋千联系在一起的，都是寒食春游的游戏。大都有南北城，南城是辽、

---

① 《元曲选外编》第71—80页。
② 《析津志辑佚·岁纪》。
③ 马致远《[双调]新水令·题西湖》，《全元散曲》第266页。
④ 《元曲选》第1425页。
⑤ 卢挚《寒食新野道中》，《全元散曲》第126页。
⑥ 无名氏《[南吕]骂玉郎过感皇恩采茶歌》，《全元散曲》第1680页。
⑦ 无名氏《[正宫]货郎儿》，《全元散曲》第1792页。
⑧ 《析津志辑佚·风俗》。

金旧城，多园林。春季"北城官员士庶妇人女子多游南城，爱其风日清美而往之，名曰踏青斗草"。① 可见斗草是踏青时举行的活动。杂剧《诈妮子调风月》（关汉卿作）中，侍妾燕燕恋上了小千户，寒食时节春游匆匆回家："年例寒食，邻姬每斗来邀会。去年时没人将我拘管收拾，打秋千，闲斗草，直到个昏天黑地。今年个不敢来迟，有一个未拿着性儿女婿。"② 杂剧《铁拐李度金童玉女》（贾仲名撰）中，描写金安寿夫妻到"郊外踏青"，只见"佳人斗草，公子妆幺，秋千料峭，鼓吹游遨"。③ 和秋千一样，斗草是年轻女性的游戏。

四、顶针（真、针）续麻

这是一种文字游戏。一人一句，可以是诗，也可以是词、曲。上句话的末一字，即下句的第一字，如此连续不断。杂剧《赵盼儿风月救风尘》（关汉卿作）中，倡女宋引章"拆白道字，顶真续麻，无般不晓"。④ 杂剧《逞风流王焕百花亭》（作者佚名）中，风流才子王焕"九流三教"，无不通晓，其中便有"顶针续麻"。⑤ 散曲名家张可久在一首题为《元夜宴集》的作品中写道："绿窗纱银烛梅花，有美人兮，不御铅华。……可喜娘春纤过茶，风流煞真字续麻，共饮流霞。"⑥ 可见在聚会宴饮时顶真续麻是常常举行的一种游戏。

顶针续麻的具体例子如："断肠人寄断肠词，词写心间事。事到头来不由自，自寻思，思量往日真诚志。志诚是有，有情谁似，似俺那人儿。"⑦

五、拆白道字

这也是一种文字游戏，上引《赵盼儿风月救风尘》中已经提及。其他元代杂剧中亦常以拆白道字与顶真续麻并提，作为诸般技艺的两种。拆白道字就是把一个字拆成两

---

① 《析津志辑佚·岁纪》。
② 《元曲选外编》第 83 页。
③ 《元曲选》第 1096 页。
④ 《元曲选》第 193 页。
⑤ 《元曲选》第 1432 页。
⑥ 《全元散曲》第 774 页。
⑦ 无名氏《[越调]小桃红·情》，《全元散曲》第 1731 页。

个字，作为开玩笑的材料。和顶真续麻一样，都能表现出一个人的聪明和机智。在杂剧《崔莺莺待月西厢记》中，郑恒要娶崔莺莺，红娘与他辩论："高低远近都休论，我拆白道字辩与你个清浑。""君瑞（张珙，字君瑞，崔莺莺情人——引者）是个'肖'字这壁著个立'人'，你是个'木寸''马户''尸巾'。"①"肖"边立"人"是"俏"，"木寸""马户""尸巾"是"村驴吊"。这种文字游戏也是很流行的。

六、猜谜语

猜谜语也是流行已久的游戏形式，具有锻炼智力的功能。谜语形式多种多样，适应不同文化程度的需要。下面便是元代流行的一些谜语：

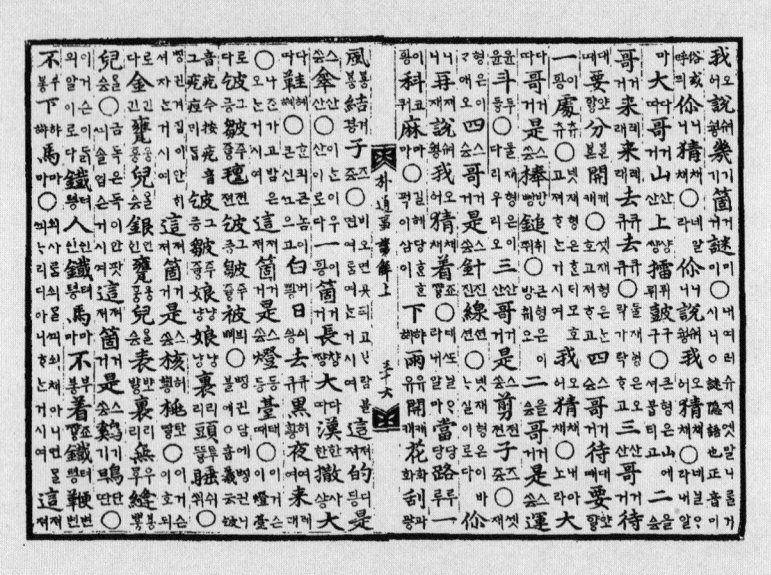

《朴通事谚解》书影

"我说几个谜你猜。你说我猜。

'大哥山上擂鼓，二哥来来去去，三哥待要分开，四哥待要一处'。'我猜大哥是棒槌，二哥是运斗，三哥是剪子，四哥是针线'。你再说。我猜着。

'当路一科麻，下雨开花，刮风结子'。'这的是伞'。

'一个长大汉撒大鞋，白日去，黑夜来'。'这的是灯台'。

'皱皱毡皱皱皮，皱皱娘娘里头睡'。'这个是核桃'。

---

① 《元曲选外编》第317页。

'金瓮儿银瓮儿，表里无缝儿'。'这个是鸡蛋'。
'铁人铁马，不着铁鞭不下马'。'这个是锁子'。
'墙上一块土，吊下来礼拜'。'这个是雀儿'。
'一个老子当路睡，过去的过来的弄我的，不知道我的粗与细'。'这个是碾子'。
'墙上一个琵琶，任谁不敢拿他'。'这个是蝎子。'
'家后一群羊，个个尾子长'。'这个是樱桃。'
'一房子里五个人刚坐的'。'这个是靴子'。
'金罐儿铁携儿，里头盛着白沙蜜。''这个是梨儿。'
'一个长瓮儿窄窄口，里头盛着糯米酒'。'这个是奶子。'
'满天星宿一个月，三条绳子由你曳'。'这个是秤'。
'两个先生合卖药，一个坐一个跳'。'这个是药刀'。
'弟兄三四个，守着停柱坐'。'这个是蒜'。
'钻天锥下大水'。'这个是塔儿'。
咳，都猜着了也，真个是精细人。"①

这段文字共有谜语17个，文字比较粗俗，显然是下层群众的创作。文人中亦流行谜语。散曲作家朱凯作有《谜韵》，吴本世有"诗谜数千篇"。又有范居中，"居杭之三元楼前，每岁元夕，必以时事题于灯纸之上，杭人聚观"。②元宵赏灯打灯谜，这是许多城市中一直流行的风俗，杭州是文人汇集之地，此风更盛。

此外，民间游戏还有斗促织、踢建（毽）子等。③

---

① 《朴通事谚解》卷上，第75—79页。
② 钟嗣成《录鬼簿》卷下，《中国古典戏曲论著集成》第2册。
③ 《朴通事谚解》卷上，第38页。

第五节 戏曲和傀儡戏

戏曲和傀儡戏都是综合的表演艺术。中国的戏曲和傀儡戏源远流长，发展到元代，已经趋于成熟，经常在城市、乡村演出，广泛受到欢迎。成为城乡居民文化生活的重要组成部分。

一、构栏和露台

戏曲在城市中有固定的演出场所，称为"构栏"（或"勾阑"）。元代杂剧《汉钟离度脱蓝采和》，描写"伶人"蓝采和的故事。剧中说，蓝采和"在这梁园棚内构栏做场"。①"做场"就是演出。"梁园棚"应是整个游艺场所的名称，"构栏"只是其中一部分。"至元壬寅夏，松江府前构栏邻居顾百一者，……有女官奴，习讴唱，每闻构栏鼓鸣则入。是日，入未几，棚屋拉然有声，众惊散。既而无恙，复集焉。不移时，棚阽压，顾走入抱其女，不谓女已出矣，遂斃于颠木之下。"②松江在元代是一个中等城市，亦有"构栏"。"构栏"为"棚屋"，显然是比较简易的临时性建筑。和上面的"梁园棚"相印证，当时的游艺场所应大多如此。"构栏"里有戏台，也叫乐台，是演戏的舞台。"入得门上个木坡，见层层垒垒团圈坐。"③观众的席位应是用木板搭成分层而坐的，称为"神楼"或"腰棚"。④演出前要挂（贴）出招子（花招儿），就是写有演员姓名的海报。⑤

---

① 作者佚名，《元曲选外编》第971页。
② 陶宗仪《辍耕录》卷二四《勾阑压》。
③ 杜仁杰《庄家不识构栏》，《全元散曲》第31页。
④ 《汉钟离度脱蓝采和》，《元曲选外编》第972页。
⑤ 《汉钟离度脱蓝采和》，《元曲选外编》第971页。《宦门子弟错立身》，见《永乐大典戏文三种校注》，钱南扬作，中华书局1979年版。

元代影青雕塑戏台瓷枕

又要将有关的各种道具挂出，使观众了解具体演出的剧目。① 演出是收费的，散曲作家杜仁杰在《庄家不识构栏》套曲中，描写一个农民进城，经过构栏门前，"见一个手撑着椽做的门，高声的叫'请请'，道'迟来的满了无处停坐'"。经不住诱惑，被看门的人"要了二百钱放过咱"。②"看构栏散闷"的观众很多是"官员、上户、财主"，③ 但从上面所引资料来看，也有不少城市平民和农民。

戏曲常在农村演出。农村的寺庙每遇"神诞"要举行庙会，戏曲演出是庙会活动的重要内容。例如泰山东岳庙会规模盛大，便有"俳优"参加。④ 因此，元代较大的寺庙中大多建有戏台，供演出用。在元代以前，寺庙中的戏台一般称为露台，即用土和砖石砌成的露天高台，观众可以从四面观看。到了元代，有些庙宇仍建露台，但是更多的则已在台上四角立柱，上架屋顶，加砌后墙，后墙的两端逐渐向前延伸，最后变成三面环墙、一面敞开的布局。这样，便从四面观向三面观最后向一面观转化，这在舞台发展史上是一大进步。在山西迄今保存了不少元代寺庙舞台的遗存。比较有名的如山西临汾魏村牛王庙元代舞台（建成于至元二十年，1283 年），山西翼城县武池村乔泽

---

① 《汉钟离度脱蓝采和》，《元曲选外编》第 972 页。
② 杜仁杰《庄家不识构栏》，《全元散曲》第 31 页。
③ 《汉钟离度脱蓝采和》，《元曲选外编》第 973 页。
④ 《元典章》卷五七《刑部十九·杂禁·禁投醮舍身烧死赛愿》。

元代戏曲《窦娥冤》插图

庙舞楼（建于泰定元年，1324年）和山西运城三官庙元代戏台（建成年代不详）等。现存山西洪洞县明应王殿（元代建成）的元杂剧壁画，表示了当时杂剧演出的场面。壁画中舞台帐额书"尧都见爱大行散乐忠都秀在此作场"，落款为"泰定元年四月"。这是农村戏曲演出的实物例证。[①]

以上所说戏曲在城市和农村演出，说明当时的戏曲表演已趋向社会化和商业化。这种现象带来了戏曲的繁荣，观赏戏曲成为社会各阶层的普遍爱好。

[①] 参见廖奔《宋元戏曲文物与民俗》，第1编第5章《戏台》，第2编第4章第4节《洪洞明应王殿忠都秀作场壁画》，文化艺术出版社1989年版。

二、戏曲品种

元代戏台

　　元代戏曲主要有杂剧、南戏和院本几类。杂剧最为兴盛,先在北方形成,元朝统一以后逐步向南方发展。院本是金代的戏曲品种,杂剧是在院本基础上产生的。实际上杂剧和院本有很多题材是相同的,不少杂剧演员也会演院本。杂剧、院本有时在构栏中同时演出。南戏自宋代起便在江浙一带流行,杂剧向南方发展,推动了南戏的进步。

　　据统计,元代杂剧作品(包括元明之际),应在700种以上。其中作者姓名可考的500种左右,另有230余种作者佚名。[1]除少数例外,大多数杂剧作者是"门第卑微,职位不振"的文人。[2]当时把他们称为"才人"。"才人"有自己的团体,称为"书会"。按照题材来区分,杂剧有爱情婚姻剧、神仙道化剧、公案剧、社会剧和历史剧几大类,内容极其广泛,反映了社会生活的许多方面。用当时人的话来说:"上则朝廷君臣政治之得失,下则闾里市井父子兄弟夫妇朋友之厚薄,以至医药卜筮释道商贾之人情物性,殊方异域风俗语言之不同,无一物不得其情,不穷其态。"[3]院本的故事与杂剧有许多相似之处。南戏则以爱情、婚姻和家庭伦理剧为主。各种戏曲中很多作品宣扬了封建道德伦理观念和消极出世思想,但也有相当多的作品在不同程度上表现了对现

---

[1] 邓绍基主编《元代文学史》第68—69页,人民文学出版社1991年版。
[2] 钟嗣成《〈录鬼簿〉序》,《录鬼簿》卷首,《中国古典戏曲论著集成》本,1959年版。
[3] 胡祗遹《赠宋氏序》,《紫山大全集》卷八。

山西洪洞县明应王殿元杂剧壁画

实的批判精神,曲折地反映出人民群众的愿望。题材的广泛,表现手段的成熟,以及思想的复杂,使得戏曲成为当时风行城乡、雅俗共赏的一种艺术表演形式。元代有人记述戏曲演出的盛况时说:"河东张生翥尝为余言,翥居钱塘,人为俳优,日聚观至数百人,或千人。其传为慈孝、为节义事者,长幼无不慷慨长叹至流涕,或恸哭不能终观。有是哉,感于人心非小补,岂尽鄙事也。"① 可见戏曲表演感人之深。观赏戏曲成为元代的社会风尚。

至元十八年(1281年)御史台转发中书省的一件文书中说:"据宣徽院呈,提点教坊司申,闰八月二十五日,有八哥奉御、秃烈奉御传奉圣旨:道与小李,今后不拣什么人,十六天魔休唱者,杂剧里休做者,休吹弹者,四天王休妆扮者,骷髅头休穿戴着。如有违犯,要罪过者。"② 教坊司是管理乐人的机构。由这件文书可知,忽必烈统治的时

---

① 李存《杂说》,《俟庵集》卷一二,《北京图书馆古籍珍本丛刊》本。
② 《元典章》卷五七《刑部十九·杂禁·禁治装扮四天王等》。

代，教坊司已演出杂剧，主要应是供宫廷和上层贵族、官僚观赏的。"尸谏灵公演传奇，一朝传到九重知。奉宣赍与中书省，诸路都教唱此词。""初调音律是关卿，伊尹扶汤杂剧呈。传入禁垣宫里悦，一时咸听唱新声。"①也说明杂剧常在宫廷中演出。杂剧原是民间艺术，一旦进入宫廷和上层社会，反过来又会对它在民间的流行起很大的推动作用。戏曲在元代风靡一时，成为风尚，和统治者以及上层社会的爱好是分不开的。

路歧 元代戏曲演员称为路歧，又有"末尼"、"伶人"、"散乐"、"行院"、"乐人"等名称。杂剧《汉钟离度蓝采和》中，在构栏内做场的蓝采和，被称为"伶人"，"是个上戏台的"末尼，他的众弟兄"都是一般行院"，"是一火村路歧"。②路歧大都有艺名（乐名），上述蓝采和就是艺名，原名叫许坚。此外如解语花（姓刘）、珠帘秀（姓朱）、顺时秀（郭顺卿）等。她（他）们大都以艺名传诵于世，真名反而不为人所知。除了少数演员能够长期在大都（今北京）和大、中城市演出外，多数演员则辗转各地演出，"冲州撞府，求衣觅食"。③所谓"路歧"，指的就是到处演出的艺人，"或有路歧不入构栏，只在要闹宽阔之处作场者，谓之打野呵"。④"路歧歧路两悠悠，不到天涯未肯休。"⑤他们以表演为谋生的手段，"做一段有憎爱劝贤孝新院本，觅儿女济饥寒得温暖养家钱"。⑥总的来说，戏曲演员生活很不安定，社会地位很低。但是，在戏曲演员中，也出现了少数名震一时的角色，如珠帘秀、顺时秀。珠帘秀"杂剧为当今独步"，能扮演各种人物，无不形神逼真，令人倾倒。当时名诗人关汉卿、胡祗遹、卢挚、冯子振、王恽等都有诗文题赠。后辈称之为"朱娘娘"。⑦顺时秀"色艺超绝"，是隶属于官府机构教坊司的乐人。⑧"教坊女乐顺时秀，岂独歌传天下名。意态由来看不足，揭帘半面已倾城。"⑨"文皇在御升平日，上宛宸游驾频出。仗中乐部五千人，能唱新声谁第一？燕园佳人号顺时，姿容歌舞总能奇。中官奉旨时宣唤，立马门前催画眉。建章宫里长生殿，芍药初开敕张宴。龙笙奏罢凤弦停，共听娇喉一莺啭。遏云妙响发朱唇，不让开元许永新。……当宴按罢谢天恩，捧赐缠头蜀都绮。晚出银台酒未消，侯家主第强相邀。宝钗珠袖尊前赏，占断春风夜复朝。"⑩从诗人的这些描写，可以看出，顺时秀的

---

① 朱有燉《元宫词》。
② 《元曲选外编》第971—980页。
③ 《宦门子弟错立身》。
④ 周密《武林旧事》卷六《瓦子构栏》。
⑤ 《宦门子弟错立身》。
⑥ 《汉钟离度脱蓝采和》，《元曲选外编》第971页。
⑦ 孙崇涛等《青楼集笺注》第82—91页，中国戏剧出版社1990年版。
⑧ 《辍耕录》卷一九《妓聪敏》。
⑨ 张昱《辇下曲》，《张光弼诗集》卷二。
⑩ 高启《听教坊旧妓郭芳卿弟子陈氏歌》，《高青丘集》卷八，上海古籍出版社1985年版。

杂剧图

"色艺"天下闻名,倾倒众生,深受欢迎。对杰出演员的崇拜,为当时的一种风气。

世祖至元十一年(1274年),大司农司的一件文书中说:"河北河南道巡行劝农官申,顺天路束鹿县头店见人家内聚约百人自搬词传动乐饮酒。为此,本县官司取讫社长田秀并田拗驴等各人招伏,不合纵令侄男等攒钱置面戏等物,量情断罪外,本司看详,除系籍正色乐人外,其余农民、市户、良家子弟,若有不务本业,习学散乐,般说词话人等,并行禁约,是为长便,乞照详事。"中书省批准这一建议。① 后来,上述禁令成为元代法制中的通例:"诸民间子弟,不务生业,辄于城市坊镇,演唱词话,教习杂戏,聚众淫谑,并禁治之。"② "散乐"、"杂戏"均指戏曲而言,"词话"是说唱表演艺术(见下一节)。这些禁令正好说明当时无论城市或乡村都有子弟自发学习演唱戏曲和词话。南戏《宦门子弟错立身》描写官僚子弟完颜寿马爱好戏曲,恋上了行走江湖的女演员王金榜,离家出走,与王金榜结为夫妻,到处演唱。这个故事在元代很流行,③反映出即使"良家子弟"也有人热衷于戏曲,这对政府的禁令可以说是个讽刺。

傀儡戏 傀儡戏就是木偶戏,在中国有悠久的历史。元代仍在民间流行。著名诗人杨维桢在一篇文章表彰傀儡戏演员说:

"玉峰朱明氏世习窟礧家,其大父应俳首驾前,明手益机警,而辨舌歌喉,又

---

① 《元典章》卷五七《刑部十九·杂禁·禁学散乐词传》。"自搬词传动乐饮酒",《通制条格》卷二七《杂令·搬词》作"般唱词话"。
② 《元史》卷一〇五《刑法志四》。
③ 剧作家李直夫、赵文殷均作有《宦门子弟错立身》(见《录鬼簿》卷上,《中国古典戏曲论著集成》第2册,中国戏剧出版社1959年版)。蔡美彪先生指出,南戏《错立身》是根据杂剧改编的(《南戏〈错立身〉之时代与北曲之南传》,《元史论丛》第5辑,中国社会科学出版社1995年)。

悉与手应，一谈一笑，真若出于偶人肝肺间，观者惊之若神。松帅韩侯宴余偃武堂，明供群木偶为《尉迟平寇》、《子卿还朝》，于降臣民辟之际，不无讽谏所系，而诚非苟为一时耳目玩者也。"①

"窟礧"就是傀儡。傀儡戏演员朱明，世代以此为业，他能以"群木偶"演出完整的戏剧故事，木偶的动作与说唱相互配合，达到很好的效果。可惜的是，杨维桢没有说明朱明的表演属于傀儡戏的哪一种类型。作家张可久在一首题为《游春即景》的散曲中有"闹竿儿乔傀儡"之句，②描写的应是杖头傀儡，也就是以竿撑起傀儡，进行表演。道士姬翼在一首词中写道："造物儿童作剧狂，悬丝傀儡戏当场。般神弄鬼翻腾用，走骨行尸昼夜忙。非是海，利名乡，青蝇白蟥自相伤。随声逐色谁敲点，拍手归来笑一场。"③描写的是悬丝木偶，即现代的提线木偶，演员在上方牵动不同的线，木偶就表演出各种动作。杂剧《西游记》中描写傀儡戏说："一个人儿将几扇门儿，做一个小小的人家儿，一片细帛儿，妆着一个人，线儿提着木头雕的小人儿。"④说的也是悬丝木偶。

元仁宗时，"近侍请于禁中海子为傀儡之戏，拟筑水殿以备乘舆游观"，后因有人反对作罢。⑤这种傀儡戏在"海子"（湖）中表演，显然是水傀儡，即以水为动力，推动木偶表演。北宋宫廷中即有此种伎艺，在水中小船上结小彩楼，如傀儡棚，木偶从彩楼小门中出来表演各种动作。⑥南宋杭州"百戏伎艺"中亦有水傀儡。⑦元代的水傀儡是前代的延续。

从以上所述，可以看出，元代傀儡戏多种多样，无论在上层或在民间都是很受欢迎的。

---

① 《朱明优戏序》，《东维子文集》卷一一。
② 《全元散曲》第836页。
③ 《鹧鸪天（八）》，《全金元词》第1214页，中华书局1979年版。
④ 杨景贤作，《元曲选外编》第649页。
⑤ 苏天爵《董公（董讷）行状》，《滋溪文稿》卷二三。
⑥ 孟元老《东京梦华录》卷七《驾幸临水殿观争标设宴》。
⑦ 吴自牧《梦粱录》卷二〇《百戏伎艺》。

第六节　说唱伎艺和杂技

说唱伎艺，在中国历史上源远流长。元代的说唱伎艺，是在宋、金基础上发展起来的，以说话影响较大，其次有诸宫调、说唱货郎儿等。根据题材来分，说话有小说、讲史和说经几个方面。说话有的只说不唱，有的说唱并用。

说话这种艺术形式，最早出现于唐代，宋代已广泛流行。上一节引用的元朝政府文书禁止农民、市户、良家子弟"搬唱词话"。说话时有词有话，就叫做"词话"。① 词主要是用来唱的。在元代，词话实际上成为说话的同义语。② 戏曲和说话人一样，一般也是在"构栏"中表演的。元朝末年，"胡仲彬乃杭州构栏中演说野史者，其妹亦

永乐宫纯阳殿醮乐图

---

① 至大三年（1310年），回回农民木八剌"幼小听得妄传词话，自行捏作乱言。"见《元典章》卷四一《刑部三·谋反·乱言平民作歹》。
② 孙楷第《词话考》，见《沧州集》上册，第97—108页，中华书局1965年版。

赤峰元宝山墓室壁画伎乐图

能之"。① "演说野史"就是讲史。宋代说话人大多在"构栏"中演出，元代延续了这种做法。元末名诗人杨维桢在一篇文章中说："丙午春二月，予荡舟娱春，过濯渡，一姝淡妆素服，貌娴雅，呼长年舣棹，敛衽而前，称：朱氏名桂英，家在钱塘，世为衣冠旧族，善记稗官小说，演史于三国、五季。因延至舟中，为予说道君艮岳及秦太师事，座客倾耳，知其腹笥有文史，无烟花脂粉。予奇之曰：使英遇思陵太平之朝，如张、宋、陈、陆、史辈，谈通典故，入登禁壶，岂久居瓦市间耶！"② "思陵"指宋高宗，"张、宋、陈、陆、史"是高宗时以说话侍奉高宗的艺人。西湖是游人集中之地，这个女艺人乘舟往来湖中，随时应召演出。

伎乐图

---

① 陶宗仪《辍耕录》卷二七《胡仲彬聚众》。
② 《送朱女士桂英演史序》《东维子文集》卷六，《四部丛刊》本。

说话人似以女性居多。除了上述胡仲彬之妹及朱桂英外，还有高秀英。诗人王恽《鹧鸪引，赠驭说高秀英》诗："短短罗衫淡淡妆，拂开红袖便当场。掩翻歌扇珠成串，吹落谈霏玉有香。由汉魏，到隋唐，谁教若辈管兴亡。百年都是逢场戏，拍板门锤未易当。"①这位女性擅长的显然也是讲史。又有时小童，"善调话，即世所谓小说者，如丸走板，如水建瓴。女童童，亦有舌辩。嫁末泥度丰年，不能尽母之伎云"。②"调话"就是说话。"舌辩"亦指说话而言。

元墓伎乐砖雕

说话人的文字底本，称为"话本"。现存的元代话本，以小说和讲史两类为主。经研究可以确定的现存元代小说类话本有九种，讲史类话本有八种。从现存话本来看，有三个特点。一是话本和戏曲呈现互相渗透的趋势。作者（书会才人）往往一身二任，既写作戏曲，又编撰话本。而话本与戏曲的题材、情节亦往往相似。二是讲史风行一时。在宋代话本中，小说居于主流。到元代，讲史取代了小说的地位，从前引一些例子可以看出，不少著名说话人均以讲史擅长。三是话本文字往往朴拙、简略，只交代简单的情节，说话人可以临场发挥。③元代的说话和话本，对于后代的小说的创作，有着重要的影响。三国、水浒、封神和西游的故事，在元代都已初具规模，有的已有相当生动的情节。《三国演义》、《水浒传》、《西游记》和《封神榜》的成书都是一个漫长的过

---

① 《秋涧先生大全集》卷七六。
② 《青楼集笺注》第 151 页。
③ 参见邓绍基主编《元代文学史》第 598—599 页，人民文学出版社 1991 年版。

程，说话人和话本在这个过程中起了重要的作用。

说话通俗易懂，情节曲折，容易为群众接受。上一节所引官府文书便可说明，说话在城市、乡村广泛流行。"搬唱词话"和"教习杂戏"在当时是相当普遍的文化娱乐活动。需要说明的是，元朝政府禁止农民、市户、良家子弟学唱戏曲、词话，但并不禁止"乐人"（在国家户籍上正式登记的演员）演唱。而元朝政府颁行此种禁令表面上是因为这些人"不务本业"，实际上是害怕"聚众"，对统治不利。

诸宫调是宋、金时颇为风行的民间说唱伎艺。它取同一宫调的若干曲牌联成短套，首尾一韵，再用不同宫调的许多短套联成长篇，用以说唱长篇故事，"诸宫调"一名即由此而来。演唱时采取歌唱和说白两种方式，有乐器伴奏。元代杂剧的结构和表演方式，都受到诸宫调的影响。到了元代，由于杂剧的兴起，诸宫调不再像宋、金时风行，但仍有一定的市场。杂剧《诸宫调风月紫云庭》中，诸宫调演员唱："我构栏里把戏得四五四铁骑，到家来却有六七场刀兵。""则教你住构栏不教你坐监房。"同剧中演员又唱："这条冲州撞府的红尘路。"[1]可见诸宫调演员在构栏中演出，但有时亦"冲州撞府"，到处巡回。元代著名的诸宫调演员有赵真真、杨玉娥、秦玉莲、秦小莲等。[2]诸宫调一般是由女演员表演的。

元代前期诗人胡祗遹观看诸宫调演出，写下了二首诗："谈锋滚滚决悬河，嚼微含宫格调多。唱到至元供奉曲，篆烟风细蔼春和。""古今陈迹不须言，圣代文章合剩传。留着才情风调曲，缓歌中统至元年。"[3]说明诸宫调演唱的内容，有"古今陈迹"，又有

永乐宫纯阳殿斗拱拍板 　　　　　永乐宫纯阳殿斗拱笙

---

[1] 石君宝作，《元曲选外编》第345—354页。
[2] 《青楼集笺注》第91、126页。
[3] 《诸宫调》，《紫山大全集》卷七。

永乐宫纯阳殿斗拱横笛图

永乐宫纯阳殿斗拱花腔扁鼓图

对所处时代的歌颂。从其他一些记载来看，除了传统名作，如以青年爱情为题材的《双渐小[苏]卿》诸宫调外，还有大量以前代历史为内容的作品（"三国志"、"五代史"、"前汉"、"后汉"等）。① 宋、元时期往来于城乡贩卖杂物的商贩，往往一面敲锣或摇蛇皮鼓，一面随口说唱物品名称、特色。说唱的调子定型化，便称为"货郎儿"。说唱"货郎儿"，成为颇受欢迎的一种民间伎艺。当时有"唱词货郎"之称，即指从事此项伎艺之人。② 大都是都城，亦有"唱琵琶词货郎儿人等，聚集人众充塞街市"。③ 可见颇受欢迎。大都如此，外地更盛。杂剧《风雨像生货郎旦》中，京兆府员外李彦和因娶妓女而家破人亡，其家奶母张三姑跟着唱货郎的张撇古"唱货郎儿度日"。后来与李彦和相遇，两人同以唱货郎儿为生。李彦和之子李春郎被一个千户收养，后承继千户官职，在馆驿中与张三姑、李彦和相遇。张、李二人将一家遭遇编成《货郎儿》说唱，导致父子相遇。剧中李彦和在破落后以放牛为生，但听说了张三姑以唱货郎儿为生，勃然大怒，以为"可不辱没杀我也"。

永乐宫纯阳殿斗拱小儿乐舞图

---

① 《诸宫调风月紫云庭》。杨立斋：《[般涉调]哨遍》，《全元散曲》第1271—1273页。
② 胡祗遹《论积贮》，《紫山大全集》卷二二。
③ 《元典章》卷五七《刑部十九·杂禁·禁弄蛇虫唱货郎》。

"我与人家看牛哩，不比你这唱货郎的生涯这等下贱。"张三姑唱："我本是穷乡寡妇，没甚的艳色娇姿，又不会卖风流弄粉调脂，又不会按宫商品竹弹丝。无过是赶几处沸腾腾热闹场儿，摇几下桑琅琅蛇皮鼓儿，唱几句韵悠悠信口腔儿，一诗一词，都是些人间新近希奇事，扭捏来无诠次，倒也会动的人心谐的耳，都一般喜笑孜孜。"① 可见，元代专门从事说唱货郎儿的演员，可以一人表演也可二人合演，他们的身份低下，受社会的歧视。说唱货郎儿常用的伴奏乐是蛇皮鼓，说唱的内容大多是"人间新近希奇事"，可以在"热闹"的场合演出，也可以在小范围内表演。这是一种来自民间的大众化的说唱伎艺。

杂技在中国亦有悠久的历史。元代，杂技亦在"构栏"中演出。高丽的汉语教科书《朴通事》中说：

"构栏里看杂技去来。去时怎么得入去的。一个人与他五个钱时放入去。有诸般唱词的，也有弄棒的。一个高卓儿上脱下衣裳。赤条条的仰白着卧，一托来长短、停柱来粗细的油红画金棒子放在他脚心上转，脚背上转，指头上转，吊下来踢上去，弄得只是眼花了。弄宝盖，又是一个铜嘴、镶嘴造化，带着鬼脸儿、翅儿舞。他的主儿拿着诸般颜色的小旗儿，那主儿著那铜嘴的衔将那一个颜色的旗来，说时，便嘴里衔将来，与他那主儿。有呈诸般把戏的那？好看的什么没？我没零钱怎么好？不妨事，我有零钱，我管着馈你。"②

前面说的是蹬技，后面说的是玩鸟。这是说在"构栏"中演出的杂技是营业性的，进门要收费。元代诗人胡祗遹诗《小儿爬竿》写道："休凭口舌慢矜夸，看取当场戏险家。剑鞘高竿斜复正，喧声百万动京华。""险艺呈来已数回，弄人鼓笛莫相催。当宴一博天颜喜，百尺竿头稳下来。"③ 爬竿是中国杂技的传统保留节目，在元代仍然流行。爬竿表演时有鼓、笛伴奏，有轰动的效果，而且已经进入宫廷。爬竿之外，又有走绳索。"绝艺当场万目倾，两竿朽索半空横。反提双女摩肩过，仰射孤鸿信脚行。胜似子龙身里满，体如飞燕掌中轻。弄潮已叹吴儿险，更有人从死处生。"④ 绳索高悬半空，表演者在上面行走，还要手提双女，对面摩肩而过，这是何等惊险的动作。诗人赵文有诗题为《相扑儿》，其中写道："一儿攀肩猿上枝，一儿接臂倒立之。立者忽作蹴地状，

---

① 《元曲选》第1639—1655页。
② 《朴通事谚解》卷中，第139—141页。"托"，成年人伸开双手的长度。
③ 《紫山大全集》卷七。
④ 艾性夫《赠绳伎》，《剩语》卷上，《四部丛刊》本。

攀者引头立其足。飞跳倏忽何轻随,怜尔骨节柔如绵。少年屈析支体软,红锦缠头酒论椀。"①诗中描写的"相扑",不是两人比赛的角抵,而是两个小儿的体操表演,灵活轻柔,令人目不暇给。

元代,有不少中国人移居交趾(今越南北部),促进了两国之间的文化交流。其中有丁善德能为"俳优歌舞",交趾的"险竿技自此始"。②

---

① 《青山集》卷七,《四部丛刊》本。
② 《大越史记全书》卷五《陈纪一》。

第七节　赌博和冶游

赌博是一种以钱物作注比输赢的畸形娱乐活动，在中国有悠久的历史，元代依然盛行。

官方文书中提到"赌博钱物"，又有"关扑诸物"，[①]两者都是赌博，但操作方法有所不同。"赌博钱物"是以货币作注比输赢，"关扑诸物"则是以实物作注定输赢。

"赌博钱物"亦作"赌扑钱物"，"博"与"扑"都是比输赢的意思。比较常见的赌具是铜钱，有多种赌法。常见的是抛掷若干铜钱，以正、反面数量定输赢。例如平江路常熟县（今江苏常熟）姚千六等"用火印竹马子并用太平铜钱八文赌扑八叉，被宋百六拿到头钱四文、马子七个"。[②]杭州程忠等"说诱外路富商阎官人等……于徐志家赌扑，虚出银台盏、珠梳及零碎包裹纸被假作钞定，将铜钱猜赌双只，令阎常一同赌扑，输讫至元钞八定三十两，与顾玉等高下分收"。又有张胜等"虚以卖田为由，啜（掇）诱李慧光将铜钱扎若龟，用局骗手法，赢讫本人至元钞三定二十七两"。[③]"扎若龟"应即"藏阄"，"将铜钱扎若阄"就是一方手握铜钱，由另一方猜，以猜中与否定输赢。与上面的"猜赌双只"很可能类似。

另一种赌具是纸牌。至元三十一年（1294年）恩州"捉获阎僧住、郑豕狗抹牌。及追搜到印牌木符"。捉获人中有"放头人"、"为从赌博人"、"安主"、"印板人"，并没收"行使毁不尽纸牌九张"。[④]这种纸牌大概是民间自行刻版制作的。但具体形式不

---

① 《元典章》卷五七《刑部十九·禁赌博·赌博流远断罪例》。
② 《元典章》卷五七《刑部十九·禁赌博·赌博流远断罪例》。"马子"即筹码，"大印竹马子"即在竹制筹码上烙印数字。"八叉"应是八文铜钱抛掷后的形状，另一篇文书中提到"开置赌坊，纠集人伴，赌博八叉"。（同上《刑部十九·禁赌博·赌博例革后为坐》）。《水浒全传》第一〇四回说，"蹲踞在地上'扎颠钱的名儿'有三，其一是'八叉儿'"。
③ 《元典章》卷五七《刑部十九·禁局骗·局骗钱物》。
④ 《元典章》卷五七《刑部十九·禁赌博·抹牌赌博断例》。

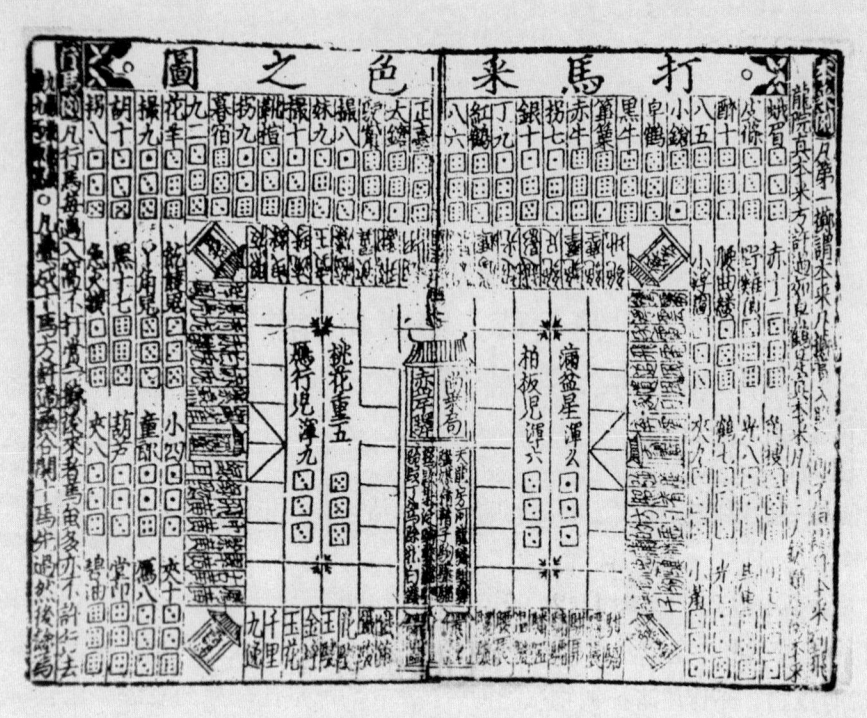

打马采色之图

清楚。

　　还有一种赌博工具是骰子，又称色子。这是一种用牙、骨等制成的六面体赌具，分别刻有一至六点数。掷骰子或比数字大小，或比拼合的图样，以分输赢。杂剧《月明和尚度柳翠》中，和尚问："这两块骨头唤做什么？"柳翠说："师父，这个不唤做骨头，这个唤做色数儿。"和尚说："我试看咱，一对着六。"柳翠又说："师父，不唤做一，唤做幺。"①另一篇杂剧《钱大尹智宠谢天香》中，谢天香与另一女子掷色数儿"赌戏"，谢天香掷色子（即色数儿）"幺四五骰着个撮十，二三二趁着个夹七，一面打个色儿也当得幺二三是鼠尾"。后来又掷，"我将这色数儿轻放在骰盆内，二三五又掷个乌十。不下钱打赛，我可便赢了你两回"。②柳翠用两颗骰子赌输赢，谢天香则用三颗骰子，掷出的各种数字组合都有一定的名目，同样是十，幺四五是"撮十"，二三五则是"乌十"。③上引关于"抹牌"案的文书中说，"阎僧住终是抹牌，别不曾行使骰钱赌博钱物"，可知以掷骰比输赢来赌博钱物是很盛行的。

---

① 佚名作，《元曲选》第1346页。
② 关汉卿作，《元曲选》第150页。
③ 关于骰子数字组成的各种名目，参见《事林广记》（至顺本）续集卷六《文艺类·打马》。在该书中，幺四五称为"银十"，幺三六为"撮十"，二三五是"胡十"，"乌""胡"音近。

"关扑诸物"的范围很广，食品、日用品等都可用来"关扑"。关博时，赢则得物，输则赔钱。赌输赢的工具通常也是铜钱。杂剧《同乐院燕青博鱼》中有具体的描写。燕青因故被赶下梁山，只好"贩买了些鲜鱼"，前往同乐院（酒楼）。酒客燕大问："你这鱼是卖的？可是博的？"接着又说："将头钱来，我和你博这尾鱼咱。"燕大用六个铜钱一掷便是"六浑纯（纯是钱背面——引者）"，于是赢得了这尾鱼。① 元代赌博的现象相当普遍。延祐四年（1327年）中书省的一件文书中说："诸路城邑村坊镇店，多有一等游手末食之民，不事生业，聚集人众，祈赛神社，赌博钱物。"② 赌博是"游手好闲、不务生理"之徒欺骗钱财的重要手段，③ 这是无疑的。而被吸引参与赌博的则有各色人等，其中包括各级官员。④ 参与赌博者大多抱着从中获利的侥幸心理，同时也从中寻求快乐。赌博成风，必然带来种种社会问题。元代中期顺德路总管王结说："人之营治生理，各有常业，能安其分，衣食自充。近年所在贫民为赍本不多，利息微细，凡交易诸物，不肯依理货卖，辄行用钱赌博，妄意一胜，以图获利之多。而买物之人，亦思侥幸，共争胜负。似此愚民，岂有家业增充，但见贫窘日甚，而又触冒禁条，重负刑责。又有游荡无赖之徒，专以赍持钱物，共为赌博。胜者则视为易得之财，非理费用，负者则思为报复之计，再破家赍，一胜一负，各致穷空，别无所图，皆化为盗贼矣。"⑤ 这段话前面讲的是"关扑诸物"，后面讲的是"赌博钱物"。在他看来，赌博是导致"盗贼"众多，引起社会动荡不安的重要原因。王结的看法实际上反映了官方的见解。据欧洲旅行家马可波罗说"大汗（指忽必烈——引者）禁止一切赌博及其他诈欺方法，盖此国之人嗜此较他国为甚"。⑥ 事实确是这样。元朝政府对于赌博一贯采取严厉的态度。早在至元十二年（1275年）二月，便有"禁民间赌博，犯者流之北地"的诏令。⑦ 至元二十三年（1286年）二月，"钦奉圣旨，禁约诸人不得赌博钱物，如有违犯之人，许诸人捉拿到官，将犯人流去迤北田地里种田者"。⑧ 后来经中书省研究决定，"若有赌博钱物并关博诸物之人，许诸人捉拿到官，各决七十七下，摊场钱物没官，仍于犯人名下均征钞二十五两付捕告人充赏"。⑨ 地方官如王结等人还把"禁赌博"作为"善俗"的一项重要内容，"仰随处社长及人家父兄，各宜以此劝谕社众，训教子弟，依理勤谨为

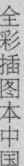

---

① 李文蔚作，《元曲选》第235—236页。
② 《元典章》卷五七《刑部十九·禁赌博·赌博钱物》。
③ 《元典章》卷五七《刑部十九·禁局骗·局骗钱物》。
④ 《元典章》卷五七《刑部十九·禁赌博·职官赌博罢见任》。
⑤ 《文忠集》卷四《善俗要义》。
⑥ 《马可波罗行记》第260页。
⑦ 《元史》卷八《世祖纪五》。
⑧ 《元典章》卷五七《刑部十九·禁赌博·抹牌赌博断例》。
⑨ 《元典章》卷五七《刑部十九·禁赌博·赌博钱物》。

生，勿得照前妄作。若不悛改，更仰申报官司，依法惩治"。① 禁令虽严，但执行不力，赌博在有元一代始终是很盛的。

元代在娱乐方面还有一种陋俗，那便是冶游，也就是狎妓。和赌博一样，冶游（狎妓）也是由来已久，根据西方旅行家马可波罗的记载，在元朝首都大都，"凡卖笑妇女，不居城内，皆居附郭。……计有二万有余，皆能以缠头自给，可以想见居民之众"。② 这番话可能有所夸大，但大都存在大量妓女应是事实。大都以外的很多地方，也都有妓女的存在。元成宗时，有人上书说："又有典买良妇，养为义女，三四群聚，扇诱客官，日饮夜宿，自异娼户，名曰坐子。都城之下，十室而九，各路郡邑，争相仿效。"③ 元朝政府有关娼妓服色骑马的禁令遍行各路（见下），便反映了到处都是娼妓的活动。杭州游手好闲之徒活动于"娼优构栏酒肆之家"，"娼"就是妓女。④ 岭北湖南道监察的地区内，设有管妓乐管勾一职，"掌管差拨妓女文历"，经过的"使臣索要妓女宿睡"，都由管勾"差拨应付"。⑤ 当地设置专职管理妓女，可知必不在少数，她们的卖笑生涯为官府认可，而且还要为官府提供无偿服务。这种情况应带有普遍性。

元代妓女又称行首、歌儿（姬），元代的官员、士人、商人都以冶游为风流乐事，诗词、散曲、杂剧中都有许多以妓女为题材的作品，可见这是当时的一种社会风气。不少人因此而倾家荡产。高丽汉语教科书中记载，有的富家子弟"每日穿茶房，入酒肆，妓女人家胡使钱"。早上起来，"骑着鞍马，引着伴当，着几个帮闲的盘弄着，先投大酒肆里坐下，一二两酒

《同乐院燕青博鱼》插图

《逞风流王焕百花亭》插图

---

① 《文忠集》卷四《善俗要义》。
② 《马可波罗行记》第238页。
③ 郑介夫《太平策》，《历代名臣奏议》卷六七《治道》。
④ 《元典章》卷五七《刑部十九·禁豪霸·札忽儿歹陈言三件》。
⑤ 《元典章》卷三六《兵部三·使臣·使臣索要妓女》。

肉吃了时，酒带半酣，引动淫心，唱的人家里去。到那里，教那弹弦子的谎厮们捉弄着，假意儿叫几声'舍人公子'，早开手使钱也"。① 杂剧《东堂老劝破家子弟》中，富家子弟扬州奴"饮酒非为"，家道中落。他卖掉住宅，还拿钱"去月明楼上与宜时景饮酒欢会去了"。② 杂剧《荆楚臣重对玉梳记》、《逞风流王焕百花亭》写的都是士人迷上妓女，钱财散尽，被驱逐出门的故事。③ 因此，王结把赌博与酒色并举，视为社会恶习，看作造成社会不安定的原因。"或好行赌博，赀财空竭；或贪迷酒色，家产破荡，……以至为盗，一黥其臂，无复自新。"④ 一般来说，妓女大多是因为家境贫苦而被迫"送旧迎新"，"卖笑求食"的。妓女一般都有"妈妈"，旁人常称之为"虔婆"（贼婆娘之意），实即老鸨。通常的情况是，"妈妈"用钱买来贫困人家的女孩，加以训练，到一定年龄便用来接客，博取钱财。杂剧《李素兰风月玉壶春》中，名妓李素兰原姓张，"幼小间过房"与李妈妈为义女。⑤ 所谓"过房"表面上是自愿过继，实际上多数是人口买卖。⑥ 李素兰原来应是张姓良家女子，卖入李家后，被迫成为这一家的摇钱树。也有父母因家境艰难逼令女儿为娼之事。此外还有丈夫逼令妻妾为娼的现象。"今街市之间，设肆卖酒，纵妻求淫，暗为娼妓，明收钞物，名曰嫁汉。"⑦ 大德元年（1297年）上都民户王用"通令妻阿孙、[妾]彭鸾哥为娼，接客觅钱，每日早晨用出离本家，至晚若觅钱不敷盘缠，更行拷打，以致彭鸾哥告发到官罪犯"。⑧ 这种现象在当时并非个别。大德七年（1303年）一件官府文书中说："纵妻为娼，各路城邑争相仿效，此风甚为不美。"元朝政府承认，"纵妻为娼，大伤风化"。⑨ 这是冶游盛行带来的极端丑恶现象，反映出社会道德的堕落。

实际上，娼妓本身社会地位是很低下的，受到社会各方面的歧视。元朝政令规定，

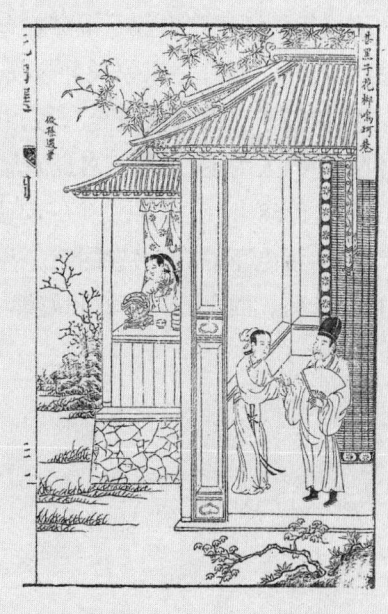

《李素兰风月玉壶春》插图

---

① 《老乞大谚解》卷下，第215、223—225页。
② 秦简夫撰，《元曲选》第215页。
③ 贾仲名《玉梳记》，《元曲选》第1410—1424页。佚名《百花亭》，《元曲选》第1425—1441页。
④ 《善俗要义·弭盗贼》，《文忠集》卷四。
⑤ 武汉臣撰《元曲选》第474—489页。
⑥ 《元典章》卷五七《刑部十九·禁诱略·过房人口》。
⑦ 郑介夫《太平策》，《历代名臣奏议》卷六七《治道》。
⑧ 《元典章》卷四五《刑部十九·纵奸·逼令妻妾为娼》。
⑨ 《元典章》卷四五《刑部十七·纵奸·通奸许诸人根捉》。

"诸倡优卖酒座肆人等不得穿着有金头面钗钏等物"。[①] "娼妓各分等第，穿着紫皂衫子，戴着冠儿。娼妓之家家长并亲属男子裹青头巾，妇女带抹子，俱要各各常川裹戴，仍不得戴笠子，并穿着带金衣服，及不得骑坐马匹，违者许诸色人捉拿到官，将马匹给付拿住的人为主。仰行下各路总管府出榜严切省谕，如有违犯之人，就便究治。"[②] 至元五年（1268年），太原发生一起杀害娼女事件，刑部判决："照拟杀他人奴婢徒五年，拟决杖一百七下。"中书省同意。[③] 以上这些规定，充分说明娼妓的身份类似奴婢。元代社会有良、贱之分，娼妓和奴婢一样，都在贱民之列。

第十一章 游 艺

[①] 《元典章》卷五八《工部一·杂造·禁治诸色销金》。
[②] 《元典章》卷二九《礼部二·服色·娼妓服色》。
[③] 《元典章》卷四二《刑部四·杀奴婢娼佃·杀死娼女》。这是以徒刑折合成杖刑执行。

第十二章
交　际

　　元代，人们在交往过程中，形成了一定的习惯性行为，包括各种礼节、称谓等。这些行为可以称之为交际风俗。

【 第一节 相见礼仪 】

《事林广记》"习袛揖图"

元代人们相见，通常是互相作揖，揖就是拱手作礼，在汉族社会中由来已久。拱手的同时，口中还要说"拜揖"、"支揖"、"作揖"。杂剧《看钱奴买冤家债主》（作者佚名）中，落难秀才周荣祖带着妻儿去洛阳探亲，途中遇大风雪，躲进酒店中，见到店小二，一面行礼，一面说："哥哥支揖。"店小二与他一杯酒喝后，他又不断作揖，请求再与酒给他的妻、儿喝。店小二介绍他去见富户贾仁，他一见面便说："员外支揖。"[1] "支揖"又作"袛揖"，[2] 就是作揖。杂剧《罗李郎大闹相国寺》（张国宝作）中，孟海哥拿银子去银匠铺换钱，见银匠便说："哥哥作揖。"[3] 杂剧《东堂老劝破家子弟》中，破落子弟扬州奴见到他父亲好友东堂老时说："叔叔、婶子，拜揖。"[4] "支揖"（袛揖）、"作揖"和"拜揖"，意义上没有多大区别，拜揖可能显得更客气一些。

高丽的汉语教科书记载双方会面时，有以下的言语：

---

[1] 《元曲选》第 1590—1593 页。
[2] 例如《江州司马青衫泪》（马致远作）中，白居易对教坊司乐户的"妈妈"、"女儿"都说"袛揖"，见《元曲选》第 883 页。
[3] 《元曲选》第 1572 页。
[4] 秦简夫作，《元曲选》第 211 页。

"拜揖哥哥，这店里卖毛施布的高丽客人李舍有么？"①
"拜揖哥哥，那里去来？"②
"拜揖赵舍，几时来了？"③

前一例是向不相识的人打听其他人的下落，后两例是遇到原来认识的人，询问对方的情况。联系上面所举元代杂剧中的例子，可知无论相识不相识、长辈、平辈，均可作揖，这是元代男性之间最常见的礼仪。

拱手又称叉手。"小儿六岁入学，先教叉手。以左手紧把右手大拇指，其左手小指则向右手腕，右手四指皆直，以左手大指向上。如以右手掩其胸，手不可太着胸，需令稍去胸二三寸许，方为叉手法也。"④

拱手（叉手）弯腰上下移动，就是作揖。"凡作揖时，用稍阔其足，立则稳。揖时须直其膝，曲其身，低其头，以眼看自己鞋头为准，威仪方美。……尊长前作揖，手须过膝下。喏毕，则手随时起而叉手胸前。揖时须全出手，不得只出一大拇指在袖外。"⑤ "喏"就

《事林广记》"习叉手图"　　　　元代绘画中的作揖情景

---

① 《老乞大》，《元代汉语本〈老乞大〉》影印本，第39页。
② 《朴通事谚解》卷上，第31页。
③ 《朴通事谚解》卷中，第162页。
④ 《事林广记》（至顺本）后集卷九《幼学类·习叉手图》。
⑤ 《事林广记》后集卷九《幼学类·习祇揖图》。

是向人作揖时出声致敬之意，具体来说，就是说"拜（作、支）揖"。前引《东堂老劝破家子弟》，扬州奴说"叔叔婶子，拜揖"时，剧中注："［做见唱喏科云］"，说明作揖时所说的话就是"唱喏"。

作揖的基本动作是曲身拱手，上下移动，但移动程度往往因人而别。上面所引，见尊长时作揖手须过膝，可知平辈或其他不须过膝。藁城（今河北藁城）人董文蔚是世家子弟，他"接人谦恭，凡所与交，贵贱长幼，待之无异。至于一揖，必正容端体，俯首几至于地，徐徐起拱，人所难能"。① 也就是说，董文蔚作揖时，对所有人都一揖"几至于地"，平等待人，这在当时被认为是很难得的。

作揖之外，又有拜跪之礼，这是比较郑重的礼节。"凡初相识及久不相见，若相见必须依礼拜跪。""凡见长者，则须先跪而后拜，拜毕再跪，而后问讯，或以意上覆。见敌者则但跪而不拜。所见者还跪，跪毕而后叙别问讯。见少者，若少者下拜，则辞之。若辞之不从，则令其少拜，亦须微跪答之。若少者但跪不拜，则亦跪答之。"所谓"敌者"，指辈分相当者。跪亦有严格的要求。"凡相跪，其式用两手相叠，按于右膝，

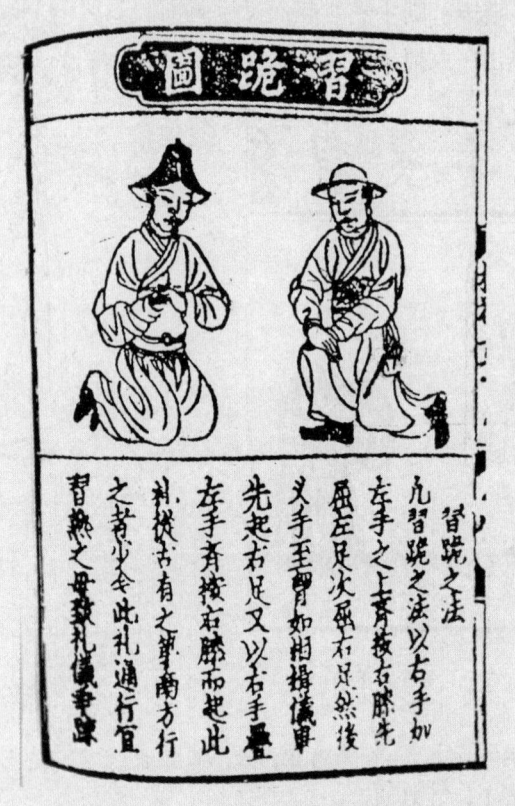

习跪图

---

① 《元史》卷一四八《董俊附董文蔚传》。

左足先跪，次以右足从之。复叉手架于颈下。礼毕，仍旧以两手相叠，齐按右膝而起。凡参见官员及尊长或平交用此礼。""此礼（跪——引者）从古有之，第南方行之者少。今此礼通行，宜习熟之，毋致礼仪乖疏。"① 可知跪礼在元代是相当流行的。

以上说的是男子见面之礼。妇女见面请安问候，则以双手在衿前合拜，口称"万福"。妇女"万福"之礼，至迟在宋代已在汉族社会中流行，元代依旧。杂剧《西厢记》中，张生与红娘首次见面，张生说："小娘子拜揖。"红娘说："先生万福。"② 杂剧《望江亭中秋切鲙》中，主角谭记儿见白姑姑时说："姑姑万福。"见杨衙内侍从李稍时道："哥哥万福。"见杨衙内时道："相公万福。"③ 对三人称呼不同，但均行"万福"之礼。杂剧《鲁大夫秋胡戏妻》（石君宝作）中，秋胡做官回来，在桑园见一女子正在采桑，"［秋胡做揖科］小娘子支揖"。女子还礼时唱："我慌还一个庄家万福。"④ 可见农村妇女见面时亦行"万福"之礼。前往他人家中拜访，到门外以后，先要递送"名刺"（或简称"刺"）。"凡名刺用好纸三四寸阔，左卷如箸大，用红线束腰。须真楷细书。或仓卒无丝线，则剪红纸一小条，就于名上束定亦得。凡卑见尊长，名刺以小为贵"。名刺上写自己的名字，名字前则写上表示自己与主人关系的称呼，如

《事林广记》"习展礼图"

元代绘画中的行礼图

---

① 《事林广记》前集卷十一《仪礼类·拜见新礼》。
② 王实甫作，《元曲选外编》第265页。
③ 关汉卿作，《元曲选》第1657、1663、1664页。
④ 石君宝作，《元曲选》第551页。

见师长写"学生姓某",见亲家写"亲戚姓某",见同姓写"宗末某",见朋友写"友末姓某"等。"凡居父母丧,刺则以右卷,不可剪齐纸上下,仍用白线或白纸条于名上束定。"① 名刺传入后,"主人出迎,则趋揖之。告退,则降阶出门上马,主人送,则揖而退"。② 高丽汉语教科书中有一段对话,一人说:"哥,小人昨日贵宅里留下一个拜帖来,见来么。"另一人回答:"是,小人见来。"③ "拜帖"就是名刺。递送名刺是比较郑重的礼节,而且一般发生在上流社会和文人中。

人们见面时,除了作揖和跪拜外,常要说一些互相应酬的客套话,在不同场合各个行业的人有所不同。当时常见的应酬语言如下:

"(1)初相识

问:敢问哥的高姓? 答:小人姓某。

问:久闻哥的名听,无便跟随。答:长要来探哥,没个便当。问:敢问哥那里是家? 答:某州某县。问:即目在那里勾当来? 答:如今得某处勾当去也。

(2)曾相识问:曾那处厮见哥来? 答:敢忘了某处相会来。问:不探哥每到来,千万休罪。答:(告么)小人。问:您底亲眷安乐好么? 答:托哥底福荫,大小如常。

问:打听得哥每好勾当。答:年来命乖,说着教人笑话。

(3)城里见问:哥甚时节到来? 答:才到。问:如今投那里去? 答:俺前壁干些闲事。

(4)途中见问:哥投那处去来? 答:打从某处来。问:路上安静么? 答:没事。

(5)在任官问:得了好道子望觑当者。答:俺得勾当呵,哥敢忘了!

(6)士人问:年来收拾得多有好文字么? 答:贫家那得好底。

(7)农人问:今年收拾冬事好么? 答:谢天陶注,强似往年。

(8)客人问:哥到得某州买卖好么? 答:也不甚快当。问:您有好底与我些个? 答:那般者。

(9)干委

问:亲戚某事呵望觑薄面是必。答:(告么)哥说底话敢别了。

问:事得周庇呵,本人自合酬谢。答:这话休持者,尚恐没气力。

---

① 《新编事文类聚启札青钱》前集卷九《写名刺式》。
② 《事林广记》前集卷一一《仪礼类·进退之节》。
③ 《朴通事谚解》卷上,第107页。

（10）叙谢

问：官人家里有么？答：有。

问：前日亲戚呵官人根底覷来。答：俺都是一家的人，休教生受者。"①

以上对话基本上可以说都是当时的口语，和后代的口语有相当大的差别。其中如"福荫"、"根底"、"生受"都是元代常见的语汇。而"叙谢"中的"有"，意思是"在"，"官人家里有么？"就是"官人在家么？"这是蒙语硬译文体，反过来对当时汉族口语发生影响。从这些应酬的对话中，可以看出社会各阶层交往过程中的不同心态。如"干委"，就是今天所说的托关系走后门。

元《事林广记》的迎客场面

高丽的汉语教科书《朴通事》、《老乞大》中都有一些相见应酬的记载。其中一段记录二人前去张编修家拜访寄寓在那里的高丽秀才：

"二人到那门首敲门道：'编修相公有么？'小厮道：'我相公不在家。''高丽来的秀才有么？''书房里坐的看文书里。''你入去说一说，每常来的沈进中和葛进之教授两个，探先生来里。''相公，沈先生在门前里。''请么，沈先生。小人门前有客是谁？''葛教授先生来里。''咳，惶恐，惶恐！请么，先生。''不敢，主人先

---

① 《新编事文类聚启札金钱》前集卷一〇《通叙门》。

行客从之。'

'请坐。''先生贵姓。''在下姓韩。''表德何似?''在下年幼,无德可表,在下名是彬,字文中。''春秋何似?''三旬有二。''贤尊令堂有么?''在下具庆。'"①

经过这一番客套应酬以后,三人才开始进入正题,谈论高丽历史。"高丽来的秀才有么"和"贤尊令堂有么"的"有",都是"在"的意思。"具庆"是双亲健在之意。当时一般文人之间初次见面,大概都要说这样一番言语,才能转入正题。

宋代,来客时上茶,送客时点汤,成为通行的习俗。②在元代的杂剧中仍有这样的描写。《冻苏秦衣锦还乡》一剧中,张仪为秦国丞相,苏秦去见,两人交谈不久,从人张千便说:"点汤。"苏秦说:"点汤是逐客,我则索起身。"③似可认为,元代继续保持着这种习俗。

以上所说都是汉人社会的相见礼仪。蒙古族的相见礼有自己的特色。"其礼交抱以为揖,左跪以为拜。""其交抱即是厮搂",也就是两人搂抱在一起。④

---

① 《朴通事谚解》卷下。
② 朱彧《萍洲可谈》卷一,《守山阁丛书》本。
③ 《元曲选》第449页。
④ 彭大雅、徐霆《黑鞑事略》。

【 第二节　庆贺与吊唁习俗 】

元代人们每遇喜庆，都要互相祝贺。喜庆的内容很多，包括生日、生男生女、生孙、置宠（纳妾）、置业、创屋、迁居、开张、远归、功名、病愈、讼胜等。[①] 每逢喜庆，当事者要置酒宴庆贺，而亲友就要送礼祝贺，有的还要送上有祝贺内容的札子（书信）。高丽汉语教科书《朴通事》中有一段生日送礼的描写：

"你昨日张千户的生日里，何故不来？小人其实不曾知道，那里做生日来？八里庄梁家花园里做来。我也那一日递了手帕之后，吃盏酒，过两道汤，便上马出来了。咳，我真个不曾知道来，我也明日到羊市里，五钱银子买一个羊腔子，做人情去馈他补生日。有什么迟处？常言道：有心拜节，寒食不迟。"[②]

所谓手帕，实际上有两种涵义。一种是通常所说作为纺织品的手帕，专用来作为礼品。元代有的记载说"北方官长"在"朋友亲戚寿日"，以"手帕一方，或纻丝一端"作为礼品。[③] 显然，当时的手帕形制应比现代的手帕大得多。另一种涵义便相当于礼品。杂剧《瘸李岳诗酒玩江亭》中，牛员外为妻子赵江梅做寿，送上头面三副，"再将来纱罗纻丝三十匹，权为手帕，休嫌轻微也"。[④] 这里的"手帕"，无疑就是礼品的代名词。其他杂剧中亦有提到"手帕"者。如《状元堂陈母教子》中，三个儿子为母亲做寿，三儿说："母亲，您孩儿和媳妇儿没有手帕，拜母亲几拜。"[⑤] 杂剧《玉箫女两世姻缘》中，行院人家许氏因"对门王妈妈生辰"，要女儿玉箫"去送手帕"，但玉箫贪恋书生韦皋，

[①]《新编事文类要启札青钱》后集卷二《喜庆门》。
[②]《朴通事谚解》卷上，第120—121页。
[③] 孔齐《至正直记》卷四《维扬宪吏》。
[④] 作者佚名，《元曲选外编》第884页。
[⑤] 关汉卿作，《元曲选外编》第103页。

《朴通事谚解》书影

不愿去"递手帕",许氏只好自己前去。① 两者所说"手帕",是指真正的手帕,还是泛指礼物而言,从文意来看,似乎不好断定。

作为庆贺的礼物,主要是两类。一类是丝织品,如上面一些事例中提到的手帕、纻丝等。一类是羊、酒。上引《朴通事》中提到买"羊腔子"(去头、尾的羊身子)送礼。杂剧《杨氏女杀狗劝夫》中,孙荣过生日,要妻子杨氏"与我卧羊宰豕,做下宴席"。他的"至交"柳隆卿、胡子转是"两个光棍","问槽房里赊得半瓶酒儿,又不满",对上水凑成一瓶,"与哥哥上寿"。杨氏要仆人"接了两个小叔羊者",孙荣说:"大嫂,兄弟们无钱,那里得这羊酒来。"孙荣与亲兄弟孙华不睦,孙华来拜寿,孙荣说:"孙二,你与我做生日,你将的羊酒来。"孙华说:"你知兄弟贫寒度日,那里得羊、酒来,只是拜哥哥嫂嫂两拜,也是兄弟的意思。"孙荣大怒说:"你那里是与我做生日,明明是赶嘴来。"便把他打了一顿赶出门外。② 杨氏要仆人"接了两个小叔羊者"是有意出两人的丑,孙荣问孙华"你将的羊酒来",也是同样的意思,可见庆贺时羊、酒是必备之物。另一出杂剧《状元堂陈母教子》中,陈婆婆两个儿子都中了头名状元,"众街坊牵羊担

---

① 乔梦符作,《元曲选》第971页。
② 作者佚名,《元曲选》第99页。

《事林廣記》书影

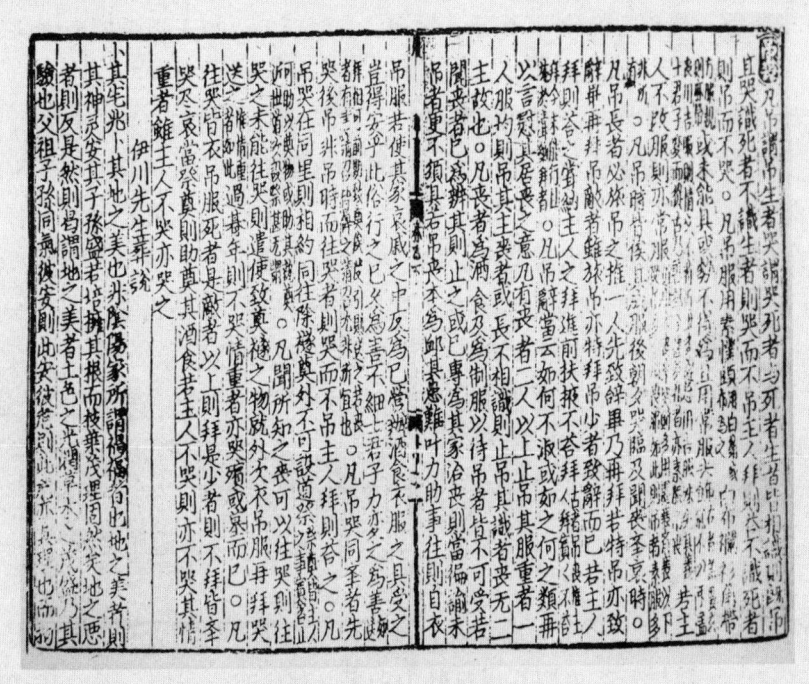

酒庆贺走一遭"。① 也是以羊、酒为礼。作为被庆贺的一方，则要举行宴会，招待来贺的亲朋。

亲友家中有丧事，前去吊唁，亦有一定的礼节。"凡吊谓吊生者，哭谓哭死者。与死者、生者皆相识，则既吊且哭。识死者不识生者，则哭而不吊，主人拜则答。不识死者则吊而不哭。"所谓"生者"，即指"死者"的亲属，"吊生者"是说向在场的死者亲属表示慰问。如果只认识死者不认识他的亲属，只要在死者灵前哭泣致哀，不用向亲属表示慰问。如果只认识死者亲属不认识死者，那么只向亲属慰问即可，不必到灵前哭泣致哀。"凡吊服用素幞头（用白绢或布为之），白布襕衫角带（有服亲则称带），或未能具，或势不得为，且用常服去饰。""凡往哭，皆衣吊服。死者是敌者以上则拜，是少者则不拜，皆举哭尽哀。"② 归结起来，吊唁之礼一是要穿特定的吊服，二是要根据吊唁者与死者及其家属的关系采取不同的礼仪。在上流社会和文人中，吊唁时常有祭文之作。祭文可以是个人的，也可以是几个人合作的。祭文有一定的格式，开头是吊唁的时间（年月日），其次是吊唁者的姓名、职务或与死者的关系（同门、僚属、友人），"致祭"的死者姓名、职务，然后颂扬死者的品德与事业，回顾吊唁者与死者的

---

① 《事林广记》前集卷一〇《家礼类·吊丧》。
② 《事林广记》前集卷一〇《家礼类·吊丧》。

交谊，祭文最后一般以"尚飨"（尚享）结束，"尚飨"（尚享）是希望死者来享受祭品的意思。

吊唁者一般都备有祭品，有的还有赙仪。祭品通常为酒和水果、食物之类，赙仪则是钱钞。有些贫困的家庭，便是依靠赙仪来举办丧事的。元初北方理学家砚坚，曾任国子司业，死时"家徒四壁立，非士友赙之，几不能丧"。[①]礼部员外郎任格"卒之日，家无余赀，樾无新衣，吊者莫不悲之，中书宥密而下，各赙钞若干贯，始克买棺椁治其丧"。[②]元代官府的文书中说，山西民间在殡葬时"彩结丧车，翠排坛面，……无问亲疏，皆验赙礼多寡，支破布帛。少不如意，临丧争竞"。总管府认为，丧事应力求节俭，"亲者依轻重破服，疏者但助送死之资"。[③]"赙礼"与"送死之资"是一回事。民间流行丧事时送"赙礼"（"送死之资"），而举丧之家则按"赙礼"多少，给予布帛，作丧服用。地方政府意见，有亲属关系的才支给布帛作丧服，关系疏远的送"赙礼"（"助送死之资"）不用支给布帛作丧服。总之，送"赙礼"（"助送死之资"）是带有普遍性的。

按照儒家的理论，"凡丧者为酒食及为制服以待吊者，皆不可受。若闻丧者已为办具，则止之。……盖吊丧本为恤其患难叶力助事，往则自衣吊服，若使其家哀戚之中反为己营办酒食、衣服之具，受之岂得安乎！此俗行之已久，为害不细，士君子力变之为善"。[④]但实际上正如文中所说，丧家备丧服、酒食之俗，"行之已久"，南北皆是如此。丧服已见上述。丧事备酒食招待吊唁者，更为普遍。山西晋宁路（路治今山西临汾）葬礼时"必须置备酒食"。[⑤]江南居民在丧葬时"张筵排宴"，"茹荤饮酒"。[⑥]大都送葬时"亲戚饮酒食肉，尽礼而去"。[⑦]

---

① 苏天爵《砚公墓碑》《滋溪文稿》卷七。
② 苏天爵《任君墓志铭》，《滋溪文稿》卷一三。"中书宥密"指中书省长官。
③ 《大德典章遗文》，《元代法律资料辑存》第50—51页。黄时鉴编，浙江古籍出版社1988年版。
④ 《事林广记》前集卷一〇《家礼类》。
⑤ 《大德典章遗文》。
⑥ 《元典章》卷三〇《礼部三·丧礼·禁送殡迎婚仪从》。
⑦ 《析津志辑佚·风俗》第210页。

【 第三节　通讯习俗 】

通讯是人际交往的重要方式。委托他人以文字或口头方式传递信息，都可以称之为通讯。古代通讯，主要发生于家庭和家族成员之间、朋友同学之间，也有的发生在情侣之间、官吏之间。

和前代一样，元代没有民间的信息传递系统。官府设置的站赤和急递铺只限于传递官方的信息，一般人是无法使用的。民间的传递，一般采用托人捎带的办法，常见的中间人，有出差的官吏、游方的僧人和出外经商的商人等，其中尤以商人居多。杂剧《赵盼儿风月救风尘》中，汴梁妓女宋引章从良，嫁给郑州周同知之子周舍，备受虐待，"朝打暮骂，怕不死在他手里"。为此，她写信给母亲和"八拜交的姐姐"赵盼儿求救："我这隔壁有个王货郎，他如今去汴梁做买卖，我写一封书捎将去，看俺母亲和赵家姐姐来救我。若来迟了，我无活的人也。"王货郎果然把书信捎到，赵盼儿设计救回了宋引章。[①] 杂剧《砑朱砂担滴水浮沤记》中，河南府人王文用外出经商时久，他的父亲心中挂念，说："自从孩儿做买卖去了，至今不见回还。天那，我这河南人多少在外做客的，怎么没有一个顺便捎封信儿来家也。"[②] 杂剧《张孔目智勘魔合罗》中，河南府（今河南洛阳）人李德昌出外做买卖，回来路上遇雨，病倒在城外五道将军庙内，托一个卖魔合罗的小贩"寄个信"给自己妻子，实际上是带去口头消息。[③] 在以上几出杂剧中，捎信（书面的、口头的）都是商贩，说明这种现象是很普遍的。高丽的汉语教科书中亦有此类描写：

"你几时来？大前日来了。我家里书信有么？捎将来了。我父母都身已安乐么？

---

① 关汉卿作，《元曲选》第 193—205 页。
② 作者佚名，《元曲选》第 397 页。
③ 《元曲选》第 1368—1388 页。

老官人为头儿大小家眷、小娃娃们，以至下人们，都身已安乐。贵眷捎的十个白毛施布、五个黄毛施布、五个黑帖里布，小人将来这里。谢你将偌多布匹来。今年马价如何？今年较贱些个，且喂几日卖时好，如今卖时，出不上价钱。"①

这段文字记述两个高丽人的对话，一个原在大都（今北京），另一个赶马来大都发卖，为前者带来书信和布匹。最后两句话是新来者打听市场上马价，前者建议他暂时不要脱手，看看再说。这也是由商人捎信的例子。在这方面，高丽人的情况和元朝的汉人以及其他民族是一样的。

委托官吏、僧人捎带信件之例，在大艺术家赵孟頫的书信中都可以见到。②总的来说，民间通讯是很不方便的。赵孟頫在给朋友的几封信中说："欲遣一书承候，又无便可寄，惟有翘伫而已。""近京□客足来，□（得？）所惠书"；"令亲至，得所惠书"等等。③可知当时大名鼎鼎如赵孟頫，亦只能依靠便人寄送书信，常常发生"无便可寄"的事情。书信的内容多种多样，书信的文字亦因写信人的文化水平不同而有很大的差异。一般来说，民间的书信以叙事问候为主，文字简单明白者居多。试以前引杂剧中宋引章的求救信为例：

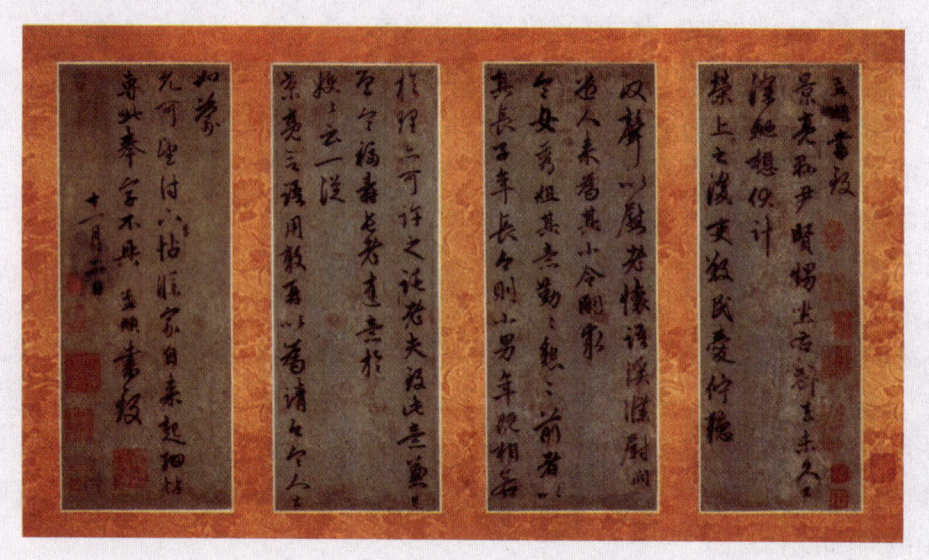

赵孟頫《致景亮书册》

---

① 《朴通事谚解》卷下，第280—283页。
② 见单国强《赵孟頫信札系年初编》附赵孟頫信札释文，《赵孟頫研究论文集》，第574—590页，上海书画出版社1995年版。
③ 见单国强《赵孟頫信札系年初编》附赵孟頫信札释文，《赵孟頫研究论文集》，第574—590页，上海书画出版社1995年版。

"引章拜上姐姐并奶奶，当初不信好人之言，果有恓惶之事。进得他门，便打我五十杀威棒，如今朝打暮骂，禁持不过。你来的早，还得见我，来得迟呵，不能勾见我面了，只此拜上。"①

又如高丽汉语教科书中的一封书信：

"这几日我家里有人去，先生你写与我书捎的去。我写了也，你听我念：
'愚男山童顿首拜上父亲、母亲尊佳前：玉体安乐好么？孩儿在都，托着爷娘福荫里，自己安乐，不须忧念。孩儿自拜别之后，想念之心无日有忘，前者姐夫去时，捎一个水褐段匹与父亲用来，之后未见回书，不知得否？有人来时，望捎书来着。孩儿今将金色茶褐段子一个，蓝长绫一个，各具一里，与兄弟佛童将去父亲母亲穿用。孩儿这里所干已成会备，得了照会，待两个月，衣锦还乡，喜面相参，孝顺父母，光显门阀。只此以外，别无所怀。如书到日，胜如见面。比及孩儿相会，善保尊颜，不宣。某年秋季月十有五日，愚男山童顿首拜。'
浼馈你笔，画个字。"②

上面两封信，一封是求援信，一封是平安家信。可以看出，文字都是半文半白比较通俗的，应是当时民间流行的书信文体。书信开端是写信人和收信人的名字，这是当时通行的格式，和以后的书信格式有所不同（第二封信的结尾"某年……顿首拜"可能是信封上的文字）。

元代文人的书信保存下来的亦有不少。文人书信，一般用文言文写成，风格与上述书信完全不同，试以赵孟頫的一封信为例：

"孟頫上复丈人节干，丈母县君：孟頫一节不得来书，每与二姐在此悬思而已，伏想各各安佳。孟頫寓此无事，不烦忧念，但除授未定，卒难动身。恐二老无人侍奉，秋间先发二姐与阿彪归去，几时若得外任，便去取也。今因便专此上复。闻乡里水涝，想盘缠生受，未有一物相寄。二姐归日，自得整理。一书与郑

---

① 《元曲选》第198页。
② 《朴通事谚解》卷下，第280—283页。

月窗,望递达。不宣。六月廿六日,孟𫖯上复。"①

这也是一封平安家书,是赵孟𫖯写给岳父岳母的。信中所说"二姐"就是赵孟𫖯的妻子管道升。"阿彪"是赵孟𫖯儿子赵雍的小名。这封信的内容也是问候和介绍自己在京都求职的情况,和高丽汉语教科书《朴通事》中家书性质相近,但两者文字有雅、俗之分,是很明显的。

朋友之间的书信,或问候,或求助,或谈论学问,或交流思想,例如许衡的《与窦先生书》、杨奂的《与姚公茂书》,都是流传很广的朋友之间的通讯。师生之间的书信,大多以问学解惑为主要内容,如许衡的《答耶律惟重书》、王旭的《上许鲁斋先生书》。② 官场往来的书信,大多以请托、关照为主,有的亦涉及政事。大艺术家赵孟𫖯亦未能免俗,他的一封致总管相公的信,便是请求对方给予一名学生帮助的。③ 王祎的《上平章扎拉尔公书》,旨在自荐,希望对方"收用"。④ 情侣之间的书信,当然以谈情说爱为主。杂剧《西厢记》中张生和崔莺莺托红娘传递的信笺,便属于此类。

元代还流行以四六对偶骈体文写作的书信,通常称为"启"或"札子"。一般用于正式喜庆场合,或是呈送给上级官员。元代类书《新编事文类要启札青钱》便分门别类收录了大量供写作骈体启札用的文句,反映出当时这种体裁书信的盛行。⑤ 北方文士王恽、南方文士如戴表元,都有这类作品收在各自的文集中,说明无论南、北都很流行。⑥

本世纪八十年代,在内蒙古额济纳旗黑城遗址(元代亦集乃路总管府所在地)发掘出一批元代文书,其中有不少私人书信。从内容看来,可以分为两类,一类是

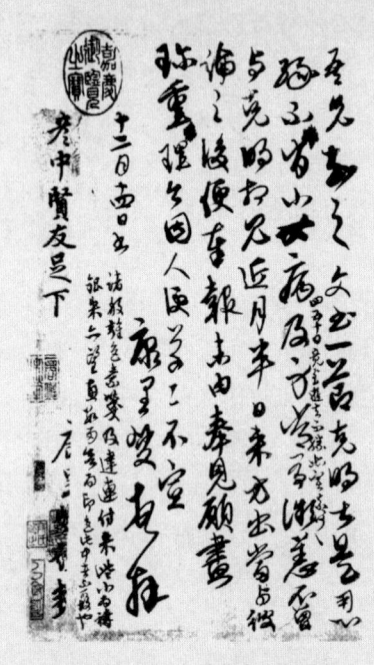

康里巎巎《致彦中尺牍》

---

① 单国强《赵孟𫖯信札系年初编》附《赵孟𫖯信札译文》,《赵孟𫖯研究论文集》第 575 页,标点有改动。
② 以上均见苏天爵编《国朝文类》卷四七。
③ 见单国强《赵孟𫖯信札系年初编》附《赵孟𫖯信札译文》,《赵孟𫖯研究论文集》第 578 页。
④ 《王忠文公集》卷一六,《金华丛书》本。
⑤ 此书前集、后集、续集的主要部分,便是收录用于各种不同场合的骈体文句,以及骈体范文。
⑥ 见王恽《秋涧先生大全集》卷六八;戴表元《剡源文集》卷二四,均为《四部丛刊》本。

民间私人家书，一类是官场往来文书。民间书信的书写者往往是"粗通文字的，字迹很不规整，多用民间口头语言，简俗讹别字很多，不易通读理解，信中写有'平安家书'字样，往往都是告知对方经济困难情景，甚至要求对方捎来路费以便回家。行文格式上，先另行书写写信人身份或名字，长辈对下辈用'示'字，下辈对上辈用'上'字，一般都在开头书写一长串问安对象，然后才写主要内容，末尾另行书写年月日"。"民间书信中使用的语言，往往是元代通行的口语，不按语法规则说的话也照样写出来。……通俗易懂，一目了然，与现代口语比较接近。"官场的往来书信，书写人往往有较高文化水平，文辞修饰讲究，书法较为规范，其格式略同于民间书信，但在开头对官吏或长辈用"顿首"、"拜上"、"启上"等比较文雅的词汇。民间书信开头或末尾有的写有写信人姓名、住址和收信人地址，这种便信可能没有包封，写完后折叠起来托人捎带。官场往来信函则将书信折叠或圆卷后加纸包封。发现有两张包封纸，其中一张写收信人为"亦集乃知司相公阁下"，写信人为"宁夏路住人买住顿首谨封"。当时包封之法与现在将信纸装入信封的办法是不同的。[①] 这些对于我们认识元代书信的写作和通讯的方法有很大的帮助。

---

① 李逸友《黑城出土文书（汉文文书卷）》第7—8页。

【 第四节　结义习俗 】

元代，人们在交往过程中，由于关系亲密，或因有共同利害，便采取结义的形式，用以加强彼此的联系。

结义，或称结拜，就是没有血缘关系的人，结为异姓兄弟姐妹或其他亲属关系，从而使彼此之间披上一层血缘关系的外衣。在前资本主义社会，血缘关系是各种社会关系中最基本也是最重要的关系。有血缘关系，便要承担共同的责任，有相互救援的义务。结义的目的，也是如此，简单来说，便是民间流行的"有福同享，有难同当"。

结义的行为，在汉族社会中由来已久。到了元代仍很流行，遍及社会的各个阶层。下面是商人结义的一个例子：

"孙天富、陈宝生者，皆泉州人也。天富为人外沉毅而含弘，宝生性更明秀，然皆勇于为义。初，宝生幼孤，天富与之约为兄弟，乃共出货泉，谋为贾海外。……两人相让，乃更相去留，或稍相辅以往。至十年，百货既集，犹不稽其子本，两人亦彼此不私有一钱。……异国有号此两人者，译之者曰泉州两义士也。"①

名诗人高启有《泉州两义士歌》，咏两人事迹，开头便说："泉南两士陈与孙，少小相约为弟昆，合疏成戚契谊重，异木缠结如同根。"②陈、孙两人结义为兄弟，互相帮助，共同经营海外贸易，在当时传为佳话。

成宗大德十年（1306年）杭州路的一件文书中说，杭州官员与本路豪民"交结已

---

① 王彝《泉州两义士传》，《王常宗集》续补遗，《四库全书》本。
② 《高青丘集》卷一〇，上海古籍出版社1985年版。

深，不问其贤不肖，序齿为兄弟，同席饮宴者有之，下棋打双陆者有之，并无忌惮"。①这是官员与豪民的结义。普通百姓中此风更盛，金陵（今江苏南京）的两名屠夫，"以同出买豕，情好甚密，遂为结义弟兄，往来无忌惮"。②14世纪中叶成书的高丽汉语教科书《朴通事》，主要记述大都（今北京）的风土人情，其中有两段涉及结义之事：

"咱几个好朋友们，这八月十五日仲秋节，敛些钱做玩月会。咱就那一日各自说个重誓，结做好弟兄时如何？好意思，将一张纸来，众朋友们的名字都写着请去。那个刘三舍如何？那厮不成，面前背后，到处里破别人夸自己，说口谄佞，不得仁义的人，结做弟兄时不中，将笔来抹了着。咱众弟兄们里头，那一个有喜事便去庆贺，有官司灾难便尽气力去救一救。这般照觑，却有弟兄之意。咱休别了兄长之言，定体已后，不得改别。这的时，有什么话说，君子一言，快马一鞭。"

"咱们结相识，知心腹多年了。好哥哥弟兄们里头，一遍也不曾说知心腹的话。咱有一件东西，对换如何？咱对换什么东西？我的串香褐通袖膝衬阑五彩绣帖里，你的大红织金胸背帖里对换着。我的帖里怎么赶上你的绣帖里？打什么紧那，咱男儿汉做弟兄，那里计较。咱从已后，争什么一母所生亲弟兄，有苦时同受，有乐时同乐，为之妙也。"③

从《朴通事》这两段记载可以看出，结义者以兄弟相称，要立下誓言，交换信物。结义的目的是"有苦时同受，有乐时同乐"。《朴通事》给予结义现象很多描写，反映出这种现象的普遍。

元代杂剧中有许多关于异姓结义的描写。《相国寺公孙合汗衫》中，开解典铺的张孝友救了冻倒在家门口的陈虎，看他是"一条好大汉"，自己"早晚索钱，少个护臂"，便"认义他做个兄弟"。④《朱砂担滴水浮沤记》中，河南府人王文用外出经商，路上遇到白正，白正为了谋财害命，便故意与他结为兄弟，并说："我与你做个护臂，一搭里做买卖去，也不亏你。"⑤杂剧《杨氏女杀狗劝夫》中，员外孙荣与两个光棍柳隆卿、胡子转交好，柳、胡二人对他说："哥哥，咱三人结义做兄弟，似刘关张一般，只愿同日死，不愿同日生。兄弟有难哥哥救，哥哥有难兄弟救，做一个生死文书。"孙荣欣然同

---

① 《元典章》卷五七《刑部十九·禁豪霸·札忽儿歹陈言三件》。
② 孔齐《至正直记》卷二《金陵二屠》。
③ 《朴通事谚解》卷上，第49—51页，第129—131页。
④ 张国宾作，《元曲选》第120页。
⑤ 作者佚名，《元曲选》第389—390页。

意。① 还有一出杂剧《罗李郎大闹相国寺》，其中苏文顺与孟仓士是"同堂学业八拜交的弟兄"，"又有个结义的哥哥，……人顺口儿都唤他做罗李郎"。② "结义"是为了寻个"护臂"，或互相帮助，有的还要立"生死文书"，作为凭证。有趣的是，在以上四出杂剧中，有三出故事都是以结义的一方陷害另一方作为重要情节展开的，可见在当时许多人心目中，结义实际上是靠不住的。

元代杂剧中以水浒故事为题材的作品甚多，见于著录的有36种，现存在10种。异姓兄弟结义，替天行道，是水浒故事的基本线索。水浒英雄不仅在梁山泊结义，而且外出活动时也往往与他人结义。杂剧《争报恩三虎下山》中，梁山好汉关胜、徐宁、花荣先后落难，得到济州通判之妻李千娇的帮助，李"认义"他们"做个兄弟"。后来李千娇遭人陷害被判死刑，三人便去劫法场，救了她的性命。③ 其他如《同乐院燕青博鱼》、《都孔目风雨还牢末》等，也都是结义报恩的故事。杂剧中还有不少以三国故事为题材的作品，这一类杂剧大多要提到刘、关、张桃园结义之事。"俺三人结义在桃园，曾对天盟誓，不求同日生，则求当日死，一在三在，一亡三亡。"这类字句，在三国故事杂剧中反复出现。④ 水浒、三国的结义故事，亦见于元代流行的讲史小说《宣和遗事》、《三国志评话》中。这些结义故事，是民间普遍存在的结义行为的反映，而这些故事的广泛流行，又反过来促进了结义行为的发展。前面提到，杂剧《杨氏女杀狗劝夫》中孙荣与柳、胡结义，柳、胡便称"似刘关张一般"。

异姓结义，以结成兄弟关系为主，亦有结成姐弟（如上引《争报恩三虎下山》）。又有结成姐妹关系，杂剧《赵盼儿风月救风尘》中，宋引章与赵盼儿是"八拜交"的姐妹。⑤ 杭州的官员和地方的豪强，"彼此家人妻妾，不避其嫌疑，又结为姐妹，通家往

《争报恩三虎下山》插图

---

① 作者佚名，《元曲选》第97—117页。
② 张国宝作，《元曲选》第1567页。
③ 作者佚名，《元曲选》第156—174页。
④ 如《刘玄德醉走黄鹤楼》（作者佚名，《元曲选外编》第835页），《诸葛亮博望烧屯》（作者佚名，同上书，第725页），《虎牢关三战吕布》（郑德辉作，同上书，第475页）。
⑤ 关汉卿作，《元曲选》第193页。

还"。① 或结成伯（叔）侄、姑侄。杂剧《降桑椹蔡顺奉母》中，延岑因路见不平打死人，被发配牢城，途中向蔡员外讨些茶饭食用，蔡员外敬他是个好汉，加以款待，其妻与延岑同姓，"五百年前是一家"，便"认义他做个侄儿"。② 杂剧《黑旋风双献功》中，一个庄户人说自己与衙门中的孙孔目是亲戚。原来，孙孔目随官员下乡劝农，受到这户人家好茶饭管待，"他因问俺娘姓什么，俺娘道我姓孙，那孔目道他也姓孙，他拜俺娘做姑姑，……俺是这般亲"。③ 此外，元代养异姓子"以为义男"的现象也是相当普遍的，④ 但这和上面所说以互相帮助为目的的结义有所不同。

　　结义为兄弟的行为，不仅存在于汉人中，蒙古人之间也很流行。成吉思汗铁木真的父亲、蒙古部的首领也速该，曾出兵帮助克烈部首领汪罕夺回部众，"汪罕德之，遂相与盟，称为按答"。按答是蒙语 anda 的对音，"华言交物之友也"。⑤ 其他记载说，"按达者，定交不易之谓也"。⑥ 按答，"盖明炳几先，与友同死生之称"，⑦ "盖永以为好也"。⑧ 虽然文意不同，都是生死不渝之意，正是结义兄弟的意思。结为按答要交换信物，故又称换物之友。铁木真曾认汪罕为父，结婚以后将妻子带来孝敬公婆的礼物黑貂鼠袄子献给汪罕。正是因为汪罕与他的父亲是按答（兄弟）。而也因此缘故，他在兴起过程中得到汪罕的许多援助。铁木真自己在童年时，与札木合结为按答，"札木合将一个狍子髀石与帖木真，帖木真却将一个铜灌的髀石回与札木合"。过了不久又交换过一次礼物。铁木真初起兵时，汪罕和札木合都来相助。"帖木真、札木合说，听得在前老人每言语里说，但凡做按答呵，便是一个性命般不相舍弃，做性命的救护，么道，相亲爱的道理是那般，如

《杨氏女杀狗劝夫》插图

---

① 《元典章》卷五七《刑部十九·禁豪霸·札忽儿歹陈言三件》。
② 作者佚名，《元曲选》第156—174页。
③ 作者佚名，《元曲选》第156—174页。
④ 《元典章》卷一八《户部三·承继·禁乞养异姓子》。
⑤ 《元史》卷一《太祖纪》。
⑥ 《元史》卷一二一《畏答儿传》。
⑦ 姚燧《忙兀公神道碑》，《国朝文类》卷五九。
⑧ 虞集《逊都思氏世勋碑》，《道园学古录》卷一六。

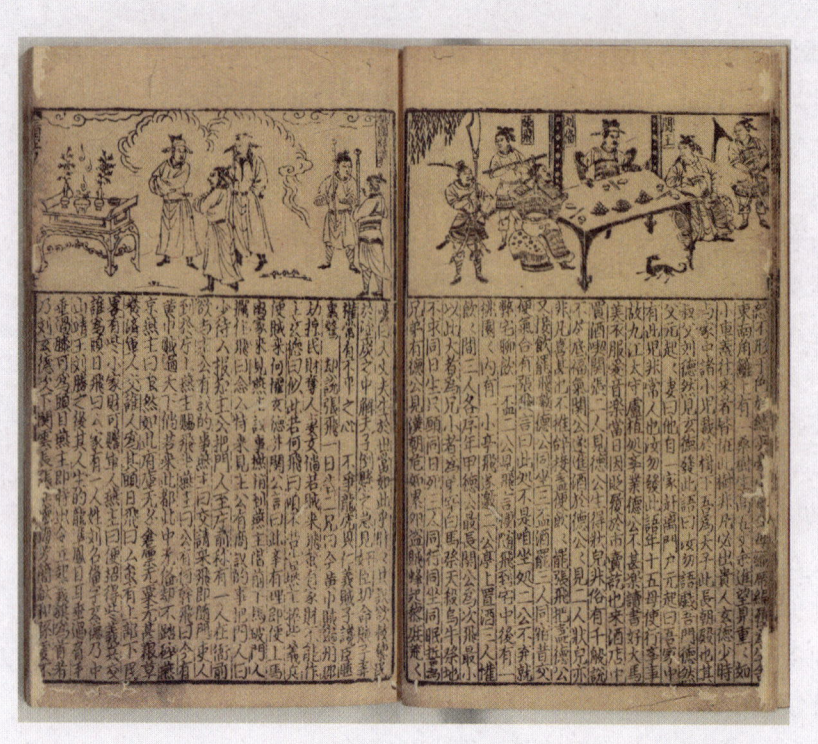

元代话本插图"桃园结义"

今再重新契合相亲爱着。共说了。"① 除了札木合以外，铁木真还与忙兀部的畏答儿、逊都思部的赤老温结为按答。汪罕、札木合后来都成为成吉思汗铁木真的敌人，可见按答的关系并不能保证他们真正生死与共。

成吉思汗建立了大蒙古国。但是没有多久，他的子孙便四分五裂，互争雄长。成吉思汗第二子察合台的后人八剌倾向于忽必烈，而成吉思汗第三子窝阔台的后人海都，则是忽必烈的坚决反对者。八剌与海都屡次交战，经过他人调解，"他们宣了誓，彼此结成了义兄弟（anda）"，"如今他们的子孙彼此都以'按答'相称"。②

蒙古人约为兄弟，常以"饮金"为盟。所谓"饮金"是"屑金和酒饮以为盟，约为兄弟"。这是一种隆重的仪式，被称为"国之重盟"。③ 忽必烈时，云南都元帅宝合丁毒死忽必烈之子云南王忽哥赤，王府文学张立道"潜结义士得十三人，约共讨贼，刺臂血和金屑饮之"。④ 实际上是变相的"饮金"，亦是用以表示结义之意。

---

① 《元朝秘史》卷三，第96页。
② 拉施特《史集》第2卷，第164页，商务印书馆1985年版。
③ 虞集《立只理威忠惠公神道碑》，《道园类稿》卷四二，台北《元人文集珍本丛刊》本。
④ 《元史》卷一六七《张立道传》。

第五节　称谓习俗（上）

称谓就是说话人称呼他人或自己时使用的名称，可以分为一般称谓、亲属称谓和人名称谓等。称谓反映了人与人之间的关系。

汉族一般称谓　元代，男性之间交往，凡是对方有一定身份地位，便称之为"官人"。对同辈男子常以"哥哥"相称。"官人"表示尊敬，"哥哥"则在尊敬之外，又有亲切之意。这在本章第一节中已有不少例子。在高丽汉语教科书《朴通事》和《老乞大》中，"官人"、"哥哥"之称随处可见，元代杂剧中亦多有这样的称呼。

与"官人"近似的称呼是"舍"。杂剧《赵盼儿风月救风尘》中，周同知之子称为周舍。[①] 而在《罗李郎大闹相国寺》中，罗李郎以织造罗缎致富，有一个义子名叫汤哥，终日饮酒非为。酒家上门"叫汤舍讨酒钱"，罗李郎说："咱家谁做官来，叫汤舍。"[②] 说明称"舍"本来限于官僚贵族子弟，但实际上富户子弟亦已被称为"舍"了。高丽的汉语教科书《朴通事》中，多处出现与"舍"有关的称呼，例如："夜来两个舍人操马"；"孙舍混堂里洗澡去来"；"好大舍，那里下着里"；"一个放债财主，小名唤李大舍"；"孙舍那丑厮"；"你去东鼓楼北边王舍家里，买一两疥药来"；等等。[③] 可见"舍"用得很广泛，有一定社会地位人家的子弟，甚至成年人，都可称为"舍"。以"舍"相称，也有尊敬之意。

说话人在称对方为"官人"、"哥哥"、"舍"时，自己往往称"小人"，这个称呼含有谦恭之意。有的自称"小可"，如杂剧《看钱奴冤家债主》中管帐的门馆先生便是如此。[④] "小可"与"小人"意义近似。

[①] 关汉卿作，《元曲选》193页。
[②] 张国宝作，《元曲选》第1569页。
[③] 《朴通事谚解》卷上，第52、96、106页；卷中，第191、198页；卷下，第273页。
[④] 佚名作，《元曲选》第1589页。

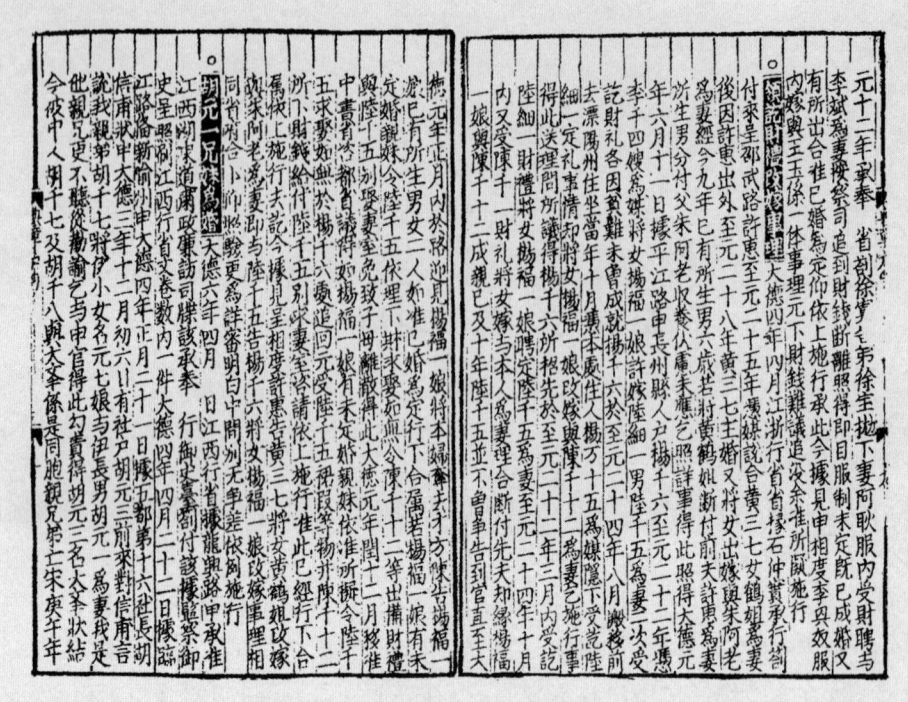

记录若干以数字为名的《元典章》书影

年长的男性称为"老汉"或"老子",有时也用以自称。杂剧《罗李郎大闹相国寺》中,罗李郎便以"老汉"自称。① 杂剧《吕洞宾度铁拐李岳》中,私访的韩魏公自称"老汉",衙门的吏员不明他的身份,称之为"老子"、"庄家老子"、"老汉"。②《朴通事》中称站赤官员为"为头儿老汉们"。③ 年轻的男性,则称为"后生"。杂剧《相国寺公孙合汗衫》中,财主张义问落难的囚徒赵兴孙:"兀那后生,你那里人氏,姓甚名谁?"④ 杂剧《朱砂担滴水浮沤记》中,白正指责王文用:"你小后生家不会说话。"⑤ "老子"、"老汉"、"后生"一般是平民的称呼。

对于地位较低的男性,则称为"汉子"、"小厮","今人谓贱丈夫曰汉子"。⑥ 杂剧《相国寺公孙合汗衫》中,陈虎落难讨饭,员外张义给他酒喝,并问:"兀那汉子,你那里人氏,姓甚名谁?"⑦《朴通事》中一段记载说:"我家里一个汉子,城外种稻子来,和

---

① 张国宝作,《元曲选》第1578页。
② 岳伯川作,《元曲选》第492—494页。
③ 《朴通事谚解》卷中,第153页。
④ 张国宾作,《元曲选》第121页。
⑤ 佚名作,《元曲选》第389页。
⑥ 陶宗仪《辍耕录》卷八《汉子》。
⑦ 张国宾作,《元曲选》第119页。

一个汉儿人厮打来。那厮先告官，把我家小厮拿将去监了二日。"这段话里"汉子"和"小厮"是同义词，都指仆役而言。元代文书中有"放牛小厮来哥"之名，是个雇工。①但"小厮"有时也用来泛指小孩。

对于读书人，一般称为"秀才"，以示尊重之意。元朝的蒙古统治者习惯称汉族儒生为"秀才"，窝阔台汗下令"选拣好秀才"教蒙古子弟"学汉人文字"；忽必烈的令旨，"道与燕京秀才每者，"宣圣庙田土都归秀才管理。②民间亦流行这样的称呼。高丽汉语教科书中不止一处提及："秀才哥，你与我写一纸借钱文书"；"秀才哥，咱们打鱼儿去来。我不去。如何不去，你这金榜挂名的书生，那里想我这渔翁之味"。③读书人一般自称"小生"。④元代还有一个用途广泛的称呼"先生"。对于有文化的人均可称为先生，高丽汉语教科书《朴通事》记"这几日我家里有人去，先生你写与我书捎的去。"⑤又记，两位中国文人谈话，以"先生"相称；两人对高丽来的秀才，亦称为"先生"。⑥杂剧《萧淑兰情寄菩萨蛮》中，张世英在萧公让家"作馆宾"（教书），萧公让之妹与萧家嬷嬷（女管家）见他时均称之为"先生"。⑦为财主收账的也称为先生。⑧打卦、算命的也称为先生。⑨此外，元代的道士均称为先生，无论在官方文书中或是民间都是如此。

元人陶宗仪说，"娘子……今乃通为妇女之称，故子谓母曰娘，而世谓稳婆曰老娘，女巫曰师娘……谓妇人之卑贱者曰某娘，曰几娘，鄙之曰婆娘"。"都下自庶人妻以及大官之国夫人，皆曰娘子，未尝有称夫人、郡君等封赠者。"⑩年长的妇女，称为婆婆。⑪年轻的女性，称为小娘子、⑫大姐。⑬富户或有地位人家的未结婚女子，称为小

---

① 《元典章》卷四一《刑部三·不道·采生祭鬼》。
② 《析津志辑佚》《学校》，第199—200页。
③ 《朴通事谚解》卷上，第110页；卷下，第359页。
④ 杨显之《临江驿潇湘秋夜雨》，《元曲选》第247页。佚名《逞风流王焕百花亭》，《元曲选》第1425页。
⑤ 《朴通事谚解》卷下，第280页。
⑥ 《朴通事谚解》卷下，第371—375页。
⑦ 贾仲名作，《元曲选》第1532—1536页。
⑧ 佚名《看钱奴买冤家债主》，《元曲选》第1592页。
⑨ 佚名《玎玎珰珰盆儿鬼》，《元曲选》第1389页；武汉臣《包待制智赚生金阁》，《元曲选》第1716页。
⑩ 《辍耕录》卷一四《妇女曰娘》。
⑪ 佚名《看钱奴买冤家债主》，《元曲选》第1600页；秦简夫《晋陶母剪发待宾》，《元曲选外编》第574页。
⑫ 王实甫《崔莺莺待月西厢记》，《元曲选外编》第264页；乔孟符《李太白匹配金钱记》，《元曲选》第17页。
⑬ 史九敬先《老庄周一枕蝴蝶梦》，《元曲选外编》第389页。

姐。①"吴中呼女子之贱者为丫头",②即女奴。

汉族亲属称谓　元代汉族的亲属称谓和前代大体相同,根据血缘关系和姻亲关系的远近而有不同称呼。可以分为父系称谓(祖父、父、伯、叔、子、兄弟、孙、堂兄弟等),母系称谓(祖母、母、姨母、女、姐妹、堂姐妹、孙女等),姻系称谓(岳父、岳母、舅父母、表兄弟姐妹等)几个类别。亲属之间的称谓复杂而且严格。

汉族人名称谓　元代汉族人名称谓比较复杂。

首先是小名、大名之分。小名是幼年时使用的名字。杂剧《包待制三勘蝴蝶梦》中,包拯审理王氏三兄弟打杀人一案,先看文卷,"文书上写着王大、王二、王三打死平人葛彪"。包拯便说:"这三个小厮,必有名讳,更不呵,也有个小名儿。"③"名讳"就是大名,正式的名,同时还应有小名儿。从现存文献来看,元代汉人的小名多种多样,较常见的有两种。一种取吉利的字样,如福童、安童、喜童等。杂剧《吕洞宾度铁拐李岳》中,岳孔目的儿子,"唤做福童"。④杂剧《翠红乡儿女两团圆》中,韩弘远"早年亡化过了,所生两个孩儿,一个唤做福童,一个唤安童"。⑤杂剧《包待制智斩鲁斋郎》中,铁匠李四的儿子"叫做喜童"。⑥另一类是以动物名为小名,如驴哥⑦、驴儿⑧、百家驴⑨、顽驴⑩等。前者用"福"、"喜"等字样,祝愿孩子前程远大;后者以动物为名,希望孩子容易养活。其心态实际上是一样的。

除上述两种之外,元代还流行以数字为小名。最有名的是元末起义首领张士诚小名九四,他的兄弟张士德小名九六。⑪后来成为明朝开国功臣的常遇春,曾祖名四三,祖重五,父六六。⑫这种情况在元代是相当普遍的。为什么以数字为名,有不同的说法,有的可能是父母或祖父母的年龄,有的可能用数字表示辈分和行序。有一种意见认为,用数字作人名元代独盛,这是不确的。元代这种现象很多,但唐、宋亦不少,可见由来已久。又有一种意见认为,元代"庶民无职者不许取名,止以行第及父母年龄合计

---

① 《崔莺莺待月西厢记》,《元曲选外编》第261页。
② 《辍耕录》卷一七《丫头》。
③ 关汉卿作,《元曲选》第638页。
④ 岳伯川作,《元曲选》第490页。
⑤ 杨文奎作,《元曲选》第454页。
⑥ 关汉卿作,《元曲选》第842页。
⑦ 《元典章》卷一八《户部四·嫁娶·女婿在逃依婚书断罪》,参见杂剧《薛仁贵荣归故里》(《元曲选》第315页),薛仁贵小名薛驴哥。
⑧ 《元典章》卷一八《户部四·嫁娶·定婚女再嫁》。
⑨ 《元典章》卷一八《户部四·嫁娶·兄死嫂招后夫》。
⑩ 陶宗仪《辍耕录》卷一三《中书鬼案》。
⑪ 《明史》卷一二三《张士诚传》。
⑫ 宋濂《常开平王神道碑》,《宋文宪公全集》卷四。

为名"。也是不很准确的。① 现存元代文献（如《元典章》）便记载了不少元代"庶民无职者"的大名（官名）。② 从现有的文献来看，只能说，以数字为名者，以普通百姓居多，这应该是他们缺乏文化所致，并不是政府对此有专门的规定。

　　大名又称学名、官名，是正式的名字，在社会交往中使用。元代人们的大名，有二字，有一字，而以二字居多。名字中排辈的现象很普遍，即同一辈的人使用同一个字作为标志。孔子的后裔的排辈最为严格，有元一代，先后有五代衍圣公，即孔元措——孔治——孔思晦——孔克坚——孔希学。但孔元措与孔治之间隔了一以"之"字排行的一代。所以，元代孔子后裔实际上是六代，分别以元、之、水（这一代多水旁单名）、思、克、希排行。当时孔氏后裔有南、北宗之分，北宗在曲阜，南宗在衢州（今浙江衢县），是北宋灭亡时迁过去的。虽有南、北之别，但排辈的字是一样的，例如与孔治同辈，南宋的头面人物是孔洙。③ 民间亦是如此，如上举张士诚之例，兄弟数人的大名均以"士"排行，分别是士诚、士信、士德、士义。官僚、世族成员和文人在大名之外，一般又有字和号，例如忽必烈的谋士姚枢字公茂，窦默字汉卿，又字子声，著名文学家、艺术家赵孟頫字子昂，号松雪道人。彼此之间称呼时常以字而不以名，用以表示亲近和尊重。值得注意的是，元朝皇帝对汉族大臣，常常以字而不以名称。例如，忽必烈出征云南时对儿子真金说："姚公茂吾不能离，恐废汝学，今遣窦汉卿教汝。"④ 后来，忽必烈为王文统参与叛乱之事质问有大儒之称的许衡时说："窦汉卿独言王以道，当时汝亦知之，何为徇情不言！"⑤ 以道是王文统的字，他原受忽必烈宠信，官至中书平章政事，因与山东军阀李璮相互勾结企图叛乱而被处死。窦默在事先曾揭发过王文统，而许衡却没有表示，忽必烈对许衡不满，故加以责问。但此时仍称王文统为王以道，可见已成为习惯。元仁宗称许衡为许仲平，赵孟頫为赵子昂，亦是同样的例子。⑥ 下层百姓中有很多人，成年以后，仍然沿用小名，没有大名。从现存元代法律文书来看，涉及各种民事、邢事案件的普通百姓，不少人的名字与动物有关，如驴儿、牛儿等，更多的则以数字为名，如黄三七、杨千六、陆千五、杨万十五、陈千十二等。⑦ 这些人名的大量存在，说明在元代人们

---

① 俞樾《春在堂随笔》卷五引《德清蔡氏家谱》，吴晗先生力主此说，见《朱元璋传》第2—3页，人民出版社1985年版。
② 参看洪金富《数目字人名说》，《史语所集刊》第五十八本第二分。
③ 陈高华《金元二代衍圣公》，见《元史研究论稿》第328—345页。
④ 姚燧《姚文献公神道碑》，《牧庵集》卷一五。
⑤ 许衡《对御》，《鲁斋遗书》卷四。
⑥ 《秘书监志》卷五《秘书库》、卷六《秘书库》。高荣盛点校，浙江古籍出版社1992年版。
⑦ 前者见《元典章》卷五〇《刑部十二·放火·婿烧妻家房舍离异·放火同强盗追陪》；后者见《元典章》卷一八《户部四·嫁娶·领讫财礼改嫁事理》。

以小名相称的现象。这些名字显然都是小名，而在成年以后仍然以此相称。在元代，有些"街市匹夫"，发财以后，也效法上层社会，给自己取上好听的名或字，这种做法引来文人的讥笑：

"堪笑这没见识街市匹夫，好打那好顽劣江湖伴侣。旋将表德官名相体呼，声音多厮称，字样不寻俗，听我一个个细数。

"粜米的唤子良，卖肉的呼仲甫。做皮的是仲才、邦辅，唤清之的必定开沽。卖油的唤仲明，卖盐的称士鲁，号从简的是采帛行铺，字敬先是鱼鲊之徒。开张卖饭的呼君宝，磨面登罗底叫德夫。何足云乎。"①

在上层社会和文人眼里，下层匹夫用"不寻俗"的"字样"为自己取名、字，是可笑的事情。可见姓名上亦反映出人们的社会地位。

妇女亦有小名、大名，与男性类似。妇女的小名常用"娘"、"儿"、"哥"、"奴"等字样，以及"腊梅"、"菊花"等花草名目，成年以后继续使用小名的情况似较男性更为普遍，这应与当时女性不能从事社会活动有关。②元代汉族妇女在结婚以后，通常在自己的姓以前加一"阿"字，称为"阿刘"、"阿王"、"阿马"等，有时就把丈夫的姓加在前面，如张阿刘、杨阿马等③。辽阳大宁路利州妇女田阿段，丈夫田千羊，父亲段琮，便是以夫姓加阿加父姓而成的。④这种情况南北都很普遍。这和后代以夫姓加父亲姓氏（如田阿段在后代应称田段氏）是有区别的。这种称呼，起于何时，还有待进一步研究。⑤另外一种现象是，僧人出家以后都有法名，而法名上却冠以本来的姓，见于法律文书的僧人有孙义吉、张文通、伍普秀、袁允中、张善祥、华祖仁、曹胜哥等。⑥这些僧人分布在南、北各地，可见这种现象相当普遍。元末农民起义的

---

① 刘时中《[正宫]端正好·上高监司》，《元曲选》第六七二页。
② 《元典章》卷一八《户部四·婚姻·嫁娶》中所收大多为平民案件，其中女性名字有赵速儿、刘婆安、高唤奴、李伴姐、刘伴姨、李丑哥、刘寺奴、石小梅、张福仙、安秀哥、王哇哥、刘瑞哥、郝伴姑、李兴奴、黄鹤姐、杨福一娘、胡元七娘、徐二娘、白满儿等。显然都是小名，成年后继续使用。
③ 《元典章》卷一九《户部五·家财·寡妇无子承夫分·户绝家产断例》。
④ 《元典章》卷一八《户部四·收继·田长宜强收嫂》。
⑤ 洪金富先生说："这种对妇人的称呼法，至少可上溯至宋代"。但他以《清明集》为例，指出当时有在妇女姓前加"阿"的现象，如阿黄、阿戴等，"唯《清明集》中似无在'阿'字前冠夫姓而成'×阿×'之称呼之例。"也就是说，"×阿×"这类称呼的起源仍是不清楚的，因为"阿×"与"×阿×"是不同的。见他的《数目字人名说》，《史语所集刊》第五十八本第二分，第372页。
⑥ 《元典章》卷四九《刑部十一·刺字》诸条。

策动者彭和尚，是江西袁州（今江西宜春）慈化寺的僧人，名莹玉，人们称之为彭莹玉，[①] 也是僧人冠有俗姓的例子。元代汉人姓名还有一种颇为流行的现象，那便是取蒙古名。元朝是蒙古族上层建立的政权，蒙古人居于特殊地位。元朝统治者常以向汉人赐蒙古名的办法，表示将他们视为同族，作为笼络的一种手段。清代名史学家赵翼说：

"元时汉人多有作蒙古名者，……盖元初本有赐名之例，张荣以造舟济师，太祖赐名兀速赤。刘敏，太祖赐名玉出干，其子世亨，宪宗赐名塔塔儿台，次子世济，又赐名散祝台。石天麟，太宗赐名蒙古台。邱顺，太宗赐名察纳合儿，其弟常亦赐名金那合儿。睿宗时，亦以大兴人贾昔剌多须而黄，遂赐今名。其后昔剌孙亦名虎林赤，盖以蒙古名世其家矣。世祖赐名尤多，刘思敬赐名哈八儿都。播州土官杨汉英赐名杨赛因不花。王昔剌保定人，赐名昔剌拔都。张惠新繁人，赐名兀鲁忽讷特。许扆曲沃人，赐名忽鲁火孙。燕公楠赐名[赛因]囊加带。并有一赐再赐者。刘哈剌八都鲁本河东人，初赐名哈剌斡脱赤，后以功又赐名察罕斡脱赤，最后又赐今名。自有赐名之例，汉人皆以蒙古名为荣，故虽非赐者，亦多仿之。"[②]

在赐名这种做法影响下，不少汉人取蒙古名，以此向蒙古统治者表忠心，希望得到青睐。在中、上层官僚行列里，特别流行。上文提到贾昔剌，子丑妮子、虎林赤、秃坚不花，丑妮子可能是以小名行，虎林赤、秃坚不花都是蒙古名，两人均曾任要职。秃坚不花子班卜、忽里台、也速古、秃忽赤，都是蒙古名字。[③] 又如郑鼎，曾从忽必烈出征大理，赐名也可拔都。其子郑制宜，小字纳怀，应是既有汉名又有蒙古名。孙阿儿思兰，只有蒙古名。[④] 在民间，亦有取蒙古名字者，但为数不多。

汉人取蒙古名字，有几种不同的做法。一种是只有蒙古名字，如上述虎林赤、秃坚不花、阿儿思兰等。另一种是同时有两个名字，一个是蒙古名，一个是汉名，同时使用，例如上面所说郑制宜又名纳怀等。此外，还有在蒙古名前用不用汉姓的区别。一人两名的情况，在当时应为人们所熟知，但各种文献中记载往往不同，有的用汉名，有的用蒙古名，这对后代的研究者来说却是很麻烦的事情。

---

① 权衡《庚申外史》卷上。《宝颜堂秘笈》本。
② 《廿二史札记》卷三〇《元汉人多作蒙古名》，王树民校证，中华书局1984年版。
③ 《元史》卷一六五《贾昔剌传》。
④ 《元史》卷一五四《郑鼎传》。

汉人绰号　绰号又叫外号、诨名，也是一种称谓语。它指在人们本名之外，他人根据其某种特征为之另起的名号，或根据其身体特点，或根据其技艺特长，也有根据其性格作风。绰号有时直称其特征，更多则采用比喻的形式。元代流行水浒故事，水浒中人物都有绰号，流传很广。南宋遗民龚开作《宋江三十六赞》，三十六人都有绰号，龚开的"赞"都是就他们的绰号发议论的，如"呼保义宋江"："不假称王，而呼保义，岂若狂卓，专犯讳忌"。"活阎罗阮小七"："地下阎罗，追魂摄魄，今其活矣，名喝太伯"。[①] 绰号与人名，已经密不可分了。元代话本《宣和遗事》和以水浒故事为题材的杂剧中，也都提到英雄们的绰号。在其他题材的杂剧中，某些人物亦有绰号，如"护桥龙宋彬"、[②] "铁幡竿白正"，[③] 这些是江湖人物的绰号。郑州太守苏顺，"虽则居官，律令不晓，但要白银，官事便了"。当地百姓"与我起个绰号，都叫我做模棱手，因此我这苏模棱的名，传播远近"。[④] 显然，绰号比名字传播更快更广。在衙门中充当六案都孔目的岳寿，"谁不怕他，有个外名儿，叫做大鹏金翅雕"，意思是"天地间万物，都掐的吃了"。[⑤]

《及时雨单责状》插图

---

① 周密《癸辛杂识》续集上《宋江三十六赞》。
② 杨显之《郑孔目风雪酷寒亭》，《元曲选》第1001页。
③ 佚名《朱砂担滴水浮沤记》，《元曲选》第388页。
④ 李行道《包待制智赚灰阑记》，《元曲选》第1116页。
⑤ 岳伯川《吕洞宾度铁拐李岳》，《元曲选》第494页。

【第六节 称谓习俗（下）】

蒙古族亲属称谓 蒙古族中，亲属称谓亦相当复杂，各种亲属关系都有专门的称呼。见于记载的有：父（爱赤哥）、祖父（阿不干）、伯伯（爱宾）、叔叔（阿不合）、哥哥（阿合）、弟弟（斗）、丈人（合敦阿赤哥）、舅舅（纳合丑）、女婿（库里干）、母（阿可）、姐姐（阿可赤）、妹妹（对）等。①

"蒙古语"书影

---

① 《事林广记》（至顺本）续集卷八《文艺类·蒙古译语》。

耶律楚材像

蒙古族人名称谓 蒙古族没有姓，只有氏族名和名字。蒙古人的名字，多种多样。清代学者钱大昕对此有所叙述：

"元人以本国语命名。或取颜色，如察罕者白也，哈剌者黑也，昔剌者黄也（亦作失剌），忽兰者红也，勃罗者青也（亦作博罗），阔阔者亦青也（亦作扩廓）。或取数目，如朵儿别者四也（亦作掇里班），塔本者五也，只儿瓦歹者六也，朵罗者七也，乃蛮者八也，也孙者九也，哈儿班答者十也，忽陈者三十也（亦作忽嗔），乃颜者八十也（亦作乃燕），明安者千也，秃满者万也。或取珍宝，如按弹者金也（亦作阿勒坛），速不台者珠也（亦作碎不歹），纳失失者金锦也（亦作纳石失），失列门者铜也（亦作昔剌门），帖木儿者铁也（亦作铁木尔，又作帖睦尔）。或取形相，如你敦者眼也，赤斤者耳也。或取吉祥，如伯颜者富也，只儿哈朗者快乐也（亦作只儿哈郎）。阿木忽郎者安也，赛因者好也，也克者大也，蔑儿干者多能也（一作默尔杰）。或取物类，如不花者牯牛也（亦作补化），不忽者鹿也（亦作白忽），巴而思者虎也，阿尔思兰者狮子也，脱来者兔也（亦作讨来），火你者羊也，昔宝者鹰也，昂吉儿者鸳鸯也。或取部族，如蒙古台、唐兀台、逊都台、瓮吉剌歹、兀良哈歹、塔塔儿歹、亦乞列歹、散术歹（亦作珊竹台）、肃良合（亦作琐郎哈，谓高丽人也），皆部族之名。亦有以畏吾语命名者，如也忒迷失者七十也，阿忒迷失者六十也，皆畏吾语。此外如文殊奴、普颜奴、观音奴、佛家奴、汪家奴、众家奴、百家奴、丑厮、丑驴、和尚、六哥、五哥、七十、八十之类，皆是俗语。或厌其鄙俚，代以同音之字，如'奴'之为'讷'，'驴'之为'闾'，'哥'之为'格'，不过游戏调弄，非有别义也。"①

铁大昕列举蒙古人命名的多种方法：颜色、数目、珍宝、形象、吉祥、物类、部族，以及畏吾语、"俗语"。所谓"俗语"，实际上就是汉族民间流行的语言。其中多数与汉人小名相同或相近。以汉人小名为名字的现象还可举出不少，如宝哥、道童、庆童等。

元代有些蒙古人受汉文化熏陶，在姓名方面也有影响。比较常见的是保持蒙古名，采用汉文的字或号。最早的例子是忽必烈的侍臣阔阔，字子清。②元代中期以后，这种情况逐渐增多，如元末权臣脱脱字大用，大臣朵尔直班字惟中，别儿怯不花亦字大用。达不华字兼善，号白野。亦有既用蒙古名又有汉名者，如元末曾任侍正府都事的帖木儿不花，汉名刘正卿。③但这种情况似乎不多，和汉人兼用蒙古名的情况不能相比。

其他民族人名称谓　元朝是个多民族的国家，除了汉人、蒙古人之外，比较重要的民族还有契丹、女真、唐兀、畏兀、哈剌鲁、康里、吐蕃、回回等。各族都有自己的命名习惯，各不相同。他们与汉人、蒙古人共处，在文化上相互影响，因而采用汉名、汉字甚至汉姓者有之，采用蒙古名的亦有不少。

契丹、女真因长期和汉人共处，采用汉人姓名已相当普遍。契丹人耶律楚材，字

---

① 《十驾斋养新录》卷九《蒙古语》，《国学基本丛书》本。
② 《元史》卷一三四《阔阔传》。
③ 陶宗仪《辍耕录》卷一五《高丽氏守节》。杨瑀《山居新话》，《知不足斋丛书》本。

晋卿，是蒙古国时期的著名政治活动家。楚材之子耶律铸、孙耶律希亮，都用汉式名字。铸有兄铉，应以"金"排行；希亮兄弟十一人，已知名字者八人，均有"希"字，可见以此排行。耶律原是契丹氏族名，后来受汉族影响成为姓，是契丹人特有的姓。王珣，本耶律氏，金朝后期其祖父避乱改姓王氏。王珣率众归附成吉思汗，其子王荣祖，孙通、泰、兴等。① 这是姓、名都采用汉制的例子。此外如耶律阿海、石抹也先、移剌（耶律）捏儿、石抹明安等，都保持本族姓名，其子孙有的取蒙古名（卜花、蒙古不花、虎都不花、忙古带等），有的取汉名（宝童、驴马、良辅、继祖等）。也有仍用本族名。② 此外还有一人两名，如移剌（耶律）捏儿之孙耶律元臣别名哈剌哈孙。③ 女真人的情况和契丹人很相似。乌古孙泽字润甫，奥屯世英字伯豪，这是以氏族名为姓，名和字完全从汉俗。刘国杰字国宝，李庭字劳山，则名、姓均从汉俗。而刘国杰的二子，一名脱欢，一名脱出，孙男忽都不花，曾孙伯颜帖木儿、安童，多数用蒙古名。④

唐兀又称党项，主要居住在今天的宁夏和甘肃一带。元朝统一后，不少唐兀人内迁，与汉、蒙及其他民族杂居，他们的名字多种多样，以本族名居多，亦有用汉名、蒙古名的，前者如余阙，后者如卜颜帖木儿，都是元末政坛上有名的人物。余阙的父亲沙剌臧卜，用本族名。余阙的姓和名都从汉俗，又字廷心。也就是说，到余阙一代才起变化。卜颜帖木儿字珍卿，唐兀人像他这样有蒙古名或本族名而仿效汉俗取字者不在少数。唐兀人中还有几个世代用汉姓的家族，如高氏（高智耀、高睿、高纳麟）、刘氏（刘完泽、刘沙剌班）等，其姓的由来是不清楚的，而这些家族成员中有些仍取蒙古名字。⑤

畏兀、哈剌鲁来自中亚，一般以本民族的习惯命名。但他们中有些官员、文人受汉文化感染，亦有按汉俗取名或字者，有的还采用汉姓。如元代后期哈剌鲁诗人乃贤，字易之，又以马为姓，人称马易之。⑥ 哈剌鲁学者伯颜，一名宗圣，字宗道。⑦ 畏兀人中取汉名者较多，如小云石海涯以"酸斋"为号，又因其父名贯只哥，便以贯为姓，人称贯酸斋。⑧ 畏兀人中有两个采用汉族姓名的著名家族，一个是偰氏，一个是廉氏。取偰为姓，是因为其先世出于偰辇杰河之故。⑨ 偰氏家族元代以文学显，其成员一般既

---

① 《元史》卷一四九《王珣传》。
② 《元史》卷一四九《移剌捏儿传》，卷一五〇《石抹也先传》、《耶律阿海传》、《石抹明安传》。
③ 《元史》卷一四九《移剌捏儿传》。
④ 《元史》卷一六二《刘国杰传》。
⑤ 钱大昕《元史氏族表》卷二《色目》。
⑥ 陈高华《元代诗人乃贤生平事迹考》，《文史》第32辑。
⑦ 《元史》卷一九〇《儒学传》。
⑧ 《元史》卷一四三《小云石海涯传》。
⑨ 欧阳玄《高昌偰氏家传》，《圭斋集》卷一一。

有本民族名字，又有汉文姓名，汉文姓名实为本族名的音译。① 廉氏家族得姓，是因为其先世有人在蒙古国时期曾任廉访使之故。② 廉氏子孙，有一代均以"希"字排行，如希宪、希恕、希贡等。其下一代均为单名，但都有"心"旁，如恪、恂、忱等。然而就在这两代人中，见于记载的不少人都有本民族的名字，如阿鲁浑海牙、中都海牙、迷只儿海牙、惠山海牙等。可以推知其余成员亦应有本民族名字，只是不见于记载而已。这种双名制在当时可能尽人皆知，对于后代学者则增添了许多困难。清代学者钱大昕以博闻多识著称，他说："廉氏系出畏吾，虽读儒书，取嘉名，仍循国俗，以畏吾语小字行。见于史者，惟希贤一名中都海牙。至如希宪一名忻都，恂一名米只儿海牙，以予博考二十年，始能知之。"③

　　回回人名称谓　元代来自中亚、西南亚和非洲的伊斯兰教信徒，统称为回回。回回人的名字，多数仍保持原有的习俗，常见的有阿散（哈散）、阿里、马合谋、阿合麻、亦不刺金、乌马儿等。元代回回人的名字中有不少以"丁"结尾，如纳速剌丁、阿老丁、苫思丁、赡思丁等。"丁"是阿拉伯语 Din 的音译，原意为宗教、信仰，加上所属格 ad（al），赋予整个名字以某种涵义，如赡思丁（Shams-ad-Din）意思是宗教之光，纳速剌丁是宗教的卫士，等等。④ 回回人入居中原日久，在名字方面也受到蒙古和汉族的影响。忽必烈时期，回回人赛典赤历任要职，对云南的开发有过很大的贡献。赛典赤的子孙大多取伊斯兰教名字，如纳速剌丁、乌马儿、哈散等，但他有一个孙子名伯颜，这是忽必烈赐给的蒙古名字，义为富。另一个孙子名伯颜察儿，义为小伯颜，也是蒙语。这是用蒙古名字的例子。⑤ 在元代中期以后回回人取汉字的很多，崇仁（今江西崇仁）县尹木撒飞，"慕效华风，欲立字以副其名"，他人"字之曰仁甫"。便是一例。⑥ 有的还取汉名、汉字，甚至仿汉俗取姓。常见的是以父或祖名字中的一字为姓，也有以己名中一字为姓。前者为诗人丁鹤年，曾祖阿老丁，祖苫思丁，父职马禄丁，均有丁字，因以为姓。后者如伯笃鲁丁，字至道，便称为鲁至道。⑦

　　也里可温人名称谓　元代的基督教徒称为也里可温。蒙古族中的克烈、乃蛮两部均信奉景教（又称聂思脱里教，是基督教中的一支，流行于西南亚和中亚）。与蒙

---

① 萧启庆《蒙元时代高昌偰氏的仕宦与汉化》，《元朝史新论》第 280—284 页，台北允晨文化实业公司 1999 年版。
② 《元史》卷一二五《布鲁海牙传》。
③ 《潜研堂金石文跋尾》卷一八《松江宝云寺记》。
④ 何高济、陆峻岭《元代回教人物牙老瓦赤和赛典赤》，《元史论丛》第 5 辑，第 239 页。
⑤ 同上。
⑥ 吴澄《崇仁县元侯木撒飞仁甫字说》，《吴文正公集》卷六。台北《元人文集珍本丛刊》本。
⑦ 有关两人姓名考证见陈垣《元西域人华化考》卷三、四中有关部分。

古关系密切的汪古族（又称白鞑靼，居住在阴山以北）也信奉景教。此外还有不少来自中亚、西南亚以至欧洲的基督教徒，他们中有信奉景教者，也有信奉罗马天主教者。对于这些外来的基督教徒，元朝政府称之为也里可温人（户）。基督教信奉者往往采用教名。例如，蒙古国时期宫廷中有一位出身克烈部的大臣，名叫镇海。他的儿子一名要束木（Joseph），一名勃古思（Bacchus），一名阔里吉思（Georges），都是基督教名。汪古部首领的家族，数代之中，取基督徒名者甚多，如审温（Siméon）、保六赐（Paulus）、岳难（Johanan, Jean）、雅古（Yakub, Jacques）、天合（Denha）、易朔（Yiso, Jésus）、禄合（Lus）等，都是景教习用的教名。① 汪古部的一个首领也用教名阔里吉思（Georges），阔里吉思之子术安（John）、兄弟术忽难（Juhanan），也都用教名。元代还有一位也里可温诗人雅琥，原名雅古，亦教名。②

也里可温人居中原后，采用汉名、汉姓以及双名并用者不断增加。上述汪古家族便是一个例子。13世纪初，此家族之长习礼吉思又名马庆祥，字瑞宁，双名并用。他的后裔均以马为姓，有用基督教名，有用汉名、蒙古名，见前述，总的趋势是用汉名者愈来愈多。上述诗人雅琥，字正卿，显然仿效汉俗。还有一位也里可温诗人金哈剌，字元素，亦是汪古人，有汉姓、汉字而取蒙古名（哈剌 Qara，黑），更体现了不同文化习俗的混合。③

---

① 伯希和《唐元时代中亚及东亚之基督教徒》，冯承钧译，《西域南海史地考证译丛》第1卷，第49—70页。
② 《元西域人华化考》卷四。
③ 萧启庆《元色目文人金哈剌及其〈南游寓兴诗集〉》，见《内陆亚洲历史文化研究》第165—184页。

第十三章
语言文字

　　语言文字是各个民族风俗的形象载体。各个民族风俗在它们的语言文字中得到充分的反映。元朝是统一的多民族国家，多种语言文字同时使用，形成中国历史上独特的文化景观。蒙语硬译文体和书面语的口语化，是元代语言文字风俗的的特色。

【第一节　多种语言文字的使用】

莫高窟六体文字碑

元朝是统一的多民族的国家。元朝境内的民族有汉、蒙古、畏兀儿、回回、吐蕃、党项、契丹、女真、傜、苗、僮、白人、罗罗、金齿百夷等，各个民族都有自己的语言，不少民族还有自己的文字。

汉族人口最多，行用汉字。蒙古族原来没有文字，采用刻木记事的办法："俗无文籍，或约之以言，或刻木为契。"① "鞑人本无字书，……行于鞑人本国者，则只用小木，长三四寸，刻之四角。且如差十马，则刻十刻，大率只刻其数也。其俗淳而心专，故言语不差。其法说谎者死，故莫敢诈伪。虽无字书，自可立国。此小木即古木契也。"② 13世纪初，成吉思汗灭乃蛮部，俘获畏兀儿人塔塔统阿。塔塔统阿"深通本国文字"，即畏兀儿文。成吉思汗便命他"教太子诸王以畏兀字书国言"。③ "国言"指的是蒙古语，"以畏兀字书国言"便是用畏兀儿文字来拼写蒙古语。这种文字一般称为蒙古畏兀字。忽必烈称帝（1260年）后，以藏传佛教萨迦派领袖八思巴为帝师，命他"制蒙古新字"。④ 至

---

① 李志常《长春真人西游记》卷上。
② 彭大雅、徐霆《黑鞑事略》。
③ 《元史》卷一二四《塔塔统阿传》。
④ 《元史》卷二〇二《释老传》。

元六年（1269年）二月，"诏以新制蒙古字颁行天下"。① 这种"新制蒙古字"在当时被称为"国书"、"国字"，因为它是由八思巴创造的，所以后代称之为八思巴字。

忽必烈颁行八思巴字的诏书中说：

"朕惟字以书言，言以纪事，此古今之通制。我国家肇基朔方，俗尚简古，未遑制作，凡施用文字，因用汉楷及畏吾字以达本朝之言。考诸辽、金以及遐方诸国，例各有字。今文治寖兴，而字书有阙，于一代制度，实为未备。故特命国师八思巴，创为蒙古新字，译写一切文字，期于顺言达事而已。自今以往，凡有玺书颁降者，并用蒙古新字，仍各以其国字副之。"②

忽必烈命八思巴创制新字，主要是因为"辽、金以及遐方诸国"都有自己的文字，新朝建立，亦应有自己文字。但八思巴字是一种特殊的文字。"一般的文字只记录特定的语言，是特定语言的符号系统，而八思巴字都是用来'译写一切文字'的，是用于多种语言的符号系统。"③ 简单地说，八思巴字是一套符号系统（字母），可以用来拼写各种语言，用得最多的是蒙古语，其次是汉语，用当时人说法，前者是"以国字写国语"，后者是"以国字写汉文"。④ 此外还可用"国字"写藏语、梵语、畏兀语等。所谓"新制蒙古字"，就是用八思巴字来记录蒙古语。元代官方文书通常用两种文字，一种是八思巴字，一种是汉字。在八思巴文推行以后，畏兀蒙古文的使用受到限制，但并未消失。

畏兀人（今天维吾尔族的先民）使用畏

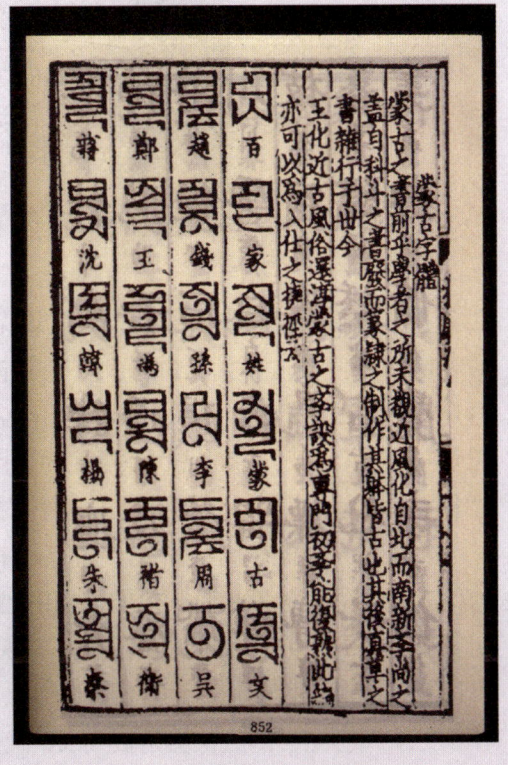

"百家姓蒙古文"书影

---

① 《元史》卷六《世祖纪三》。
② 《元史》卷二〇二《释老传》。
③ 照那斯图《论八思巴字》，《民族语文》1980年第1期。
④ 《蒙古字韵》刘更序，见《八思巴字与元代汉语》第95页，罗常培、蔡美彪编，科学出版社1959年版。

泉州阿拉伯文碑

兀文。畏兀在唐、宋称为回鹘，畏兀文就是回鹘文，这种文字是根据中亚粟特文创制的。11世纪西夏主李元昊命野利仁荣制作文字，表达党项羌人的语言，称为西夏文。西夏亡于蒙古后，党项羌人分散到全国各地，其中一部分仍使用西夏文。藏文主要行用于吐蕃人（今天藏族的先民）居住的地区之内。前代流行过的契丹文和女真文，元代已基本消失。

元代有大量外来的回回人，他们是来自中亚和波斯、阿拉伯地区的伊斯兰教徒。回回人说的语言各不相同，他们使用的是波斯文和阿拉伯文，两者之中，波斯文的应用要更广泛一些，因为从10世纪起，波斯语逐渐成了穆斯林世界东部的书面语。[①]当时还有一种"亦思替非文字"，元朝设立专门机构，教授这种文字。"亦思替非文字"是什么，众说纷纭，多数认为是波斯文。现已清楚，这是古代波斯为税收、理财而创制的一种特有的文字符号。[②]元代还有来自中亚、西南亚及其以西地区的"也里可温"（基督教徒），他们中不少人使用拉丁文、叙利亚文。此外，有些佛教徒使用梵文。

---

① 韩儒林《所谓"亦思替非文字"是什么文字》，见《穹庐集》第255—257页。
② 穆扎法尔·巴赫蒂亚尔《〈亦思替非〉考》，见《伊朗学在中国》第1辑，北京大学出版社1993年版。

元代南方分布相当多的少数民族，他们的经济文化水平差别很大，一般都有自己的语言。除个别例外，多数没有自己的文字。有的采用汉字，有的还停留在刻木、结绳记事阶段，如云南金齿百夷（今傣族的先民）"记识无文字，刻木为约"。① 播州（今贵州遵义）居民以苗族为主，亦有仡佬、瑶等族，"凡交易刻木为书契，结绳以为数"。②

总起来说，元朝统治的疆域内流行多种语言文字。有的学者说："元代幅员之广阔，民族之复杂，语言之繁多，在中国史上前所未见。"③ 这是符合实际的。就文字而言，元代最通行的是汉字和八思巴文。波斯文亦比较流行。畏兀蒙古文、畏兀文、西夏文、藏文、阿拉伯文、梵文、拉丁文等，都在大小不等的范围内使用。

多种语言文字的并存和使用，需要相互之间的沟通，翻译人员便应运而生。特别是处于统治地位的蒙古人大多不懂汉语及其他民族语言文字，不能不依赖翻译进行统治。元代翻译人员数量之多，地位之高，都超越前代，以致有的学者说蒙古帝国是内陆亚洲史上翻译人员的"黄金时代"。④

蒙古族起初向外扩展时，主要从邻近各族（如畏兀、唐兀、契丹等）中选拔翻译。后来，逐渐从被俘虏各族少年中培养翻译，这些少年与蒙古人朝夕相处，很自然熟悉他们的语言，不少人便因此得到重用。蒙古国还在燕京（今北京）设立学校，向蒙古学生教授汉语，向汉人学生教授蒙语。忽必烈建立元朝以后，在中央建立蒙古国子学，地方设立蒙古字学，主要招收汉族学生，学习蒙古语言文字。又在中央设回回国子学，培养学习回回文字（应为波斯文）的学生。蒙古、色目学生则可以进入国子监和地方官学学习汉文。经过长期的培养，逐渐形成了一支相当庞大的翻译队伍。在政府机构中从事文字翻译的，称为"译史"，蒙文称之为"必阇赤"；从事口头翻译的，称为"通事"，蒙文称之为"怯里马赤"。

一般来说，凡是汉族建立的王朝，"译职人员大多永沉于官僚组织之边缘及下层，而元朝译职人员则有不恶的政治前途"。元朝的译职人员在仕途上"升迁未受歧视"，而且不少人因此得进入上层。⑤ 比起由儒学、科举入仕者来，这是一条较为便捷的途径。所以元末明初有人说："元制，蒙古学视儒学出身为优。器局疏通之士，多由此进。"⑥

---

① 李京《云南志略》。
② 《元一统志》卷一〇《湖广行省》。
③ 萧启庆《元代的通事与译史》，《元史论丛》第6辑，中国社会科学出版社1996年。本节有关翻译人员的叙述，多参考此文。
④ 见美国学者赛诺（Denis Sinor）的《中世纪内陆亚洲的翻译人》（美国《亚非研究》第10卷第3期），转引自萧启庆《元代的通事与译史》。
⑤ 萧启庆《元代的通事与译史》。
⑥ 徐一夔《国子助教李君墓志铭》，《始丰稿》卷一二，《四库全书》本。

翻译地位提高，吸引了不少世家子弟来从事这项工作，对于平民子弟当然更有吸引力。这在当时形成一种风气，在其他朝代是难以看到的。

元朝后期，随着各族之间交往的增多，语言隔阂现象有所改变。14世纪20年代有人上奏说："通事之设，本为蒙古、色目官员语言不通，俾之传达，固亦切用之人。然而今日各道监司大率通汉人语言，其不通者虽时有之，而二十二道之中，盖可屈指而知也。则是所用之时常少，而无用之时多。"[1]监察部门如此，其他部门亦应如此。翻译的作用，逐渐降低了。元朝末代皇帝顺帝后至元三年（1337年），下诏"禁汉人、南人不得习蒙古、色目文字"。[2]也就是说禁止汉人、南人当翻译，这是以前没有过的。元朝末年，社会

梵文银盘

矛盾日益尖锐化，统治者有意制造民族隔阂，作为防范的手段。从积极培养翻译人才，改为禁止汉人、南人学习蒙古、色目文字，便是制造民族隔阂的方法之一。但这种措施与其他防范措施一样，只是暴露了统治者的虚弱与无能，并进一步加深各族之间的猜疑，从而使社会矛盾进一步恶化。没有多久，全国规模的农民战争便爆发了。

统一多民族国家中多种语言的并存和使用，必然在相互之间发生影响和渗透。比较突出的表现是：（1）各族语言中出现一定数量的借词，这在蒙语、汉语中特别明显。（2）产生了一种奇特的翻译文体，即蒙古硬译文体。这两种表现在元代都很突出，下面将分别加以讨论。

---

[1] 许有壬《正始十事》，《至正集》卷七七。
[2] 《元史》卷三九《顺帝纪二》。

第二节　汉语中的蒙语词汇和蒙语硬译文体

元代，蒙古族在政治上处于优越地位，蒙古语文得到官方的提倡，学会蒙古语文是"入仕之捷径"，[1]因而不少汉人以会说蒙古话为荣，人们相互交谈中夹杂蒙古词汇，成为一种相当流行的风气。在元代的杂剧与散曲中，常有蒙语词汇出现，正是这种流行风气的反映。例如，杂剧《邓夫人苦痛哭存孝》中，开头是李存信上场念道："米罕整斤吞，抹邻不会骑，弩门并速门，弓箭怎的射。撒因答剌孙，见了抢着吃。喝的莎塔八，跌倒就是睡。若说我姓名，家将不能记。一对忽剌孩，都是狗养的。"[2]其中有大量蒙语词汇。"米罕"是蒙语肉（migan）的音译，"抹邻"是马（morin）的音译，"弩门"是弓（numun），"速门"是箭（sumun），"撒因"是好（sain），"答剌孙"是酒（darasun），"忽剌孩"是贼（hulagai），"莎塔八"是喝醉了的意思（soqtaba）。这段上场诗是说，我只会喝酒吃肉，不会骑马射箭，喝醉了就趴下，我们哥俩是一对贼。另一出杂剧《阀阅舞射柳捶丸》中也有一段类似的对话："不会骑撒因抹邻。也不会弩门速门。好米哈吃上几块。打剌孙喝上五壶。莎塔八了不去交战。杀将来牙不牙不。"[3]"米哈"是"米罕"的异译。"牙不"是蒙语"走"（yabu）的音译。这段话只要了解蒙语词汇的意义，就会清楚。杂剧是演出用的脚本，杂剧道白中出现的这些蒙语词汇，是要在舞台上说给观众听的，实际上应是群众所熟悉的。

根据学者的研究，元代杂剧、散曲中经常出现的蒙语词汇有数十个，上述几个不过是其中的一部分。[4]元代其他汉文文献（如法律文书、碑刻、文集、笔记等）中出现的蒙语词汇为数更多。这一时期还出现了汉蒙对照的词典，有代表性的是《至元译语》。

---

[1] 《事林广记·蒙古字百家姓》前言，见《八思巴字与元代汉语》第 59 页。
[2] 关汉卿作，《元曲选外编》第 42 页。
[3] 佚名作，《元曲选外编》第 1021 页。
[4] 方龄贵《元明戏曲中的蒙古语》，汉语大词典出版社 1991 年版。

此书将蒙语分门别类,用汉字标音释义,如:"城:八剌合孙","水:沃速","金:按弹","黄:昔剌"等。《至元译语》收录在《事林广记》中,这是一种当时在民间流传很广的日用百科全书,可见民间学习蒙语是很普遍的,这是因为蒙古语的特殊地位造成的,正如《译语》卷首所说:"当今所尚,莫贵乎此。"①

元代汉语中大量掺入蒙语词汇,有些词汇在后代一直流传下来,已成为汉语词汇的组成部分,如站(jam)、胡同(qudum)、把势(baqsi)等。②

除了蒙古语以外,其他民族的语言也有融入汉语的。元贞二年(1296年)七月的一件官方文书中说,大都(今北京)的"八匝儿等人烟辏集处"有人卖假药。③"八匝儿"是突厥语 bazar(市集)的音译,现代使用突厥语的民族仍使用此词。

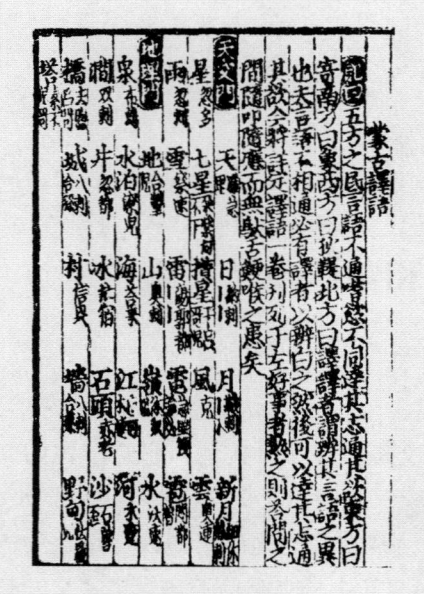

"蒙古译语"书影

它见于官方文书,可见当时民间已通行这个称呼。"八匝儿"应是当时使用突厥语的民族(如畏兀)带来的。元代杂剧中常见"瓦不剌海"一词,源自女真语,意为"敲杀"。④平时使用作骂人的话:"该杀的。"但总的说来,进入汉语的其他民族语言为数是很有限的。

元代语言文字中还有一种奇特的现象,那便是出现了硬译公牍文体。"元代文献中,有一大批词语奇特、句法乖戾的公牍,既不能用古汉语书面语常规训释,又与纯粹的元代汉语口语不同。这是一批不顾汉语固有的语法规律和用语习惯,径从蒙古语原文机械地翻译过来的公文。"学者把元代公牍的这种文体,称为硬译文体。"硬译文体的语汇采自元代汉语口语,而语法却是蒙古式的。一篇典型的硬译公牍,等于一份

---

① 《事林广记》(日本元禄十二年翻刻元泰定本)庚集卷十《至元译语》。见《事林广记》中华书局1999年版。
② "把势"就是现代汉语中的"把式"。另据研究,蒙语的"站"(jam)可能来源自汉语的"驿"(yam),"把势"一作"八哈失",可能来源于汉语"博士"。这些是两种语言(或通过第三种语言)往复借用之词。"胡同"可能是蒙语"井"(qudum)的音译。
③ 《通制条格》卷二一《医药》。
④ 在杂剧中,"瓦不剌海"常与"赤"连用,如关汉卿《邓夫人苦痛哭存孝》(《元曲选外编》第49页),王实甫《四丞相高会丽春堂》(《元曲选》第904页)等。"赤"是蒙语音译,意为"你"。"赤瓦不剌海"即"你这个该杀的"。将"赤瓦不剌海"理解为一个词,或以为"赤"加在名词后与"者"相当,不确。

死死遵循蒙古语词法和句法，用汉语作的记录文字。"①下面便是硬译公牍文体的一例：

"圣旨：亦黑迷失为头福建省官人每奏：跤趾国里、占城里出征时分，军官每、军每、水手每风水里推调了逃了回来了的根底，罪过他每底不要了上头，去了的勾当每他怠慢了。如今俺大勾当里去的时分，似那底一般逃走了不扎撒呵，勾当俺的怠慢一般有。更圣旨可怜见呵，怎生？么道，奏来。如今那般推辞躲闪的省官人每根底，没别里哥逃走回来的人每根底，休疑惑，敲了扎撒者，道来。圣旨俺的。龙儿年二月二十九日柳林里有时分写来。"②

这份圣旨的意思是，福建行省官员上奏，由于对出征交趾、占城的逃兵没有治罪，因而军纪松弛。现在又要出征，应严肃军纪。皇帝为此下令，躲避出征的官员和逃兵都要处死。可以看出，这件圣旨的句法结构与汉语句法完全不同。以"罪过他每底不要了上头"为例，用汉语的语法来说，应是"因为没有惩罚他们的罪行"。但按蒙语词法和句法，人称代词"他每底"放在名词"罪过"后面，谓语"要了"又在宾语"罪过他每底"后面。"……上头"是介词"因为"的意思，在蒙语中词序与汉语相反，放在构成原因的句子或词的后面。因此，这个句子和汉语的词序完全颠倒，完全是按蒙古语的句法写成的。又如，"勾当俺的怠慢一般有"，句法和上面一句类似，原意是耽误了我们的事情。这份圣旨中还有一些蒙语词汇，如"扎撒"、"别里哥"，前者本义为法令，转义为依法处理，后者义为口传圣旨。圣旨中几次出现的"根底"，是蒙语介词的硬译，有"把"、"向"、"从"等意思。这份圣旨中还有一些硬译公牍文体特有的术语，既与汉语正式术语有别，又不是蒙语词汇，如"大勾当"（大事）、"敲了"（杀了）。

大元国师法旨碑拓片

这种硬译公牍文体原来限于政府文书、皇帝诏令，使用多了，影响逐渐扩大，元代许多其他类型的书面文体，也受到影响。最典型的是畏兀（今维吾尔族先民）人贯云

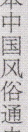

---

① 亦邻真《元代硬译公牍文体》，《元史论丛》第 1 辑，第 164—178 页，中华书局 1982 年版。
② 《元典章》卷三四《兵部一·逃亡·扎撒逃走军官军人》。

石的《孝经直解》,①试看下面的例子:

(1)"在上不骄,高而不危。制节谨度,满而不溢。高而不危,所以长守贵也。满而不溢,所以长守富也。"

"在人头上行呵,常常的把心行着么道。这般呵,自家的大名分也不落后了有。大使钱的勾当休做着,小心依着法度行者。这般呵,便似一□满的水,手里在意拿着呵,也不溅了。这两件儿勾当的呵,富贵常常的有。"

(2)"子曰:夫孝,德之本也,教之所由生也。复坐,吾语汝。身体发肤,受之父母,不敢毁伤,孝之始也。……"

"孔子说:孝道的勾当,是德行的根本有。教人的勾当先从这孝道里生出来。你再坐地,我说与你。身体头发皮肤从父母生的,好生爱惜者,休教损坏者么道,阿的是孝道的为头儿、合行的勾当有。……"

"……么道"、"……有"都是硬译公牍文体中常见的词法。前者有时作动词,有"说"、"以为"、"想"、"叫作"等意思,有时也作助动词,起补充动词的作用。所有"么道"都放在引语或表述内容之后。后者可以是动词,也可以是助动词,有"存在"、"有"的意思,还可以起系词的作用,等于"是"。"……有"都放在句末。以上两段中的"勾当"、"大名分"、"为头儿"等,也都是硬译公牍文体中常见的词汇。贯云石是用硬译公牍文体来翻译汉文经典,这就使原来专用于翻译蒙古诏令文书的硬译公牍文体的用途发生了变化。贯云石说,"直解"是"取世俗之言"来解释经典,可见硬译公牍文体已成为"世俗之言",也就是能为一般平民群众理解的文体。

著名理学家吴澄的《经筵讲义》,也可以看出硬译公牍文体的影响:

"唐太宗是唐家很好底皇帝,为教太子的上头,自己撰造这一件文书,说着做皇帝底体面。为头儿说做皇帝法度,这是爱惜百姓最紧要勾当。国土是皇帝底根本,皇帝主着天下,要似山岳高大,要似日月光明,遮莫那里都照见有。做着皇帝,天下百姓看着,都随顺着。行的好勾当呵,天下百姓心里很快乐有;行的勾当不停当呵,天下百姓失望一般。……奉祀祖宗的上头,好生尽孝心者,坐着大位次里,好生谦恭近理,休怠慢者,拣好底勾当尽力行者,这是做皇帝的体面么道。"②

---

① 本书有1938年来薰阁书店影印本。《近代汉语语法资料汇编·元代明代卷》(商务印书馆1995年版)已收入。
② 《吴文正公集》卷九〇。

"……上头"、"……么道"、"……有",以及"为头儿"、"勾当"等,都是硬译公牍文体中经常出现的,前面已作过说明。《经筵讲义》是准备讲给皇帝听的,当中要经过翻译。吴澄以硬译公牍文体来写作《经筵讲义》,应是为了翻译的方便。① 应该指出的是,吴澄是有名的学者,贯云石也精通汉文,他们用硬译公牍文体写作,能够照顾汉语的特点,读起来比较流利,和纯粹的硬译公牍文体还是有所区别的。

总之,硬译公牍文体原来是专门用来翻译皇帝诏令、政府文书,后来却逐渐有人以此来写作文章,作为传播的手段。元代的白话文,明显受到这种文体的影响(见下)。这种文体,一直沿用到明代初年。朱元璋《谕西番罕东毕里等诏》,便是以此文体写作的:

"奉天承运的皇帝教说与西番地面里应有的土官每知道者:俺将一切强歹的人都拿了,俺大位子里坐地有。为这般上头,诸处人都来我行拜见了。俺与了赏赐名分,教他依旧本地里面快活去了。似这般呵,已自十年了也。止有西番罕东、毕里、巴一撒他每这火人为什么不将差发来? 又不与俺马匹牛羊。今便差人将俺的言语去开与西番每知道,若将合纳的差发认了送将来时,便不征他。若不差人将差发来呵,俺着人马往那里行也者,教西番每知道。俺听得说,你每释迦佛根前、和尚每根前好生多与布施么道,那的是十分好勾当,你每做了者,那的便是修那再生的福有。俺如今掌管着眼前的祸福里,你西番每怕也那不怕? 你若怕时节呵,将俺每礼拜著,将差发敬将来者,俺便教你每快活者,不着军马往你地面里来,你众西番每知道者。"②

这篇诏书收在朱元璋的《御制文集》里。《御制文集》中的作品,都是朱元璋的亲笔。朱元璋在元朝统治下长大,他熟悉这种文体是很自然的。类似的诏书还有一些。③ 硬译公牍文体用于朱元璋写给蒙古族以及其他少数民族的诏书,主要是为了便于翻译成蒙文。在朱元璋以后,这种曾流行一时的硬译公牍文体便从中国历史上逐渐消失了。

---

① "泰定元年,初开经筵,首命澄与平章政事张珪、国子祭酒邓文原为讲官"。(《元史》卷一七一《吴澄传》)。
② 《明太祖集》卷一,标点有改动。
③ 见《华夷译语》,《涵芬楼秘笈》本。

第三节　白话文和简体字

元代汉语语言文字有一种重要的现象，那便是书面语的口语化。这种现象，主要表现在两个方面。一是对经典和历史用口语加以讲解，一是戏曲和话本中文字的口语化。

对于古代经典和历史用口语加以讲解，使读者明白易懂，当时称为"直说"或"直解"，也就是后来所说的白话文。"鲁斋许先生为《朱文公大学直说》、《唐太宗贞观政要直说》，皆以时语解其旧文，使人易于观览"。[1]"鲁斋先生"就是元代前期的理学大师许衡，他曾为儒家经典《大学》和历史著作《贞观政要》作"直说"。《大学直说》至今尚存，但名为《大学直解》。此外还有《中庸直解》、《大学要略》，都是同一类型的作品。但《贞观政要直说》已佚。"直说"或"直解"都是"以时语解其旧文"，"时语"就是元代的口语，"旧文"就是经典或史书。将"旧文"口语化，便可在实际上起到普及的作用。例如，对《大学》的第一句话"《大学》之道，在明明德"，许衡讲解道："'《大学》之道'，是大学教人为学的方法。'明'是用工夫明之。'明德'是人心本来元有的光明之德。夫子说，古时大学教人的方法，当先用工夫明那自己光明之德，不可使昏昧了。"[2]又如，对"在止于至善"，他解释道："'在至于至善'，是那事最上等好处。且说朝廷跟前行呵，把心敬谨便是为官的道理最上等好处；爷娘跟前孝顺，便是为子的道理最上等好处；以至孩儿每跟前慈爱，便是爷娘的道理最上等好处；与人做伴当呵，信实不说谎便是伴当其间的道理最上等好处。这几件都依着行呵，便是'止于至善'。"[3]

"直说"历史，可以郑镇孙的《直说通略》为代表。郑镇孙是括苍（今浙江丽水）人，此书作于英宗至治元年（1321年）。[4]他以《资治通鉴》为本，再以其他史书记载

---

[1]　郑镇孙《直说通略》序。
[2]　《大学直解》,《鲁斋遗书》卷四。
[3]　《大学要略》,《鲁斋遗书》卷三。
[4]　台北中央图书馆藏有此书的影钞明成化刊本。

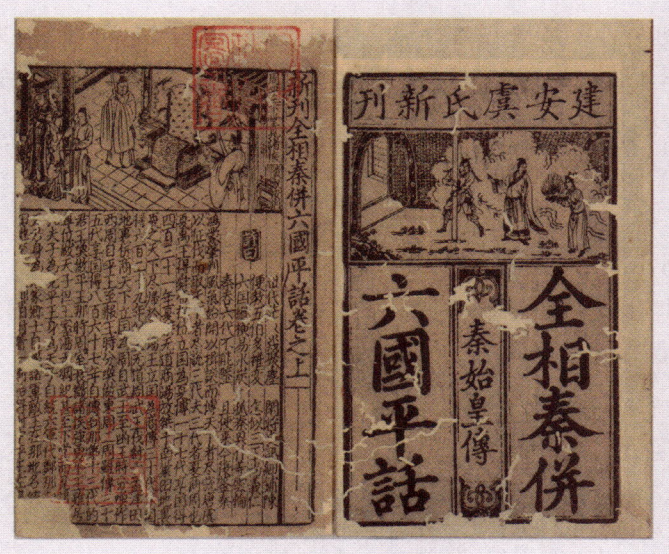

《新刊全相秦并六国平话》

"推衍上古之事，加诸前，而以宋朝及辽、金之录，附于后"，可以说是一部用白话写成的简明通史。全书分为十三卷。该书关于淝水之战的叙述：

"谢玄使人去对符融说：你每远远田地来这里，如今逼水摆阵，这是要厮持长久，不是要战。若移阵略靠后，待我晋兵过了决胜负不好那什么。秦王与诸将商量……遂麾军少退。"（卷五）

又如，关于蒙古灭金的叙述：

"戊子年即绍定元年，元太祖皇帝晏驾，睿宗脱累皇帝受太祖皇帝命说道：'金人精兵在潼关，南壁厢有山，北壁厢有河，不容易攻他。不如问南宋借路，从唐、邓地面出来，都是平地，可以直到汴梁。'辛卯即宋绍定四年，元军自河州入兴元，至金、房，过襄阳，到唐、邓，在阳翟与金人力战。金国潼关军马都走散了，元军围汴。"（卷一三）

这样的文字是比较通俗的，文化程度较低的人也可以看懂。

书面语的口语化，在文学作品中也有明显的表现，特别是在部分杂剧、散曲和话本中，最为明显。杂剧的对白大多是口语化的，可以大剧作家关汉卿的代表作《感天动地窦娥冤》为例，剧中赛卢医的一段道白：

"自家姓卢，人道我一手好医，都叫做赛卢医，在这山阳县南门开着生药局。在城有个蔡婆婆，我问他借了十两银子，本利该还他二十两。数次来讨这银子，我又无的还他，若不来便罢，若来呵我自有个主意。我且在这药铺中坐下，看有什么人来。"①

元代的杂剧作家，从艺术风格来说，可以分为本色、文采两派。本色派的作品，文字朴素，多用口语，不仅道白（宾白）如此，曲文（唱词）中也常常有所表现。仍可以《窦娥冤》为例，窦娥有一段感叹自己身世的曲文：

"莫不是八字儿该载着一世忧，谁似我无尽头。须知道人心不似水长流。我从三岁母亲身亡后，到七岁与父分离久。嫁的个同住人，他可又拔着短筹。撇的俺婆妇每都把空房守，端的个有谁问有谁偢。"

窦娥的婆婆出门索债，被张老、张驴儿父子勒迫成亲。婆婆回家，窦娥见她神色有异，唱道：

"为什么泪漫漫不住点儿流，莫不是索债与人家惹争斗？我这里连忙迎接慌问候，他那里要说缘由，则见他一半儿徘徊一半儿丑。"

这些唱词，不用典故，没有华丽的辞藻，真可以说明白如话，演出时能收到雅俗共赏的效果。与杂剧同时，流行于东南沿海地区的南戏，来自民间，曲文宾白"句句是本色语"。②和杂剧的本色派相近。

元代盛行散曲。这是一种可以演唱的韵文，与唐诗、宋词一脉相承，同时又吸收了民间歌谣以及说唱艺术的丰富营养而形成的诗歌形式。比起诗、词来，散曲平易、通俗，大量吸收民间的语言，"方言常语，沓而成章"；③"以之欲宣，纵横出入，无之无不可也"。④著名的散曲作品，如杜仁杰的《庄家不识构栏》、睢景臣的《高祖还乡》、马致远的《借马》、关汉卿的《不伏老》等，都大量使用方言常语，明白如话。试以《庄家不识构栏》为例：

---

① 《元曲选》第 1501—1502 页。
② 徐渭《南词叙录》，《中国古典戏曲论著集成》本。
③ 凌濛初《谭曲杂札》，《中国古典戏曲论著集成》本。
④ 王骥德《曲律》卷四《杂论》，《中国古典戏曲论著集成》本。

用白话文写就的成吉思汗圣旨碑

"风调雨顺民安乐，都不似俺庄家快活。桑蚕五谷十分收，官司无甚差科。当村许下还心愿，来到城中买些纸火。正打街头过，见吊个花碌碌纸榜，不似那答儿闹穰穰人多。

[六煞]见一个人手撑着椽做的门，高声的叫请请，道迟来的满了无处停坐。说道前截儿院本《调风月》，背后么末敷演刘耍和。高声叫：赶散易得，难得的妆哈。

[五]要了二百钱放过咱，入得门上个木坡，见层层叠叠团团坐。抬头觑是个钟楼模样，往下觑却是个人旋窝。见几个妇女向台儿上坐，又不是迎神赛社，不住的擂鼓筛锣。

……

[二]一个妆做张太公，他改做小二哥。行行行说向城中过，见个年少的妇女向帘儿下立，那老子用意铺谋待取做老婆。教小二哥相说合。但要的豆谷米麦，问甚布绢纱罗。

[一]教太公往前那不敢往后那，抬左脚不敢抬右脚，翻来覆去由他一个。太公心下实焦燥，把一个皮棒槌则一下打做两半个。我则道脑袋天灵破，则道兴词告状，划地大笑呵呵。

[尾]则被一胞尿，爆的我没奈何。刚挨刚忍更待看些儿个，枉被这驴颓笑杀我。"①

---

① 《全元散曲》第 31—32 页。

话本是说话人的底本（关于说话，见十一章第六节）。元代话本可以分为小说和讲史两类。说话人为了表演时吸引观众，所用语言必须通俗易懂，与之相应，底本的文字也要求口语化。元代小说类话本，现在传世的不多，可以确定为元代作品的有《宋四公大闹禁魂张》、《任孝子烈性为神》、《汪信之一死救全家》、《简帖和尚》等，语言生动活泼，明白易懂。① 讲史类话本，传世的有《三国志平话》、《三分事略》、《宣和遗事》等，大多以浅近的文言写成，但其中有的部分亦用口语体文字。"讲史"可能更多需要临场发挥，所用底本比较简洁，因而与"小说"相比，在口语化的程度上有所区别。

书面语的口语化，就是与文言文相对的白话文。从上面所说的一些情况来看，元代白话文已比较成熟，而且应用得相当普遍，成为一种颇有影响的社会风气。

14世纪中期，中国的邻邦高丽出现了两种汉语教科书，一种叫做《朴通事》，一种叫做《老乞大》。"通事"是翻译的一种称呼，"乞大"则可能是"契丹"的音译。这两种书是供高丽人学习汉语用的，因而文字都是口语化的。请看《老乞大》中一段对话：

> "'你是高丽人，学他汉儿文书怎么？''你说的也是，各自人都有主见。''你有什么主见，你说我试听听。''咱如今朝廷一统天下，世间用着的是汉儿言语，咱这高丽言语，只是高丽地面里行的，过的义州，汉儿田地里来，都是汉儿言语。有人问着一句话也说不得时，别人将咱每做什么人看？''你这般学汉儿文书呵，是你自意里学来那，你的爷娘教你学来？''是俺爷娘教我学来。''你学了多少时？''我学了半年有余也。''省的那省不的？''每日和汉儿学生们一处学文书来的上头，些小理会的有。'"②

这是高丽人和汉人的一段对话，明白易懂。现存的《朴通事》和《老乞大》都经过后代的修改，但基本上保持了原有的面貌。将两书的文字和元代"直解"以及戏曲、话本的白话相比较，在词法和句法上都是一致的。这两种书对于了解元代的白话文有重要的价值。由于硬译公牍文体的流行，元代白话文也受到影响，常常出现一些硬译公牍文体中特有的句法和词法，这在《朴通事》和《老乞大》中也有所表现。两书中常见"根底"、"上头"等字样，在《老乞大》中有一段对话："你的师傅是什么人？是汉儿人有。"③

---

① 这几种话本，都收在明人编纂的《古今小说》中，但据考证，应是元代的作品，见邓绍基主编的《元代文学史》第595—608页，人民文学出版社1991年版。
② 《老乞大》，《元代汉语本〈老乞大〉》影印本，第3—4页。
③ 《老乞大》，《元代汉语本〈老乞大〉》影印本，第3页。

《朴通事》中亦有类似的句法："《西游记》热闹，闷时节好看有。"[①] "……有"这种形式，正是硬译公牍文体的特色。也就是说，《朴通事》、《老乞大》中出现的这种现象，正好说明元代白话受到同时期硬译公牍文体的影响。

汉字笔划复杂，对于文化水平较低的人来说，书写不便。民间很早就将某些复杂的汉字加以简化，或者用同音字来代替。元代简化字相当流行。现存元代刻本《元典章》、《全相三国志平话》等书中，都可以看到这种现象。据统计，元刻本《元典章》中出现的简化字不下四五十个，其中多数与现在的简化字相同，如："粮"、"断"、"听"、"体"、"旧"、"变"、"炉"、"无"、"伞"、"枣"、"与"、"议"、"尽"、"蛮"、"宝"、"园"、"碍"等，还有一些则与现在的简化字有些差别，如"𨰻"（钱），

白话碑

"盐"（盐）、"龙"（龙）等。《全相三国志平话》中简化字的使用更加普遍，不下四五十个，大多数与《元典章》中相同，亦有未见于《元典章》者，如"灯"、"独"、"刘"、"泪"、"乱"等。此外如元刻《事林广记》中也可以看到一些简化字。《元典章》是民间书商编纂的一部法律文书汇编，主要供普通百姓查阅之用。《全相三国志平话》原应是说话人的底本，刊印是为了在文化程度较低的下层群众中流传。作为家庭日用百科型类书的《事林广记》，读者对象也是一般民众。这些作品中出现简化字，正是为了适应文化程度较低的群众的需要。

可以认为，元代简化字数量可观，使用相当普遍，而且多数简化字已相当规范。但简化字的使用，主要是在文化水平较低的下层民众之中。社会上层和文人中间，则不多见。尽管如此，简化字的使用，仍可视为元代语言文字的一种特色。

---

① 《朴通事谚解》卷下，第293页。

【 第四节　汉语习俗 】

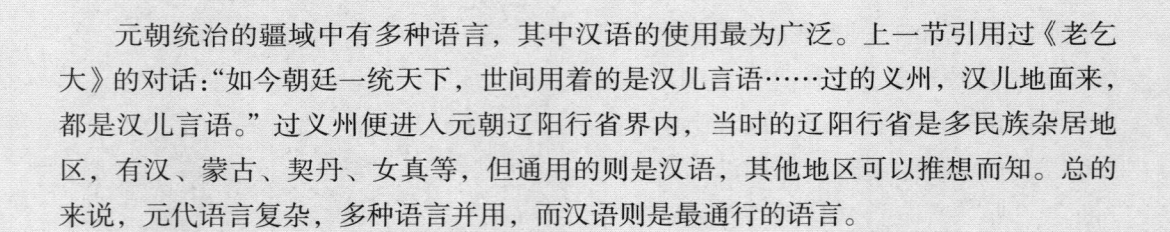

元朝统治的疆域中有多种语言，其中汉语的使用最为广泛。上一节引用过《老乞大》的对话："如今朝廷一统天下，世间用着的是汉儿言语……过的义州，汉儿地面来，都是汉儿言语。"过义州便进入元朝辽阳行省界内，当时的辽阳行省是多民族杂居地区，有汉、蒙古、契丹、女真等，但通用的则是汉语，其他地区可以推想而知。总的来说，元代语言复杂，多种语言并用，而汉语则是最通行的语言。

《中原音韵》书影

汉语的方言很多，"五方言语，又复不类。吴、楚伤于轻浮，燕、冀失于重浊，秦、陇去声为入，梁、益平声似去，河北、河东，取韵尤远"。[①] 当时人常以"南音"、"北

---

① 周德清《中原音韵》，见《中国古典戏曲论著集成》本，中国戏剧出版社1959年版。

音"并提，① "北音"指北方汉语，"南音"指江浙一带的汉语。实际上"南音"、"北音"之下，还有多种方言的差别。由于大一统局面的出现，一种以北方汉语为基础的汉语标准语逐渐形成。"混一日久，四海同音，上自缙绅讲论治道，及国语翻译、国学教授言语，下至讼庭理民，莫非中原之音。""惟我圣朝兴自北方，五十余年，言语之间，必以中原之音为正。"② "中原之音"成为官方通行的标准语，当然会对民间发生影响。当然，从当时实际情况来看，这种标准语主要流行于上层社会和部分文人中间，下层群众中通行的仍是各个地区的方言，当时称为"方语"，即"各处乡谈也"。③

汉语中有丰富的"熟语"，最能反映社会的风俗习惯。所谓"熟语"，指语言中定型的词组或句子，使用时一般不能任意改动其形式。主要包括俗语、谚语、歇后语等。元代汉语中的"熟语"，很多是从前代流行下来的，但也有一些是这个时期的创造，实际上已很难区别。有一部分一直流传下来，另有一部分则已消失了。

俗语指民间口头上常用的短小定型的形容性短语，来自群众口语，通俗易懂，生动活泼。在高丽的汉语教科书《老乞大》、《朴通事》中，就有不少俗语，如："一客不犯二主"，"四海皆兄弟"，"家书直万金"；④"一夜夫妻百夜恩"，"养子方知父母恩"，"人生七十古来稀"，"大人不见小人过"，⑤等等。在元代杂剧中出现的有"泼水难收"，⑥ "没嘴的葫芦"，⑦ "热地上蚰蜒"（和"热锅上的蚂蚁"同）⑧，"日月参辰和卯酉"⑨等。"一夜夫妻百夜恩"、"四海皆兄弟"等，也可在杂剧中见到。俗语主要在民间流行，反映了广大群众的道德观念和人生理念、处世态度。

谚语是民间集体创造、广泛流传并较为定型的艺术词句，其内容富有经验性和哲理性。元代社会上流传的谚语甚多。当时的民间类书《事林广记》中有"警语"一门，分为"存心警语"、"处己警语"、"治家警语"、"养生警语"、"应世警语"、"结交警语"、"居官警语"、"为吏警语"、"禅机警语"、"道家警语"、"通用警语"，其中多数可以归入谚语之列。⑩《老乞大》、《朴通事》中有不少"古人云"、"常言道"，有些是俗语，更多的是谚语。此外，在元代的杂剧和当时人写作的文章中，也常可以看到流行的谚语。

---

① 完泽《和西湖竹枝词》，《元诗纪事》卷二四，上海古籍出版社1987年版。
② 《中原音韵》。
③ 周德清《中原音韵》。
④ 《老乞大》，《元代汉语本〈老乞大〉》影印本，第29、78、41页。
⑤ 《朴通事谚解》卷上，第88、106、136页；卷中，第143页。
⑥ 关汉卿《邓夫人苦痛哭存孝》，《元曲选外编》第53页。
⑦ 关汉卿《包待制三勘蝴蝶梦》，《元曲选》第639页。
⑧ 关汉卿《包待制智斩鲁斋郎》，《元曲选》第846页。
⑨ 关汉卿《赵盼儿风月救风尘》，《元曲选》第198页。此语比喻对立、对头。
⑩ 《事林广记》（至顺本）前集卷九《人事类·警世格言》。

元代流行的谚语大体可以分为以下几类。①

一类是有关道德修养的谚语，如："善有善报，恶有恶报。善恶无报，时节未到。""知足常足，终身不辱。知止常止，终身无耻。""施恩勿求报，与人勿追悔。""日日行方便，时时发善心。""老实常在，脱空常败。"②

一类是总结人生经验的谚语，如："逢人且说三分话，未可全抛一片心。""是非只为多开口，烦恼皆因强出头。""自家扫取门前雪，莫管他人瓦上霜。""人离乡贱，物离乡贵。""画虎画皮难画骨，知人知面不知心。"③ "今日脱靴上炕，明日难保再穿。"④ "人不可貌相，海不可斗量。"⑤

一类是揭示社会黑暗的谚语，如："事无大小，有钱便了；事无小大，无钱便坏。""贫居闹市无相识，富在深山有远亲。""衙门处处向南开，有理无钱休入来。"⑥ "人不得横财不富，马不得夜草不肥。"⑦ "高楼一席酒，贫家半月粮。"⑧

一类是持家和教育的谚语，如"养儿防老，积谷防饥。""严父出孝子，严母出巧女。""良田万顷，不如薄艺随身。""一日之计在于寅，一年之计在于春。""常将有日思无日，莫待无时思有时。""休道黄金贵，安乐最直钱。"⑨ "男儿无妇财无主，妇人无夫身无主。"⑩

一类是农家谚语，如："三春不博一秋，阔种不如狭收。""粪田胜如买田。"⑪ "养羊不觉富。"⑫ "寅卯多种田，提防申酉年。"⑬

此外还有养生谚语、自然现象谚语等。

谚语数量很多，反映了社会生活的种种方面。各阶层成员都喜欢引用谚语，或用作自己的座右铭，或用来教育和说服他人。谚语中有很多是积极的，向上的，但也有不少是消极保守的。谚语对于认识元代社会的心态是很有用的资料。

---

① 以下所引谚语，未注明出处者，均见《事林广记》（至顺本）前集卷九《人事类·警世格言》。
② 《老乞大》，《元代汉语本〈老乞大〉》影印本，第61页。
③ 《朴通事谚解》卷下，第340页。
④ 《朴通事谚解》卷上，第137页。
⑤ 《朴通事谚解》卷上，第331—332页。
⑥ 《朴通事谚解》卷中，第258页。
⑦ 《朴通事谚解》卷上，第46页。
⑧ 胡祗遹《论积贮》，《紫山大全集》卷二二。
⑨ 《老乞大》，《元代汉语本〈老乞大〉》影印本，第41页。
⑩ 《朴通事谚解》卷中，第172页。
⑪ 王祯《农书》《农桑要诀集之三·粪壤篇》。
⑫ 《农书》《农桑要诀集之五·畜养篇》。
⑬ 胡祗遹《论积贮》，《紫山大全集》卷二二。按此语"盖谓丰歉相仍，如昼之有夜；水旱相逐，如环之循转"。

歇后语是民间喜闻乐见的语言形式之一，通常由喻体、解体连缀而成。喻体为假托语，有比喻、引子的功能，近似谜面。解体为目的语，起说明注解的作用，近似谜底。使用时既可两体并存，亦可只有喻体，略去解体，使读（听）者自己理会。在元代杂剧、散曲中歇后语是常见的，例如：

（1）"要我还俗呵，有如曹司翻旧案"。① "曹司"指官署。"曹司翻旧案"的"解体"是"休想"。意思说让官府平反他们自己制造的冤假错案是不可能的。

（2）"便问我要东西，叔待，则你那没梁桶儿便休提，不比你财主们多周济，量俺这穷庄家有甚的。"② "没梁桶儿"的解体是"休提"，这里是两体联用。这个歇后语在元代杂剧、散曲中常见使用。

（3）"每日家问春梅无信息，哎，他也恰便似赵杲送曾哀。"③ "赵杲送曾哀"又作"赵老送灯台"。这一歇后语的解体是"一去更不来"，至迟在北宋时已出现，在元代流行颇广。④

此外常见的歇后语有"警巡院倒了墙——贼见贼"，"张果老切脍——先施鲤（礼）"，"肋底下插柴——自忍"，"王屠倒脏——牵肠肚"等。

歇后语一般来说都具有轻松幽默的特点，在中下层社会成员中广泛流行，在上层社会则不多见。就书面文献而言，歇后语主要见于杂剧、散曲和话本，诗词和各类文章中几乎看不到。

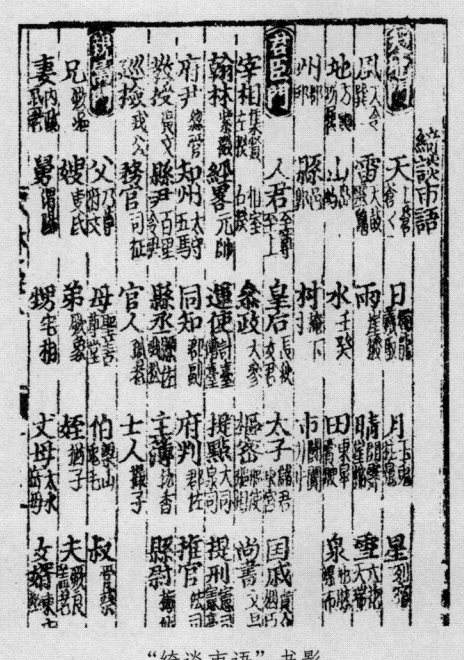

"绮谈市语"书影

元代类书《事林广记》中有"绮谈市语"一门，实际上就是城市中流行的语言，其中有些可能是行业用语。"绮谈市语"中有些是比较文雅的，如称天为"上苍"，称丈人为"泰山"等。也有一些是在城市中长期积累而成的习惯语，如称一为"丁不勾"，二为"示不小"，三为"王不直"，四为"罪不非"，五为"吾不口"，六为"交不叉"，七为"皂不白"，八为"分不刀"，九为"馗不首"，十为"针不金"，⑤ 都是从字形变化而

---

① 《包待制智斩鲁斋郎》，《元曲选》第 856 页。
② 高文秀《黑旋风双献功》，《元曲选》第 699 页。
③ 杨文奎《翠红乡儿女两团圆》，《元曲选》第 465 页。
④ 陈垣《关于谚语赵老送灯台》，《陈垣学术论文集》第 2 集第 446 页，中华书局 1982 年版。
⑤ 《事林广记》（至顺本）续集卷八《文艺类》。

成，但是比较通俗易懂的。

市语中还有一些以数字表示人物，如"师人：巫者，岛八"；"女师：尼者，岛七"；"道姑：郑七"；"师姑：染七"等等。此外还有将厨子称为"土木八"的例子，[①] 也应属于这一类。这类市语的来源还有待研究。

谜语是我国民间流行的一种语言形式，由来已久。有关情况在本书第十一章第四节中已有介绍，此处从略。

---

① 佚名《十探子大闹延安府》，《元曲选外编》第 921 页。

结　语

上面我们对有元一代社会风俗的各个方面作了概略的叙述，可以看出：

（1）元朝是一个统一的多民族的国家。在这个国家中，生活着许多民族，他们的生产方式不同，社会风俗各有特色，同时并存，呈现出绚丽多彩的姿态。这些民族之间的交往比过去更为密切，彼此风俗的相互影响亦很显著。这是元代风俗的一大特色。

（2）在元朝统治的疆域内，汉族是人口最多、文化水平最高的一个民族。元代汉族的风俗，就其主体部分而言，无疑是前代的延续，这是一个方面。另一方面，元代汉族的风俗受其他民族（主要是蒙古族）的影响很广，在许多方面都有所表现。但是其他民族对汉族风俗的影响是比较表面的，元朝灭亡以后，这些影响大多便烟消云散了。

（3）蒙古族在元代政治生活中占有特殊的地位。蒙古族原来过着游牧的生活，从而形成与农业民族（如汉族）有很大不同的风俗习惯。元朝统治者力求蒙古族保持原有的风俗习惯，实际上也就是保持其在政治生活中的特殊地位。但是，许多蒙古人进入农业地区，他们的生产方式逐渐变化，生活方式便也发生相应的变化，在风俗习惯上受到农业民族（主要是汉族）愈来愈多的影响。"汉化"成为一种明显的趋势。

（4）元代是中国封建社会的一个发展阶段。元代社会阶级对立、贫富悬殊、等级森严。各族都有自己的饮食、丧葬、居住等风俗习惯，而在同一民族内部，各种风俗习惯都因贫富和社会地位不同而呈现出鲜明的等级性，汉族这样，蒙古族和其他民族也是一样（也有少数边疆民族例外）。阶级的差别、贫富的差别，在大多数民族的风俗中是很突出的。

（5）元代汉族的社会风俗与佛教、道教有密切关系，巫术的影响亦不可忽视。蒙古族的风俗与萨满教有密切关系。回回的风俗则与伊斯兰教密不可分。一些文化相对落后的民族，其风俗则受巫术的影响。如此等等。宗教与信仰对于各民族风俗的影响是很深刻的。汉族的风俗还可以看到儒家思想的众多痕迹，这是儒家思想长期在汉族文化中占统治地位导致的结果。

后　记

本书是由陈高华、史卫民共同完成的。史卫民执笔的是第二、三、四、五、七、十诸章，其余部分由陈高华执笔。

中国风俗史的研究，原来基础薄弱，近年开始有所进展，但总的说来，空白点是很多的。元代风俗史也不例外。我们在写作过程中，注意吸收已有的研究成果，也尽力作一些探索。限于水平和时间，现在这部书稿，肯定存在不少缺陷，衷心希望得到批评指正。

本书此次修订，主要对引用资料进行核对，改正错讹多处。对使用较多的《元典章》、《元朝秘史》，都改用新的点校本。《老乞大》一书，原用《奎章阁丛书》本，近年韩国发现并整理出版了元刊本，本书即据以改动。全书结构不变，文字作了一些修改。修订本图片由中国国家博物馆陈煜研究馆员提供。谨此说明。

2015 年 7 月 20 日

图书在版编目（CIP）数据

元代风俗/ 陈高华, 史卫民著.-上海：上海文艺出版社.2017.4
（全彩插图本中国风俗通史丛书 / 陈高华, 徐吉军主编）
ISBN 978-7-5321-5994-9
Ⅰ.①元… Ⅱ.①陈… ②史… Ⅲ.①风俗习惯史—中国—元代
Ⅳ.①K892
中国版本图书馆CIP数据核字（2017）第006925号

出 品 人：陈　征
责任编辑：徐华龙
封面设计：王志伟

书　　名：元代风俗
作　　者：陈高华 史卫民
出　　版：上海世纪出版集团　　上海文艺出版社
地　　址：上海绍兴路7号　200020
发　　行：上海世纪出版股份有限公司发行中心发行
　　　　　上海福建中路193号　200001　www.ewen.co
印　　刷：山东省临沂新华印刷物流集团有限责任公司
开　　本：787×1092　1/16
印　　张：29.5
插　　页：5
字　　数：582,000
印　　次：2017年4月第1版　2017年4月第1次印刷
Ｉ Ｓ Ｂ Ｎ：978-7-5321-5994-9/K·368
定　　价：250.00元
告 读 者：如发现本书有质量问题请与印刷厂质量科联系　T:0539-2925888